21世纪普通高等学校法学系列教材

U0668623

商事前沿案例评析教程

朱晓娟　主编

清华大学出版社

北　京

内 容 简 介

本书共二十一个专题，包括商法总论、公司法、合伙企业法、证券金融法、破产法、商事合同法等内容，基本依照我国主流的商法体系顺序与内容排列，并在证券法、破产法及保证合同等领域进行了开拓性的尝试。本书在内容和研究对象上做到了"散而不乱"，呈现了商法的"非体系性之美"。

本书适合作为普通高等院校法学专业本科生、研究生商法学的教材，也可作为商法学科研人员的参考资料，还可作为法官、律师等法律职业人士实践工作的参考用书。

图书在版编目（CIP）数据

商事前沿案例评析教程/朱晓娟编著. —北京：清华大学出版社，2018
　（21世纪普通高等学校法学系列教材）
ISBN 978-7-302-48886-6

Ⅰ.①商… Ⅱ.①朱… Ⅲ.①商法-案例-中国-高等学校-教材 Ⅳ.①D923.995

中国版本图书馆 CIP 数据核字（2017）第 287973 号

责任编辑：杜春杰
封面设计：刘　超
版式设计：魏　远
责任校对：马子杰
责任印制：李红英

出版发行：清华大学出版社
　　　　　网　　址：http://www.tup.com.cn，http://www.wqbook.com
　　　　　地　　址：北京清华大学学研大厦 A 座　　　　邮　编：100084
　　　　　社 总 机：010-62770175　　　　　　　　　邮　购：010-62786544
　　　　　投稿与读者服务：010-62776969，c-service@tup.tsinghua.edu.cn
　　　　　质 量 反 馈：010-62772015，zhiliang@tup.tsinghua.edu.cn
印 装 者：清华大学印刷厂
经　　销：全国新华书店
开　　本：185mm×230mm　　　　印　张：22　　　　字　数：464 千字
版　　次：2018 年 2 月第 1 版　　　　　　　　　印　次：2018 年 2 月第 1 次印刷
印　　数：1～3000
定　　价：49.80 元

产品编号：069172-01

前 言

　　本书的写作是以对商事案例的评述与理论分析，以及对商事前沿领域的理论指导为主旨，主要围绕近年来商事领域的司法实践与最新发展，进行理论上的梳理与分析，以求发挥理论对实践的指导作用。

　　本书以专题研究的形式，运用比较与历史的研究方法，对我国商法的裁判理论进行重点梳理，同时，对亟须理论指导的创新性商事实践提供理论支持以促进其健康发展。理论与实证分析相结合，对德、日、英、美及我国台湾地区的相关立法案例与司法实践进行比较法的分析与借鉴，充分展现立法、理论与裁判或实践的依赖与互动。

　　众所周知，商事法律规范的生命在于商事实践活动。本书与传统的纯理论商法著作不同，并不追求教义学上的完备体系，而侧重于当前商事实践中的前沿问题。在论述方法上，也是以当前司法裁判和商事实践中发生的案例为基础，在此之上检讨现有商法理论和裁判思路，为读者提供一个贴近现实的观察视角，也为解释商事前沿问题做出理论上的探索。

　　全书的体例安排大体依照我国主流的商法体系，共二十一个专题，这些专题的选择不追求对商法逻辑体系的涵盖，而是根据商事实践的现实需求做出取舍，并且选取的专题力求兼具理论探讨价值与实践指导意义。每一个专题研究展开的方式依具体内容的不同而有所区别。有的从理论分析入手，在分析论证过程中结合以图表式展示的司法实证案例，分析裁判理念与现行理论、立法相合相悖之处，进而提出自己的观点；有的以案例或实践总结引出关注或讨论的问题，再展开系统的逻辑论证，得出自己的结论；有的立足于实证案例与现行规范进行解释论上的解读。无论采取何种方式，均意在进行理论探究的同时，真正对实践有所助益。

　　本书在题材范围上包括商法总论、公司法、合伙企业法、证券金融法、破产法、商事合同法等内容。在具体专题上既涉及尚未解决的传统商法问题，如商号的概念与性质、股利分配请求权、公司减资效力判定、优先购买权与新股优先认购权、股权转让的结构、瑕疵决议否定规则等，也涉及在当前商事实践中的新问题，如对赌协议、P2P 网贷平台的法律地位、内幕信息重大性的认定标准、股权众筹中领投人民事责任的构成与认定、重整中公司债券持有人的权利保护以及保证合同的违约金条款等；有对现有理论与实践的评析梳理，也包含对预期问题的讨论、预警与风险提示。

　　读者在阅读本书的过程中会发现，虽然大家怀着相同的目的参与研究和写作，但由于专题撰写者的不同，每位作者的文风有别、表达有异，思路与想法未必相同，甚至相近的题目展示截然相反的观点，这一定程度上为最后的统稿工作也许带来了某种"不便"，但我更喜欢这种"不便"，学术在争鸣中才能不断进步，希望读者和我一样更多地感受到各位作者学术创新所带来的震撼与惊喜。

本书是为普通高等院校法学专业本科生、研究生商法学的教学编写，同时也能为商法学的科研人员提供资料参考，更能为法官、律师等法律职业人士的实践工作参考使用。

本书撰写分工如下：

主编：朱晓娟（负责体系设计、案例选择、前言撰写、专题十五撰写及全书审稿统稿）、易梦圆（负责协助主编统稿工作）。初稿撰写人员如下：易梦圆（专题一、专题二、专题四、专题十九）；萧鑫（专题三、专题九、专题十二、专题十八）；叶玮昱（专题七、专题八）；姚篮（专题五、专题六、专题十、专题十六、专题二十一）；郝超（专题十一、专题十三、专题十四、专题十七、专题二十）。中国政法大学硕士研究生林珮、肖伽琦、赵婧和张朔源在文稿讨论中提出了很多修改建议，表示感谢。

期待本书的观点或结论能够对各位读者的商法学教学、科研及实践工作有所启迪，书中不当，自应由本人承担，期待大家的批评指正。

朱晓娟

2017 年 6 月于中国政法大学研究生院科研楼

目　　录

专题一　商号的概念和性质

【摘要】

随着市场交易的复杂和深入，商号不仅可以区分企业，亦可以起到区分产品和服务的作用，由此，商号的使用在更为广泛的语境下展开，商号也逐渐具有了财产性价值。无论理论还是实践，都注意到了商号的这种财产性价值，并对其采取了相应的保护措施。然而，商号的概念、性质等基本问题依然没有厘清，对其他相关问题的研究造成了障碍。为此，本文意图解决这一基础问题，从而为其他相关问题的研究提供论证基础。

【关键词】

商号　概念　性质　商号权

商号的起源可以追溯到简单商品经济社会，有学者考证，商事主体的名称起源于合伙组织，最初它被作为合伙组织的标志而出现[①]。作为舶来品，近代商号（trade name）在我国的出现有三种途径：一是中央政府企业私营化的结果；二是由家庭商号建立起来的；三是来自地区合作发展的努力。这些商号有一个共同特点，即都属于 20 世纪最初几年建立的自称为"公司"的团体。[②]发展到现在，"商号"的适用范围早已不限于公司，而是为商主体[③]普遍享有的、区分单个商主体的重要标志，商号的这种作用有效避免了行政管理及市场交易的混乱。随着商事交易复杂程度的提高，商号的作用渐渐超出了"区分"的范畴，它被赋予了独特的象征意义。实务中"搭商号便车"的情况屡见不鲜，大量的商号侵权纠纷让我们意识到商号还可以成为品质和商誉的证明并对产品市场造成影响，进而成为一种"新型财产"。"商号争夺战"已然打响，要解决商号的归属、流转和保护等问题，首先必须厘清商号的概念及性质。

[①] 范健，王建文. 商法基础理论专题研究[M]. 北京：高等教育出版社，2005：259.

[②] [美]科大卫. 公司法与近代商号的出现[J]. 陈春生，译. 中国经济史研究，2002（3）：61.

[③] 对于商主体的判断，各国立法存在差异，例如法国以从事商行为来界定商主体，德国则类型化规定了商主体的类型和取得资格的方式，但总的来说，商主体即为商事主体，是区别于民事主体的概念，是为立法所承认的可以从事商事行为的主体。参见：范健，王建文. 商主体论纲[J]. 南京大学法律评论，2003（1）：53. ；刘凯湘，赵心泽. 论商主体资格之取得要件及其表现形式[J]. 广东社会科学，2014（2）：215.

一、商号概念的争议

在我国立法中，商号并没有明确的定义，学界对于商号的认识也尚不统一，但总体上可以分为两大类：第一类在广义上使用"商号"一词，认为商号又称商业名称、企业名称、商人名称、厂商名称，是经营者（商人）所经营的企业的名称。国有企业、集体企业、私营企业等各类企业的名称及个体工商户的字号均为商号。[①]另一类观点在狭义上使用"商号"一词，认为商号仅仅是企业名称的一部分。

持广义观点的有王保树、董安生、范健和王建文等学者。例如，王保树认为，商号是商人在营业上表示自己的名称，又称字号、商业名称。[②]董安生认为，所谓商业名称，指各种商主体，包括商个人、商法人以及商合伙等在营业活动中所使用的独特称号，又称商号。[③]范健、王建文认为，我国长期以来都以商号或字号指称商主体本身，但这种习惯称谓已经少有人使用了。因此，从规范意义上讲，还是将商主体的名称，即企业名称称为商号为宜。至于商号权，可以界定为商主体依法对其所拥有的商号所专属享有的商号设定权、使用权和转让权等权利。[④]张丽霞认为，商号是商品生产者或经营者（以下称商事主体）为了表明不同于他人的特征而在营业中使用的专属名称，即商事主体在商事交易中为法律行为时，用以署名或让其代理人使用，与他人进行商事交往的名称。[⑤]这种观点在国外立法上也有所体现，例如《德国商法典》第 17 条规定，商人的商号是指商人进行其营业经营和进行签名的名称。商人可以其商号起诉和应诉。在德国，"商号"与"商业名称"是同一语，"商号"既可用于自然人，也可用于法人。在日本立法上，"商号"指的是商事主体在从事单方或双方商行为时的名称。《日本国商法》第一编专设"商号"一章，其中第16 条规定："商人可以其姓氏、姓名及其他名称作为商号。"第 17 条规定："在公司商号中，要按照公司种类使用无限公司、两合公司或股份公司字样。"由此可见，德国和日本立法中"商号"的含义实际相当于我国法律规定的"企业名称"，都是从广义上界定商号的概念。不仅如此，英美国家也在企业名称或称商业名称的意义上使用商号（trade name）。[⑥]

狭义观点亦有学者支持。例如姚新华认为，商号是企业以及其他商主体为表明不同

[①] 王兰娟. 商号的概念辨析[J]. 湖北广播电视大学学报, 2007（3）：118.

[②] 王保树. 中国商法[M]. 北京：人民法院出版社, 2010：57.；樊涛、王延川也持此观点，见：樊涛，王延川. 商法总论[M]. 第二版. 北京：知识产权出版社, 2010（10）：144.

[③] 董安生. 中国商法总论[M]. 长春：吉林人民出版社, 1994：185.

[④] 范健，王建文. 商法基础理论专题研究[M]. 北京：高等教育出版社, 2005：254.

[⑤] 张丽霞. 论商号和商号权[J]. 法律科学, 1996（4）：57.；梁上上，李friend毫. 商号法律制度研究[M]. 北京：法律出版社, 2014（12）：40.

[⑥] 聂凌. 论商号的知识产权保护[D]. 桂林：广西师范大学, 2010（6）：2.；王兰娟. 商号的概念辨析[J]. 湖北广播电视大学学报, 2007（3）：118.；[德]C.W.卡纳里斯. 德国商法[M]. 杨继，译. 北京：法律出版社, 2006（9）：281.

于他人的特征而使用的名称……在企业名称中，只有商号属于企业的专属名称，对专属名称的使用权，谓之商号权。①任先行、周林彬教授认为，商号和商业名称是种和属的关系，商业名称是"种"，商号是"属"，商号只是商业名称中的一个重要组成部分，而且是核心部分。②这种观点也为我国《企业名称登记管理规定》第七条所采纳，它规定企业名称由字号（或者商号）、行业或者经营特点、组织形式依次组成。

　　立法定义的缺失加之学界的理论分歧使得审判中对商号、企业名称等概念的使用十分混乱。笔者在"北大法宝"上检索商号纠纷案件③，得到的结果如表 1-1 所示。

表 1-1　实践中商号与企业名称概念的使用情况表

	判 例 索 引	裁 判 要 旨
区分使用商号与企业名称	上海雅特兰家具有限公司诉梁爱民等企业商号使用合同纠纷案（2009）沪一中民五（知）初字第 30 号	本案查明的事实表明，原告同意被告梁爱民、郭曙光设立家具销售有限公司使用"雅特兰"字号……被告梁爱民、郭曙光、上海雅特兰家具销售有限公司于本判决生效之日起立即停止使用"雅特兰"商号
	辽宁成大方圆医药连锁有限公司等诉辽宁成大方圆抚顺医药有限公司等公司企业名称商号使用合同纠纷案（2014）抚中民一初字第 00045 号	本院认为，企业名称由所在行政区划、字号（商号）、所属行业或者经营特点、组织形式构成，企业可以选择字号。企业名称，特别是字号，是区别不同市场主体及其商品（服务）的商业标识
	泉州丰泽区德源轴承有限公司与卢燕华等侵犯企业商号权纠纷上诉案（2009）浙知终字第 51 号	德源公司之企业名称权相对于"德源"注册商标权而言，其属于在先权利，且该企业字号与"德源"注册商标相同；但要认定在轴承等产品上使用"德源"商标的行为构成对德源公司不正当竞争，还须同时具备该"德源"商号具有很高的知名度、相关公众会对两者产生混淆等要件
	上海炎黄画院与徐纯中等侵害企业名称商号权纠纷上诉案（2014）沪二中民五（知）终字第 61 号	原审法院认为，法人的名称是区别不同民事主体的标志，通常由行政区划、字号、行业或者经营特点、组织形式等构成。法律保护经合法登记的法人的名称全称，因此如果一方未经他人同意，使用与其他法人相同的名称，属于侵犯名称权的行为
不加区分地使用企业名称与商号	昆明云缆电工配套有限公司诉云南云缆电缆（集团）有限公司侵犯企业名称（商号）权纠纷（2014）云高民三终字第 97 号	原审法院认为，企业名称（商号）是指经营主体在从事经营活动时用以署名而与其他经营主体相区别的名称……企业名称专用权（商号权）是指经营主体依法享有的对其商号的专有权利，即享有商号设定权、使用权及转让权等权利

① 姚新华. 论商号权[J]. 政法论坛，1994（1）：57.

② 任先行，周林彬. 比较商法导论[M]. 长春：吉林人民出版社，2000：247.

③ 若无特别说明，本文所引用的案例均来自"北大法宝"数据库。

从表 1-1 可以看出，实践中将商号与企业名称区分或不加区分地替代使用的情况均存在，且法院一般不对其说明理由而是较为任意地选择使用，这与法律的严谨性和逻辑性不符，也容易造成误解。商号概念及其与字号、企业名称关系的厘清对于指导商事审判，促成法律适用的规范、统一有重要意义。为此，下文将从语义分析、历史分析和规范分析三个角度来论述商号概念的应然状态。

二、商号概念的界定

梳理我国对于商人名称、字号、商号、企业名称的规定并运用法解释学的方法，或许有助于我们厘清这些概念之间的关系。

首先，《中华人民共和国民法通则》（以下简称《民法通则》）第二十六条规定："公民在法律允许的范围内，依法经核准登记，从事工商业经营的，为个体工商户。个体工商户可以起字号。"第三十三条规定："个人合伙可以起字号，依法经核准登记，在核准登记的经营范围内从事经营。"第九十九条第二款规定："法人、个体工商户、个人合伙享有名称权。企业法人、个体工商户、个人合伙有权使用、依法转让自己的名称。"按照体系解释的方法，有两种可能性：一是第二十六条及第三十三条中的"字号"与第九十九条第二款所说的"名称"是同一概念，至少对于个体工商户、个人合伙来说如此；二是字号是名称的下位概念。《民法通则》未使用商号这一概念，因此无法梳理商号与字号、企业名称的关系。

其次，现有对企业名称、字号、商号等有较为详细规定的是由国务院发布的《企业名称登记管理规定》（以下简称《规定》）。其第七条规定："企业名称应当由以下部分依次组成：字号（或者商号，下同）、行业或者经营特点、组织形式。企业名称应当冠以企业所在地省（包括自治区、直辖市，下同）或者市（包括州，下同）或者县（包括市辖区，下同）行政区划名称。经国家工商行政管理局核准，下列企业的企业名称可以不冠以企业所在地行政区划名称：（一）本规定第十三条所列企业[①]；（二）历史悠久、字号驰名的企业；（三）外商投资企业。"第十条规定："企业可以选择字号。字号应当由两个以上的字组成。企业有正当理由可以使用本地或者异地地名作字号，但不得使用县以上行政区划名称作字号。私营企业可以使用投资人姓名作字号。"第十五条规定："联营企业的企业名称可以使用联营成员的字号，但不得使用联营成员的企业名称。联营企业应当在其企业名称中标明'联营'或者'联合'字词。"据此，企业名称是字号及商号的上位

[①] 《企业名称登记管理规定》第十三条：下列企业，可以申请在企业名称中使用"中国"、"中华"或者冠以"国际"字词：（一）全国性公司；（二）国务院或其授权的机关批准的大型进出口企业；（三）国务院或其授权的机关批准的大型企业集团；（四）国家工商行政管理局规定的其他企业。

概念，由于行业或经营特点、组织形式不可省略，企业名称将不存在等同于字号或商号的可能性，并且商号与字号将在同等意义上使用。

如果对《民法通则》采用第一种解释，它将与《规定》冲突。依照法理学的基本原理，解决法律规定的冲突时，应当遵循以下原则：同一位阶新法优于旧法、特别法优于普通法；不同位阶则上位法优于下位法。《民法通则》作为法律是作为行政法规的《规定》的上位法，应当以《民法通则》为准，由此我们得出"（个体工商、个人合伙的）字号等同于名称"的结论；如果采用第二种解释，则能避免《民法通则》与《规定》的冲突，得出"商号即为字号，且商号仅为企业名称的组成部分"的结论。由此，问题依然没能得到解决。

笔者认为，采用第一种解释使得《民法通则》与《规定》矛盾的做法是有原因的，这来源于法律解释自身的局限性，也可以说，是自我封闭和逻辑演绎的法学学科的局限性。为此，应当结合其他学科的知识尝试突破这种界限，以期完善。笔者选用了语义分析法和历史分析法，即从"商号"一词的本意出发，结合我国商事发展历程和传统来界定"商号"的概念及其与相关概念的关系。

（一）商号、字号的语义

在现代汉语词典中，"商号"意指商店本身，即出售商品的店铺。[①]如此理解，商号似乎指代的并非商事主体，而是商事主体的营业所。若把其拆开来理解，"商"可以理解为商人、经商，"号"则指名称。为此，"商号"应当指的是商人的名称。虽有所分歧，但无论"商人的营业所"抑或"商人的名称"，商号之概念不限于"企业"[②]，而是指向所有商事主体的。有学者考证，商事主体的名称起源于合伙组织，最初它被作为合伙组织的标志而出现。[③]由此也可以说明，商号与企业名称应当有所区别，它指向的范围更广，甚至是后者的上位概念，因为它还包含了非企业形态的商事主体的名称，例如个体工商户的名称。笔者认为，商号与商人皆为传统概念且相伴相生，商人的出现使得商号产生，而商号的产生也正是为了表彰商人身份。所谓"商人"，即经营营业者。商人之营业区别于民事交易，具有独立性、有偿性、持续性、对外显示等特征。[④]为了商事交易之方便，商人应当有自己的名称，这种名称指代商人实体并形成外观，使交易相对人并不在意该商事组织的真正所有人是谁、人员构成为何，而仅关注该名称所代表的产品或服务。

[①] 中国社会科学院语言研究所词典编辑室. 现代汉语词典[M]. 修订本. 北京：商务印书馆, 2001：1671, 1104.

[②] 若无特别说明，本文所称企业是指以盈利为目的，运用各种生产要素（土地、劳动力、资本和技术等），向市场提供商品或服务，实行自主经营、自负盈亏、独立核算的社会经济组织。包含个人独资企业、合伙企业、公司等商事组织，但不包含个体工商户、个人合伙。本文在此基础上理解《合伙企业法》的有关规定，除特别说明外，下同。

[③] 转引自：范健, 王建文. 商法基础理论专题研究[M]. 北京：高等教育出版社, 2005：259.

[④] [德]C.W.卡纳里斯. 德国商法[M]. 杨继, 译. 北京：法律出版社, 2006（9）：29-32.

（二）商号、字号的起源

为了进一步理解商号的概念，不妨运用历史分析法追溯商号一词的来源。考察欧洲国家与亚洲国家的商业名称发展轨迹会发现，商号概念出现的方式有所不同。欧洲国家的商业名称与公司制度紧密相连。中世纪，在意大利以及地中海沿岸的其他城市国家，商业非常繁荣，出现了各种商业组织和行会，于是公司得到进一步发展。为了商事交易的方便，同时为了明示公司的所有人，需要给公司取一个名称，人们便将几个股东的姓联合在一起，组成一个新的、表明一定内容的商业名称，这也许就是现代意义商号的始祖。[①]后来随着商业日渐发展，对商号的使用便由商业公司扩展到商个人或商业合伙组织，而亚洲国家的商业名称则先由商个人或商业合伙组织使用，到近代公司组织出现之后，商业名称才沿用于公司组织。[②]结合我国商事活动发展的历史，我国商业名称的使用始于独资或合伙组织的商事主体，公司组织诞生以后，商业名称的使用才延伸到公司组织这种商事主体，并且在商号概念引入之前，我国一般采用"字号"这种本土用法。[③]"字号"在我国是对一个人或一个组织的尊称和美称，作为中国特有的一种文化现象有着悠久的历史。据文献资料记载，字号早在西周时期就已经出现，但它最早是对人的一种称谓方式。人的称谓，有名、字和号之别。名，是出生时由父母或其他长辈起的，是其一生中唯一的正式称谓，字和号则是长大成人之后才有的称谓。字号虽不属于正式的称谓，但在古代社会生活中，却被普遍使用，并且成为一种文化习俗，为各阶层人士普遍接受和使用。在商品经济萌芽并发展后，字号的使用范围不断拓展，被运用于商业活动之中，逐渐成为商家不可或缺的名号、品牌，出现在各式牌匾、招幌、产品和包装上。[④]从许多明清小说之中可以看到，字号也用以指代商店或其名称[⑤]。由此，在我国商号这一概念很可能是作为字号的替代品出现的，用以指称经过发展演变的商事组织的名称。

由此，在我国，"字号"作为本土概念在文义上代指店铺或商人的名称，并且伴随着商事组织形态的演变由代表商个人扩及商合伙甚至公司，直至后来"商号"概念的引入才使得字号使用的范围有所限制。如今，我国规定个体工商户和个人合伙可以起"字号"，而对企业则允许起"字号（或商号）"，可见使用商号的主要是企业，而使用字号的则主

[①] 范健. 德国商法传统框架与新规则[M]. 北京：法律出版社，2003：237.

[②] 任先行，周林彬. 比较商法导论[M]. 长春：吉林人民出版社，2000：250.

[③] 参见：赵中孚. 商法总论[M]. 北京：中国人民大学出版社，1999：172.；转引自：蒋虹. 论商号及其法律保护[D]. 上海：华东政法大学，2011（5）：9.

[④] 王红. 老字号[M]. 北京：北京出版社，2006：2-3.；转引自：蒋虹. 论商号及其法律保护[D]. 上海：华东政法大学，2011（5）：10.

[⑤] 如《老残游记》第三回："即到院前大街上找了一家汇票庄，叫作日昇昌字号，汇了八百两寄回江南徐州老家里去。"又如《官场现形记》第三一回："而且他南京有卖买，上海有卖买，都是同人家合股开的。便有他现在南京一爿字号里做挡手的一个人，其人姓田，号子密，是徽州人。"

要是个体工商户,这生动地反映了字号与商号的动态关系。至此,我们可得出结论:商号和字号同义,均指代商事组织的名称,它是企业名称的上位概念。《规定》的做法枉顾字号、商号的本来含义和历史发展事实,也违背了《民法通则》的本意,没有正确表达商号与企业名称的关系。

可能会有这样的反驳:一是随着社会的发展,字号的含义可能悄然发生了变化。的确,如果我们仔细观察历史和实践中个体工商户的名称,会发现存在很大的不同。从历史的角度看,商个人作为最初的商事组织形式应当是以经营者自己的"名"或"字"作为"招牌",并且"字"是尊称,雅于"名"。在古代商品经济不发达且采封建政治制度的情况下,社会的风气是"重农而轻商",因此,商人为了提高自己的身份地位,亦或是不想让人知道自己的真名,会以起"字"的方式来表彰和区分营业,这时的"字"与自然人姓名没有什么太大的区别,不会加入行政区划及组织形式等要素,因为商业不发达不会出现商品大面积地跨区域流动,商事组织形式也非常单一,无须规范和区别。甚至有的店铺名称不需要表现行业特点或经营特色,这从一批老字号中可以窥见,如"吴裕泰""全聚德"。由是,古代"字号"就是代表商人之营业的名称,扮演着如同自然人姓名一样的作用。而随着商事的发展,交换愈加频繁,就有了区分商主体之必要,因此,店铺名称会包含更多可以区分并方便行政管理的要素,变得越来越复杂。观察今天个体工商户和个人合伙的状况,大多数个体工商户的名称即便不加入行政区划和组织形式,但都会包含行业特点,因此,传统意义上的"字号"已经不能解释为现代商事组织的名称。二是既然字号与商号为同一概念,为何又要采纳商号这一概念将问题复杂化呢?

以上两个问题并非无法解决。针对反驳一,传统的商事组织名称本身就只存在"吴裕泰"这一部分,而不存在行政区划、组织形式、行业特点等要素。"吴裕泰是字号(名称)"这句话在当时的语境下并没有问题,但在现在的背景下就存在很大的问题了。这种理解事实上是将字号理解为"商事组织名称中的专有部分"而非"商事组织的名称","商事组织名称中的专有部分"自然无法涵盖"商事组织的名称"。简言之,不是传统字号的含义无法适用于当下的现实,是对字号含义的理解一开始就停留在商事组织名称的最基本形式。200年前的"×××"是字号,当下"北京×××有限责任公司"也是字号,"字号"等同于"商事组织的名称"并无不妥。针对反驳二,笔者认为与商事交易的国际化有关。字号作为扎根于我国土壤的传统概念用以代指商事组织的名称可以为普通商事交易者所理解,但对于国外的商事主体而言,他们很难理解何为"字号",连精准的翻译也存在一定困难。为与商事交易发达的英美国家便利贸易往来,引入"商号"这一概念并没有什么奇怪。那么,既然商号与字号同义,为何不以商号完全取代字号?笔者认为,我国法律对"字号"概念的采用及适用主体的规定是存在倾向性的,如前所述,我国法律规定个体工商户和个人合伙可以起"字号",而对企业则允许起"字号(或商号)",可见使用商号的主要是企业，而使用字号的则主要是个体工商户、个人合伙，这种规定尊重了历史传统，也体现了对"老字号"的保护——"字号"一词本身带来的历史传承感，能体现今天对传统工艺的保护和继承，是声誉的绝佳证明，而"商号"作为舶来品则不具备这一功能。由此观之，虽商号与字号同义，但商号依然无法完全取代字号。

三、商号的性质

明确了商号与相关概念的关系及其内涵后，我们需要解决商号的性质问题。商号的性质决定了以商号作为客体的权利的性质，也决定了商号侵权行为的构成要件及承担的责任形式。民法上将权利的客体划分了几种类型，分别为物、权利、智力成果、行为。其中，物权的客体主要是物，也可以包含权利；债权的客体是行为；知识产权的客体则主要是智力成果。商号显然不是行为或权利，它只可能是物权或知识产权的客体。

（一）商号不是物，是无形财产

物权法上的物需要满足以下要求，即存在于人体之外、能够为人力所支配、独立、特定、能够满足人们生产生活的需要，并且是有体物。所谓有体物，即占据一定空间、依人的五官可以感觉到的物质。而无体物，如商标、著作、商业秘密等均非物权法上的物，不受物权法的调整。[①]由此看来，商号不具备"有体"要件而无法归入物权法的调整范围。当然，无体物不是物的观点存在争议，为适应现实生活的需要，近年来物权客体存在扩大的趋势，因此仅仅因为不存在有体性还不能断言商号一定不是物。

然而，商号的许可使用制度的存在却使得商号无法被纳入物之范畴。1997 年 3 月颁布、实施的《连锁店经营管理规范意见》（现行有效）肯定了"特许连锁"的存在。其第一条规定："连锁店指经营同类商品、使用统一商号的若干门店，在同一总部的管理下，采取统一采购或授予特许权等方式，实现规模效益的经营组织形式。"其第四条规定了连锁店的三种形式，即直营连锁、自愿连锁和特许连锁（或称加盟连锁）。其中，特许连锁是指连锁店的门店同总部签订合同，取得使用总部商标、商号、经营技术及销售总部开发商品的特许权，经营权集中于总部。可见，虽然连锁店之间的内在关联有多种可能性，但"加盟连锁"（或称"特许连锁"）采用了商号许可使用的方式。1997 年 5 月国家工商行政管理总局颁布、实施的《关于连锁店登记管理有关问题的通知》（现行有效）第二条规定："由总部参股设立或与总部无资产关系的门店，通过与总部签订合同，采取联营的方式或者取得使用总部商标、字号、经营技术及销售总部商品的特许权，按照合同的约

---

① 江平. 民法学[M]. 北京：中国政法大学出版社，2011：223.

定共同经营。"也肯定了商号在连锁店的许可使用[①]。为此，我国至少在"加盟连锁"（或称"特许连锁"）的意义上承认商号的许可使用。此外，以"挂靠经营"为关键词在"北大法宝"进行检索会发现，我国仅在医疗卫生领域、交通运输领域中运输危险品和客运的情况下绝对禁止挂靠经营[②]，其他领域的态度不甚明确，并且"挂靠"在建筑行业尤为常见。《中华全国律师协会律师办理建设工程法律业务操作指引》也专门提及了建设工程中挂靠经营的诉讼当事人问题。[③]由此说明，商号的许可使用在我国存在法律基础和实践基础。许可使用制度使得商号具有可复制性和非排他性，这与物权法基本原则不相符，因此，商号不是物。

同时我们知道，商号由权利人创造并由其表彰身份，由此说明，商号具有人身属性。另外，中国人向来对起名重视，讲究字音、字形和寓意，音要动听、朗朗上口，形要美观、和谐大方，意要深远、格调高雅。选择商号的过程必定包含着一定的智力劳动，并将这种劳动凝结于商号这一成果之中，使得商号具有一定的价值。当然，商号经创造出来时具有的价值微乎其微，只有它作为商人名称，随着商人及其营业经济价值和声誉价值的增加，商号的价值也才随之增加。《规定》第二十三条要求企业名称随企业或者企业的一部分一并转让正体现了商号与商人的不可分性。当然这不是说商号无法单独作为财产使用，而是说它的价值取决于它所代表的商人的经济价值和声誉价值，或者说商号在一定程度上是商誉的载体，商号的许可使用制度就是例证。由此，商号具有了人身性和财产性的双重属性。

综上所述，笔者认为商号的本质不是物，在它起标识和区分商主体身份的作用时，它具有人身性，而在许可使用、企业名称转让的场合则具有财产性。但人身无法作为权利的客体，由此，商号作为客体时只能是一种财产，并且是无形财产。

（二）从商号权的内容、性质反观商号的性质

1. 商号权的内容

如同商号一样，商号权的概念和内容在立法上没有明确规定，学理也存在争议。王保树认为，商号权是指商号所有人对其商号所拥有的权利，包括使用权和专用权；[④]王作

[①] 范健，王建文. 商法基础理论专题研究[M]. 北京：高等教育出版社，2005：267.

[②] 详见《国务院办公厅关于完善公立医院药品集中采购工作的指导意见》《国务院办公厅关于印发深化医药卫生体制改革2014年重点工作任务的通知》《国务院关于加强道路交通安全工作的意见》。

[③] 第120条1.（7）：挂靠经营关系的建筑施工企业以自己的名义或以被挂靠单位的名义签订的承包合同，一般应以挂靠经营者和被挂靠单位为共同诉讼人。施工人挂靠其他建筑施工企业，并以被挂靠施工企业名义签订建设工程合同，而被挂靠建筑施工企业不愿起诉的，施工人可作为原告起诉，不必将被挂靠建筑施工企业列为共同原告。

[④] 王保树. 中国商法[M]. 北京：人民法院出版社，2010：59.；樊涛、王延川也持此观点，见：樊涛，王延川. 商法总论[M]. 第二版. 北京：知识产权出版社，2010（10）：150.

全认为，商号权是法律所规定的商号所有人所享有的权利；[①]梁上上认为，商号权是指商号专有人依法对已登记的商号所享有的专有使用的权利；[②]有学者以"商业名称权"表述商号权，如赵旭东认为，商业名称权，即商业名称专用权，是指商业名称经登记，商事主体即取得该商业名称专有使用的权利。[③] 虽表述不同，但以上学者均认为商号权应当是对商号所拥有的权利，是商号所有人的使用权且具有专属性。范健、王建文采不同观点，认为商号权还包含了商号设定权。[④]

笔者认为，商号是商号权的客体，是权利义务所指向的对象。商号权的成立以商号之存在为前提，而非相反。任何组织、个人均有决定自己名称的权利，并非商人所独有，所谓"商号设定权"并不具有特殊性，也会使得大家陷入"先有商号还是先有商号权"之纠结。这种理解也与我国立法规定商号登记后方能享有商号权之规定冲突。因此，商号权的内容有且仅有商号使用权和商号专用权。

商号使用权是指权利人对商号享有的在法律允许的范围内使用的权利。《民法通则》第九十九条做了概括性规定，《企业名称登记管理实施办法》（以下简称《办法》）对商号的使用做了专章规定[⑤]，体现出我国对商号使用权规制的总体思路是"以自由行使为原则，以诚实信用为边界"，充分尊重商号权人的意愿。商号可以直接使用，也可以简化使用，例如《规定》第二十条允许从事商业、公共饮食、服务等行业的企业名称牌匾适当简化，《个体工商户名称登记管理办法》第十九条也允许个体工商户名称牌匾的适当简化。在实务中，商号的使用主要表现为两种方式：一是自己使用，如制作企业名称广告牌、签署合同、开立银行账户或起诉应诉；二是供他人使用，一般是将商号转让或出借，如"挂靠""连锁经营""特许经营"。

商号专用权是指权利人对商号所享有的排他性、独占性的权利。《规定》第三条对其做了原则性规定："企业名称在企业申请登记时，由企业名称的登记主管机关核定。企业名称经核准登记注册后方可使用，在规定的范围内享有专用权。"商号专用权与商号使用权不同，它具有法定性，其设立、权利内容及效力范围都由国家法律法规规定，商号权人不得自行设定或通过合同约定。[⑥]其次，它与商号所有人不得分离，不能单独转让、许可使用，具有对世性。因此，商号专用权受到侵权责任法的一般保护，商号的冒用、混淆等行为会构成侵权，权利人可以请求停止侵害并要求赔偿损失。它还受到《中华人民

[①] 王作全. 商法学[M]. 北京：北京大学出版社，2011（3）：57.

[②] 梁上上，李国毫. 商号法律制度研究[M]. 北京：法律出版社，2014（12）：67.

[③] 赵旭东. 商法学[M]. 北京：高等教育出版社，2007：74.

[④] 范健，王建文. 商法基础理论专题研究[M]. 北京：高等教育出版社，2005：254.

[⑤] 详见该办法第35～39条。

[⑥] 梁上上，李国毫. 商号法律制度研究[M]. 北京：法律出版社，2014（12）：206.

共和国反不正当竞争法》的特别保护，其第五条规定："经营者不得采用下列不正当手段从事市场交易，损害竞争对手……（三）擅自使用他人的企业名称或者姓名，引人误认为是他人的商品；[①]"以及其第二十一条第一款规定："经营者假冒他人的注册商标，擅自使用他人的企业名称或者姓名，伪造或者冒用认证标志、名优标志等质量标志，伪造产地，对商品质量作引人误解的虚假表示的，依照《中华人民共和国商标法》《中华人民共和国产品质量法》的规定处罚。"

2. 商号权的性质

上文已述，商号权的内容包含了商号使用权和商号专用权，主流观点认为，商号使用权、商号专用权兼具人身性和财产性，因此，商号权应当是兼具了这两种属性的混合型权利。这一观点得到了许多学者的认同，如王保树、范健、柳经纬、赵旭东、覃有土、任先行等，数量之多为其他学说所不及[②]。该观点也符合德国和日本关于商号权之学说：德国主流观点认为，商号权是混合权利且为统一权利，即商号权的人身属性和财产属性是不可分割的。[③] 现代日本商法也认为商号权兼具两种属性。商号权受到侵害后，商人不仅可以请求侵权人停止侵权、赔偿损失，还可以依照《日本民法典》第 723 条请求侵害人恢复名誉并偿付名誉损失费。[④]还有观点认为商号权是知识产权中的工业产权，采此观点的学者包括但不限于李永军、姚新华、施天涛等学者。他们的理由在于：（1）人身权是一种与不可与人身分离的不具有直接财产内容的权利。商号权不具有这一关于人身权定义的任何特征，它可以转让和继承；[⑤]（2）1883 年《保护工业产权巴黎公约》第 1 条将商号权与商标权、专利权并列规定，同属工业产权。1967 年的《世界知识产权组织公约》第 2 条规定重申了商号权是知识产权。我国《民法通则》却在第五章中"人身权"一节的第九十九条规定："法人、个体工商户、个人合伙有权使用、依法转让自己的名称。"民法通则既规定"名称"有可转让的财产权属性，但却将其定位于具有不可转让性的人身权范畴，明显违背了自身所遵循的民事权利分类体系。所以，无论依国际上通行的权利划分标准，还是依我国的民事权利分类体系，商号权在权利位阶上应属民事权利中的知识产权，而不应归于人身权范畴。[⑥]

结合前文对商号性质及商号权内容之分析，笔者同意后一种观点，通说认为商号权是混合型权利的说法是不正确的。首先，商号专用权的意义主要体现在商号侵权或不正

[①] 《最高人民法院关于审理不正当竞争民事案件应用法律若干问题的解释》第六条进一步规定：具有一定的市场知名度、为相关公众所知悉的企业名称中的字号，可以认定为《反不正当竞争法》第五条第（三）项规定的"企业名称"。

[②] 梁上上，李国毫. 商号法律制度研究[M]. 北京：法律出版社，2014（12）：84.

[③] [德]卡纳里斯. 德国商法[M]. 杨继，译. 北京：法律出版社，2006：281-284.

[④] 吴建斌. 现代日本商法研究[M]. 北京：人民法院出版社，2003：139.

[⑤] 施天涛. 商法学[M]. 北京：法律出版社，2006（3）：112-113.

[⑥] 姚新华. 论商号权[J]. 政法论坛，1994（1）：58. ；王卫国. 民法[M]. 北京：中国政法大学出版社，2008：37.

当竞争的情况下，商号权的重心还是使用权，而使用的方式可以有很多种，例如转让以获得财产价值抑或标识身份。认为商号权是混合型权利的学者没有分清主次，也没有意识到财产使用方式的多样化。其次，前文已述，具有人身属性时商号不能作为权利客体，作为无形财产的商号才可以成为权利客体，那么对财产主张的权利不会是人身权。再者，在现代经济交往中商号扮演的角色类似于商标，因此将商号权定性为知识产权并不为过。并且，从发展趋势来看，经济全球化愈发深入，将商号作为工业产权保护能够与国际接轨，也能够增强对我国民族企业和产业的保护。综上所述，商号权的性质应当是知识产权中的工业产权。由此反观商号的性质，我们能够得到更为准确的答案，即商号不仅是一种无形财产，更为准确地说，其本质为智力成果。

结论

　　"商号"是指商事组织的名称，与"字号"同义，是"企业名称"的上位概念。考虑到字号使用的历史悠久、在我国接受度较高，作为舶来品的"商号"无法完全取代之。我国个体工商户、个人合伙取"字号"，企业享有"商号"的做法与我国商事发展历史和商事习惯一致；拥有商号者享有商号权，即商号使用权和商号专用权，商号权与商标权类似，是一种工业产权，由此观之，商号的性质应当是无形财产，甚至是智力成果。

专题二　我国企业名称转让制度的完善

【摘要】

我国《民法通则》允许了企业名称的转让，《企业名称登记管理规定》虽进行了细化但仍未解决转让过程和转让后果等问题，本文借鉴类似制度和其他国家的立法以解决上述问题。得出的结论是，企业名称可以单独转让也可以随企业或企业的一部分转让，企业名称转让共可区分四种情形，不同情形下的转让程序和效果存在差别，应当区别对待。

【关键词】

企业名称转让　相对转让主义　债权人保护　外观主义

企业名称转让是商事主体融资、剥离和整合企业资源的重要途径，实践中，企业名称的转让甚至个体工商户、个人合伙名称的转让大量存在。但由于我国立法规定的概括性和模糊性，企业名称转让的程序和效力不甚明确，导致事务操作缺乏标准，容易引发纠纷。为此，搭建企业名称转让制度的框架结构、明确企业名称转让制度的具体内容非常必要。

一、我国企业名称转让制度的特征

我国《民法通则》第九十九条第二款规定："法人、个体工商户、个人合伙享有名称权。企业法人、个体工商户、个人合伙有权使用、依法转让自己的名称。"这一原则性规定，明确了个体工商户、个人合伙及企业名称的可转让性，更加具体的内容则规定在《企业名称登记管理规定》及《企业名称登记管理实施办法》中。《规定》第二十三条规定："企业名称可以随企业或者企业的一部分一并转让。企业名称只能转让给一户企业。企业名称的转让方与受让方应当签订书面合同或者协议，报原登记主管机关核准。企业名称转让后，转让方不得继续使用已转让的企业名称。"其第三十条规定："在登记主管机关登记注册的事业单位及事业单位开办的经营单位的名称和个体工商户的名称登记管理，参照本规定执行。"《办法》第三十五条规定："预先核准的企业名称在有效期内，不得用于经营活动，不得转让。企业变更名称，在其登记机关核准变更登记前，不得使用《企业名称变更核准通知书》上核准变更的企业名称从事经营活动，也不得转让。"以上规定认可了我国商人名称的可转让性，虽"企业名称转让"之概念无法涵盖非企业形态的商人名称转让之情形，但我国立法以之为典型，并参照适用于个体工商户、个人合伙。①为此，本文所探讨的企业名称的转让②问题具有重要意义和代表性。

通过对立法的梳理和分析，笔者认为我国企业名称的转让具有以下特点。

（1）企业名称与企业捆绑转让。企业名称不能单独让与，必须随企业或企业的一部分一并转让。所谓"企业或企业的一部分"该怎么理解？通过文义解释，企业应当是指形成有机整体的名称、财产、组织机构及人员的总和。但企业的一部分则难以界定，因为企业的组成部分有很多种，此处的一部分究竟指代为何并不明确，唯一可以确定的是，该部分不会是企业的名称。而从立法目的来看，禁止企业名称单独转让是为了保持名称与其所代表的企业价值、商誉的一致性，以免消费者和债权人对于企业的外观信赖得不到保护。由此看来，"企业的一部分"应当能够体现企业的内在价值，更进一步说，能够为企业名称所代表的东西提供实质性的支撑，当它从原企业剥离出来后能够形成新的企业的"骨骼"。有学者指出，尽管《规定》第二十三条中"企业或者企业的一部分"未明确其具体内容，但可以理解为"企业资产或者营业的全部或一部分"。理由在于，在资产或营业全部或部分转让的情况下，受让方才可能会是一个新的经营主体，须运用该企业资产或营业进行经营，方有使用转让方企业名称之可能。③从"企业"与"营业"的关系入手，一个企业可能经营数个独立的"营业"，当企业整体转让时，"营业"就等同于"企业"；当企业的部分转让时并非企业转让，但是它构成营业转让。④实践中，企业名称转让的受让人购买的一般是原企业较为有价值的那一部分甚至是主要部分，通过梳理相关案例，我们会对"企业或企业的一部分"有更加直观的认识，如表 2-1 所示。

---

① 《企业名称登记管理规定》第三十条规定："在登记主管机关登记注册的事业单位及事业单位开办的经营单位的名称和个体工商户的名称登记管理，参照本规定执行。"

② 商号是指商事组织的名称，但在我国立法中缺少"商号转让"制度而仅有"企业名称转让"制度。在引用国外立法时，本文本着客观的态度不变更"商号"这一术语。虽非一一对应，但因为存在包含关系（商号包含了企业名称）而依然可以比较、借鉴，特此说明。关于商号的概念及其与字号、企业名称的关系，参见笔者本书中的专题一：《商号的概念和性质》。

③ 蒋大兴. 营业转让的规制模型：直接规制与功能等值[J]. 清华法学，2015（5）：56.

④ 郭娅丽. 营业转让制度研究[D]. 武汉：武汉大学，2010：13.

表 2-1 司法实践关于"企业或企业的一部分"含义的判断表

判例[①] 索引	裁判要旨
高海燕等诉林发等企业名称转让、商标权转让、设备转让合同纠纷案 (2008) 柳市民三初字第 2 号	《名称转让协议》约定:"一、经林发同意将'柳州市麦乐基脆皮炸鸡店'名称转让给高海燕;二、待高海燕办理名称预先核准手续以后,林发不得再使用'柳州市麦乐基脆皮炸鸡店'名称……四、林发必须自名称核准之日起一个月内办理营业执照注销手续,高海燕持林发注销登记证明到经营地址所在地工商分局办理开业登记"
康保县塞外草原酿酒有限公司诉河北爱莱特啤酒有限责任公司企业名称转让合同纠纷案 (2015) 康商初字第 29 号	原、被告双方签订了一份《转让协议》,原告将拥有的康保县塞外草原酿酒有限公司等无形财产,包括注册的公司名称、营业执照、生产经营许可证、组织机构代码证、税务登记证等手续转让给被告
常州吉远缝制有限公司与金坛市超亚旅游用品有限公司企业借贷纠纷上诉案 (2014) 常商终字第 295 号	甲方、乙方签订企业名称转让协议,约定甲方同意将金坛市超亚旅游用品有限公司的企业名称和部分经营项目:旅游轻金属家具、旅游用帐篷、睡袋吊床、金属零配件的生产、销售、自营和代理各类商品及技术的进出口业务(国家限定企业自营或禁止进出口的商品及技术除外)及其 63.71 万元的生产设备无偿转让给乙方
河北鑫达建筑工程有限公司诉李书强等建筑工程施工合同纠纷再审案 (2014) 辛民再字第 3 号	谢亚改与李书永签订企业名称转让协议,其第三条约定,止于 2002 年 5 月 28 日前转让人(李书永)享有原来债权,清偿原来债务,同年 5 月 30 日,深泽县太和电器城登记业主为谢亚改
李联芳诉黄玉梅等债务转移合同纠纷案 (2010) 贵民二初字第 8 号	企业名称转让协议书,证实贵港市金源硫铁矿场的企业名称转让给被告黄玉梅……合同约定甲方把金源矿业有限公司拥有的矿山(采矿许可证号:4508000530082)整体转让给乙方……甲方同意把该公司法人代表变更为乙方受让人
龚某与蒋根华所有权确认纠纷案 (2009) 嘉善民初字第 2780 号	被告蒋根华与案外人林某另签订一份《同意使用企业名称协议》,该协议约定:经双方友好协商,案外人林某的嘉善县天凝镇林某服装厂停业注销,同意被告蒋根华使用嘉善县天凝镇林某服装厂的企业名称。企业名称转让后,案外人林某不得继续使用已转让的企业名称,也丧失名称权……被告蒋根华在受让嘉善县天凝镇林某服装厂后,对原有厂房进行了增加建设,增建了钢结构厂房,在原有厂房南侧另建厂房、场地和附属设施等
焦作市超越鞋厂诉张建民劳动争议纠纷案 (2007) 温民初字第 53 号	温县黄庄镇人民政府与原告企业的合伙人签订了一份"企业名称转让协议",协议内容为:甲方因企业改制愿将自己拥有的企业名称"焦作市超越鞋厂"无偿转让给乙方使用。焦作市超越鞋厂由集体企业改制为私营合伙企业,原焦作市超越鞋厂生产经营的厂房、场地均未变动
大康贸易公司诉侯洪法股权转让合同纠纷案 (2006) 锡民三初字第 089 号	大康公司授权代表人倪梦麟以该公司名与林发公司签订《资产转让合同》一份,约定大康公司向林发公司转让大康印染公司的企业名称及全部厂房及设施、全部印染设备设施、污水设备设施和注册资金,转让资产价款为 550 万元

[①] 若无特别说明,本文所引用的案例皆引自"北大法宝"。

由此可知，我国企业名称的转让分为以下两种情况：一是整体转让，变更企业所有人；二是部分转让，又可以分为企业名称随重大资产转让或随同营业而转让。

（2）仅能转让给一个商人。行政法规采用"企业名称只能转让给一户企业"之表述，从文义上理解，企业名称仅能转让给企业，且只有一户企业，而不能转让给个体工商户、个人合伙。但是，是否允许个体工商户、个人合伙向一户企业转让名称则不明确。对此，国家工商行政管理局没有明确意见，有的地方性的工商管理机关则认为企业名称仅能在组织形式相同的企业或者该名称所反映的组织形式范畴内的企业间相互转让，公司制企业不得将其名称转让给非公司制企业。①对此笔者认为，仅"企业到企业"这一情况是强制性规定，在法律、行政法规未禁止的情况下，根据民商法领域"法不禁止即自由"的原则，个体工商户、个人合伙不仅能自由转让名称，也能够向一户企业转让名称。此外，根据行政法一般原理，地方性行政机关的"规范性法律文件"不能突破行政法规的规定，改变其范围和内容，企业应当可以自由转让名称而不受组织形式之限制。

（3）需要签订书面合同并报请核准。"核准"一词说明企业名称之转让并非基于双方的意思自治就能完成，而需要得到公权力的认可。因此，签订书面合同以及报请原登记主管机关核准可以被视为企业名称转让的前置性程序，未经核准的不能发生名称转移之效果，对未核准负有过错的一方应当向另一方承担违约责任，并且接受行政处罚。②

（4）预先核准及名称变更期间转让禁止。名称转让的前提条件是转让人取得了客观、确定的商号权。在企业名称预先核准期间，企业所有人对名称仅有期待权，而不具备真正的商号权；变更登记未被核准的，亦不得使用和转让。总之，企业名称的转让必须得到工商行政管理机关的核准，否则无法进行。

二、我国企业名称转让制度的不足

通过梳理，不难发现我国企业名称转让制度存在以下不足之处。

（一）禁止企业名称的单独转让

关于企业名称的转让，国际通行的有两种做法：一种与我国相同，规定企业名称必须随营业转让，将营业与企业名称形成捆绑。如《德国商法》第 23 条规定："商号不得与使用此商号的营业分离而让与。"《日本商法典》第 24 条规定："商号只能和营业一起转让或在废止营业时转让。"《韩国商法典》第 25 条："商号，只有在废止营业时，或和营业一并进行时方可转让。"中国澳门、意大利也采此做法，谓之"绝对转让主义"，但

---

① 梁上上，李国毫. 商号法律制度研究[M]. 北京：法律出版社，2014：155.

② 《企业名称登记管理规定》第二十六条："违反本规定的下列行为，由登记主管机关区别情节，予以处罚：（三）擅自转让或者出租自己的企业名称的，没收非法所得并处以 1 000 元以上、1 万元以下罚款"。

即使是采取"绝对转让主义"的国家,也允许在营业废止时单独转让商号。另一种则规定商号可与营业分离而转让,也叫"相对转让主义"或"自由转让主义"。商主体可以不转让营业而只转让商号,而且多处营业可以同时使用一个商号,商号转让后,转让人仍享有商号使用权和其他权利,受让人也取得商号使用权和其他权利。奉行这一立法原则的国家不多,主要是法国。[①]因此,企业名称必须随营业而转让并非"颠扑不破的真理",是否允许企业名称单独转让是一国的立法选择,这种立法选择要考虑我国法律体系的圆融、法理基础的支撑和社会实践的需要。

我国法律不允许企业名称单独转让的原因如下:一是单独的企业名称自身不存在经济价值,其价值来源并依附于其所代表的企业的产品和声誉,脱离了企业的名称则不具备财产价值,也就没有转让的必要。实际上,企业的整体价值是由商誉、产品、经营模式、组织体系甚至企业文化共同决定的。想要实现企业名称转让价值的最大化,必须"内外兼修"。为此,企业的转让必定是"有机整体"的转让,其中的各个要素都不能割裂开来。二是企业名称的单独转让会导致混淆,[②]出现"表里不一"的情况,不利于债权人权利的实现以及交易相对人对产品的期待和信赖落空。试想 A 制药有限责任公司将其名称单独转让给同城×医药有限公司,更改了企业名称甚至经营范围且没有通知其债权人。债权人在请求债权实现时可能会陷入找不到债务人的窘境——原本的债务人已改头换面,现在的名义债务人在接受商号时没有附带任何财产,那么有什么理由期待其以×企业本身的财产来偿还其他人的债务呢?另外,×的产品上标识的企业名称可能导致消费者的误认,期待它依然是原有企业生产的有品质保障的产品。而实际上制药技术、组织部门的转移均不存在,因而消费者的期待可能落空。商法向来注重权利外观,由"表"及"里"。为了交易安全,避免原企业名称所有人逃避债务,必须使企业名称附着于营业而转让。

笔者观点有所不同。第一,企业名称的价值的确来源于其所代表的企业的价值,但这并不意味着它没有自身的独立价值,否则无法解释企业名称许可使用制度之存在,并且从企业名称的本质来看,它是无形财产,甚至同商标一样是知识产权的客体,[③]可以为权利人所支配换取对价。第二,要保护第三人而不允许企业名称单独转让的理由不成立。企业名称之单独转移的确会带来权利外观与实质不符的问题,但并非无法解决。方法之一是让受让企业名称的人概括承受转让人的债权债务,受让人会将此作为企业名称转移对价的考虑因素,并不会导致利益受损,亦不影响第三方。例如 A 欲以 100 万元的价格将企业名称转让给 B,同时 A 企业对 X 企业享有 20 万元的债权,对 Y 企业承担 50 万元

① 任尔昕,张完连. 论营业转让与商号转让[J]. 甘肃社会科学,2007(2):173.
② 范健. 商法[M]. 北京:高等教育出版社,2006:81.
③ 关于商号(包含了企业名称)的概念和性质,详见本书中作者的另一篇论文:《论商号的概念及性质》。

的债务，B 将要求以 70 万元的价格购买该企业名称。方法之二是允许善意债权债务人的受领或履行，再由受让人向转让人转移所得或进行债务的追偿。方法之三是尊重双方约定并将名称转让的事实和债权、债务处理方式予以公告。总之，这是立法技术的问题，并非一个客观上不能解决的问题。第三，允许企业名称的单独转让有利于企业的融资和存续。从转让方的角度讲，如果企业名称必须随同企业或其一部分转移，就必然导致企业的分割和控制权的削弱，并且受让方所购买的企业之一部分一般而言都是主要部分，否则他不会购买。残存的企业想要继续发展生存，多少都存在着困难。为此，考虑到企业的整体性和存续性，应当允许企业名称单独转让。此外，企业名称的价值和企业的价值可以完全不匹配。试想一个新兴企业刚刚建立急需融资，由于企业名称寓意深远被完全不同行业的人看中想买走，企业所有人不想丧失对企业的控制，也不想重新组建企业的架构去走繁复的行政审批程序，不想重新招收人员进行培训，此时为什么不允许他出让企业名称获得投资呢？总而言之，企业名称作为无形财产可供权利人支配，单独转让并不存在障碍，同时，允许企业名称与企业分开转让有利于企业存续并可以降低融资成本，对第三人的利益保护亦可通过法律规则的设计实现。因此，我国不允许企业名称的单独转让违背了企业名称的财产权性质，也没能回应实践的需要，造成了财产利用的浪费和低效能，这与商法的基本理念是违背的。

（二）未明确企业名称转让的程序和效力

企业名称转让理论上共可区分四种情形，即企业名称单独转让、企业名称随企业整体转让、企业名称随部分营业转让、企业名称随重大资产转让，但无论是《民法通则》还是《规定》《办法》都没有区分对待这四种情形设计企业名称转让的程序和效力。这种笼统和含混做法使得许多重要问题都没有明确的解决方案，例如股东保护问题、债权人保护问题、转让效力问题等，考虑到企业名称转让是一个涉及多方利益的行为，这些问题完全交由转让方和受让方协商解决显然无法做到公平正义，大量的制度空白容易导致企业名称转让操作的混乱，也对行政监管造成了困难。

为此，下文将区分企业名称转让的四种情形，分述企业名称转让的程序和效力，以期完善我国的企业名称转让制度。

三、我国企业名称转让制度的完善

（一）应允许企业名称的单独转让

前文已述，允许企业名称的单独转让是企业名称的财产权性质所决定的，同时它有助于企业融资，利于经济发展，为完善我国的企业名称转让制度，应当首先修改《规定》第二十三条第一款为："企业名称可以单独转让，也可以随企业或者企业的一部分一并转让。"

在企业名称作为财产权单独转让的情况下，企业名称的转让类似于"物"之买卖，出让人和受让人须就此订立合同，合同的订立和合同效力可以参照《合同法》关于买卖合同的规定。除此之外，企业名称对企业及其产品具有标识功能，转让企业名称应当被认定重大事项，须经过该企业权力机构（如股东会、合伙人会议）的特别决议，同时，企业名称单独转让易引起消费者的误认，也可能导致债权债务关系模糊，为保护债权人（尤其是消费者）的信赖，企业名称单独转让时须遵循以下规则：一是企业名称单独转让情形中的受让人若经营同种或相关营业，应当努力维持出让人企业名称象征的产品品质。二是企业名称转让必须经过变更登记和公告程序。出让人须办理企业名称的变更登记，否则不生企业名称转让效力。在办理完变更登记后，双方应当将企业名称的变更情况予以公告。出让人在全国范围内有营业的，应当在具有全国影响力的媒体或官方机构上进行公告；仅在某一地区经营营业的，应当在该地区具有影响力的媒体或官方机构进行公告。公告的时间不宜过短，要以保障债权人获知为必要。三是企业名称单独转让不影响出让人对原有债权债务关系的承担，当事人另有约定的除外，但当事人之间的约定非经公告的不得对抗善意第三人。若债权人或债务人对企业名称转让不知情，信赖企业名称外观要求履行债务或为给付行为的，受让人可以代为履行或受领，再由受让人与出让人按照合同约定予以解决。

（二）企业名称随企业整体转让

在企业名称随企业整体转让的情况下，构成"企业"这一集合物的出售，包括出售企业名称、企业的资产、企业的营业等。在企业整体转让的情况下，实质构成企业控制权的转移，但对外的债权债务关系并不发生变更。实践中，也采取债权债务概括转移的效果，如表 2-2 所示。

表 2-2　实践中企业名称整体转让时的债权债务承担情况表

判 例 索 引	裁 判 要 旨
河北鑫达建筑工程有限公司诉李书强等建筑工程施工合同纠纷再审案（2014）辛民再字第 3 号	谢亚改与李书永签订企业名称转让协议，其第三条约定，止于 2002 年 5 月 28 日前转让人（李书永）享有原来债权，清偿原来债务，同年 5 月 30 日，深泽县太和电器城登记业主为谢亚改
李联芳诉黄玉梅等债务转移合同纠纷案（2010）贵民二初字第 8 号	企业名称转让协议书，证实贵港市金源硫铁矿场的企业名称转让给被告黄玉梅……合同约定甲方把金源矿业有限公司拥有的矿山（采矿许可证号：4508000530082）整体转让给乙方……从乙方接管该矿山经营的那一天起该矿山以前所有的债权、债务与乙方无关……甲方同意把该公司法人代表变更为乙方受让人

　　事实上，在此种情况下，最为主要的是股东保护和职工安置问题，企业名称随企业整体转让的情况下，须遵循以下规则：一是该事项须经公司的股东（大）会、合伙企业的合伙人会议特别决议通过；二是该项决议须公告给全体职工，职工工会代表持反对意见的职工与企业协商补偿和安置方案并监督落实，对于接受企业整体转让的职工，受让人应当承受原企业职工的劳动合同；三是应当遵循如同上述企业名称单独转让时的公告规则，并在合理期限内变更相应的登记（股东、法定代表人等）；四是为保护消费者和公众投资者，在一定期限内该企业的受让人不得更改企业的经营范围，并且要尽到最大的努力保持该企业的产品和服务质量。

（三）企业名称随部分营业转让

　　在企业名称随营业转让的情况下，须遵循营业转让的规则，对此，我国没有规定，但其他大陆法系国家有较为详尽的规则，可资借鉴。

　　1. 营业转让的概念

　　要理解营业转让的概念，首先要理解何为"营业"。卡纳里斯所著《德国商法》为营业下了这样的定义，即营业是一种独立的、有偿的，包括不特定多种行为的、向外公示的行为，但是艺术、科学的活动和那些其成果需要高度人身性的自由职业不包括在内。[①]在日本，营业分为主观上的营业和客观上的营业，前者是指商人所从事的营利性活动，后者是指可以成为转让、出资、租赁及担保等法律行为对象的营业。对于后者，日本学界存在较大分歧。其中，"营业财产说"认为营业是用于营业的各种财产的总体；"营业组织说"认为应从商人历史影响、商誉等具有财产价值的事实关系角度理解营业本质；"营业行为说"则认为应从营业活动把握营业的本质。现在日本通说是"修正后的营业财产说"（又称"有机性营业财产说"），即所谓客观意义上的"营业"是指物质性财产与营业中固定下来的各种事实关系的组织化、总括性的组织体，它所承载的价值，往往远大于各种财产权价值的总和。[②]可见，当我们谈及营业转让时，应当从客观上理解"营业"。我国学者也采取这种客观定义的方式，认为营业转让中的"营业"，是被转让的客体，指的是在经营活动中所使用的物、权利、技术秘密、商业信誉、客户关系等共同构成的有机整体，是"为实现一定的营业目的而组织化了的、被作为有机一体的机能性财产"。[③]由此，营业转让就是转让人将上述营业财产整体转让给受让人的法律行为。

① [德]C.W.卡纳里斯. 德国商法[M]. 杨继，译. 北京：法律出版社，2006：36.

② [日]莲井良宪，森淳二朗. 商法总则·商行为法[M]. 北京：法律文化出版社，2006：125.；转引自：刘成杰. 日本最新商法典译注[M]. 柳经纬，审校. 北京：中国政法大学出版社，2012：6-7.

③ 王保树. 商法总论[M]. 北京：清华大学出版社，2007：185.；转引自：王文胜. 论营业转让的界定与规制[J]. 法学家，2012（4）：103.；相似观点参见：谢怀栻. 外国民商法精要[M]. 北京：法律出版社，2002：236.；叶林. 营业资产法律制度研究[J]. 甘肃政法学院学报，2007（90）：7.

2. 营业转让制度的内容

对于营业转让，大陆法系主要国家均有规制，笔者经梳理后认为其主要内容包括以下几个方面。

（1）营业转让程序。营业转让是涉及企业组织关系及存续的重大的事项，为此，必须经过企业的特别决议。日本《公司法法典》第二编"股份公司"规定公司事业的全部或重要部分的转让及其他准于此的合同缔结、变更或者解约等，均需股东大会决议通过。反对转让的股东有权请求公司以公正价格收购自己所持有的股份。①

（2）转让人的竞业禁止义务。由于转让的营业是有机整体，其中包含了客户关系、商誉等要素，一旦转让人于转让后开展同一营业，其营业模式、商品甚至客户关系会与受让人之营业有所重叠，从而形成竞争关系使得受让人的正常经营有所损伤。为防止受让人期待利益落空，各国一般都规定了这一义务。例如日本《商法典》及《公司法典》的规定，只要当事人没有特别的意思表示，转让营业的商人自其事业转让之日起二十年内，不得在同一市町村的区域内以及与之相邻的市町村区域内进行同一营业。若对转让人不从事同一事业有特别约定的，该约定自转其事业之日起三十年内有效。而且，无论如何，转让人不得以不正当竞争目的从事同一营业。所谓"不正当竞争目的"，主要是指转让人争夺受让人营业上客户的意图或者目的，客观上主要表现为经营与已转让营业同种的营业户。韩国及中国澳门《商法典》的规定与日本基本一致。②

（3）债权债务关系的处理。根据民法债权转移和债务承担的一般规则，债权转移在通知债务人后即对债务人有效，债务人应当向受让债权者清偿以消灭债务；债务转移则有不同，须征得债权人之同意。但是，营业转让与之不同，各国并没有规定必须通知、公告转让人的债权债务人，而是采取事后规制的策略③，如表 2-3 所示。

表 2-3 各国营业转让债权债务承担情况表

《德国商法典》	第 25 条 （1）以原商号、附加或不附加表示继任关系的字样继续生前所取得的营业的人，对原所有人在营业中设定的一切债务负责任。原所有人或其继承人已同意继续使用商号的，对于债务人而言，在营业中设定的债权视为已转移于取得人。 （2）有另行约定的，另行约定只有在其已登入商业登记簿并且已经公告，或已由取得人或让与人通知第三人时，才对第三人有效

① 参见日本《公司法法典》第 467 条第 1 款、第 469 条、第 470 条；转引自：蒋大兴. 营业转让的规制模型：直接规制与功能等值[J]. 清华法学，2015（5）：47.

② 参见日本《商法典》第 16 条、日本《公司法典》第 21 条；刘成杰. 日本最新商法典译注[M]. 柳经纬，审校. 北京：中国政法大学出版社，2012：41.

③ 德国商法典[M]. 杜景林，卢谌，译. 北京：中国政法大学出版社，2000：17.；韩国商法典[M]. 吴日焕，译. 北京：中国政法大学出版社，1999：30.；刘成杰. 日本最新商法典译注[M]. 柳经纬，审校. 北京：中国政法大学出版社，2012：40.

续表

《韩国商法典》	第 42 条　（1）营业受让人继续使用出让人的商号时，关于因出让人的营业所发生的债务，受让人也应承担清偿责任。（2）受让人受让营业之后毫不迟延地进行不承担出让人的债务的登记时，不适用前款之规定。出让人与受让人毫不迟延地将其意旨通知给第三人时，对被通知的第三人，亦同。 第 43 条　在前条第一款的情形下，关于因出让人的营业而发生的债权，债务人善意、无过失地向受让人清偿时，有效力
《日本商法典》	第 26 条　（1）营业受让人继续使用转让人的商号时，对于转让人因营业而产生的债务，亦负清偿责任。（2）受让人于受让营业后，即登记对转让人债务不负责任的意旨时不适用前款的规定；在转让营业后，转让人和受让人即向第三人通知上述意旨，则对接到通知的第三人，亦同。 第 27 条　于第 26 条第一款情形，转让人因营业而产生的债权向受让人实行清偿时，以清偿人系善意且无重大过失情形为限，其清偿为有效

据此，在继续使用原商号的情况下，债权债务的承担遵循以下规则。

在债务承担问题上，若营业转让后受让人继续使用出让人的商号，应当对出让人营业中所设定的一切债务负连带责任，是为"法定的债务加入"，除非受让人受让营业之后毫不迟延地进行不承担出让人的债务的登记且公告或将不偿债的特别约定告知第三人。其合理性在于，交易中人们常常不把商号和其所有者联系起来，而是与该商事营业产生的权利义务的承担者联系起来。让企业名称的受让人承担连带责任是对交易中责任期待的保护。[①]为此，在外部关系上，债务人既可以请求名称出让人也可以请求名称受让人承担责任；在内部关系上，没有特别约定的情况下，受让人承担的责任应当以其随企业名称受让的营业为限，与出让人按比例分担。超过其应当承担部分的，可以向真正的债务人，即企业名称的出让人追偿。

在债权转移的问题上，德国法认为若受让人继续使用原企业名称，受让人将取得转让人的债权，债权人应当向受让人履行债务以消灭债权；韩国和日本则认为，债务人基于对外观的信赖可以向受让人履行以消灭债务，但受让人需要将受领所得转移给转让人，否则发生不当得利；在通知债务人的情况下，债务人应当向转让人为清偿行为，否则不能消灭债务。

在继续使用原商号时债权、债务的处理问题上，德国采债权债务概括承受规则平等保护转让人的债权人和债务人，而韩国、日本则倾向于保护债权人的利益并且防止不当得利之发生。其实，在商号随营业转让的情况下，采取债权债务概括转移的方式更佳，因为权利外观已经形成，并且受让人在购买营业时会综合考虑债权债务关系并以此定价，由此，对转让人之债权的受领并不一定构成不当得利。如此看来，德国的做法更为简洁，

---

① [德]C.W.卡纳里斯. 德国商法[M]. 杨继，译. 北京：法律出版社，2006：168.

降低了转让人通知之成本，亦不产生不当得利之担忧。

总之，在企业名称随营业转让的情况下，除企业权力机关特别决议、公告和变更登记、职工接收和安置外，受让人概括承受债权债务外，还存在竞业禁止规则。

（四）企业名称随重大资产转让

前文已述，"企业或企业的一部分"应属于企业的重要部分，为此，企业名称随企业重大资产转让理论上是一种独立的企业名称转让的情形。如何认定"重大资产"构成此种情形的重要前提，也影响企业名称转让的程序和后果。

我国对于"重大资产出售"的规定散见于《公司法》《证券法》及证监会的相关规定中，多规定特别程序以保护股东利益，并以"比例标准"界定资产的重大性。例如，《关于上市公司重大购买、出售、置换资产若干问题通知》规定："一、本通知所称'上市公司重大购买、出售、置换资产的行为'，是指上市公司购买、出售、置换资产达到下列标准之一的情形：（一）购买、出售、置换入的资产总额占上市公司最近一个会计年度经审计的合并报表总资产的比例达 50%以上；（二）购买、出售、置换入的资产净额（资产扣除所承担的负债）占上市公司最近一个会计年度经审计的合并报表净资产的比例达 50%以上；（三）购买、出售、置换入的资产在最近一个会计年度所产生的主营业务收入占上市公司最近一个会计年度经审计的合并报表主营业务收入的比例达 50%以上。上市公司在 12 个月内连续对同一或相关资产分次购买、出售、置换的，以其累计数计算购买、出售、置换的数额。"

国外及我国台湾地区的立法有所不同。对于重大资产的出售，日本法称为"转让全部或者重要部分营业"，我国台湾地区称为"出售全部或者主要部分之营业或财产"。上述国家或者地区在界定重大资产出售时，均采取了质与量相结合的标准：在质的方面，要求出售标的必须是经营性资产；在量的方面，要求出售标的须达到一定规模，或者出售行为对公司经营产生重大影响。在公司拥有单一营业的情况下，重大资产出售等同于营业转让（即出售经营性资产行为），出售行为只需满足质的标准，即可构成重大资产出售。而在公司拥有多项营业的情况下，出售行为不仅需满足质的标准，还需满足量的标准，只有出售全部或者重要部分营业的行为，才能构成重大资产出售。[①]在美国，"重大资产出售"同样要求满足质、量标准，该标准由 Gimbel v. Signal Companies Inc.案所确立，

[①] 各国规定见日本《公司法》（2005 年）第 467 条至第 469 条；中国台湾地区"公司法"第 185 条、"企业并购法"第 27条和第 28 条、"公平交易法"第 6 条、"金融控股公司法"第 33 条。所谓经营性资产，是指为进行经营活动所必需的资产，例如土地、厂房、机器设备、商标、专利技术、供销网络、经营秘诀、客户名单等。与之相对的概念为非经营性资产，此类资产并非营业所必需，如票据、现金、有价证券、债权文书等。参见：龙翔，陈国奇. 公司法语境下的重大资产出售定位——兼评《公司法》第 75 条、第 105 条和第 122 条[J]. 法学家，2011（3）：90.

认为重大资产须为一公司出售的经营性资产，该资产的出售能够影响公司的存续和设立目的。[①]

由此可见，仅从"量"上界定资产的重大性有失偏颇，应当将资产的"质"也纳入考量范围，重大资产转让应当是指占总资产一定规模的经营性资产的出售。至此，企业名称随重大资产转让的情形实际上可以纳入企业名称随营业而转让的范畴，不必作为独立的情形，遵循前述第（三）部分所述的规则即可。

结论

企业名称转让共存在三种情形：一是企业名称的单独转让；二是企业名称随企业整体转让；三是企业名称随企业的一部分（营业或重大资产）而转让，我国企业名称转让制度应当区分这三种情形设置企业名称的转让程序和后果。

在企业名称单独转让的情形下，须经权力机关特别决议并完成变更登记和公告程序，非经变更登记的，不产生企业名称转让的效力。企业名称单独转让情形下，原企业的债权债务关系不变，出让人和受让人之间的特别约定非经公告不能对抗第三人。

在企业名称随企业整体转让的情况下，除权力机关特别决议外，职工工会要发挥保护异议职工权益的作用，落实其补偿和安置措施，同时，受让人应当承受原企业职工的劳动合同，不得随意解除合同和辞退职工。出让人应当进行注销登记，受让人应当进行变更登记，并对企业名称转让的情况进行公告。在此情形下，受让人应当概括承受出让人的债权债务。

在企业名称随企业的一部分（营业或重大资产）转让的情况下，除遵循特别决议规则、变更登记、公告程序，以及类似于整体转让情形中的职工安置规则外，出让人在一定期限内还负有竞业禁止义务。出让人的债权债务的处理各国做法虽有不同，但本文认为借鉴德国的做法由受让人概括承受是最佳选择。

需要注意的是，无论上述何种情形，企业名称转让后，转让方都不得继续使用已转让的企业名称，转让人的商号专有权、商号使用权消灭。继续使用原商号的构成侵权，受让人得依据《侵权责任法》及《反不正当竞争法》请求转让人停止使用并赔偿由此产生的损害。

[①] 本案中，Signal 公司将其下属的石油公司出售给 Burmah 公司。该交易中所出售的资产占公司总资产的 26%、公司净利润的 41% 和公司收入的 15%，从量上看，出售的资产不足 Signal 公司总资产的半数；从质方面来看，Signal 的业务不止于石油，还包括航空、航空器制造、汽车制造等业务，相对于其他业务来说，石油业务最初被分配给公司的一个部门，后又被剥离成立了一个下属公司，即使出售石油公司也不影响 Signal 公司的运营。最终，法院认为该情形不属于重大资产出售。参见：张翼飞. 公司重大资产转让认定的美国标准及其启示[J]. 求索，2012（1）：162-163.

专题三　非公司型房地产合作开发下的对外合同责任

【摘要】

在非公司型房地产合作开发中，未对外签订合同的合作方是否应承担合同下的连带责任①，一直是实践中的重大问题。就该问题的判断而言，首先须判断合作关系是否属于合伙关系。对此，主要应注意共担风险的有无及是否存在经营上的参与，但不宜严格要求组织性的存在。在构成合伙关系的情况下，法院经常以合同相对性原理为理由，否定连带责任的构成。但合同之相对性并非绝对。特别是在合伙关系下，若签订相应合同属于行使执行权的行为则合伙人之间存在代理关系，让未显名的合伙人承担连带责任具有意思基础，且此时将之纳入合同关系当中也不会对合同相对人的利益造成不利影响。同时，合伙人承担连带责任还有其他多种价值的支撑。因此，在签订相应合同属于行使执行权的情况下，应当肯定未显名的合伙人承担连带责任。实践中，即使不存在合伙关系，法院也常基于其他理由认定构成连带责任，对此则须谨慎对待。

【关键词】

非公司型房地产合作开发　合伙关系　合同相对性　连带责任

一、问题的提出

房地产合作开发对于房产开发而言广泛存在，其中重要的一种类型就是非公司型的房地产合作开发。在该种合作模式下，双方并不成立专门的项目公司，而是根据合同关系直接展开相应合作。也正是由于此种模式在组织结构上的特殊性，导致在实践中对合作各方的责任认定存在很多问题，而其中最为重要的一个问题就在于：当合作一方对外签订的合同出现违约时，合同相对方主张未签约的合作方承担连带责任是否应当支持？就此而言，大连渤海公司与大连宝玉公司等建设工程施工合同纠纷上诉案（下文简称"大

---

① 本文所指的合同下的连带责任主要是指履行合同债务及承担因违约行为所产生的违约责任。

连渤海案")①最具代表性。

（一）大连渤海案事实及法院观点

1. 事实

宝玉集团（后变更为宝玉公司）与金世纪公司签订《联合建房协议书》，约定金世纪公司与宝玉集团联合开发建设新世纪家园。由金世纪公司办理项目用地的相关手续，并承担全部费用。由宝玉集团和金世纪公司共同办理《施工许可证》及相关手续。宝玉集团承担项目开工至竣工所需的全部费用。金世纪公司负责项目的地质勘察、工程设计和工程监理工作。宝玉集团和金世纪公司共同负责工程指挥领导和房屋销售工作，费用由双方按比例承担。双方共同选定施工队伍，工程预算由双方共同认可。宝玉集团在联建过程中可以使用本项目的土地证或半成品房屋抵押贷款，以作为开工后费用支出的专款。所贷款额应放在双方认可的账户上，由双方共管，保证款额全部用在联建项目建设中，所贷款额由宝玉集团负责偿还。

此后，宝玉集团与渤海公司签订《建设工程施工合同》，由渤海公司负责新世纪家园项目的施工建设。合同履行过程中，相应施工款由宝玉集团与金世纪公司的共管账户支付，转账人记载为宝玉集团。

后渤海公司以宝玉集团违约要求其承担违约责任，并请求金世纪公司对此承担连带责任。

2. 法院观点

一审法院支持了连带责任的主张，理由在于以下几方面。

（1）金世纪公司享有了渤海公司已施工工程的权利，并从该合同中获取利益，因此金世纪公司理应承担该合同相应的义务。

（2）金世纪公司已实际参与了施工合同的履行。

（3）宝玉集团和金世纪公司共同投资，共同获取利益，其联建行为在法律性质上应属合伙行为，合伙人应当对合伙债务承担责任。因此，金世纪公司虽然未直接与渤海公司签订施工合同，但不能免除金世纪公司依法向渤海公司支付工程款的义务。

最高院二审推翻了一审法院在连带责任上的认定，理由在于以下几方面。

（1）施工合同的当事人不包括金世纪公司，施工合同只对合同当事人产生约束力，对合同当事人以外的金世纪公司不发生法律效力。这是债权对人权性质及特定性的必然要求。

（2）金世纪公司对施工人《请款报告》的审核行为是为了保障施工款项专款专用，是履行合作开发合同的行为，不能因此认定金世纪公司参与了施工合同的履行。

（3）合作双方不构成合伙关系。参照《民法通则》第五十二条、第五十三条的规定，

---

① 最高人民法院公报案例（2007）民一终字第 39 号。

本案当事人没有成立合作开发房地产的项目公司或成立不具备法人条件的其他组织，应属"独立经营"，应按照约定各自独立承担民事责任。即使两公司构成合伙也应当属于合伙型联营，按照法律规定联营各方也应当按照法律规定或者协议约定承担连带责任，而不能径直认为承担连带责任。

（二）相关争议

虽然最高法院最终否定了在大连渤海案中适用连带责任，但是关于该问题的争论在本案前后一直存在。各地各级法院判决呈现出较大的差异，一部分法院支持了连带责任的主张，一部分法院则采取了与最高院相同的思路，严守合同相对性原则。可见，相关问题并未得到解决。

表 3-1 所示为类似案件各法院的处理情况表。

表 3-1　类似案件各法院的处理情况表

序号	案号	合作关系定性	合同纠纷	连带责任	主要理由
1	（2002）海南民再终字第 17 号	合伙	工程施工合同纠纷	支持连带责任	合伙关系下应连带
2	（2009）郑民再终字第 4 号	合伙	借款合同纠纷	支持连带责任	合伙债务应连带
3	（2006）穗中法民五终字第 1195 号	投资开发合作关系	房屋买卖合同纠纷	一审支持连带，二审不支持连带责任	（一审）都享有利益，因此要共担风险；（二审）对外关系不涉内部关系性质，合同相对性
4	（2009）浙甬商终字第 915 号	合伙（一审）；不是合伙（二审）	承揽合同纠纷	一审支持连带，二审不支持	合伙要成立新组织，本案未设立，故非合伙，不应连带
5	（2009）豫法民再字第 00052 号	合伙（一审）；项目合作开发（二审）非为合伙型联营	借款合同纠纷	一审支持连带，二审不支持	（一审）为合伙，所以应连带；（二审）对外借款人无借款职责，且不能证明借款用于共同项目，所以不连带
6	（2009）湘法民二初字第 1 号	不是合伙	房屋买卖合同纠纷	不支持连带	不是合伙乃属借名，合同责任由显名方承担，内部关系不得对抗善意第三人
7	（2011）常民一终字第 83 号	不是合伙	工程施工合同纠纷	不支持连带	不是合伙乃属借名，合同责任由显名方承担，内部关系不得对抗善意第三人

续表

序号	案号	合作关系定性	合同纠纷	连带责任	主要理由
8	（2013）防民初字第139号	合作合同	投资合同纠纷	不支持连带	合同相对性，合同关系与第三人无关
9	（2014）鸡民终字第19号	不是合作开发	房屋买卖合同纠纷	不支持连带	不是合伙乃属借名，合同责任由显名方承担，内部关系不得对抗善意第三人
10	（2013）云高民一终字第88号	房地产合作开发，是合伙型联营	工程施工合同纠纷	一审不支持，二审支持	合伙关系对外应承担连带责任
11	（2013）云高民一终字第15号	房地产合作开发，是合伙型联营	工程施工合同纠纷	支持连带	合伙关系对外应承担连带责任
12	（2010）平民二终字第719号	房地产合作开发	工程施工合同纠纷	支持连带	（1）合作项目实际由施工方垫资开发；（2）由于合作双方违法开发，导致施工方无法及时收回工程款；（3）房屋已由未显名方占有使用，应当承担相应责任
13	（2013）莒民一初字第28号	不是合伙	设计合同纠纷	不支持连带	不是合伙乃属借名，合同责任由显名方承担，内部关系不得对抗善意第三人
14	（2013）深中法房终字第1006号	不承担风险，不是合作开发，仅具有销售权	房屋买卖合同纠纷（买方向谁付款）	向与其签订合同的相对方付款即可	合同相对性
15	（2013）苏商终字第0002号	合伙关系	借款合同纠纷	不支持连带	乃为履行一方出资义务而产生的借款
16	（2012）穗中法民五终字第398号	土地使用权转让关系	房屋买卖合同纠纷	不支持连带	合同相对性原则
17	（2011）邵中民三初字第34号	合作关系	建设工程施工合同纠纷	支持连带	双方是合作关系，应当承担连带责任
18	（2011）潭中民一终字第84号	不是合作开发关系	房屋买卖合同纠纷	不支持连带	内部关系不得对抗善意第三人，但本案第三人非善意

续表

序号	案号	合作关系定性	合同纠纷	连带责任	主要理由
19	（2010）粤高法审监民再字第38号	房地产合作关系	合作开发合同纠纷（违约）	支持连带	双方关系为合作关系，且第三方加入后通知未显名方，其未异议
20	（2005）粤高法民一终字第82号	双方均是项目开发商（约定固定收益，但对外显示联合）	建设工程施工合同纠纷	支持连带	双方对外共同名义销售，是双方开发，应当承担连带责任
21	（2011）穗中法民五终字第2815号	未判断	拆迁补偿合同纠纷	支持连带	未签合同之一方现为土地使用权人，因此也应当向被拆迁人承担相应的拆迁补偿责任

可以发现，此类案件主要需要解决以下问题：（1）合作双方之间的法律关系性质为何？是否属于合伙关系？（2）合伙关系是否可以作为突破合同相对性原理的基础，在一方合作人未显名的情况下也成立合作人之间的连带责任？（3）除了合伙关系以外，合作关系下的其他因素是否也可以作为构成连带责任的基础？

二、连带责任认定下合伙关系的判断

内部关系的认定是法院在非公司型房地产合作开发下判断连带责任有无的重要根据。就这一问题的判断而言，主要集中于合伙关系的认定。理论上多认为合伙关系的构成需要存在"共同出资、共同经营、共享收益、共担风险"[①]，也有研究[②]认为合伙关系并不以"共同经营"为必要，《土地使用权司法解释》下所界定的"共同投资、共担风险、共享利润"的房地产合作开发关系就是合伙关系。这些研究往往仅从概念解释的角度来加以讨论和分析，而且"共同经营、共同出资、共享收益"这些概念表述的仅仅是一种法律关系的具体表现形式，而并非直指法律关系本身。即使从法律关系的具体表现来看这些概念也过于宽泛并不够具体。合伙关系是多种法律关系的集合，这种法律关系从最微观的层面来讲由"权力—责任、权利—义务"[③]所构成。从中观来看则主要由代理关系、共同共有关系所构成。共同出资是共有关系的体现，公担风险及经营活动则是代理关系

---

① 王利明. 民法总则研究[M]. 北京：中国人民大学出版社，2003：446.

② 潘传勤. 房地产合作开发法律问题研究——对一起房地产合作开发合同纠纷案的评析[J]. 福建政法管理干部学院学报，2005：1.；范雪飞. 论房地产合作开发合同的法律性质[J]. 商场现代化，2008：12.；魏红旗. 签订合作开发房地产合同应注意的几个方面[G]. 中国合同法论坛论文汇编.；朱建斌，张高峰. 约定固定收益的合作开发房地产协议应认定为借贷[J]. 人民司法，2013：4.

③ 王涌. 寻找法律概念的"最小公分母"——霍菲尔德法律概念分析思想研究[J]. 比较法研究，1998：2.

的体现，这两者被各方共同之目的所连接起来。共同经营、共同出资、共享收益作为法律关系之表现形式是判断法律关系存在与否的重要依据，然而实践中这三者往往形态各异，并非一目了然。对此有必要进一步整理法院所承认的更为具体的表现形式。

（一）共担风险

是否属于合伙关系，实践中重要的问题在于判断是否存在共担风险。共担风险体现了合伙人之间特殊的利益牵连，反映了合伙人承担合伙事业下所产生的消极财产的意思，也正是因为这种意思的存在使得合伙人之间债务承担的规则与买卖关系、借贷关系下债务承担规则不同。若缺少该要素，"合伙人"之间实际上可能仅仅构成借贷关系或者买卖关系。

就共担风险的判断而言，由于争议双方往往没有事后的清算，共担风险的认定常常只能借助于对既有事实的解释。法院一般首先会看双方是否有直接关于共担风险的具体约定①，如果没有，则考虑两个因素：（1）双方分得的收益是否固定；（2）双方的投入是否固定。

对于收益是否固定的问题，如果双方约定分配的收益是房屋产权（按面积、位置、比例、功能确定各自份额）则较为固定；如果是房屋销售款则属不固定。而就投入是否固定来说，如果一方仅出地，而不承担项目建设经营过程中的其他经济责任，也不以其名义对外从事项目相关的经济活动，则其投入也是固定的。反之则属不固定。而在分得的收益与投入都固定的情况下，法院一般难以认定存在共担风险的因素。在两者均不固定的情况下才认定存在承担亏损及经营风险的意思，构成共担风险。

在（2010）平民二终字第 719 号案件中，气象局与自然人公司合作开发房地产，气象局负责出地，自然人公司负责提供资金，双方同时约定了楼房建成后的分成比例。工程的具体建设与对外活动均由自然人公司负责，气象局既不以自己名义对外进行经济活动，除出地以外也不承担其他经济责任。就此而言，气象局与自然人公司并不存在共担风险。因此，该案法院虽然最终支持了连带责任的主张，但其依据并非合伙关系的存在。

（二）参与经营

法院在合伙关系的判断上虽然不正面要求"共同经营"的存在，但实际上仍然要求合伙人参与到合伙事务的经营当中。

参与经营是合伙关系与隐名合伙之间的重要区别②。隐名合伙下"当事人一方（即隐名合伙人（向另一方）即出名营业人）出资，并不参与合伙业务的决策和执行，但分享

---

① （2002）海南民再终字第 17 号判决、（2013）苏商终字第 0002 号判决。

② 梅仲协. 民法要义[M]. 北京：中国政法大学出版社，1998：476.

合伙经营的收益并以其出资为限承担合伙经营损失"。[1]隐名合伙人不参与合伙事务的经营、决策，对合伙事务的经营无控制，这与合伙关系有显著的区别。也正是因为这种控制上的差异导致了隐名合伙人与合伙人在债务承担规则上的差异[2]。

就参与经营的具体判断而言，法院主要认定为以下几种情形。

1．直接参与日常事务的执行

如果出地的一方仅仅负责前期土地使用权变更的事务及相关费用，往往认为此时不符合合伙关系中的经营要求[3]。建立双方统一负责的指挥部，由该指挥部进行日常合伙事务的执行[4]，如此就可以认定存在经营上的控制。或者作为建设单位代表在现场施工监督表上签字[5]，也可以证明其实际参与到了日常事务经营，存在经营上的控制。有的法院也承认纵向的职责分工[6]：一方先行独自开发，而后由另一方负责后期工作。但这种纵向分工下合伙的认定仍然要求具有其他控制形式，如对重大财产的控制。

2．对执业人的执业行为具有控制力

主要体现为：执业人签订的文件（如工程施工合同等）须经过不执业的合作方同意，不执业的合作方对工程进度、工程量、工程款[7]进行确认。

3．对合伙下的财务具有控制力[8]

主要体现为建立共管的财务账簿、财务账号，使得不执业的合作方能够监督合伙下的财务状况。这种财政上的控制有时还体现为各项财政支出需要合作各方代表同意。

4．控制了合伙项目下的重大财产[9]

主要是指房地产所占之土地使用权或者建成的房产。控制力主要是指不执业的合作一方被登记为这些财产的所有人（可以是单独所有也可以是共有）。

（三）不宜严格要求组织性

最高院在合伙关系的认定上强调合作双方应当形成新的非法人组织，与下级法院相比采取了更为严格的标准。但就合伙关系的构成而言，不宜严格要求组织性。

在大连渤海案中，最高院就认为公司之间的房地产合作开发要构成我国法上的合伙

---

[1] 汪沪平，杨旱东，王惠玲．关于建立隐名合伙制度的思考[J]．人民司法（应用），2013：5.

[2] 张俊浩．民法学原理[M]．下册．北京：中国政法大学出版社，2000：884.

[3] （2008）民一终字第 122 号判决。

[4] （2009）豫法民再字第 00052 号判决。

[5] （2013）云高民一终字第 15 号判决。

[6] （2009）郑民再终字第 4 号判决。

[7] （2002）海南民再终字第 17 号判决。

[8] （2013）苏商终字第 0002 号判决；（2002）海南民再终字第 17 号判决。

[9] （2009）郑民再终字第 4 号判决。

型联营，必须成立不具备法人条件的其他组织，否则合作各方仍然属于"独立经营"。而所谓不具备法人条件之其他组织的具体标准，最高院则未做进一步阐释。但既有研究对此曾指出合伙型联营必须设立新的联营组织，有固定名称、章程等[①]，类似合伙企业。以此观之，最高院在合伙型联营的判断上很可能是采取了这一标准。在（2009）豫法民再字第 00052 号案中，合作双方虽然成立了统一负责的工程指挥部，但各项合作事务均以一方之名义执行。虽然一、二审法院均认定了存在合伙关系，但最高院推翻了以往判决，认为合作双方仍属于"独立法人，仅是合作开发华亚广场项目，不构成合伙关系，双方按约定承担项目债务"。

　　最高院对合伙关系的此种严格认定，存在以下问题：（1）共担风险、共同参与经营本身就是组织性的一种体现。在满足这些要件的情况下并非没有组织性的存在；（2）实践中广泛存在着临时合伙。若采用与合伙企业类似的组织性要求，无疑是将这类实践形态排除出合伙的范畴，不符合社会实际的需要；（3）既有研究采用严格标准的基础在于《经济联合组织登记管理暂行办法》，但该办法在 2004 年已经失效；（4）《民法通则》对合伙型联营的认定重点在于强调"不具备法人条件"而非"组织"。

三、合伙关系下的连带责任与合同相对性

　　在仅合作一方对外签约的情况下，即使合作各方之间构成合伙关系，法院也不一定认为在合同责任上存在连带责任。其中最为主要的理由在于合同相对性原理，认为合同关系下的债权债务关系是特定人之间的法律关系，不能对第三人产生效力。因此，只要合伙人未加入到对外合同中，就不能承担相应的合同义务。要回答合伙关系是否能够突破合同相对性原理，使合伙人在未签订相关合同的情况下也构成连带责任，则必须明确合同相对性所保护的法益，然后再看此种突破是否违反了该法益的保护，违反了则需要进行利益衡量，未违反则当然可以成立连带责任，也并未突破合同的相对性原理。

（一）合同相对性原理的内在价值

　　合同的相对性原理是合同法体系的理论基石，其基本含义是：非合同当事人不得请求合同权利，也不必承担合同义务[②]。而之所以有此原则，就在于它是意思自治的内在要求。按照意思自治的理念，合同的对象及具体的权利义务应由自己意思来决定，否则人之自由与尊严便无法实现[③]。如果将非合同当事人的第三人纳入合同关系中，由于该第三

① 孔祥俊，曹冬岩. 民事合同理论与实务·合伙联营合同卷[M]. 北京：人民法院出版社，1997：158.

② 李永军. 合同法[M]. 北京：法律出版社，2004：444.

③ [德]卡尔·拉伦茨. 德国民法通论[M]. 北京：法律出版社，2002：54-55.

人并无承担相应责任与进行交易的意思，故而构成了对其合同自由的侵犯。同时，从合同当事人的角度来看，无故将第三人加入合同关系，也与其意思和信赖不符。可以说合同相对性原理是古典契约理论的基石，无论在大陆法系还是英美法系的立法和学理中均得到肯定①。然而，随着社会生活的不断发展，僵硬地严守合同相对性原理实际上已不能满足实践的需要，在某些场合也不符合公平正义的要求。因此，各国家都承认存在相对性原则的例外，如一定情况下承认侵害债权的侵权责任、德国法上"附保护第三人作用的契约"、为第三人利益的契约、买卖不破租赁、预告登记、债权人的代位权和撤销权等②。由此可见，合同相对性原理本身并非绝对的，其也要满足公平正义的要求，满足社会生活的需要。

因此，笔者认为在判断未显名的合伙人是否应当承担连带责任的问题上，需要考虑如果承担连带责任是否严重违反了合同相对性原理下的法益及是否存在其他公平正义上的需要。就此而言，有的法院简单地以合同相对性原理为理由，断然否定连带责任的成立是不妥当的。

（二）未显名合伙人构成连带责任的基础

1. 合伙中的代理关系——未显名合伙人承担连带责任的意思基础

按照合同相对性原则的内在价值要求，若要使未签约的第三人承担合同下的连带责任，则必须要存在一定的意思基础。按照大陆法系的一般观点，在合伙关系下，合伙人之间可以就合伙的通常事务约定执行权，有执行权的合伙人可以在执行权的范围内代表各合伙人对外活动。此种由合伙人约定并可以引起其他合伙人责任的针对通常事务的执行权即是一种代理权③，具有执行权的合伙人是其他合伙人的代理人，而这种代理关系在英美法上也是合伙关系的重要内容④。如此，则合伙关系下，若签订相应合同属于行使执行权的行为则合伙人之间存在代理关系，从未显名的合伙人一方来说，既然其授予其他合伙人以执行权，那么就该执行权实施下所产生的合同债务承担连带责任就具有意思基础。因此，重要的问题就在于判断相应合同的签订是否属于有执行权的合伙人在执行合伙之事务。对此，首先需要判断该合同的签订是否属于通常事务，其次则要看合伙人之间是否明确约定了此时执行权的存在。就通常事务的判断而言，只要不属于《合伙企业法》第三十一条所列举的事项就属于通常事务。在相关案例中，签约的合同一般均为建筑工程施工合同、房屋销售合同等，均不在该条所列的范围之内，可以认定为通常事务。在合作开发协议明确约定对外签约的一方负责工程建设、销售的情况下，显然也存在执

① 李永军. 合同法[M]. 北京：法律出版社，2004：445-446.

② 王泽鉴. 债法原理[M]. 北京：北京大学出版社，2009：9-15.；李永军. 合同法[M]. 北京：法律出版社，2004：451-468.

③ 王丹阳. 德国民事合伙之债务与责任学说的演变[J]. 政治与法律，2009：5.

④ Geoffrey Mors. Partnership Law(sixth Edition)[M]. Oxford: Oxford University Press, 2006: 110.

行权。

2．对合同相对方不会造成不利影响

当然，合同相对性原理也包含了保护合同相对方意思的内涵，即合同名义显示合同相对人所愿意交易的对手。若使与合同名义不符的第三人成为合同当事人，有违合同相对人的意思。因此在存在代理关系的情况下也存在所谓的显名原则[①]。然而按照学理，在代理中若本人名义是否显示对于第三人的利益状况不构成影响，显名原则即无必要，此时亦可产生代理的法律效果，学理上称之为行为归属[②]。合伙关系下对外仅以一方名义签订的合同是否可以对其他合伙人产生法律效果，也就要考虑如果将其他合伙人纳入到合同当中来，是否会对合同相对方的利益造成不利影响。由于显名合伙人的行为既是代理其他合伙人的行为也是自己的行为，因此显名人本身也是合同的主体，此时将其他合伙人纳入并不会发生出名合伙人退出合同关系的效果，而仅仅是发生增加合同一方人数的效果。此时合同相对方的债务人增加，构成并列的债务人情形，有利于其债权利益的实现。同时这也不会给合同相对方履行自己义务产生不利影响。因为，合同相对方的债务本身并未增加，其可选择向任意一个债权人履行债务，履行后均可达成清偿的效果，且在合同相对方自己主张连带责任的场合，这一主张本身就已经显示了其对未显名合伙人的加入并无异议。

3．合伙关系下的连带责任具有一定的法定性，是多种价值的体现

"连带责任是指债务人有数人，债权人得请求全部之给付或各债务人负有全部给付之义务，唯因一次全部给付，而其债之全部关系归于消灭的债务关系。"[③]从此定义就可以看出，连带责任是一种特殊的责任形态。学者多认为连带责任，特别是法定的连带责任，是"自己责任"为核心的民法领域中其他多元价值的体现[④]。而这些多元价值包括强化社会责任、节约信息监督成本、利益与责任相统一、减少诉讼成本、深口袋理论等。正因为如此，虽然民法上就连带责任的统一构成要件有着多种学说，却始终未能建构起一套稳定而又令人信服的统一体系[⑤]。

从我国《民通意见》第四十七条及《合伙企业法》第三十七条的规定来看合伙关系下的连带责任不可以意定排除，具有法定责任的色彩。而合伙关系下法定连带责任的价值基础除上文所述的意思基础外还包括：（1）合伙人之间存在密切的利益牵连。他们共享利润、共担风险，且对于合伙下的财产形成共有关系，也就应当对合伙下的债务承担

---

① 王泽鉴．民法总论[M]．北京：北京大学出版社，2009：357.

② 朱庆育．民法总论[M]．北京：北京大学出版社，2013：327.

③ 史尚宽．债法总论[M]．北京：中国政法大学出版社，2000：640.

④ 张凤翔．连带责任的司法实践[M]．上海：上海人民出版社，2006：35.；阳雪雅．连带责任研究[M]．北京：人民出版社，2011：85.

⑤ 黄凤龙．连带债务：类型与概念之间[J]．河南财经政法大学学报，2013（4）：4.

连带责任[①]。相关案例中，虽然合伙人没有签约但合同上的履行利益却完全由其享有。如施工合同下的房产、销售房屋所得的房款。（2）合伙人对合伙事务的执行均有一定控制力，让其承担相应的连带责任可以激励其积极督促其他合伙人履约，从而有效维护交易秩序，节约监督成本[②]。（3）连带责任有利于促进合伙人在建立合伙时慎重选择合作伙伴，谨慎经营，以避免连带责任的承担，客观上有利于提高效力[③]。

4. 连带责任有利于保障债权的实现

保障债权实现是连带责任的重要功能，从债权人的利益来看意义重大。一旦发生违约纠纷，就已经表明显名的合伙人在合同履行上存在困难，债权之顺利实现存在障碍。此时，让其他合伙人承担连带责任对保障债权实现而言往往意义重大。而且，在相关案例中，有时保障债权的实现也具有一定的优先性。实践中对外签订的合同有很大部分属于《房屋买卖合同》和《建筑工程施工合同》。在《房屋买卖合同》下房屋的买受人——一般消费者，由于未能如约取得房屋产权起诉房地产合作开发方承担连带的违约责任。就此来说，房屋买受人乃弱势的消费者，且房屋买卖对于其个人利益而言显属特别重大，因此保障其债权的实现从实质公平的角度来说具有优先性。同时，未显名的合作方虽然不负责对外销售签约，也未在合同中显名。但所销售房屋之产权常常登记在其名下，让其承担连带责任，也有利于迅速促进房屋买受人债权的实现。而在签订《建筑工程施工合同》的情况下，施工方往往包工包料，投入的资金及劳务成本巨大，一旦出现违约的情况，损失惨重，相应劳动者的利益也势必受到影响。因此，法律赋予承包人针对建筑工程的优先权。然而该项优先权并不得对抗房屋买受人，在相应房产已经销售给第三人的情况下，承包人优先权便无法行使[④]，法律对承包人债权实现的优先保护落空。此时承认未显名合伙人的连带责任，确保承包人债权的实现明显有必要。

四、房地产合作开发下连带责任构成的其他基础

即使在不存在合伙关系的情况下，司法实践中也往往承认其他基础作为连带责任成立的理由，主要包括以下几方面。

（一）均享有合作开发的权利与利益

在（2006）穗中法民五终字第1195号案件中，虽然合作各方存在收益分配，但并非都承担合作风险，也并非都参与经营，因此并不存在合伙关系。但法院却认为合作各方

① 郭晓霞. 连带责任制度微探[J]. 法学杂志，2008（5）：8.

② 阳雪雅. 连带责任研究[M]. 北京：人民出版社，2011：89.

③ 王利明. 民法总则研究[M]. 北京：中国人民大学出版社，2003：471.

④ 崔建远. 合同法[M]. 第四版. 北京：法律出版社，2007：445.

都"享有合作开发的权利和分得的利益",因此也要"承担合作开发的义务和风险"。即使仅部分合作方对外签约,所有合作方也都应当承担连带责任。然而,如果仅仅只存在这一特殊关系,笔者认为并不能认定存在连带责任。原因在于:(1)隐名合伙也具有利益共享关系,但均认为并不构成连带责任。可见内部关系要支撑连带责任的构成不仅需要共享利益的要素,还需要存在一定的意思基础及实际控制;(2)在实践当中即使存在共享利益的关系,当事人也常常约定连带责任的排除,在不具有其他基础的情况下,此种规避风险的安排应当予以尊重。例如委托理财合同关系。

(二)挂靠关系

房地产合作开发当中的挂靠关系往往体现为自然人与相关企业签订协议,约定双方共同开发房地产,实际经营由自然人控制,以企业名义对外活动。企业不分享项目利润,也不承担风险,只向合作之自然人收取固定的管理费。法院在相关案件的处理中,一般基于合同相对性原理,认为此时应当由具名的合作一方承担对外的合同责任。未显名的挂靠人(实际控制人)不承担相应责任。但就车辆挂靠下侵权责任的判断而言,相关规定及研究在一定情形下也肯定挂靠人与被挂靠人之间的连带责任[①]。以此来看,径直否认挂靠关系下的连带责任似乎并不妥当。从实质上来看,未显名的挂靠人完全享有相关利益;相关事务也完全由其控制。但就承担相关责任的意思而言,则需要从挂靠的目的上去考虑。如果挂靠之目的仅在于规避经营资质上的限制,合同的具体签订和履行均由挂靠人负责,那么应该说挂靠人也存在承担相应责任的意思基础。但如果挂靠的目的就是规避相应的合同风险,那么此时则缺乏相应的意思基础,无法认定连带责任。

(三)未显名人与显名人的共同过错导致合同债权人无法及时受偿

这主要体现为房地产合作双方在未取得相关行政许可的情况下违法开发房地产,并由一方与建设公司签订施工合同。施工方包工包料,房产建设的资金实际均由其支出。建设完成后,出名之合作人未履行相应的合同义务[②]。此时法院认为:房屋建设资金实际由施工方垫付,且该房产由于合作双方的过错属于违法建筑不能对外销售,施工方针对建筑工程的优先权无法实现,债权的实现受到严重的影响。因此,作为有过错的合作方应对合同责任承担连带责任。

此种情况比较类似第三人侵害债权的情形。因此,若仅仅是因为未显名的合作方对债权人债权不能及时实现具有过错就让其承担连带责任,类比第三人侵害债权的法理[③]则

---

① 阳雪雅. 连带责任研究[M]. 北京:人民出版社,2011:245-251.

② (2010)平民二终字第719号判决。

③ 王泽鉴. 债法原理[M]. 北京:北京大学出版社,2009:9.

并不充分。虽然此时建设的资金完全由施工方垫付,相应利益由合作人享有。但毕竟未显名的合作方不存在妨碍债权实现的故意,在不存在合伙关系的情况下让其承担连带责任稍显勉强。

(四)未显名的合作方实际参与合同的履行

在大连渤海案中,一审法院支持连带责任的一大理由就在于认为未显名的合作方已经实际参与了合同的履行,也有其他法院以此为基础论证连带责任的合理性。问题在于,未显名的合作方实际参与合同的履行是基于自己名义加入合同关系还是仅仅作为显名合作方的履行辅助人或者代理人而为之。如果是以自己名义加入合同关系且成立并存的债务承担,则可以认为构成连带责任。但如果不成立并存的债务承担,则仅能认为其是履行辅助人或者代理人,不承担合同责任。就此而言,问题的关键在于判断是否成立并存的债务承担。

并存的债务承担属于债务承担之一,是指债务承担合同生效后第三人加入债的关系中,成为另一债务人,与原债务人一起向债权人负担债务的情形①。此时,各债务人原则上对债权人承担连带责任。并存的债务承担要成立,所需满足的要件在于:债务具有可转移性;当事人就并存的债务承担达成合意;并存的债务承担合同生效。其中,债务承担合意之当事人既可以是债务人与承担人,也可以是债权人与承担人。其所达成之合意即债务承担合同为不要式合同,但双方当事人应就此明示之。可见仅仅具有参与合同履行的事实并不能认定成立并存的债务承担,还必须存在明示的承担债务的合意。

(五)未显名的合作方作为土地使用权人向被拆迁人承担连带的拆迁补偿责任

在房地产合作开发当中,《拆迁补偿协议》属于对外签署的具有一定特殊性的合同。在仅合作一方对外签订补偿协议的情况下,若未显名的另一合作方是该土地拆迁后相关土地的使用权人,一旦发生违约的情况,法院也认为其应当承担连带责任②。笔者认为这是具有一定合理性的。原因在于,拆迁补偿协议与一般的合同不同,其目的在于对被拆迁人进行补偿。因此,只要开发拆迁利用相应土地,就必须与被拆迁人签订补偿协议。由此而言,该种协议下补偿一方是否存在承担合同责任的意思本身就是相对不重要的。而且,房屋拆迁对于被拆迁人而言利益影响重大,保障其相应债权的实现非常重要。在这样的情况下,未显名的合作方只要承受了拆迁的重大利益——土地使用权,就足以支撑其连带责任的成立。

---

① 崔建远. 合同法[M]. 第五版. 北京:法律出版社,2007:235.

② (2011)穗中法民五终字第2815号判决.

（六）表见合伙

所谓表见合伙，是指"对于特定的第三人而言，在非合伙人之间或者非普通合伙人之间产生的一种类似于普通合伙人责任的责任承担关系"[①]。其构成之基础主要在于表见之外观使得第三人产生相应之信赖，对此信赖需要加以保护。虽然我国尚未确定表见合伙制度，但在非公司型房地产合作开发的司法实践当中，法院实际上承认了表见合伙的适用。在（2005）粤高法民一终字第 82 号案件中，阳江银行与新江公司联合开发房地产，但双方约定阳江银行不承担风险，只收取固定收益。因此该合作关系在性质上并不属于合伙关系。但法官认为由于《建设用地规划许可证》是阳江银行以自己的名义领取的，且合作双方共同领取了该项目的《建设工程规划许可证》《商品房预售许可证》，并备注双方是合作开发房地产；而且，阳江银行与新江公司是以共同开发商的名义向社会公开发放楼房销售宣传资料的。同时，在此情况下，阳江银行也并未积极向第三人表明内部关系的真实性质。虽然合同签订只是以新江公司单方的名义，但法院仍认为阳江银行应当对第三人承担连带的合同责任。

表见合伙在众多法域中都是被承认的制度，以之作为连带责任成立之基础并无问题。

结论

在非公司型房地产合作开发下，未显名的合作人是否承担合同下的连带责任需要首先判断合作关系是否属于合伙关系。对这一问题的判断，主要应注意共担风险的有无及是否存在经营上的参与。就此，法院所提供的具体标准具有参考的价值。但合伙关系的认定没有必要要求严格的组织性。

在构成合伙关系情况下，法院经常以合同相对性原理为基础，认为未显名的合伙人不能承担连带责任。合同相对性原理背后的基础在于意思自治的理念，对其的坚持不容否认，但合同之相对性也并非绝对。在具体责任的判断上仍应注意对公平正义的把握，一概否认连带责任的存在并不合理。特别是在合伙关系下，若签订相应合同属于行使执行权的行为，则合伙人之间存在代理关系，让未显名的合伙人承担连带责任具有意思基础。此时，将之纳入合同关系当中也不会对合同相对人的利益造成不利影响。而且合伙关系下合伙人的连带责任还具有其他多种价值的支撑。另外，承认未显名合伙人的连带责任亦有利于保障合同债权的实现。因此，在存在合伙关系的情况下，若签订相应合同属于行使执行权的行为，则未显名的合伙人也应承担连带责任。

[①] 房绍冲，王洪平. 论表见合伙制度[J]. 国家检察官学院学报，2006（6）：6.

　　实践中，即使不存在合伙关系法院也可能基于其他理由认定构成连带责任。对此需要谨慎把握。若仅仅存在共享利益关系，则并不足以支持连带责任的构成。在挂名关系下，挂靠人是否要承担连带责任需要考虑挂靠协议的目的，若只是为规避资质要求，则不妨承认连带责任。在未显名合作方实际参与合同履行的情况下，如果构成并存的债务承担，则可以认定连带责任。在合作各方共同过错导致债权人无法及时受偿的情况下，类比第三人侵害债权的法理，则并不能成立连带责任。在签订《拆迁补偿协议》的情况下，由于该类合同本身的特殊性，因此即使合作方未显名，其作为土地使用权人也应当承担连带责任。最后，表见合伙可以作为连带责任的依据。

专题四　有限责任公司股东资格的认定

【摘要】

股东资格认定是我国公司实务中一个典型的问题。不仅单纯的股权确认之诉众多，股权转让纠纷、股东权益纠纷以及追究股东瑕疵出资责任的诉讼也包含了股东身份认定这一前置性问题。这种状况体现了股东资格认定问题中股东与股东之间以及股东与公司之间的利益冲突。股东资格认定问题不解决会造成有限责任公司内部治理困难，对股东的权益则会造成损害，在涉及第三方时，也会产生交易对象和责任认定的混乱。为此，必须明确股东资格认定的标准。我国对于股东资格的认定采取实质要件和形式要件的双重标准，容易产生混淆甚至矛盾，为这一问题的解决带来了困难。本文在梳理现有法律规定及理论的基础上，结合审判实例，为股东资格的认定提出了另一个明确可行的视角。

【关键词】

股东资格　股权　实质要件　证据规则

有限责任公司中股权争夺现象较为普遍[①]，原因在于《公司法》对于股东资格的认定采取了实质要件和形式要件的双重标准，许多公司没有严格按照法律规定置备相关文件、文书，或者虽然置备却没有规范登记和变更登记程序，常常导致出现实质要件和形式要件不匹配甚至相矛盾的情形。

对于这一问题，理论界和实务界产生不同的认知，并派生出不同的股东资格确认模式，即实质要件标准和形式要件标准[②]。前者倾向于考察出资人的实际出资行为，后者出于保护交易安全和信赖利益的目的要求贯彻商事外观主义原则。在我国，多数学者试图折中上述两种相对立的观点，主张确认股东资格时实质要件和形式要件分别在公司内部关系和公司外部关系中予以适用。[③]当实质要件和形式要件之间发生矛盾和冲突时，人民

[①] 本文主要讨论有限责任公司的股东资格认定，原因在于股份有限公司发行的股份由证券登记结算机构和股份托管机构进行相应的登记与管理，股东资格问题一般不会出现争议和纠纷。如无特别说明，下文中公司均指有限责任公司。

[②] [韩]李哲松. 韩国公司法[M]. 吴日焕，译. 北京：中国政法大学出版社，2000：228-230.；赵旭东. 公司法学[M]. 北京：高等教育出版社，2003：280-281.；范健，王建文. 公司法[M]. 北京：法律出版社，2006：283-287.

[③] 李晓霖. 论股东资格确认——以有限责任公司为视角[D]. 长春：吉林大学，2008（12）：32.

法院应当按照争议当事人的具体构成，优先选择适用相应的证据，对股东资格做出认定。[①]

一、股东资格认定的前提

股东资格认定的前置性问题是：什么是股东资格？对此，学界对其没有统一定义。有学者认为，"股东资格是指什么样的主体，在什么样的情况下可以向公司投资，成为公司的股东。某一主体具备股东资格说明其具备向公司投资，成为股东的法律条件"[②]。也有学者认为"所谓股东资格，又称股东地位，是投资人取得和行使股东权利、承担股东义务的基础。"[③]这两种定义一个从主体资格的角度出发，关注何人进行何种投资而能够取得股东资格；另一个则将股东视为公司的成员，而将公司对股东身份的承认纳入了考虑范围[④]。笔者认为，股东资格是相对于公司的概念，无公司则无股东，为此，股东资格是指公司承认的、可以向其进行股权投资并因此享有权利、承担义务的主体资格。

对股东资格的不同定义势必会影响股东资格认定的标准和角度，然而，就笔者所掌握的有限资料来看，对于股东资格的定义学界并没有给予太多关注，而是着重研究股东资格的得丧变更以及认定标准上。

股东与股东资格应当是相伴相生的，取得股东资格者谓之为股东，一旦称之为股东，则默认其已经取得了该资格。笔者认为，理解股东的含义对于理解股东资格有所助益。

在法律上，股东包括两层含义：首先，股东是公司的成员，也是相对于公司的一种法律身份。无公司则无股东，反之亦然。[⑤]其次，笔者认为，股东基于其对公司的地位而享有股权。对于主张类似于"股东是指依法取得公司股权，作为公司组织成员对公司享有权利和承担义务的人"[⑥]的定义，笔者认为有本末倒置之嫌。股权的拥有仅可反推股东资格的存在，但它绝非取得股东资格的前提。此外，也需区分股权和股权行使的差别，股权行使是证明股东资格的既不充分也不必要条件，即股权行使并不必然导致股东资格的取得，股东不行使股权也不必然导致股东资格的丧失，股份代持即为例证。因此，理论和实践中用股东权利的行使作为证据探讨股东资格认定问题，是不恰当的。

按照股东对公司是否直接出资，股东资格的取得可分为直接取得与间接取得。[⑦]

直接取得是指股东基于其股权投资（equity investment）而取得股东身份。公司发起

[①] 王义松. 私人有限公司视野中的股东理论与实证分析[M]. 北京：中国检察出版社，2006：61-62.

[②] 王义松. 私人有限公司视野中的股东理论与实证分析[M]. 北京：中国检察出版社，2006：2.

[③] 赵旭东. 新公司法讲义[M]. 北京：人民法院出版社，2005：145.

[④] 如无特别说明，本文在同等含义上使用股东资格和股东身份这两个概念.

[⑤] 李建伟. 公司法学[M]. 北京：中国人民大学出版社，2014：212.

[⑥] 赖锦盛. 有限责任公司股东资格确认中的法律问题探讨[D]. 上海：华东政法大学，2008（4）：4.

[⑦] 李建伟. 公司法学[M]. 北京：中国人民大学出版社，2014：213-214.

人在公司成立后转换为原始股东，公司成立后也可通过增资吸纳新股东。实践中股东资格纠纷也多集中在原始取得的情形中，以原始股东为典型；间接取得则是指自然人或组织虽没有直接向公司投入资本，但通过股权转让、继承、赠与及公司合并取得股东资格。

股东资格因多种原因而丧失，例如自然人股东死亡和法人股东的终止、公司终止、被公司除名、股份转让等。

二、股东资格认定的标准

依据《公司法》的规定，股东资格的认定标准存在双重标准。一是实质要件标准，即股东出资；二是形式要件标准，即将股东的姓名或名称记载于公司章程、股东名册、工商登记等能够表彰股东身份之文件上。[①]正常情况下，应当是两者兼备、相互印证的。然而，我国公司设立与运作不规范，导致这两类要件之间常常发生矛盾甚至缺失，导致股东身份认定困难而至纠纷频发。

为解决这一问题，学界对于股东资格认定的标准有以下三种代表性观点，即严格外观主义、实质与形式的二分以及区分证据层级和效力。

（一）严格外观主义

随着研究的深入，越来越多的学者意识到，以出资作为股东资格认定的实质要件并不科学，事实上，出资与股东的资格取得之间没有必然的联系。[②]更有观点认为，确认某种事实的存在或某种资格的取得只需满足形式条件的情形在法律上并不鲜见，这在物权法领域以及表见代理制度上均有体现。出于维护交易安全及满足商事交易效率之需要，股东资格的认定完全可以采用"外观主义"，只要符合股东资格的形式条件，即便不具备股东出资的实质条件，也应当确认股东资格的取得。[③]

这与英美法国家采用的"股东名册主义"似乎不谋而合。考察英美法系各国的立法，一般均规定在没有相反证据的情况下，将股东名册记载作为确认股东资格的证据，除非有相反的证据能够推翻股东名册的记载。

我国《公司法》第三十二条第二款规定："记载于股东名册的股东，可以依股东名册主张行使股东权利。"一般认为，这一规定体现了股东名册的推定效力。即凡记载在股东名册上者被视为公司股东，可向公司主张权利。除非有相反证据证明记载错误，且由异

[①] 周友苏. 试析股东资格认定中的若干法律问题[J]. 法学，2006（12）：78.

[②] 楼晓. 论"出资""股份""股权"及"股东资格"间的法律关系——以有限责任公司为论述基点[J]. 法学杂志，2009（2）：114.

[③] 周友苏. 试析股东资格认定中的若干法律问题[J]. 法学，2006（12）：80.

议者负举证责任。[①]严格外观主义强调了形式记载对认定股东资格时应当是第一位的，但是允许被其他形式要件和实质要件所推翻。然而，是否所有的形式记载均具有类似于股东名册之效力，尚存疑义。从我国审判实例[②]来看，形式要件的考虑非常重要，然而，大部分是基于民事诉讼举证规则的限制，只有少数仅考察形式要件，如表 4-1 所示。

表 4-1　严格外观主义在司法实践中的运用情况表

判　例　索　引	裁　判　要　旨
闫文国等诉山东云宇机械集团有限公司公司盈余分配纠纷案（2015）泰商终字第 351 号	……没有出现在公司章程之中，其也没有证据证明其名字登记在股东名册之中，根据"谁主张谁举证"的原则，其应当承担举证不能的不利后果
福建省霞浦中信新型建材有限公司与陈晓晖民间借贷纠纷上诉案（2015）宁民终字第 1015 号	《股东会议记录》等证据并没有包含被上诉人。公司增资应当及时办理必要的手续，上诉人始终未办理相应的工商变更手续
林某诉上海某电线电缆有限公司股东出资纠纷案（2013）金民二（商）初字第 563 号	被告未为原告办理变更登记、未向原告出具出资证明书、未置备股东名册，也未向原告进行任何分红的前提下，被告的现有举证无法证明原告确实已经成为被告的实际股东
王会云等诉陕西千里税务师事务（所）有限责任公司公司解散及清算纠纷案（2006）西民四初字第 01 号	虽以股东名义起诉，但却都承认未在公司登记机关以股东名义登记，故以股东身份向人民法院起诉，主体不适合
殷德清与内蒙古恒祥进出口贸易有限责任公司股东资格确认纠纷上诉案（2014）呼商终字第 00079 号	股东签署公司章程的行为实质上是股东对于章程效力的确认，包括对其他签署公司章程股东的身份的承认，所以以公司章程的记载具有确认股东资格的最高证据效力。其次，记载于股东名册的股东，可以依股东名册主张行使股东权利
万岩标等诉北京城南诚商贸有限公司确认股东资格案（2004）二中民终字第 06770 号	股东名册是有限责任公司确认股东身份的法定文件。但实践中，股东名册的设置尚无统一的形式，本案中，可依据股权证明书证明股东身份

（二）实质与形式的二分

如前文所述，我国存在这样的观点：确认股东资格时实质要件和形式要件分别在公司内部关系和公司外部关系中予以适用。

即当处理公司与股东及股东之间的关系时，主要考虑欲取得股东资格的自然人或组织是否实际或者认缴出资，哪怕缺乏形式要件或记载不相一致，以实际或认缴出资为准；在对外关系上，应当以有明确形式记载的文书为准。考虑到工商登记具有公示公信之效

[①] [韩]李哲松. 韩国公司法[M]. 吴日焕，译. 北京：中国政法大学出版社，2000：242.

[②] 无特别说明，本文案例均引自北大法宝：http://www.pkulaw.cn.

力，其证明力优于其他。采用该标准的案件不在少数，如表 4-2 所示。

表 4-2 实质与形式的二分法在司法实践中的运用表

判 例 索 引	裁 判 要 旨
沈阳一草生物科技发展有限公司与张振华股东名册记载纠纷上诉案（2015）沈中民三终字第 835 号	当公司与公司以外第三人因股东资格发生争议时，应根据具有公示效力的工商登记作为确定股东资格的标准；当公司股东与公司或者其他股东因股东资格发生争议时，应根据当事人意思自治原则确定股东资格。被告虽未将原告的股东身份载入公司章程，但不影响对内股东身份的确定
陈锦洪诉张家口市东亚建材家具装饰有限公司股权确认纠纷案（2012）张商终字第 281 号	确认股东资格的要求分为形式要件和实质要件。形式要件为公司章程、股东名册及工商登记材料的记载；实质要件是出资并实际享有股东权利。在确认股东资格时，应当探求公司构建股东关系的真实意思，而不能以外在表示行为作为判断股东资格的基础。无论公司名义上股东是谁，事实上向公司做出资行为，并愿意加入公司行使公司权利承担公司义务的人才是公司股东
陈昭阳诉樊坚等民间借贷纠纷案（2015）合民初字第 140 号	原告以三被告未将其支付的 260 万元转为公司注册资本，其本人至今未登记为公司股东为由，认为本案涉款 260 万元，名为投资，实为借贷，其与三被告之间是民间借贷法律关系的诉讼意见，与本院查明的案件事实及法律关系不符，本院不予采纳

（三）区分证据层级和效力①

这一标准避开了实质要件和形式要件的取舍，主要站在司法裁判的角度，从证据层级和效力的角度试图解决实务中股东资格认定纠纷的问题。为此，需要将证据分为三类，即为源泉证据、推定证据与对抗证据。

源泉证据也称基础证据，是证明股东取得股权的基础法律关系的法律文件。在股权直接取得的情形下，主要是能够证明股东认缴和（或）实缴出资的各类证据，如公司章程、公司设立协议、股东协议、增资扩股协议中有关股东认缴出资的约定，以及股东向公司实缴出资后公司出具的确认其已收到股东股权投资款的收据、股东向公司银行账号汇款后银行出具的汇款回单等各类相关证据；而在股权间接取得的情形下，包括股权转让合同、赠与合同、遗嘱、遗赠抚养协议、离婚的判决书或调解书、夫妻财产分割协议、共有财产分割协议、国有股权划拨决定等；推定证据则是指能够从中推断出股东资格的公司的行为和相关文件，例如股东名册、公司向股东发出的参会与分配红利通知等；对抗证据主要指在公司登记机关登记在案的章程等登记文件。

---

① 刘俊海. 股权纠纷中如何确认股东资格[N]. 经济参考报，2015-06-17.

　　以上三类证据相互冲突时，应区分内部法律关系与外部法律关系。在股东与股东、股东与公司之间的股权确认纠纷中，应尽量尊重源泉证据的效力。而在涉及善意第三人的外部关系中，则应尽量尊重对抗证据的效力。该标准的运用在我国法院的实际审判中亦有体现，但较为少见。

　　表 4-3 所示为区分证据层级和效力在司法实践中的运用表。

表 4-3　区分证据层级和效力在司法实践中的运用表

判 例 索 引	裁 判 要 旨
潜江市天驰汽车大市场有限公司诉刘胜股东资格暨股权确认纠纷案 （2013）鄂潜江民初字第01986 号	股东资格是投资人取得和行使股东权利，并承担股东义务的基础。有限责任公司股东资格的确认，涉及出资人实际出资数额、股权转让合同、公司章程、股东名册、出资证明书、工商登记等各个方面。认定股东资格的证据，不能仅限于书证，更不能简单地局限于出资证明书、股东名册以及公司登记机关的登记资料。确认股东资格，应当综合考虑多种因素，在具体案件中根据当事人实施民事行为的真实意思表示，选择确认股东资格的标准。为了正确选择确认本案争议的股东资格的标准，本院将上述名目繁多的证据按照源泉证据、推定证据与对抗证据予以归类后，从三个不同的层次对各方当事人的争议焦点剖析

　　笔者认为，第二种和第三种标准殊途同归。它们都以内外部关系为区分，将证据分类并评定证明对象和效力层级。"实质要件"的证明对应"源泉证据"，"形式要件"的证明对应"推定证据"和"对抗证据"，前者从构成要件的角度出发寻找证据，后者从证据出发反推构成要件，没有实质差异。

三、股东资格认定的理论基础

　　对股东资格认定不同的标准实际是采纳不同理论的结果。重安全与效率者必采取严格外观主义的做法，重公平和保护者会采取第二或第三种做法。为此，我们有必要梳理股东资格认定可能的理论基础，以总结设定标准时的考量因素。

（一）利益相关者理论[①]

　　"股东是公司的所有者"这一理念在 20 世纪 80 年代中期出现了动摇，人们意识到企业应是利益相关者的企业，包括股东在内的所有利益相关者都对企业的生存和发展注入了一定的专用性投资，同时也分担了企业的一定经营风险，或是为企业的经营活动付出了代价，因而都应该拥有企业的所有权，这便是利益相关者理论。

[①] 付俊文，赵红. 利益相关者理论综述[J]. 首都经济贸易大学学报，2006（2）：16.

　　为此，分担企业经营损失者也要享有企业的利益，这种利益不仅包括经济利益，也包括对企业事务的管理权限等。因而，任何公司法上制度的设计如果仅仅只关注利益相关者中少数甚至一方的诉求，该制度设计必然是失败的。

　　按照利益相关者的合法性、迫切性和影响力，又可以将利益相关者按等级划分为权威利益相关者、关键利益相关者、从属利益相关者等。以此为标准，股东、债权人、管理层是公司核心的利益相关者，交易相对人等是关键。

（二）效率与正义

　　无论是对形式主义的强调还是将外观主义作为司法裁判的重要标准，商法对效率的追求在立法中展露无遗。然而，何谓效率、如何看待效率与正义之关系则不那么明确。

　　应当说，效率是一个相对概念。卡尔多-希克斯效率强调结果为正值，只要"赢者收益超过输者损失"，就是符合效率的；帕累托改进则是要求至少有一人从中获益而无人遭受损失。波斯纳是卡尔多-希克斯效率的支持者，然而其理论因违反人类朴素的道德情感而受到了批判，相反，丹尼尔对其效率原则提出了修正，主张效率的适用应当劣后于公正之要求。[①]对此，笔者认同。

　　效率之追求是建立在公平基础之上的，正如同商法采取外观主义是建立在"外观正确表彰了内在权利和法律关系"的基础之上的，是复杂问题简单化的技术处理。一旦失去内在权利和法律关系的依托，外观徒具空壳。因而，在外观与内在不符时，要抛开外观探求内在真实，就如同股东权利滥用之时刺穿公司面纱。

（三）从上述理论反观标准的合理性

　　现有的严格外观主义将对效率的追求放在了首要位置，且没有区分内外部关系，有以偏概全、有失公正之危险；实质与形式二分标准、区分证据层级和效力标准对以上两个理论的回应较强，却也远非完美，原因有以下两方面。

　　其一，实质要件和形式要件的表述本身存在混淆。所谓"要件"，即构成某一资格或关系所必需。按照这种理解，实质和形式是缺一不可、相互印证的。然而，一边采用"要件"之称谓，一边讨论二者冲突时的优先效力和解决方法，自相矛盾。并且，商法注重形式主要是由于以下原因：（1）保护相对人之合理信赖，以维护交易安全；（2）降低交易相对人的审核成本，以提高交易效率。将形式视为特定商事行为的生效要件，与商法的目的不合。事实上，细查法律规定会发现，我国并未将形式记载视为取得股东资格的要件。《公司法》第三十一条第一款规定："有限责任公司成立后，应当向股东签发出资证明书。"第七十三条规定："依照本法第七十一条、第七十二条转让股权后，公司应当

[①] [美]乔迪·S.克劳斯，史蒂文·D.沃特. 公司法和商法的法理基础[M]. 金海军，译. 北京：北京大学出版社，2005：77-91.

注销原股东的出资证明书，向新股东签发出资证明书，并相应修改公司章程和股东名册中有关股东及其出资额的记载。对公司章程的该项修改不需再由股东会表决。"《公司法司法解释（三）》第二十四条规定："当事人依法履行出资义务或者依法继受取得股权后，公司未根据公司法第三十一条、第三十二条的规定签发出资证明书、记载于股东名册并办理公司登记机关登记，当事人请求公司履行上述义务的，人民法院应予支持。"可见，向公司要求签发出资证明书、修改公司章程是股东的权利而非取得股东资格之前提。有学者提出，将持有股权凭证、股东名册登记、工商登记等视为股东的法律特征，由"要件论"带来的困难会迎刃而解。[①]然而笔者认为，将此类文书认定为典型证据、公司法对其规定认定为证据的适用规则，结合民事诉讼法关于证据类型、证明力之规定，更能够解决实务问题之需要。

其二，现有的三种标准均未能考虑股东资格认定中的重要利益相关者——公司——的利益。股东资格必然以公司成立为前提，公司终止也会导致股东资格的丧失。股东与公司这种休戚相关、同气连枝之关系远超其他利益相关者。可以说，股东之于公司与公司之于股东同等重要。因此，不仅股东有权选择公司，公司亦有权选择股东。

其实，公司选择股东的权利在我国相关司法解释中已有体现，如股东除名制度。《公司法司法解释（三）》第十八条规定："有限责任公司的股东未履行出资义务或者抽逃全部出资，经公司催告缴纳或者返还，其在合理期间内仍未缴纳或者返还出资，公司以股东会决议解除该股东的股东资格，该股东请求确认该解除行为无效的，人民法院不予支持。"从学理上看，股东被公司除名主要是基于严重出资瑕疵、章程规定以及严重滥用股东权利等重大事由。[②]相对于股东权利的限制，股东资格的剥夺是一种非常严厉的救济措施，甚至带有惩罚色彩。然而，股东出现除名事由往往意味着公司、债权人、交易相对人等利益相关者被侵害的危险甚至已经受到侵害的事实，有亡羊补牢之意。那么，为何不在股东资格授予时就赋予公司对股东的选择权呢？实际上，已有的法院裁判中有这种思想的体现。

表 4-4 所示为公司意思对认定股东资格的意义表。

表 4-4　公司意思对认定股东资格的意义表

判 例 索 引	裁 判 要 旨
翁元等诉广东安保信电器制造有限公司股东资格确认纠纷案（2015）佛顺法勒民初字第 833 号	股权具有财产权和人身权的双重法律属性，在股东资格认定问题上，投资人与公司之间的合意亦是认定股东资格的重要依据

① 李建伟. 公司法学[M]. 北京：中国人民大学出版社，2014：215.

② 李建伟. 有限责任公司的股东除名制度研究[J]. 法学评论，2015（2）：78-80.

四、股东资格认定的规则设计

现有的股东资格认定标准有混淆"要件"与"要件的证明"以及忽视公司意志的问题，因而笔者主张重新审视股东资格认定的要件，并提出证明该要件的证据规则。

（一）股东资格认定的要件：以意思表示为中心

对于公司与股东之间法律关系的性质，笔者认为，股东资格的取得是潜在股东与公司就股东资格的授予达成一致的过程：首先，自然人或其他组织（以下简称潜在股东）向公司做出欲成为股东之意思表示。其次，公司做出接纳潜在股东成为股东之意思表示，合意达成之时发生两个法律效果：一是潜在股东即刻取得股东资格；二是一个非书面合同成立并生效，根据该合同，股东负有对公司出资或者以合法方式间接取得股权之义务，公司负有证明股东资格存在之义务。[①]

合意达成之时潜在股东取得股东资格的原因有两个：（1）股东资格的取得难以适用现行立法关于"交付"之规定。股东资格不是物，物权变动模式的探讨似乎并无助益；它亦非财产性权利，仅在取得股东资格后才有权利享有和行使的问题，因而也不能类比适用证券法关于证券登记结算的规定。如果要求潜在股东履行一定义务后，公司才将股东资格交付之，在认定上会存在困难。为此，不如略去股东资格取得之交付的问题，直接认定自合意达成时起潜在股东即取得股东资格，再从证据上证明双方形成了真实合意即可。（2）这样的观点与公司法之规定相融合。在本文第三部分股东资格认定的理论基础（三）中，笔者已论证了形式记载仅是公司对股东负有之义务而非股东资格取得的前提。同样，实际出资或者以间接方式合法取得股权亦非取得股东资格之条件。

《公司法》第二十三条规定："设立有限责任公司，应当有符合公司章程规定的全体股东认缴的出资额。"第二十六条规定："有限责任公司的注册资本为在公司登记机关登记的全体股东认缴的出资额。"这意味着，实际出资仅为股东的义务而绝非股东资格取得的前提。同时，《公司法司法解释（三）》对于出资瑕疵等行为的法律后果也做出了规定，除严重情形外，无一导致股东资格剥夺。并且，从立法用语来看，出资的主体已经是"股东"。例如第二十八条规定："股东应当按期足额缴纳公司章程中规定的各自所认缴的出资额。股东以货币出资的，应当将货币出资足额存入有限责任公司在银行开设的账户；以非货币财产出资的，应当依法办理其财产权的转移手续。股东不按照前款规定缴纳出资的，除应当向公司足额缴纳外，还应当向已按期足额缴纳出资的股东承担违约责任。"

[①] 前文已述，股东资格认定纠纷在股权原始取得和继受取得的情形下均有发生并以前者为主，本文提出的以股东和公司合意作为认定股东资格的标准对两种情形均适用。但在原始取得股东资格的情形下，须注意设立中的公司和成立后的公司具有同质性，设立中的公司与发起人就股东资格达成合意的，发起人能够取得设立后公司的股东资格。

　　由此，股东资格认定的问题就转换成了对双方真实意思表示的证明问题。所谓意思表示，即将欲发生之法律效果之意思表示于外的行为。[①]包含了"意思"与"表示"两个要素，缺一不可。"意思"即当事人欲以自身行为发生某种法律效果的内心想法，"表示"则是将内心意思表示于外的过程，可明示亦可默示。潜在股东的意思表示很好理解，但是对于公司，其意思如何形成，形成后如何表示于外，谁有资格受领意思表示，都是有待明确的问题。

　　1. 公司意思的形成

　　要解决这一问题，首先需要明确公司的性质究竟是采"法人拟制说"抑或"法人实在说"。若采"法人拟制说"，公司将没有独立的意思和意志存在，因而公司的意思就变成了具体问题中享有话语权的公司利益相关者的意思。那么，股东资格认定问题将完全不存在公司的意愿之说，只需要反映与之最为密切的利益相关者——股东的意志即可，为此，若章程无特别约定公司意思将有且仅形成于股东会决议。但如果采"法人实在说"，公司就有独立的意思，这种意思并不拘泥于特定问题中某个机关或个人的意思，而是在任何情况下公司都具有的、可以在任何问题中表达的自由意志。

　　笔者倾向于"法人实在说"，原因有两方面：一是无论哪种学说都承认公司作为法人具有独立人格。意志是人格的构成，而人格是意志与权利的载体，如果没有独立于成员的意思，又何谈独立于成员的人格？若不承认法人意思独立，那么其人格的享有将主要成为成员隔离风险的屏障，公司沦为被股东、董事等操纵的工具，这样不利于公司的自我成长和其社会价值的实现；二是现代社会公司极速发展，其作用已经远不止于参与市场交易，大型公司通过其市场影响力渗透入文化、教育、社会甚至政治生活等各个方面，以至于公司社会责任话题等进入我们的视野，这反映了我们对公司本质、功能认识的不断更新和进步。如今，公司是如此的重要，以至于它成为与自然人等同甚至分量超越了自然人的民事主体。在这样的背景下，不承认法人人格是客观存在的将与现实格格不入。为此，公司的独立人格是确切存在而非拟制的，它享有且应当享有独立意思。

　　那么，公司的意思如何形成？应当说，公司的意志由公司的机关通过决议的方式形成。各国一般都规定股东会和董事会具有对公司重要事项的决定权。在我国，股东会作为最高权力机关，是当然的意思决定机关，能够形成公司意志。在设有董事会的公司中，董事会对公司的某些事项也有权做出决定，在不设有董事会的有限责任公司中，执行董事享有董事会的职权。因此，股东会、董事会和执行董事都是公司意思形成机关，相当于公司的"大脑"，股东会和董事会的决议即是公司的意志。

　　2. 公司意思的表示

　　公司的意思形成于股东会和董事会的决议，那么，它将如何表达呢？对此，有不同

① 朱庆育. 民法总论[M]. 北京：北京大学出版社，2013：184.

的意见。有学者认为股东会决议的过程同时包含公司意思形成和意思表示，决议本身是法律行为；[①]也有学者持反对意见，认为决议仅仅是内部意思的形成，相当于"内心意思"，还需要加上对外表示行为才能构成完整的"意思表示"。[②]

对此，笔者认为，决议本身是法律行为，包含了意思形成和意思表示两个要素。理由在于：从逻辑上说，意思形成主体和意思表示主体总是同一。若意思仅仅形成于内心而未对外表示，该主体外的任何人将无论如何无法得知其内心真意并代为表示，故而不存在意思形成与表示行为相分离的情形，此为其一。采公司意思形成与意思表示相分离的学者认为，决议仅仅是公司意思的形成，还需要对外表示行为，诸如法定代表人依据决议对外签订合同。然而，所谓的对外表示行为只是依据意思表示实行特定行为罢了，本身并非新的、独立的意思表示。例如，公司通过股东会做出决议分红，董事会执行此决议是在履行公司分红的允诺而非做出允诺。再如，公司决议授权法定代表人自主决定50万元以下额度的对外担保。法定代表人以此为依据与第三人签订担保合同担保20万元的债权，为此，他需要为一个新的、独立的意思表示，虽因其法定代表人的身份合同为公司所承受，甚至该意思可以视为公司的意思，但该意思与决议绝非等同——决议所做授权是单方法律行为，而签订合同的行为显然是双方法律行为。决议的"意思形成说"混淆了意思表示的后续履行和意思表示的做出，此为其二。同时，如果决议仅为"内心意思"而缺乏表示行为要素，那么如何可以产生无效、可撤销、有效的效力形态？法律评价意思表示而不评价内心活动，内心活动再违背公序良俗、如何有失公平，非经表示，法律都不会评价。一个人在内心中想了无数遍"我要抛弃我的财产"，但如果没有表示出来，他人侵害财产权时他仍然可以主张权利，只有他真正地通过语言或行动抛弃了财产，才会真正丧失所有权而无法再对他人主张相应的权利，此为其三。

为此，决议行为既包含了意思的形成也包含了表示行为，构成公司的意思表示。同时，法定代表人的意思表示通常也归属于公司，因为在对外的场合，法定代表人与公司视为同一。在基于职务或公司及其法定代表人特别授权而行为的人，其意思表示也在职务或授权范围内产生归属于公司的效果，但是与公司的意思表示并不能划等号，因为其为代理而非代表。

3. 公司意思的受领

由于代理、代表、传达制度的存在，公司对意思表示的受领可以以多种方式完成，而不局限于能够为意思表示的对象。为此，公司的职员或经授权的人可以在职务或授权范围内受领意思表示，法定代表人、股东会、董事会对他人意思表示的受领也构成公司的受领。

[①] 李建伟. 公司法学[M]. 北京：中国人民大学出版社，2014：283.

[②] 陈醇. 商法原理重述[M]. 北京：法律出版社，2010：146. ；叶林. 股东会会议决议形成制度[J]. 法学杂志，2011（10）：31.

从潜在股东与公司形成合意的角度理解股东资格的取得，需要注意以下问题。

（1）无论是潜在股东抑或公司的意思表示，均需指向股东资格。学界曾经将出资作为直接取得股东资格的前提，随着研究的深入和注册资本认缴制的确立，又认为认缴出资或说出资的承诺成为了取得股东资格的前提。认缴出资之所以重要且必需，在于它对公司形成独立财产以及划定股东有限责任之边界具有重大意义。欲取得股东资格的意思表示是否能与认缴出资完全等同，笔者持保留意见，但从认缴出资可推定潜在股东指向股东资格的意思是毋庸置疑的。对于间接取得股东资格的情形，受让人指向股东资格的意思从股权转让合同、股权赠与合同等可以探知。对于公司而言，其意思主要形成于股东会及董事会决议，因而其为明示意思表示的情况十分少见，但仍可以从章程之规定、相关文件之记载推定公司的意思。对于股东资格的同意亦可以从相关文件中推知，例如收取投资作为股款而非负债，通知某人参加股东会而非董事会等。同时，在认定股东资格这一问题上，超越了一般职务或授权的范畴，因此，除法定代表人外，其他人原则上不得为相关的意思表示，除非股东会、董事会或法定代表人特别授权其为代理或传达，这也可以通过公司章程规定。

（2）表示须为对方所受领。指向股东资格的意思表示是有相对人的意思表示，潜在股东向公司债权人、公司高管、单个股东为意思表示并获得对方同意，均不能取得股东资格，其意思表示必须向公司做出、为公司受领，反之亦然。此处有资格受领的人应当是股东会、董事会、法定代表人及其授权的人。对于潜在股东而言，公司的股东会决议、董事会决议或法定代表人及其授权的人的意思表示到达潜在股东时即被受领。在间接取得股东资格的情形下，除公司合并、分立的情形，公司法规定股权的变动必须经过股东会决议，实质上这是限缩了公司意思表示主体的范围，也是维护股东单一利益的表现。一直以来，有限公司股东资格的得丧变更都强调公司的"封闭性"，主张现有公司股东利益的保护。然而，在股权间接取得的情况下，涉及原股东、潜在股东和公司的三方利益，股东会的意思表示不完全等同于公司的意思表示，应当说董事会、法定代表人在接受股东资格时也有话语权，可以为公司利益决定接受或不接受某人成为公司股东。

需要注意的是，公司接纳股东的意思表示可以明示也可以默示，默示的意思表示亦需对方受领。例如 A 向法定代表人 B 表示欲成为公司股东，B 将其载入股东名册但没有通知 A，为此，A 尚不是公司股东，不负有对公司出资的义务。当出现债权人要求 A 承担责任的情形，由于法律规定股东名册的推定效力，A 需要在其认缴的出资范围内承担责任，之后可以向公司追偿。

（3）意思表示须真实合法。意思表示必须真实、合法，才能发生当事人追求的法律效果。[①]公司的意思可以从与公司经营管理的相关文件中探求。一旦这些文件出现了相互

---

① 江平. 民法学[M]. 北京：中国政法大学出版社，2011：142.

不匹配，甚至矛盾、伪造的情形，那么其所反映的公司的意思则会因为不真实或有瑕疵而不能采用。这解释了为何伪造的章程、出资证明书等不能证明股东身份，并非如一些学者所说，是不符合形式要件之缘故，而是因为缺乏公司对股东资格的真实同意，而从根本上导致股东资格的不能取得。

（4）意思表示不能约束善意第三人。公司与潜在股东合意的形成与否仅影响其相互之间的法律关系，而不能对不知情的第三人产生影响。对于交易相对人而言，他能信赖的仍然是商事登记的外观。因此，公司与潜在股东均不能以双方之间欠缺合意为由，否认特定情形下股东对公司债权人的责任。

此外，还存在一个重要的问题需要说明。由于笔者认可股东会、董事会、法定代表人及其授权的人为公司的意思表示机关，机关的多样性会导致意思表示冲突的可能性，例如董事会同意接纳某人为公司股东，但股东会反对，这种情形应当如何处理？笔者认为，这实际上与公司法的立法理念和模式相关。在采取董事会中心主义的国家，董事会和职业经理人拥有重大权力，能够对公司的经营管理享有决定权，股东只就公司的重大事项进行表决，从而事实上形成了股东和经营层之间的权力分野，而在采取股东会中心主义的国家，股东会作为公司的"最高权力机关"享有最终决定权。[①]根据我国《公司法》的规定，董事会的主要角色依然是执行机关，不享有最终决定权，因此，我国采"股东会中心主义"，当股东会、董事会、法定代表人及其授权的人对股东资格认定持冲突意见时，以股东会决议为准。

（二）股东资格认定的证据规则

潜在股东与公司就股东资格取得达成合意即可成为股东，这是股东资格认定的唯一标准。一旦此合意达成，股东即可要求公司对其为各类形式的记载，公司亦可要求股东出资。因而，形式记载并非所谓的"要件"，在认定股东资格时仅具有证明上的意义。这意味着：（1）证据有证明力大小的不同，在相互冲突时依照证据规则排除即可；（2）典型记载形式并没有明显优于其他证据的证据力，亦可以被其他证据推翻；（3）法院在认定证据时不应当拘泥于法定证据形式，凡能证明双方真实意思表示的证据均可适用。

按照证明作用，笔者将这些形式记载分为以下两类。

1. 能证明双方意思表示的证据

能证明双方意思表示的证据是指能从其中推定潜在股东与公司达成合意的证据。这类证据能够证明认缴出资行为以及公司对该行为的承认，多见于直接取得股东资格的情形。

《公司法》在第二十五、三十一、三十二条对公司章程、出资证明书以及股东名册关于股东资格的记载做了规定。实际上，除了公司章程、出资证明书、股东名册及工商登记，其他非典型证据亦可。例如，股东向公司实缴出资后公司出具的股款收据，或虽没有收据却将出资以"实收资本"入账，以及实际出资合法的验资报告等，只要是真实有效的，均可作为证据使用。实践中，法院也会灵活地运用证据，而不拘泥于法律规定的文件类型。

表 4-5 所示为证明双方意思表示的证据示例表。

表 4-5　证明双方意思表示的证据示例表

判 例 索 引	裁 判 要 旨
过振球诉尤菊林等案 （2003）锡民二终字第 408 号①	修配厂出具的收款收据注明为投资款，并将该款项作为实收资本入账
鲁长福与北京金世纪农业发展有限公司等股权确认纠纷案 （2009）二中民终字第 19510 号	……未经依法设立的验资机构验资并出具证明，故不应视为对公司股份的入股行为……集资款视为公司投资项目借款

2. 仅能证明单方意思表示的证据

能证明单方意思表示的证据是指仅能证明一方意思表示的证据，这类证据多见于间接取得股东资格的情形，需要相互之间结合使用。例如，股权转让合同、赠与合同、遗嘱、离婚的判决书或调解书、夫妻财产分割协议、共有财产分割协议、国有股权划拨决定等。这些文书的存在仅能证明出让人与受让人之合意，而不能证明公司对股东资格的承认。要产生对抗其他股东的效力需要在股东名册上登记或者有其他证明，如股东会决议、公司对其分派红利的通知等，产生对抗第三人的效力则需要变更置备在公司登记机关的章程等文件。

各类证据相互印证的程度越高，股东资格的证明越可靠。而在证据冲突的情况下，笔者认为应当遵循以下规则：（1）具体案件具体分析。既然将形式记载作为证据，那么其证明力与证明对象、关联性、合法性均相关，因而不存在所谓的确定的"证据效力等级"，仍应当结合个案进行分析。（2）区分内外关系。所谓内部关系，即股东之间、股东与公司之间的关系；外部关系，则是股东与第三人、公司债权人之关系。考察内部关系要注重考察潜在股东与公司合意，在对外关系上，原则上采用商事外观主义，以公司登记机关的记载为准。（3）证据的推定效力应予以扩大。法律只规定了股东名册推定效力，笔者认为当作扩大解释。凡能证明双方就股东资格达成合意的证据，均具有推定股东身份之效力，除非公司举证证明情况相反。原因在于，在确定股东资格之诉中，原告常处

① 国家法官学院，中国人民大学法学院. 中国审判案例要览（2005 年商事审判案例卷）[M]. 北京：人民法院出版社，2006：222.

于被动状态。往往正是因为形式记载欠缺或相矛盾，原告才会提起股东资格确认之诉，然而又让原告承担举证责任，十分困难。相反，对于公司而言，谁于何时成为股东是很清楚的。当然，并非所有的证据均可做此种效力推定。仅能证明单方意思的证据仍需结合使用，直至能够证明双方就股东资格形成了合意。（4）在后证据优先。无论是能证明双方意思表示的证据抑或仅能证明单方意思表示的证据，在发生冲突时以在后的有效证据为准。例如，A 转让股权给第三人 B，意思表示到达了公司并获得同意，例如股东会决议通过，但公司迟迟不变更股东名册。股东名册的记载与公司的意思表示（可以从会议记录等推知）相悖而意思表示形成在后，对公司与该股东而言，会议记录的证明力优于股东名册。

结论

　　股东资格取得采实质要件和形式要件双重标准的做法混淆了"构成要件"与"构成要件的证明"，不仅难以解决实务问题，甚至误导性地造成了司法裁判的混乱。现有的三种股东资格认定标准均没有意识到这一问题，也未能将公司的意志纳入考量。为此，笔者建议以意思表示为中心重构股东资格的得丧变更，并将形式记载纳入证据的范畴。具体而言：潜在股东与公司形成关于股东资格取得之合意时，潜在股东即取得股东资格。指向股东资格的合意即为股东资格的构成要件。从而，股东负有对公司出资或者以合法方式间接取得股权之义务，公司负有证明股东资格存在之义务。形成此种合意须遵循意思表示的基本规则，即潜在股东与公司的股东会、董事会或者法定代表人及其授权的人分别做出意思表示并被对方所受领。现有公司法仅承认股东会对股东资格的决定权的做法限缩了公司意思表示的范围，对公司的行为能力大打折扣，也不能兼顾股东、公司和潜在股东的三方利益，不足取也。

　　至于诸多形式记载，是证明构成要件的证据，可以按照证明作用对其分类而适用不同的证明规则。能证明合意之规则可单独使用并具有推定效力，仅能证明单方意思表示之证据反之。公司法规定的书面记载，如股东名册等仅为典型证据，其并不具备绝对的优先效力而可以被推翻，其他具有证明力的非典型证据亦可采用。

专题五　我国公司法上的隐名股东制度——以法解释论为中心

【摘要】

我国公司法上的隐名股东制度与不公开本人身份的代理制度有着密切联系，后者乃是英美法上的代理类型，类似于间接代理，并由我国《合同法》第四百零三条加以引入。《公司法司法解释（三）》第二十四条第三款的规定实际上是对《合同法》第四百零三条下介入权的改造，使其变为一项附法定条件的形成权，在其他股东过半数同意时产生效力。实际出资人行使介入权之前，名义股东就是股东，但其处分权能受到限制，基础在于"代持"协议。而实际出资人行使介入权并转化为公司股东后，则继受相应股权，名义股东退出公司，但仍对外承担出资不实的相关责任。此时名义股东与实际出资人之间的"代持"协议仍然有效。

【关键词】

隐名股东制度　代理　介入权　《公司法司法解释（三）》

隐名股东结构下股权的确认及其他有关争议在公司法司法实践当中是比较普遍且棘手的问题。最高人民法院为此在《公司法司法解释（三）》中专门出台了一些规则，然而这些规则相对比较简单，具体内容也存在较大争议，这也就使得我国公司法上的隐名股东制度在很大程度上仍然处于不确定的状态。对此，亟须通过对既有规范的解释来加以阐明，而这种解释必须放在代理及其他相关制度的整体框架下来加以完成。

一、代理及相关法律制度

隐名股东制度的探讨，离不开代理以及相关制度的分析和释明。但作为法律继受国的缺憾，使得相关概念的翻译、定义和适用在法学界未形成统一的标准。因此，在正式讨论隐名股东之前，有必要一一厘清代理以及相关制度的谱系，明确每一制度的具体指向，以免无谓的争论和误解，也为后文的讨论奠定基础。

（一）大陆法上的代理

代理制度是传统民法上的归属规范，其要旨在于，行为人以被代理人名义实施法律行为，法律效果亦直接归属于被代理人①。代理制度之外，大陆法上尚有间接代理的概念。间接代理乃以自己名义为本人之计算而为法律行为；其法律效果首先对间接代理人发生，再依内部关系转移予本人。②事实上，间接代理作为一个法律概念，并不像直接代理一样有与之相匹配的法律规则可以适用。即间接代理概念之下所能涵摄的法律现象是彼此互异的，如行纪（为他人购买或出卖）、运输（为他人运送货物）等③。毋宁说，间接代理只是一类相关法律现象的描述性称谓。之所以间接代理能与代理制度共享"代理"这一语词，是因为两者在经济作用上的相似④，即代理制度以法律效果直接归属于本人达成其经济目的，而间接代理中本人通过其与间接代理人之间的债权债务关系达成经济目的。所以，间接代理并非纯正的代理，两者法律结构相去甚远⑤。

在概念使用上，间接代理制度常常与隐名代理相互混淆，实有区别之必要。学说上多认为所谓隐名代理，系指代理人虽未以本人之名义为代理行为，但代理人不但实际上有代理意思，同时交易相对人亦明知或可得而知其情事者。⑥传统代理制度中，代理的构成须以披露被代理人为必要，谓显明原则。但显明原则并不对被代理人的披露作严格的要求，立法和学说中都承认，虽未明确显示被代理人，但根据情形能够推知被代理人也可构成代理，即隐名代理。又有，我国台湾"最高法院"1981 年台上字 2160 号判决谓："又虽与第三人为法律行为时，未明示其为代理人；而如相对人按其情形，应可推知系以本人名义为之者，固难谓不发生代理之效果，即所谓之'隐名代理'。"⑦因此，与间接代理不同，隐名代理构成后，即发生与代理等同的法律效果。即隐名代理事实上是代理的一种，是对显明原则的扩张与缓和。

综上所述，传统大陆法系上的代理和间接代理制度可以表示为图 5-1。

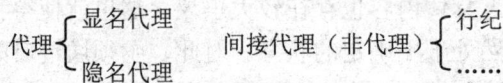

$$代理\begin{cases}显名代理\\隐名代理\end{cases}\qquad 间接代理（非代理）\begin{cases}行纪\\……\end{cases}$$

图 5-1　代理概念示例图

---

① 朱庆育. 民法总论[M]. 北京：北京大学出版社，2013：319-320.
② 王泽鉴. 民法总论[M]. 北京：北京大学出版社，2014：419.
③ [德]迪特尔·梅迪库斯. 德国民法总论[M]. 邵建东，译. 北京：法律出版社，2013：672.
④ 刘得宽. 民法总则[M]. 北京：中国政法大学出版社，2006：274.
⑤ 朱庆育. 民法总论[M]. 北京：北京大学出版社，2013：326.
⑥ 林诚二. 论法律行为之隐名代理与代行[J]. 台湾法学杂志，2008（111）.
⑦ 林诚二. 论法律行为之隐名代理与代行[J]. 台湾法学杂志，2008（111）.

（二）英美法上的代理

英美法上的代理概念与大陆法殊异，其不区分代理与委任合同。代理的基础是本人与代理人的等同论（the theory of identity）。所谓等同论，即代理人的行为等同于本人的行为。也就是说"通过他人去做的行为视同自己亲自做的一样"（qui facit per alterum facit per se）。[①]因此，英美法上的代理概念内涵广于大陆法系上的代理概念，其不区分代理与间接代理（非代理），而将代理根据被代理人信息的披露程度划分为三种类型：公开本人姓名的代理（agency for a named principal）、不公开本人姓名的代理（agency for an unnamed principal）和不公开本人身份的代理（agency for an undisclosed principal）。

其中，公开本人姓名的代理是指明示为本人利益，又明示以本人名义而表示意思或接受意思表示的代理。在这种情况下，代理人同第三人进行商事活动时，既公开本人的存在，也公开其姓名。不公开本人姓名的代理是指不明示以本人名义，但明示为本人利益而表示意思或接受意思表示的代理。在这种情况下，代理人在订约时表示有代理关系存在，表明自己的代理人身份，公开本人的存在，但不指出本人的姓名。不公开本人身份的代理是指既不明示以本人名义，也不明示为本人利益，而以自己的名义表示意思或接受意思表示的代理。在这种情况下，产生了被代理人介入权和第三人选择权的概念，后为我国合同法所继受。[②]

此种分类法，实际上是泛化了代理的内涵，使得代理制度整体上没有统一的构成要件与适用规则，其丰富的制度内涵在具体的代理分类中。所谓代理，不过是在等同论的基础上，一个概括性的称呼和归纳。

因此，英美法上的代理制度可以表示为图 5-2。

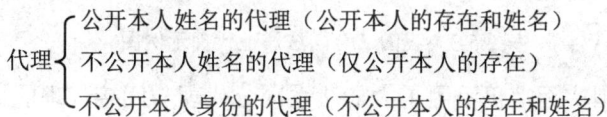

$$
代理\begin{cases} 公开本人姓名的代理（公开本人的存在和姓名）\\ 不公开本人姓名的代理（仅公开本人的存在）\\ 不公开本人身份的代理（不公开本人的存在和姓名） \end{cases}
$$

图 5-2 英美代理示例图

（三）我国《合同法》上的代理制度

我国《民法通则》规定了显明代理制度，彼时社会经济交往尚不频繁，规定简单的显明代理即足堪适用。随着社会经济的发展，特别是进出口贸易实践，产生了引进新的代理制度的需要。原因在于，当时实行外贸经营严格审批制，普通企业必须以有外贸经

[①] [英]施米托夫. 国际贸易法文选[M]. 北京：中国大百科全书出版社，1993：381.

[②] 徐海燕. 间接代理制度比较研究[J]. 外国法译评，1998（4）.

营权的企业的名义从事进出口交易。1991 年《关于对外贸易代理制的暂行规定》认为，其属于间接代理，作为"代理人"的外贸企业须对交易第三方承担合同责任，风险极大。因此有人提出，外贸企业既不同于独立买卖合同关系中的当事人的地位，也不同于传统代理中的代理人地位，在制定《合同法》时，需要对外贸企业在外贸代理中的地位做出规定[①]。

最终，《合同法》第四百零二条规定："受托人以自己的名义，在委托人的授权范围内与第三人订立的合同，第三人在订立合同时知道受托人与委托人之间的代理关系的，该合同直接约束委托人和第三人，但有确切证据证明该合同只约束受托人和第三人的除外。"吸收了隐名代理的制度规范。第四百零三条规定："受托人以自己的名义与第三人订立合同时，第三人不知道受托人与委托人之间的代理关系的，受托人因第三人的原因对委托人不履行义务，受托人应当向委托人披露第三人，委托人因此可以行使受托人对第三人的权利，但第三人与受托人订立合同时如果知道该委托人就不会订立合同的除外。受托人因委托人的原因对第三人不履行义务，受托人应当向第三人披露委托人，第三人因此可以选择受托人或者委托人作为相对人主张其权利，但第三人不得变更选定的相对人。委托人行使受托人对第三人的权利的，第三人可以向委托人主张其对受托人的抗辩。第三人选定委托人作为其相对人的，委托人可以向第三人主张其对受托人的抗辩以及受托人对第三人的抗辩。"

所以，我国《合同法》上的代理制度可归纳为图 5-3。

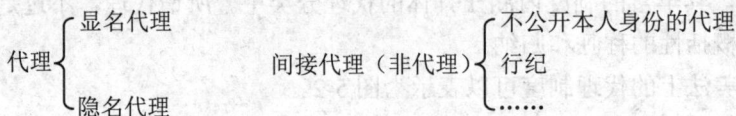

代理 { 显名代理 / 隐名代理 }　　间接代理（非代理）{ 不公开本人身份的代理 / 行纪 / …… }

图 5-3　我国《合同法》上代理示例图

综上所述，我国实际上仍沿用了大陆法系区分代理与间接代理的框架，但在间接代理的具体制度中，吸收了英美法中不公开本人身份的代理的制度，从而塑造了一种独特的代理及相关制度（间接代理）体系。

二、我国隐名股东制度的法理基础

（一）隐名股东制度与隐名代理

由于名称相似，隐名代理制度常被作为隐名股东制度的法理基础。代表性观点认为，

[①] 全国人大法制工作委员会民法室．《中华人民共和国合同法》立法资料选[M]．北京：法律出版社，1999：267．

隐名股东制度的法律基础，根据公司其他股东对代持股协议的知悉程度的不同而不同。其中，公司其他股东不知代持股协议的，隐名出资人、名义出资人和其他股东之间形成不公开本人身份的代理关系；在名义出资人加入公司时，其他股东明知名义出资人与隐名出资人间委托持股协议的，名义出资人与公司股东间形成隐名代理关系；公司部分股东明知代持股协议、部分股东不知代持股协议时，同时存在被代理人身份不公开的代理关系和隐名代理关系。此时，应将两种代理规则结合运用。①

此观点存在如下解释上的障碍。

（1）其他股东知悉代持协议与隐名代理制度构成要件不符。如前所述，隐名代理要求代理人不以被代理人的名义为代理行为，这也是其与显明代理之间的区别。而其他股东知悉代持协议，并不意味着代理人是以自己的名义为代理行为的。即在其他股东知悉代持协议的情况下，代理人完全可以披露被代理人，此时构成显明代理，但并不影响代理人成为名义股东。

（2）"代持股权"本身不适用代理关系。民法上若称某一物的代持，可以解释为代持人实际占有该动产，本人的所有权并不因此受到影响。而股权作为财产权，并非民法上的物，不存在所有与占有相分离之状态。因此，所谓的"代持"股权只能是名义股东享有股权，不存在实际出资人既享有股权，名义股东又持有股权的状态。代理人所代理的行为是法律行为，在隐名股东问题上，表现为成立公司的行为或购买股权的行为。不论是显明代理或是隐名代理，其法律效果都是由被代理人承担的，所以一旦构成代理，被代理人即为股权所有人，也就不存在"代持"的问题了。

这里应该区分"代办手续"与"代持股权"之间的差别。代理人可以代替本人办理使本人成为股东的相关手续，此法律关系中被代理人认为自己是股权所有者，无须他人"代持"，代理人在代理过程中不披露本人，可能构成隐名代理问题；而"代持股权"中，实际出资人和名义股东都认为是名义股东"持有"股权，即享有股权，不存在谁代理谁的问题，也无所谓以谁的名义和披露不披露的问题。

（3）公司部分股东明知代持股协议、部分股东不知代持股协议时两种规则难以结合适用。前文已经分析，隐名代理属于代理，不公开本人身份的代理属于间接代理是非代理，两者在逻辑上既不可共存，也不存在结合适用的情况。

综上所述，隐名代理制度并不适合用于阐释隐名股东制度。

（二）隐名股东制度与"间接参股"

另一代表性观点认为，投资人通过对公司投资而成为公司股东是"直接参股"，而隐名出资其实是一种"间接参股"的形式。也就是说，名义股东"直接参股"了公司，而

---

① 赵旭东，顾东伟. 隐名出资的法律关系及其效力认定[J]. 国家检察官学院学报，2011（2）.

实际投资人通过与名义股东合同的安排，投资了名义股东的股权，进而达到"间接参与公司"的投资目的。在此情形下，名义股东是公司的股东，实际投资人仅仅与名义股东有合同关系，而与公司以及其他股东没有法律关系。[①]

　　笔者认为，此观点在立法论的应然角度上讲是能够自洽的。但从法解释论的角度，对《公司法司法解释（三）》相关条文进行诠释，则会出现障碍。

　　（1）无法解释实际出资人"转化"为股东的法律规定。《公司法司法解释（三）》第二十四条第三款规定："实际出资人未经公司其他股东半数以上同意，请求公司变更股东、签发出资证明书、记载于股东名册、记载于公司章程并办理公司登记机关登记的，人民法院不予支持。"依照"间接参股"的观念，名义股东是真正的股东，实际出资人仅与名义股东有合同关系。因此，这里所谓实际出资人"转化"为显明股东，实际上是指实际出资人与名义股东之间的股权转让行为，需要双方处分股权的合意，而不是只要经过其他股东半数以上同意实际出资人就能单方完成"转化"。

　　但从文意上，该款并没有提到名义股东和股权转让行为，不能否认公司法赋予了实际出资人单方"转化"为股东的可能性。而且，若实际出资人"转化"为显名股东是依据股权转让规则，那么可径行适用《公司法》第七十一条的规定，上述第三款的规定则显得没有实际意义。从审判实践的角度讲，在笔者收集的判例范围内，也没有法官在说理部分将名义股东的意思纳入考虑，如表 5-1 所示。

表 5-1　判例总结表

判　决	判例索引	裁判要旨
不同意变更	徐某某与上海市宝山区大场工业公司等企业出资人权益确认纠纷案（2011）沪二中民四（商）终字第 251 号	隐名股东成为显名股东的条件：一是必须为实际出资人；二是必须得到公司其他股东半数以上同意……现徐某某欲成为大场加油站的出资人，也必须得到中石化上海石油分公司的同意，但该公司明确表示只认可大场工业公司的出资人地位。因此，徐某某主张占大场加油站出资比例的 33.60% 的上诉请求不符合相关规定
	赵某某诉上海某电子科技有限公司股权确认纠纷案（2011）宝民二（商）初字第 354 号	本案中，杨某某作为被告股东已明确表示不同意办理股东变更登记手续，因此本院对于原告要求被告向公司登记机关办理股权变更登记手续的主张难以支持
	王某某与紫光公司等股东资格确认纠纷上诉案（2012）锡商终字第 0065 号	有限责任公司的实际出资人可以按照其与名义出资人的约定获得其投资权益的法律保护，但未经公司其他股东半数以上同意，不得变更成为公司股东

[①] 张双根. 论隐名出资——对《公司法司法解释（三）》相关规定的批判与发展[J]. 法学家，2014（2）.

续表

判　　决	判例索引	裁判要旨
不同意变更	叶志远与北京通成达水务建设有限公司股东资格确认纠纷上诉案 （2011）二中民终字第 19721 号	叶志远与通成达持股会之间系代持股的关系，叶志远是实际出资人，通成达工会是名义股东，现叶志远要求确认其为通成达公司股东，并要求通成达公司出具持股证明，但通成达公司唯一的其他股东北京市第二水利工程处对此并不同意，故叶志远的诉讼请求，该院不予支持
	上海钟林电子科技有限公司诉赵甲等股东资格确认纠纷案 （2012）沪二中民四（商）终字第 902 号	本案中，杨某某作为钟林公司股东已明确表示不同意办理股东变更登记手续，因此对于赵甲要求钟林公司向公司登记机关办理股权变更登记手续的主张难以支持
	东莞市邹氏誉精精密模塑有限公司等与林胜全股东资格确认纠纷上诉案 （2012）东中法民二终字第 908 号	从陈宏（其他股东）在原审期间的答辩意见来看，其从根本上也是否认林胜全是邹氏公司股东的身份，换言之，陈宏也是不同意林胜全被确认为邹氏公司股东，故，林胜全诉请确认其为邹氏公司股东的主张不能成立
	孙某某与甲公司等股东资格确认纠纷上诉案 （2013）沪一中民四（商）终字第 525 号	本案中，为体现有限责任公司的人合要求，孙某某如欲显名，必须征得李某（30%）及何某某（20%）半数以上同意。从现有证据来看，何某某及李某均不同意孙某某的主张，故孙某某要求显名的主张，本院亦不予支持
	吴成彬与浙江中纺腾龙投资有限公司等股东资格确认纠纷上诉案 （2013）浙商终字第 22 号	因此，即使吴成彬系实际出资人，但在独立法人祥瑞公司、投资公司和吴文宏在一、二审中均不同意吴成彬成为中纺腾龙公司显名股东，吴成彬提出将隐名出资实名化的上诉请求和理由不符合法律规定，本院不予支持
	钟伟权与东莞市塘厦镇工业发展总公司等股东资格确认纠纷上诉案 （2013）东中法民二终字第 659 号	实际出资人请求公司变更股东并办理公司登记机关登记应经过公司其他股东半数以上同意。原告不足以证明工业总公司已同意钟伟权办理公司登记机关股东变更登记，本院对钟伟权提出的变更股东并办理公司登记机关登记的请求不予支持
	马永臣诉潍坊华川汽缸盖有限责任公司股东资格确认纠纷案 （2013）坊商初字第 273 号	故未经被告潍坊华川汽缸盖有限责任公司其他股东半数以上同意，原告马永臣作为实际出资人主张确认原告的股东资格，股东出资数为 9 076 元的诉讼请求，无法律依据，本院依法不予支持
	高珍仙等诉宁波华贸进出口有限公司股东资格确认纠纷案 （2013）甬鄞商初字第 955 号	而高珍仙现并无证据证明华贸公司除黄帅高以外的其他股东半数以上同意其成为华贸公司的股东，故高珍仙要求确认其为华贸公司的股东，本院不予支持

续表

判　　决	判 例 索 引	裁 判 要 旨
不同意变更	陆某诉钦州市某有限公司股东资格确认纠纷案 （2012）钦北民初字第 217 号	现在第三人某置业公司并不同意原告成为钦州市某钛业有限公司的股东，因此，原告陆某要求确认为钦州市某钛业有限公司股东、占公司总投资 23%的股份的请求，缺乏法律依据，本院不予支持
同意变更	黄锦岳等诉林时进等股权确认纠纷案 （2010）温苍商初字第 691 号	原告已实际履行出资义务，事实清楚。且两原告要求科工贸公司为其办理工商登记变更手续，已经科工贸公司其他登记股东半数以上同意，故两原告请求股权确认之诉及要求被告科工贸公司为其办理工商登记变更手续，理由正当，证据充分，依法应予支持
	冯建明等诉蔡培君等股权确认纠纷案 （2011）甬镇商初字第 52 号	被告蔡培君虽在工商行政管理机关登记为股东，但当名义股东与实际投资人对股权发生争议时，工商登记并不能对抗实际出资人，名义股东也不得以工商登记否认实际出资人的权利，且被告蔡培君本人在庭审中也表示其并未出资，股权应归原告
	熊国强与陈平股权纠纷上诉案 （2011）通中商终字第 0192 号	……故可以认定熊国强系国电公司的名义股东，其名下 10%国电公司的投资款系陈平实际投入。陈平要求法院确认熊国强持有的国电公司 10%的股权属陈平所有的诉讼请求，理由正当，于法有据，应予支持
	原告徐立坚因与被告河南西亚斯置业有限公司、被告北京乐清湾农副产品贸易有限公司、被告吴建晓及第三人人民电器集团河南有限公司股东资格确认纠纷案 （2012）郑民三初字第 931 号	庭审中，西亚斯公司的另一股东人民电器公司已明确表示同意变更原告徐立坚为公司股东，故原告徐立坚请求办理工商登记的理由，于法有据，本院予以支持
	王先法与王先伟股东资格确认纠纷案 （2013）驻民一终字第 364 号	原告王先伟参与公司的经营和管理，得到了正福公司过半数股东的认可。综上所述，原告王先伟要求确认其为正福公司的股东，符合法律规定，予以支持
	钱益新与内蒙古科发生态产业有限公司等股东资格确认纠纷上诉案 （2013）二中民终字第 11193 号	科发公司要求确认其为北京清源保公司股东的诉讼请求，本院予以支持。由于北京清源保公司过半数股东同意接纳科发公司为北京清源保公司股东，并同意将科发公司载入公司章程、办理相关登记，故科发公司要求北京清源保公司将登记在钱益新名下的股份变更为科发公司名下，向科发公司签发出资证明书、记载于股东名册、记载于公司章程并向公司登记机关办理相关变更登记的诉讼请求，本院予以支持

　　归纳后可以认为，在适用《公司法司法解释（三）》第二十四条第三款，不同意实际出资人变更为显明股东时，法院的依据是其未经公司其他股东半数以上同意，而未将未经名义股东同意作为理由；在同意实际出资人变更为显明股东时，更是直接体现了实际出资人与名义股东的冲突，此时法院也是认为经公司其他股东半数以上同意即可进行股东变更。可见，实际出资人"转化"为显明股东，是依据股权转让行为的观点，并没有得到司法实践的认同。

　　（2）难以解释名义股东构成无权处分。《公司法司法解释（三）》第二十五条第一款规定："名义股东将登记于其名下的股权转让、质押或者以其他方式处分，实际出资人以其对于股权享有实际权利为由，请求认定处分股权行为无效的，人民法院可以参照《物权法》第一百零六条的规定处理。"《物权法》第一百零六条规定了善意取得制度，也就是说，名义股东擅自处分自己名下的股权属于无权处分，第三人可以适用善意取得制度。这个规定即与"间接参股"理论中，名义股东是公司真正股东的结论相互矛盾。因为，股东资格和股权是一体两面的关系，股东的身份即意味着股权的享有，股东处分自己的股权是不会构成无权处分的。

　　综上所述，"间接参股"理论在司法解释出台前作为一种立法或解释的方向是完全成立的。但在相关司法解释出台后，法律理论的重心应该向解释论偏移，此时"间接参股"理论则难免力有未逮。

（三）隐名股东制度与不公开本人身份的代理

　　如前所述，名义股东"代持"股权并不构成代理关系。但是，名义股东"代持"股权，实际出资人通过合同向名义股东主张投资收益，在经济效益上类似代理，实际上是间接代理的一种现象。其与普通的外贸间接代理之间，只有"代本人进出口货物"和"代本人持有股权"的内容差异。

　　我国的间接代理，在委托合同领域引入了英美法中不公开本人身份的代理的理念，所以在隐名股东和实际出资人之间形成委托合同时，自然地类推适用了这一规定，是完全可以理解的。不公开本人身份的代理的要义在于，本人有权介入代理人与第三人所订立的合同，并直接对第三人行使请求权，在必要时还有权对第三人起诉①，一如《合同法》第四百零三条规定："……受托人应当向委托人披露第三人，委托人因此可以行使受托人对第三人的权利……"

　　因此，在实际出资人和名义股东的关系上，立法并没有遵循大陆法严守合同相对性的理念，认为他们之间是简单的合同关系（即"间接参股"理论）；而是赋予了实际出资人介入权，使得实际出资人可以在一定条件下"转化"为公司股东，其最终走了英美法

---

① 徐海燕. 间接代理制度比较研究[J]. 外国法译评，1998（4）.

的路子。

当然,《公司法司法解释(三)》并非简单地对《合同法》第四百零三条进行类推适用,其更多地考虑到组织法领域的独特性,对其进行了重构和改造,主要体现在以下方面。

1. 介入权的适用条件

(1)行使介入权合同法要求"受托人以自己的名义与第三人订立合同"且要求"第三人不知道受托人与委托人之间的代理关系";而公司法解释则未作相关要求。可以看出,合同法实际上是规定了一个在正常代理过程中因未披露本人而构成间接代理的情形。但事实上,构成间接代理的情形除此之外尚有多种,如这里的"代持"股权,其本身没有代理人和被代理人,所以不存在以谁的名义和第三人是否知晓代理关系问题。

(2)合同法还要求"受托人因第三人的原因对委托人不履行义务"时,方能行使介入权。而根据公司法司法解释,实际出资人在任何时候皆可行使介入权。因为,在一般的间接代理中,本人向间接代理人主张的权利内容和行使介入权后向第三人主张的权利内容是同质的,如第三人如约履行义务则本人即可以合同向间接代理人主张权利,此时本人行使介入权既无实益也无必要;而在"代持"股权情况下,本人行使介入权后能向公司主张所有股权的应有内容(如知情权、投票权),但如其不行使介入权只能依合同向名义股东主张约定的权利内容,两者内容上有本质的不同。这一点的差异,使得公司法在介入权行使的问题不再拘泥于第三人是否履行义务。

(3)合同法将"第三人与受托人订立合同时如果知道该委托人就不会订立合同"的情形作为介入权产生的阻却事由①。而司法解释将该条件改造为"经公司其他股东半数以上同意"。因为公司较一般间接代理中第三人而言其股东人数众多,一方面意见容易分歧,另一方面公司股东也可能随着时间变化而变化,针对业已退出公司的股东实无征询其意见之必要。因此,为简便和效率,考察当前其他过半数股东的意见是更为科学和可行的。

2. 应赋予公司以选择权

在合同法中,"受托人因委托人的原因对第三人不履行义务,受托人应当向第三人披露委托人,第三人因此可以选择受托人或者委托人作为相对人主张其权利"。而根据《公司法司法解释(三)》第二十六条的规定:"公司债权人以登记于公司登记机关的股东未履行出资义务为由,请求其对公司债务不能清偿的部分在未出资本息范围内承担补充赔偿责任,股东以其仅为名义股东而非实际出资人为由进行抗辩的,人民法院不予支持。名义股东根据前款规定承担赔偿责任后,向实际出资人追偿的,人民法院应予支持。"该规定中,并未明确规定公司在名义出资人未履行出资义务时,是否可选择向实际出资人主张履行。但公司是否得援引《合同法》第四百零三条下的选择权条款,在名义出资人是因实际出资人原因而出资不到位时,选择向实际出资人主张权利?

---

① 崔健远. 合同法[M]. 北京:法律出版社,2010:516.

既然隐名出资的关系在本质上是间接代理，那么似乎没有理由剥夺公司选择权之行使。但由于选择权一旦行使，会导致实际出资人成为股东，因此公司选择权之行使也应当遵循介入权的行使条件：应当经过半数股东同意。

三、实际出资人和名义股东的法律地位

（一）介入权的性质和效力

实际出资人的地位源于其除了和名义股东形成合同关系外还独立地享有介入权，明确了其介入权的性质和效力，则可以认识实际出资人在隐名股东制度中的法律地位。

从《公司法司法解释（三）》的条文来看，介入权的行使完全依照实际出资人的单方意思，唯其效力的发生需要经过其他过半数股东的同意。对此有两种解释的可能：其一，认为介入权的性质是附法定条件[①]的形成权，实际出资人的单方意思表示在"其他过半数股东同意"这一法定条件达成的情况下，才可产生使实际出资人成为公司股东的法律效果。其二，认为"过半数其他股东同意"是实际出资人介入权的成立要件，介入权本身则属形成权，一旦行使则使实际出资人成为公司股东。这两种解释的差异在于对"过半数其他股东同意"这一要求是生效要件还是成立要件的界定上。

若为生效要件，则此前权利已经存在，属既得权。若为成立要件，则此前还不存在权利，如此则难以解释要件成立前，实际出资人主张自己为实际股东，要求其他股东进行表态的行为性质。而如果是生效要件，则能较好地将该行为解释为行使形成权的行为，只是由于此时生效要件还未满足，因此该行为并不能产生效力。该种解释的一个问题在于，既然形成权于此时尚未生效，那么其他股东就没有义务对其要求进行回应。对此则可类推适用《公司法》第七十一条第二款的规定，认为其他股东应当在三十日之内进行答复，未答复的视为同意。且双方均应采取书面通知的形式，而以此做出的同意或不同意的决定最终会产生一个确定的法律效果[②]。当然对此也可以用诚信原则来加以解释，但是该种解释所提供的解答必然是相对模糊的，难以满足公司法规范确定性的要求。

综上可知，实际出资人介入权的性质是形成权，其效力在于使得实际出资人成为公司股东。唯该形成权的行使附有法定之条件，只有当其他股东过半数同意之时才产生效

[①] 一般而言，说形成权不能够附条件或者期限是不能附意定的条件或者期限，并非不能附法定的条件或者期限。

[②] 此处在类推适用《公司法》第七十二条的规定的时候，是否可类推适用多数同意的情况下，股东的优先购买权规定，以此来保护少数股东的人合性要求，同时也与既有立法的价值选择相一致？首先，在实际出资人转化为股东的情况下并不存在一个股权转让的债权合意，因此并无优先购买权适用的空间，也就不能径直类推适用第七十二条第三款的规定，但仍可确立一些类似制度来保护少数股东的人合性要求。例如，少数股东可以与实际出资人协商购买股权，在协商不成的情况下由一个第三方机构来确定购买条件从而成立债权合同。当然，其中设置涉及更为细致的价值考量须另作一题来论述。

力。而该条件的成就与否，应按法律规定的程序确定。实际出资人成为公司股东后，股权的变更应当看作继受取得，须承担股权上相应之负担，同时该项转移不具有追溯力，不能认为实际出资人于此之前也是股东，否则既存的法律关系将陷于不稳定的境地。

（二）名义股东的法律地位

按照以上分析，在未经法定的转化程序之前，实际出资人只能基于合同关系向名义股东主张权利，而名义股东就是真正意义上的股东。此处需要注意的一点在于，虽然此时名义股东就是股东，但是按上文所述，依《公司法司法解释（三）》第二十五条第一款规定，名义股东对股权进行处分的仍应属无权处分的行为，因此名义股东对股权的处分权能受到了限制。至于该限制是否可因实际出资人对处分行为的肯定而解除，笔者认为，从司法解释的规定来看，该种限制本身就是在实际出资人主张处分行为无效时才得到引用和认定，因此在实际出资人同意的场合，并无处分限制的必要和根据。

问题在于，此种处分权能限制的法律基础何在？其基础在于实际出资人与名义股东之间的"代持"协议。该协议所谓的"代持"一般均具有限制名义人处分权能的条款或者隐含的意思，这也是为何其被称为"代持"的原因之一。而这样一种合同意思导致了一定的物权效果，即名义股东对外处分的行为受到限制。如此则使得有公示的股东没有处分权能，不利于第三人利益的保护，故《公司法司法解释（三）》辅以善意取得制度以为缓和，使利益更趋平衡。总体而言，这种结构设置与我国地役权、动产抵押权等以登记为对抗要件的物权变动结构类似，即依靠合同行为便可产生物权的效力，但其对第三人之效力则需看登记与否，第三人仍可依其善意而受到相应保护。

在名义股东退出公司后，若为公司发起人，且其出资存在问题，类推《公司法司法解释（三）》第十八条的规定[①]则仍然应当在公司无法偿还债务时对债务人承担连带补充责任。而由于实际出资人（此时的股东）在继受股权之前与名义股东之间本身就有相关"代持"协议，而该种协议一般意味着实际出资人对于名义股东管理支配股权具有较强的影响力，在此情况下其对出资情况属应知，因此也应当承担连带责任。但实际出资人承担责任后是否可向名义股东追偿则应当依据他们之间的"代持"协议来确定。而不能径直类推适用《公司法司法解释（三）》第十八条第二款的规定。如果实际出资人是将出资全部交由名义股东，让其办理出资，则出资不实是名义股东对实际出资人的违约行为，实际出资人承担责任后，可向其主张违约责任追偿。而如果实际出资人是自己直接办理

---

① 《公司法司法解释（三）》第十八条　有限责任公司的股东未履行或者未全面履行出资义务即转让股权，受让人对此知道或者应当知道，公司请求该股东履行出资义务、受让人对此承担连带责任的，人民法院应予支持；公司债权人依照本规定第十三条第二款向该股东提起诉讼，同时请求前述受让人对此承担连带责任的，人民法院应予支持。受让人根据前款规定承担责任后，向该未履行或者未全面履行出资义务的股东追偿的，人民法院应予支持。但是，当事人另有约定的除外。

出资，则出资不实的责任应由其自己承担，其承担责任后不能向名义股东追偿。同时需要注意的是，在隐名股东情况下，名义股东如果承担了出资不实的相应责任，也存在其是否可向实际出资人追偿的问题，该问题应当采取与上述分析相同的规则来加以解决。

所以，在实际出资人行使介入权并经法定程序成为公司股东后，名义股东虽不再是股东，但其与实际出资人之间的合同仍然具有效力。该合同效力乃是实际出资人（此时的股东）与名义股东（此前的股东）"清算"相互间法律关系的基础。

结论

按照以上解释，在我国隐名股东制度下，实际出资人在行使介入权之前并非公司股东，名义股东就是股东，但其对股权之处分权能受到限制。而在实际出资人行使介入权后，其通过法定程序可以转化为公司股东。在其他股东过半数同意的情况下，实际出资人成为公司股东，继受取得相应的股权。而名义股东由此退出公司，但仍然应当向公司和债权人承担出资不实的相应责任。名义股东与实际出资人之间的"代持"协议则仍然是调整两者法律关系的基础。

法律既然已经设置，我们的任务更多地应当是去解释它，将问题消解在合理的解释当中。立法论上的观点虽具重要性，但如果由此放弃解释论的基础，则难以有真正的法体系和安定的法秩序，徒增交易成本。在隐名股东制度的问题上，本文沿着解释论的路径，分析了我国隐名股东制度的理论基础和源流，并结合《公司法》及民法上的相关规范对其制度构架做了深入分析和解释，以为后续研究提供一个新的视角和路径选择。

专题六　有限公司股权变动的一般结构

【摘要】

现有文献对有限公司股权变动的讨论往往局限于选择套用某种物权变动模式并加以适用。但忠实于现有法律文本，作者并不认为立法为有限公司股权变动模式确定了某种模式，以意思主义、债权形式主义等学说固定股权变动结构并没有直接的法律依据。此时要明确股权变动的相关问题，应该抛弃选择某一学说作为模式的观念，进而在私法自治的精神下还原学说的工具价值，重新解构我国法律体系下的股权变动制度及其一般结构。经过多种类型案例的检验，笔者认为，只有区分负担行为和处分行为的分离原则既能最大程度地实现意思自治，也能够与现行立法和审判实践相贴合。

【关键词】

股权变动　一般结构　分离原则　意思自治

随着市场经济的不断发展，现代公司在规模和数量上都得到很大增长，人们对商业活动的参与度也越来越高，股权成为社会财富重要的载体，股权流转也日益频繁。与此相对，我国相关法律法规对于股权变动的制度也在不断深入和细化，如《公司法》在2005年修订之后，有限责任公司的股权转让制度从最早的单个条文规定的狭义之股权转让制度发展成为专章规定的广义之股权转让制度。但现行立法对于股权何时发生变动这一基本问题没有进行明确的指引，在理论争议中采用不同的学说又会导致股权实际发生变动的时间不同，股权变动与股权转让合同的关系不同。所以，厘清股权变动的具体结构对于合同设计、司法裁判都至关重要，不容回避。在发现问题的同时我们也应看到，《合同法》《公司法》《物权法》以及相关司法解释已经相继生效，法院系统也在多年的审判实践中形成了丰富的判决材料，笔者认为当前所累积的立法司法素材已经足以形成讨论这一问题的坚实基础。

另外，股权转让所指向的公司包括有限公司和股份公司。由于在股份公司中，股权可以借股票或上市交易等别于有限责任公司的交易规则流转，并且实践中有限公司股权依法律行为发生变动之争议更普遍，涉及法律关系更复杂，故本文仅讨论有限公司内自愿发生的股权变动及相关问题。

一、有限公司股权变动的规范分析

（一）一般性规定：登记要件之辩

我国《公司法》关于股权变动的一般性规定见于其第三十二条，"有限责任公司应当置备股东名册，记载下列事项：（一）股东的姓名或者名称及住所；（二）股东的出资额；（三）出资证明书编号。记载于股东名册的股东，可以依股东名册主张行使股东权利。公司应当将股东的姓名或者名称及其出资额向公司登记机关登记；登记事项发生变更的，应当办理变更登记。未经登记或者变更登记的，不得对抗第三人。"

这一条之所以成为讨论股权变动的必备条款，是由于不少学者基于这一条认为在股东名册上登记是取得股权的必要条件。若如此，那么股权变动的规则即在法律上被一定程度地固定了，同时股权变动规则的确定也将影响善意取得制度的构建。笔者认为有必要在分析股权变动和善意取得的一般结构之前，先弄清《公司法》第三十二条之规定，探究其究竟是否以在股东名册上登记作为股权变动的要件。

首先，"记载于股东名册的股东，可以依股东名册主张行使股东权利"表明的是股东名册之"证权"属性，即记载在名册之上的人可以此为凭，行使权利。实质上，仅就股东而言股东名册只是股东得到公司承认、得以顺利行使股权在公司法上的一种法律支持，只是当公司拒绝承认其资格时的一种为公司法所确定的有效证明手段。该条在逻辑上确定的是"记载在册的股东"与"行使股权"的关系，但是"行使股权"显然和"取得股权"有着重大的差异，并不能得出取得股权必先登记的结论。此外，还有学者指出，股东名册未记载的股东并不必然没有股东资格，因为公司拒不作股东登记或登记错误，属于履行义务不当，不能产生剥夺股东资格的效力。[①]更有甚者如果公司本身就没有置备股东名册，当然也不可能以此否认已经发生的股权流转的法律事实。因此，从立法体系也能判断出股东名册并没有"设权"的功能，同时立法也没有要求股权自登记时发生变动。

（二）对外转让股权的特殊规定

在立法上，除了《公司法》第三十二条的解释对股权流转结构产生重大影响外，不得不讨论的还有公司法对有限责任公司的股东对外转移股权的特殊限定。《公司法》第七十一条第二款规定，"股东向股东以外的人转让股权，应当经其他股东过半数同意……"用以限制股东范围保障有限公司的人合性。其规定究竟是否影响着股权流转中债权合同效力，则未作明确表述。弄清这一条的法律效力，也是分析股权变动结构的关键所在。而司法实践中，法律工作者对于此问题更倾向于认定法律对债权合同进行了限制，往往

[①] 王保树. 实践中的公司法[M]. 北京：社会科学文献出版社，2008：28-40.

靠粗暴地认定债权合同无效来解决问题，然而仍不乏学者和判例表达了不同意见。

　　在云南的一起股权转让纠纷案中，一审法官认为：结合《公司法》第七十一条的立法目的分析，法律规定股权转让本质上是为了保障其转让的顺利进行，而不是为了限制其转让，因此第七十一条的设计主要表现为程序性规定。违反此程序性规定，未必会影响到当事人的实体权利。因为未征求其同意的股东，可能同意股权转让或也可能行使优先购买权，并可通过明示或默示的方式做出。

　　明示方式如声明或股东会决议同意转让等，默示方式如明知股权转让合同而不表示反对或同意股东名称变更登记等。而且同意股权转让，既可以在股权转让之前表态，也可以事后进行追认。另外，仅因程序缺陷便认定股权转让为无效行为，也不符合经济与效率原则，不利于优化社会资源的配置。但未经其他股东同意的股权转让行为可能损害反对购买该股权者的权利，因此，为对各方当事人的利益予以公平的维护，未经过过半数股东同意股权转让合同应属可撤销合同。[①]

　　也有学者与此持同一观点，认为"此时这种合同有别于绝对有效合同，否则，老股东的优先购买权势必落空。此合同也有别于绝对无效合同，因为出让股东是想要股权的主体，老股东也未必反对该合同"[②]。

　　法官与学者的考量是有道理的，事实上，股东在与外部第三人签订股权转让协议时，亦未必能够保证其他股东是否会主张优先购买权，但在协议中，双方当事人的意思表示则真实有效，值得保护。据此，以其他股东的意见来否认已达成合意的生效情况，至少在法理上是不妥当的。而自立法上看，主张合同无效的重要依据是把第七十一条作为强制性规定，然后依据《合同法》第五十二条第五款认定合同无效。但我国《合同法司法解释（二）》第十四条规定：《合同法》第五十二条第（五）项规定的"强制性规定"，是指效力性强制性规定。即言，仅违反效力性强制性规定，方得导致合同无效。在学界对效力性强制规定的认定标准，更是扑朔迷离难有定论。[③]至于最高人民法院印发《关于当前形势下审理民商事合同纠纷案件若干问题的指导意见》的通知中提到的，"如果强制性规范规制的是合同行为本身，即只要该合同行为发生即绝对地损害国家利益或者社会公共利益的，人民法院应当认定合同无效。如果强制性规定规制的是当事人的'市场准入'资格而非某种类型的合同行为，或者规制的是某种合同的履行行为而非某类合同行为，人民法院对于此类合同效力的认定，应当慎重把握，必要时应当征求相关立法部门的意见或者请示上级人民法院"，虽也是一种很模糊的表述，但至少从其解释精神来看，效力性强制性规定的认定应是严苛而审慎的。所以，我们难以把体现程序性规定的《公司法》

[①] 范奕辛与李宏武股权转让合同纠纷上诉案，案号为（2008）西法民初字第 1234 号。另注：本文所有案例皆来自北大法宝。

[②] 刘俊海. 论有限责任公司股权转让合同的效力[J]. 法学家，2007（6）：74-82.

[③] 王利明. 合同法新问题研究[M]. 北京：中国社会科学出版社，2003：320-322. ；伍坚. 论公司法上的缺省性规则[J]. 法学，2007（5）：91-97.

第七十一条理解为效力性强制性规定。

相比之下，持"合同可撤销"观点的法官、学者所面临的最大问题恐怕就是，找不到具体法律依据。中国通说认为，法律行为可撤销盖因其意思表示瑕疵[①]，在立法上也肯定了这一点。据《民法通则》第五十九条及《合同法》第五十四条，可撤销行为总计为：受欺诈、受胁迫、危难被乘、重大错误、重大误解、显失公平六类行为。未经过过半数股东同意股权转让合同则难以归入上述六类行为中。故认定该合同可撤销是没有法律依据，也是没有坚实的理论基础的。

其实在 2005 年《公司法》生效前，最高院已经有与该问题相关的判例。案情为：比特科技、新奥特集团共同组成收购团收购华融公司持有的北广集团 55.081% 的股权，并签订相关协议；但北广集团的另一股东电子公司认为此举侵犯其优先购买权并提起仲裁且获支持。后新奥特集团向法院提起诉讼，请求判令华融公司继续履行股权转让协议。对此最高院认为：华融公司与新奥特集团、比特科技签订的股权转让协议是当事人的真实意思表示，且不违反相关的法律、行政法规的禁止性规定，属有效合同。股权转让协议未能继续履行的原因在于北京仲裁委员会生效的裁决书裁决案外人电子公司对华融公司拟转让的股权享有同等条件的优先购买权，且电子公司与华融公司已在仲裁裁决指定的时间内，签订协议并向华融公司给付了 3 亿元股权转让款。电子公司实际行使优先权的行为，使华融公司与新奥特集团签订的股权转让协议的标的不复存在，继续履行已不可能。原审判令该股权转让协议终止履行并无不当，双方当事人也未对此提起上诉，故本院对该项判决予以维持。[②]

事实上，法律法规并未明确规定未经过过半数股东同意股权转让合同一律无效，过半数股东不同意股权转让亦不是协议无效事由。虽出卖人无法立即使受让人取得股权，但嗣后仍可通过过半股东同意而取得股权，即使因为有股东行使优先购买权而无法获得股权，出卖人也只是构成客观不能履行的违约行为，并不发生合同无效或可撤销的法律后果。此时认为合同有效，不论是从理论梳理或统一裁判的角度都是妥当的。

特别值得注意的是，2012 年 7 月生效的最高人民法院《关于审理买卖合同纠纷案件适用法律问题的解释》第三条规定：当事人一方以出卖人在缔约时对标的物没有所有权或者处分权为由主张合同无效的，人民法院不予支持。梁慧星教授对该条文专门撰文，认为应该限制其适用范围至《合同法》第一百三十二条（出卖的标的物，应当属于出卖人所有或者出卖人有权处分）的反面解释，而不应与《合同法》第五十一条无权处分他人之物相互混淆，故仅适用于四种情况：（1）国家机关或者国家举办的事业单位处分"直接支配的不动产和动产"，不符合"法律和国务院的有关规定"；（2）抵押人出卖抵押物

[①] 张俊浩. 民法学原理[M]. 北京：中国政法大学出版社，2000：282. ；梁慧星. 民法总论[M]. 北京：法律出版社，2007：197. ；崔建远. 合同法[M]. 北京：法律出版社，2010：110.

[②] 见：北京新奥特公司诉华融公司股权转让合同纠纷案，案号为（2003）民二终字第 143 号。

未经抵押权人同意；（3）融资租赁承租人付清全部租金之前出卖租赁设备；（4）保留所有权买卖合同的买受人在付清全款之前转卖标的物。①即便没有直接列明，但有限公司股东擅自对外处分股权显然不可能是无权处分，而应解释为另一种《合同法》第一百三十二条的反面情况，从而得以适用该条文。据此，擅自对外处分股权的合同有效的论断在成文法上也有了依托。

认为擅自对外处分股权的合同有效，实际上是对债权合同与股权的实际流转的效力做出了区分。按此思路，反观《公司法》第七十一条第二款，"股东向股东以外的人转让股权，应当经其他股东过半数同意……"其条文也仅仅意在规制使股权实际转移，而对于使股东对外负担转让股权义务的债权合同则丝毫没有调整的意思。

综上所述，只有把《公司法》第七十一条理解为对股权实际流转的规制时才能把债权合同从无效或可撤销的法律困境中解救出来，从而避免不必要的论证。

二、既有"模式"的困境

忠实于公司法条文本身，笔者认为其并没有对有限责任公司股权变动做出硬性的规定，而通过合理的体系解释和逻辑演绎也不能推导出确定的股权变动模式。下面分别以学界的主要学说债权形式主义模式和意思主义模式为例进行分析。

（一）债权形式主义——有瑕疵的推理

债权形式主义，是指当物权因法律行为而发生变动时，除当事人的合意之外，仅仅需要践行登记或交付的法定形式，就足以发生物权变动的效果。值得注意的是，这里所称"合意"并不能区分债权的意思表示与物权的意思表示，而是两者概念的集合。②从物权变动的模式出发，囿于《物权法》第九条、第二十三条的规定：不动产物权的设立、变更、转让和消灭，经依法登记，发生效力；未经登记，不发生效力……动产物权的设立和转让，自交付时发生效力……我们可以清楚地看到法律已经为我们安排好了物权变动的具体规则，即不动产物权自登记时变动，动产物权自交付时变动。③易言之，合同当事人不能够通过意思自治的方式选择通过其他方法实现物权之变动，只能仰赖登记或交付的手段完成物权变动。当然，这样的立法选择是物权公示性要求，其后的价值理念是交易安全；但同时我们也发现，为了回应物权的这一特性，当事人的意思自治范围被削减，私法自治的理念则相应地被祭献，作为供奉公示公信精神的牺醴。

---

① 梁慧星. 买卖合同特别效力解释规则之创设——买卖合同解释（法释〔2012〕7 号）第 3 条解读[DB/OL]. 中国法学网，http://www.iolaw.org.cn/showArticle.asp?id=3366，最后访问日期 2017 年 2 月 18 日。

② 王利明，杨立新，王轶，程啸. 民法学[M]. 北京：法律出版社，2008：256-257.

③ 当然，在这种制度安排下，物权变动模式是否采纳债权形式主义并非毫无争议，这里限于主题不多做讨论。

认为股权变动采债权形式主义的核心思想是：股东名册的登记是股权变动的关键，从而类比物权流转构建的"当事人合意"加上登记的变动模式。众多持此论的学者观点大同小异，如认为股权转让存在两种行为：一是股份转让的债权行为；二是股份转让的权利变动行为。而股份转让的权利变动行为涉及权能的转移和权属的变更，这种变更是以股东名册的变更（生效效力）和工商登记（对抗效力）的变更为主[①]；或认为，应当对股权变动采取公司内部登记生效主义与公司外部登记对抗主义相结合的态度。就公司内部关系而言，公司股东名册的变更登记之时视为股权交付、股东身份开始转移之时。就公司外部关系而言，公司登记机关的股权变更登记行为具有对抗第三人的行为[②]；还有学者认为，股权转让合同的生效并不当然导致股权的变动，股权变动效果，宜以股东名册变更记载为准，股东名册变动记载完成，受让人就现实地享有了股权。[③]其大都把《公司法》第三十二条作为立法上的依据，但如前文所述，分析第三十二条本身，并不能得出股权自在股东名册登记后发生变动的结论。[④]故其论证实际上仍缺乏实体法上的依托。

不宁唯是，以股东名册的变更确定股权变动的模式，在逻辑上似乎有本末倒置之嫌。事实上，受让人应该是先取得股权成为股东，方基于股东身份请求公司发出资证明书；变更股东名册、公司章程记载；变更股东工商登记。转让人、其他股东也负有协助公司办理上述手续的义务。[⑤]实践中，股权受让人提出股东资格确认之诉，基于股东身份要求公司变更登记得到法院支持，也证明了这一点。[⑥]

由此可知，"债权合同+登记"的结构在立法和实践中均未被确立为股权流转的模式。

（二）意思主义——浓重的拟制色彩

除债权形式主义外，另外一种构建股权流转模式的观点便是意思主义了。意思主义是指不动产或动产上的物权仅因当事人的合意而发生，无须进行登记或者交付；学者认

[①] 赵旭东. 公司法学[M]. 北京：高等教育出版社，2006：326.

[②] 刘俊海. 新公司法的制度创新：立法争点与解释难点[M]. 北京：法律出版社，2006：312.

[③] 叶金强. 有限责任公司股权转让初探——兼论《公司法》第35条之修正[J]. 河北法学，2005（6）：30-33.

[④] 见第一部分"有限公司股权变动的规范分析"一节。

[⑤] 李建伟. 公司法学[M]. 北京：中国人民大学出版社，2008：313.

[⑥] 见：潘某诉上海某制冷设备安装有限公司等股东名册变更纠纷案，案号为（2008）普民二（商）初字第934号。在该案中，普陀法院查明：2002年3月14日，原告潘某与被告某公司、两第三人（即被告彭某、沈某，下同）及案外人上海科蕾制冷设备安装有限公司、沈简文共同签订《潘某付总经理入股上海科蕾、上海某制冷设备安装有限公司协议书》，该协议书内容为："经过近二年的合作，科蕾、某公司及其代表沈某总经理对潘付总在各方面都有了较全面的了介（此处料是笔误，应为'解'字，笔者注），共同认为，在互补的基础上，对公司的进一步提高与发展有较好的前景。为此，在协商一致基础上志愿订立以下入股协议：一、潘某先生将自用工具、材料等约X元作为投资入股，不足部分作为公司赠与补足，使潘某先生拥有公司15%的股份……三、潘某先生作为公司的股东，共同参予公司的重大决策，共同享受公司盈利的分红……"2009年7月23日，普陀法院判决确认原告潘某是被告上海某制冷设备安装有限公司的股东，持股比例为15%。该案判决后，被告某公司不服提起上诉，上海市第二中级人民法院判决驳回上诉，维持原判。现该案判决已生效。

为有限责任公司股权变动采意思主义,其含义是,股权转让合同(债权行为)一经生效,股权即转让给受让人,也即发生股权变动效果。[①]

相比债权形式主义尚经过了一定法条推理而立论,主张把意思主义作为公司法确立股权变动模式,则显得人为拟制色彩过于浓重。其立论思路似乎是基于对债权形式主义的批判,然后在逻辑上做出一种非此即彼的选择。

首先从立法上看,纵观整个法律体系,仅仅债权合同似乎并不能发挥转移权利的效果。例如,《合同法》在第九章"买卖合同"中的第一百三十五条规定:出卖人应当履行向买受人交付标的物或者交付提取标的物的单证,并转移标的物所有权的义务。其明显表示出债权合同效力仅是使双方负担义务,而非实际转移所有权。另见《最高人民法院关于适用〈中华人民共和国合同法〉若干问题的解释(二)》第十五条:出卖人就同一标的物订立多重买卖合同,合同均不具有《合同法》第五十二条规定的无效情形,买受人因不能按照合同约定取得标的物所有权,请求追究出卖人违约责任的,人民法院应予支持。这条司法解释确定了在一物多卖中,卖方与众买方之间的债权契约均不因卖方的重复签订而无效,若债权契约有处分权利的效果则不可能全部生效。

其次,前文关于股东擅自对外转让股权的论证已经表明,此时股权转让合同生效但股权不会实际发生转移,这与意思主义的宗旨是完全背离的。

是故,靠"排除法"主张意思主义为股权变动模式是欠缺说服力的,其仍需要进一步更有力的论证。

(三)学说——地位齐平的分析工具

论证至此,方知立法并没有如同物权变动那样固化股权流转的模式,而是以开放的态度面对股权的具体变动。公司法未明文规定股权变动要件,有学者认为此处构成法律漏洞,应运用一系列方法对立法进行解释,明确立法态度[②]。但从另一方面来看,法律没有规定股权变动模式的唯一解,也没有禁止当事人以意思自治选择具体的变动规则。同样地,我们没有必要再把某一学说构建的变动模式奉为圭臬守其藩篱,而应从以往凭变动模式硬套当事人意思表示的舍本逐末中,解放到靠学说工具分析意思表示的正途上来。

而在物权变动模式中最为平滑细致的变动规则,莫过于将发生物权变动的法律行为与发生债法上效果的法律行为相互分离,彼此独立。而作为这种分离的法理基础,是负担行为与处分行为的区分,这一区分在法律上被称为"分离原则"(trennungsprizip)[③]。其中,负担行为,就是"民事主体向一个或多个相对人承担某种作为或不作为的义务的

[①] 王利明,杨立新,王轶,程啸. 民法学[M]. 北京:法律出版社,2008:256-257.

[②] 朱庆. 股权变动模式的再梳理[J]. 法学杂志,2009(12):127-129.

[③] 另译为区分原则. 孙宪忠. 中国物权法总论[M]. 北京:法律出版社,2009:251-255.;[德]迪特尔·梅迪库斯. 德国民法总论[M]. 邵建东,译. 北京:法律出版社,2000:174.

法律行为"①。而处分行为，指的是"直接将某种既存的权利予以变更、出让、设置负担或者予以抛弃的行为"②。处分行为的基本效果意思是处分一个既存的权利，如物权、债权等，只是当处分的对象指向一个确定的物权时则被称为物权行为，可以说，物权行为是处分行为在处理物权变动上的特殊化。所以，在分析股权的流转模式时采用区分负担行为和处分行为，而非区分债权行为和物权行为的方式显得更为合理。

为获取案例素材，笔者登录了"北大法宝"数据库中的"中国司法案例库"（vip.chinalawinfo.com/case），并在"股东资格确认纠纷"和"股权转让纠纷"子目录下检索相关裁判文书 437 份。在遴选案例时，将重审、再审、二审等重复案例合并计为一个案件，并排除股份公司股权纠纷、没有引用当事人之间股权转让合同等其他不适宜的案例。最终有 68 件判决选取为统计的合格样本，如表 6-1 所示。

表 6-1 协议内容统计表

协 议 内 容	案 例 数 量	所 占 比 例	代 表 案 例
仅债权合意	43	63.24%	任法成与刘治民股权转让合同纠纷上诉案③
独立于债权合意外的股权处分合意	2	2.94%	念志云与杨洪涛等股权转让纠纷上诉案④
债权合意+处分合意	23	33.82%	章辉与高升艳股权转让侵权纠纷申请再审案⑤

---

① [德]卡尔·拉伦茨. 德国民法通论下册[M]. 王晓晔，等，译. 谢怀栻，校. 北京：法律出版社，2003：435.

② [德]卡尔·拉伦茨. 德国民法通论下册[M]. 王晓晔，等，译. 谢怀栻，校. 北京：法律出版社，2003：436.

③ 案号为（2010）三民三终字第 47 号。该案中：刘治民（甲方）与任法成（乙方）签订股权转让合同书，其中约定：（1）甲方同意将其持有的河南瑞雪铝业有限公司 4.5%的股份……共计 6 626 250 元，转让给乙方；（2）乙方同意合同订立之日起，于 2007 年 4 月 30 日前支付甲方股本金转让款 100 万元，下余股份转让款按月息 1.5%计算，于 2007 年 5 月 30 日前付甲方 100 万元，2007 年 11 月 30 日前支付甲方 200 万元，剩余股本金于 2008 年 7 月 30 日前以现金方式全部支付甲方；（3）乙方按照约定付清甲方全部股份转让款后，甲方将其享有的权利、义务随股份转让由乙方享有和承担；（4）乙方自愿以其河南瑞雪铝业有限公司的股本金作抵押担保。合同生效后，甲、乙双方如一方违约，应支付给对方 200 万元的违约金等内容。

④ 案号为（2011）云高民二终字第 26 号。在该案中，念志云原系砚山县建伟矿业有限公司（以下简称建伟公司）股东。2008 年 8 月 20 日，念志云、黄开顺与受让方杨洪涛、李自强签订了《股权转让协议》，约定：经双方协商同意，转让方将持有建伟公司的全部股份（其中黄开顺占 80%、念志云占 20%）转让给受让方，黄开顺注册资本 40 万元平价转让给杨洪涛，念志云注册资本 10 万元平价转让给李自强，转让结束后，转让方不再是公司股东，不再享有公司股东权利和承担公司义务。2008 年 8 月 23 日黄开顺与受让方杨洪涛签订 80%《股权转让完毕证明》，念志云与受让方李自强签订 20%《股权转让完毕证明》。之后建伟公司在砚山县工商局办理了股东变更登记。

⑤ 案号为（2010）徐商申字第 0005 号。在该案中，章辉和张金利、戴爱建分别出资 20 万元、20 万元、10 万元，于 2004 年 11 月 17 日设立了丰县金利达汽车出租客运有限公司，注册资本为 50 万元，法定代表人为张金利，股东或发起人为章辉、张金利、戴爱建。同年 11 月 22 日，该公司以还款的名义及支付劳务费的名义将存款 50 万元全部取出。2005 年 5 月 8 日，章辉、张金利和戴爱建召开股东会并形成决议，一致同意将股份转让于高升艳。同年 5 月 9 日，章辉与高升艳签订了股东出资转让协议，约定：根据公司章程规定，转让方章辉将其在丰县金利达汽车出租客运有限公司的 18 万元股权（占注册资本的 36%）转让给受让方高升艳；自本协议生效之日起，转让方不再享有股东权利履行股东义务，受让方享有股东权利履行股东义务（如部分转让的，自本协议生效之日起，双方按其持股比例享有股东权利并履行股东义务）。

下面则分别列以上文提及的三种学说，观察它们分析实践中的股权转让协议的实际效果，如表6-2所示。

表6-2 学说总结图

学说名称 协议内容	意思主义	债权形式主义	分离原则（Trennungsprizip）
仅债权合意	解释障碍	双方负担合同义务，股权自履行合同即登记后变动	双方负担合同义务，股权自当事人达成处分股权的合意时变动
独立于债权合意外的股权处分合意	解释障碍	解释障碍	股权自处分股权的合同生效时变动
债权合意+处分合意	股权自合同生效时变动	解释障碍	股权自处分股权的合同生效时变动

笔者在检索案例过程中，发现仅含有债权意思表示的股权转让协议最为多见，如"任法成与刘治民股权转让合同纠纷上诉案"注释21中所示合同即为该类协议的典型。在该协议中，第一条确定了转移的标的，处分客体由此特定；第二条则表明了受让方具体如何履行其转让价金的义务；第三条描述了转让方具体履行合同义务的时间，即"乙方按照约定付清甲方全部股份转让款后"；第四条规定了违约责任。此时，意思主义的变动模式显然遭遇了窘境，在该案例中，虽然债权合同已经生效但股权却没有发生转移，一方面，股权的具体变动方式由于当事人双方意思表示的另行安排而有赖于转让方在受让方付清价款后的处分行为；另一方面若股权在协议生效时发生变动，则转让方的违约责任即告落空，因为此时合同生效就意味着履约。在此情况下，意思主义的变动模式已经难以解释合同内容。

从本质上来讲，意思主义不区分负担行为和处分行为，其所能顺畅解释的是一种合同生效与权利转移同时进行的极端情况；对于其他，如所有权保留买卖①和所举案例之类，合同生效后权利并不转移的情况则存在解释障碍。而在复杂的商业交往中，当事人往往出于各种考虑设计出复杂股权变动合同条款，若以意思主义为工具解释合同难免力有未逮。

相对的，独立于债权合同的、仅包涵当事人对股权处分意思表示的协议则较为罕见，盖因这类协议单独出现意义并不大，常附随于其原因行为之中，但当其独立于负担行为之外单独成为合同时，仍不失为一种确定股权变动的方法。如典型案例中，当事人除了签订《股权转让协议》约定各自所负担债法上的义务以外，还另立了《股权转让完毕证明》为我们探求当事人之间关于处分股权上的合意提供依据。试想，若仅仅存在《股权

---

① 刘家安. 物权法论[M]. 北京：中国政法大学出版社，2009：84.

转让完毕证明》而未有《股权转让协议》，依意思主义则股权由于缺乏债权合同而无法转移，以债权意思主义则认为尚缺乏登记要件而未发生变动，而实际上股权已经由当事人在处分上的合意而发生变动，但由于缺少原因行为的支撑成为不当得利，双方当事人因此获得债法上的返还请求权。

论证至此，也许会遭到质疑，既然法律没有具体规定，那么债权形式主义也不一定只能把股东名册的登记作为取得权利的外观，在此案例中也可以把《股权转让完毕证明》仅仅看作一个证明股权已经流转的事实行为，从而取代"登记于股东名册"这一股权流转的要件，那么在此情况下债权形式主义模式仍然可以解释股权的流转。由于在该案例中，判决书没有记载《股权转让完毕证明》的具体内容，故笔者无法有力地论证其含有当事人处分股权的合意而非是简单的事实行为。但在下一个案例中则并非如此：

广州我善置水净水设备有限公司是一家成立于 2007 年 12 月 18 日的有限责任公司，注册资本为 50 万元，法定代表人为刘玲，股东为刘玲、唐成金和滕丽琼，其中刘玲出资 17.5 万元，出资比例 35%；唐成金出资 15 万元，出资比例为 30%；滕丽琼出资 17.5 万元，出资比例为 35%。

2008 年 8 月 23 日，刘玲作为甲方、唐成金作为乙方、滕丽琼作为丙方签订《广州我善置水净水设备有限公司股权转让协议》，约定：刘玲自愿将其在公司中所持有的 21%股权以价值人民币 33 000 元转让给唐成金，并将其在公司中所持有的 14%股权以价值人民币 22 000 元转让给滕丽琼，其中第三条股权转让交割期限及方式约定：自本协议由审批机构批准生效并办理过户手续即日起 7 日内，唐成金、滕丽琼以现金缴付给刘玲；其中第九条约定：此协议经股权转让三方正式签署后报原审批机关批准后生效。但至今上述股权转让未办理股权转让登记手续，唐成金、滕丽琼亦未向刘玲支付转让款，遂引起纠纷。刘玲于 2008 年 12 月 31 日向原审法院起诉要求唐成金、滕丽琼分别向刘玲支付 33 000 元、22 000 元及其自 2008 年 9 月 1 日起的利息损失；我善净水公司协助办理股东变更手续。（后法院认为，涉案的股权转让并不需要审批机关批准，因此，应认定上述协议为三方正式签署即生效。）

此外，刘玲提交了一份落款日期为 2008 年的《股权转让协议书》，称该《股权转让协议书》是在《广州我善置水净水设备有限公司股权转让协议》签订后，为办理工商变更登记而签署，该《股权转让协议书》载明转让方为刘玲，受让方为滕丽琼、唐成金，约定：（1）刘玲将原出资 17.5 万元（占公司注册资本的 35%）转让给唐成金、滕丽琼，转让金分别为 3.3 万元、2.2 万元；（2）2008 年 9 月 15 日前受让方须将转让金额 55 000 元全部支付给转让方；（3）本协议自转让方和受让方签字之日起生效。[①]

分析此案，我们可以看到转让方在签订《广州我善置水净水设备有限公司股权转让

协议》的债权合同后，为了使得受让方获得股权，方便办理登记而另外签订了《股权转让协议书》，其中"刘玲将原出资 17.5 万元（占公司注册资本的 35%）转让给唐成金、滕丽琼"的内容明确地表示出了双方在处分股权上达成的合意，我们不可能把它仅作为一个事实行为。处分行为具有分配的属性，它们的法律后果对有关权利的归属做了变更，案例中当事人通过《股权转让协议书》体现其在股权流转上的合意而改变股权归属是不争的事实，对于这种财物归属的变化，任何人都必须尊重。[①]由此，商业交往中仅以直接处分股权的合意为内容的合同的切实存在，无疑是对那些怀疑处分行为中的意思表示是人为拟制的学者最好的回应。

最后，在股权转让协议中同时含有当事人两重合意的情况在实践中也不乏其例。此种协议既规定了双方当事人各自在债法上的义务和对应的请求权，也对股权变动的具体方式做了安排。如所引的"章辉与高升艳股权转让侵权纠纷申请再审案"中双方当事人约定："自本协议生效之日起，转让方不再享有股东权利履行股东义务，受让方享有股东权利并履行股东义务（如部分转让的，自本协议生效之日起，双方按其持股比例享有股东权利并履行股东义务）"，由此观之，双方不仅约定了各自在债法上的义务，同时双方还在将股权转移给受让人上达成了合意，且该合意的达成即告转让方主义务履行完毕，接下来只需辅助办理相关手续即可，因此，协议方能一经生效便使受让人"享有股东权利履行股东义务"。若依债权形式主义，则需合同外的事实行为造就一个权利外观后股权方得转移，这是无法解释该合同的。

综上所述，不论是意思主义还是债权形式主义，在与市场经济繁芜丛杂的商业选择的相互印证中都显得捉襟见肘，由于他们模式性太强，不能区分负担行为和处分行为这两层意思表示，从而不适合分析当事人的合同意思，单纯地套用这两种物权变动的模式，在解决实践中的股权流转问题也显得困难重重。

三、分离原则下股权流转的一般结构

（一）有限公司股东之间的股权转让

上文论述已经表明，区分负担行为与处分行为的分析方法能够精确地还原当事人在各类股权转让协议中的真实想法，使当事人能够依照内心真实的想法实现其商业目的，这是意思主义或债权形式主义所无法做到的。按照这样的思路，便能很容易就总结出股权流转的一般结构，即债权合同使双方各自负担给付义务，且双方同时获得请求对方给付的请求权；出让方转移股权的意思表示与受让方接受该转移的意思表示形成合意，关

[①] [德]卡尔·拉伦茨. 德国民法通论[M]. 下册. 王晓晔，等，译. 谢怀栻，校. 北京：法律出版社，2003：439.

于股权变动的契约即告生效，此时股权顺利转移。

值得注意的是，在物权变动中，"物权合意"是对物的交付行为中存在的意思表示的抽象，所以必须有一个具有公示性的行为来表达或者说记载这一"物权合意"。同样地，直接处分股权的意思表示合意也需要这样的表达或记载，且作为判断当事人确实有直接处分股权意思表示的依据。但这种表达或记载却并非要像物权流转那样必须是登记或交付，其在实践中有多种表现的形态，有的直接存于股权转让协议中，如在协议中约定：协议生效时转移①、转让款付清时自动转移②、办理好现金借条手续③等；也有的则存于转让协议之外，如出具承诺书④、签订股权转让完毕证明⑤等方式。

（二）有限公司的股东对外转移股权

公司法为了保障有限责任公司的人合性，在公司股东对外转让股权时要求其转让经过其他过半数股东的同意，并且在同意转让的基础之上为其他股东设置了优先购买权，在法律规范上集中体现于《公司法》第七十一条。在上文的分析中，笔者认为把违反第七十一条的股权转让行为的法律后果归结于其债权合同无效或可撤销都是欠缺法理依据的，从最高院判例和新司法解释都是采纳的合同有效的观点。事实上，认为合同有效即是对债权合同效力与股权流转效力区分，而这样的区分正是分离原则的体现。

在分离原则的框架下，前文所述的第七十一条"对股权实际流转的规制"，可理解为将满足《公司法》第七十一条作为直接处分股权的合同生效的法定条件。此时，负担行

---

① 见上文，章辉与高升艳股权转让侵权纠纷申请再审案。

② 见：何斌与林微股权转让合同纠纷上诉案，案号为（2011）南市民二终字第150号。案件中，金悦公司（甲方、代理出让方）与林微（乙方、受让方）签订一份《股权转让协议书》，协议书约定："甲方是个人集资开办的有限公司，乙方是甲方的内部股东之一。甲方因有相当部分股权全权委托代理转让他们的股东出资额（股东权），甲方接受委托代理转让以原始股的价格每股壹元共2 384 900元，即2 384 900股进行转让，经甲、乙双方协商，达成如下股权转让协议：（一）甲方注册资金5 154 800元，即为5 154 800股，现股东委托转让2 384 900股，乙方认购85 000元，即85 000股，甲方将85 000股转让给乙方；（二）乙方于2001年2月25日85 000元（现金）交付给甲方。乙方交付款后该股权即转到乙方名下。"

③ 见：杨多义与李建辉股权转让合同纠纷上诉案，案号为（2010）邵中民二终字第110号。案件中，包括原告杨多义在内的5位股东与被告李建辉签订了《新邵县加盟牛业有限公司股东转让协议书》，约定："1. 李良雄、李良伟、孙志勇、王送来、杨多义将原有全部金股权转让给李建辉经营运作。2. 自签字起，由李建辉向各位老股东办理好现金借条手续，尔后，公司的一切所有权、经营权归李建辉所有，老股东无干涉权力……"

④ 见：陈某某诉韩某某等股权转让纠纷案，案号为（2011）甬余丈商初字第1号。该案中：原告陈某某与案外人郑某某将所持有的余姚市某某有限公司的土地厂房股权以协议形式转让给两被告，约定土地厂房股权转让金不含任何费用计人民币1 050万元整。由于原告与案外人郑某某已在2008年8月14日签订了另一份股权转让协议，约定郑某某将所持有的余姚市某某有限公司50%股权以人民币150万元整转让给原告，因此，在2008年8月22日，案外人郑某某在收到原告的股权转让款后，出具承诺书兼收条，正式让渡余姚市某某有限公司股东身份，由原告取而代之，继续履行与两被告的土地厂房股权转让协议。此后，原告配合两被告办理了股权变更等相关手续。

⑤ 见上文，念志云与杨洪涛等股权转让纠纷上诉案。

为和处分行为的分离便解决了债权合同"无效论"和"可撤销论"所无法解决的法律适用难题，是对第七十一条以及未满足其条件的股权转让合同之效力的最佳解释。

按此分析路径，股权流转的一般结构即为：债权合同使双方各自负担给付义务，且双方同时获得请求对方给付的请求权；而关于股权变动的契约则不能仅依当事人处分的合意而生效，尚需要《公司法》第七十一条所确立的法定条件的达成，届时股权方得流转。其结构如图 6-1 所示。

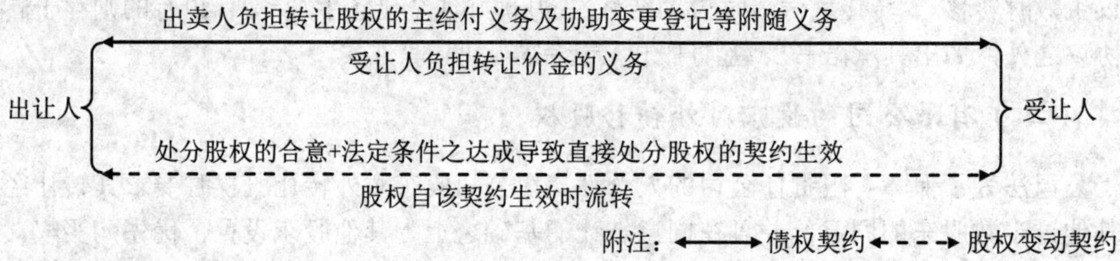

出卖人负担转让股权的主给付义务及协助变更登记等附随义务

受让人负担转让价金的义务

出让人　　　　　　　　　　　　　　　　　　　　　　　　　受让人

处分股权的合意+法定条件之达成导致直接处分股权的契约生效

股权自该契约生效时流转

附注：◄───► 债权契约　◄ ─ ─ ► 股权变动契约

图 6-1　法律关系示意图

结论

股权变动相关问题的争议，根源在于法律没有对股权变动结构加以明确，导致法官在司法实践中难以进行裁量。但于笔者而言，在理论争议尚且较大的宏观背景下，立法的回避又何尝不是一种诗意的留白。立法上的谨慎与退避，正好让解释股权变动的学说纷纷从诠释立法的高台上跌落下来，而重拾其作为分析工具的价值。本着私法领域内法无明文禁止即自由的基本精神，私法自治的理念在塑造股权变动规则的方向上重登高位。此时，我们要做的并不是用某一种固定的模式去限缩和规范商业交往中纷繁复杂的意思表示，而应该选择恰当又精密的分析工具将当事人的意思表示分割至最小，探寻是在哪个阶段出现瑕疵需要救济，使得当事人在处理纠纷时减少受管制之感，从而最大程度地保障自由。

在对应的司法实务中，法官则应该先判断当事人双方在股权变动具体方式的设置上是否存在合意，若存在且无其他法律瑕疵便遵从之；若无，方才运用意思表示的分析工具乃至解释学理论探究合同所呈现的意思。一旦摒弃对某种模式坚持，转而强化对法律行为的细化与分析，股权变动的相关问题也就明朗起来了。

专题七　优先认购权的本质与法律效力

【摘要】

优先认购权是一项重要的股东权利，围绕该权利所形成的各项具体规则是公司增资制度的重要组成部分，而增资又是公司资本制度中不可或缺的环节。本文结合德国民法基本理论与公司法特殊规则，着重分析探讨股东优先认购权的本质与法律效力。本文认为，优先认购权是先买权的一种特殊类型，其具有先买权的一般特征，也具有不同于先买权的个别法律特征。优先认购权"从生到死"的整个过程可分为权利产生阶段与权利可行使阶段，前一阶段中的优先认购权为期待权，后一阶段的优先认购权为形成权。符合已定公示条件的优先认购权为物权性先买权，具有对抗第三人的优先效力与追及效力，其余则为债权性先买权。通过对本质与效力的详细论述与澄清，可为优先认购权的行使与救济规则提供坚实的理论基础。

【关键词】

优先认购权　先买权　物权性　债权性

一、优先认购权的概念与类型

（一）优先认购权的法律概念

股东优先认购权是指股东基于股东身份和地位，在有限责任公司新增资本或者股份有限公司发行新股时，有权按照原有的持股比例优先（bevorzugt）于其他人认购新增资本的相应份额或者认购新股。[①]学界对股东优先认购权的概念界定相对一致，笔者将该权利的法律概念拆分为以下几个要素：一是身份要素，即享有优先认购权的主体原则上为该公司原有股东；二是行权要素，或者可以表述为权利行使条件，即只有在公司新增资本或者公司发行新股时，股东才可行使股东优先认购权；三是效力要素，即赋权股东享有优先于其他人认购新增资本或者新股的权利，换言之，即该权利具有排除其他人认购该部分资本或股份的效力。

---

① 王东光. 论新股优先认购权及其排除[J]. 甘肃政法学院学报，2008（9）.

其他主体的优先认购权则是指除股东之外的主体基于与公司事先达成的优先认购协议或者具体的增资决议，在有限责任公司新增资本或者股份有限公司发行新股时，有权按照约定优先于其他人认购新增资本的相应份额或者认购新股的权利。

1. 先买权的法律概念

大陆法系先买权概念发轫并成熟于德国，当前德国学界已经形成了相对完整的关于先买权制度的理论体系。《德国民法典》第 463 条到第 473 条（债权性先买权）、第 1094 条到第 1104 条（物权性先买权）对先买权做出了具有普遍适用效力的规定。同时，《德国民法典》第 577 条规定了住房承租人的先买权①，第 2034 条和第 2035 条规定，共同继承情况下继承人出卖遗产时其他继承人对该出卖人以及买受人就该出卖遗产部分享有先买权。②

有学者认为，"所谓优先购买权，系特定人依约定或法律规定，于处分权人出卖不动产、动产或权利时，有依同样条件优先购买之权利"。③而德国学者倾向于从先买权的法律效力及目的对先买权的概念进行（迂回式的）界定，即：先买权赋予了先买权人一种法律状态，在先买权义务人向第三人出卖先买权标的物时，有权优先于第三人取得该标的物。④赋予民事主体此项权利的直接目的在于保护该主体针对某特定物的一种（特殊的）取得利益，在该标的物的所有人尚未决定出卖标的物之际，通过设定先买权的方式保证权利人在之后的某个时点能够取得该标的物。但是，由于物权性先买权与债权性先买权的法律效力并不相同，前者明显强于后者，因此，取得利益在物权性先买权中表现为取得特定标的物的利益，而在债权性先买权中则可能表现为替代利益。

2. 优先认购权——先买权的一种特殊类型

当前学界对"股东优先购买权是优先权的一种具体类型"这一观点并无过多异议，但问题是，虽优先认购权具有"优先权"之名，但是否也能够将其归入先买权这一上位概念之下？

---

① 《德国民法典》第 577 条规定："（1）出租的房屋，以其在交付于承租人之后已经设定或者准备设定住宅所有权为限，出卖给第三人的，承租人享有先买的权利。出租人将住房出卖给一个亲属或者一个属于自己家庭的人的，不适用此种规定。以下列各款中无其他规定为限，对于先买权适用关于先买的规定……"

② 《德国民法典》第 2034 条规定："（1）一共同继承人将其应有部分出卖给第三人的，其他的共同继承人享有先买权。（2）行使先买权的期间为 2 个月。先买权可以继承。"第 2035 条规定："（1）出卖的应有部分已经转移于买受人的，各共同继承人可以对买受人行使其依第 2034 条对出卖人享有的先买权。先买权随应有部分的转移对出卖人消灭。（2）出卖人应当不延迟地向各共同继承人通知转移。"

③ 丁春艳. 论私法中的优先购买权[J]. 北大法律评论, 2005（6）：649-684. 有学者认为优先购买权是"指特定人，依法律规定，在特定的买卖关系中，于所有人出卖财产（动产或不动产）时，依法享有在同等条件下，优先于其他人购买的权利"。蔡福华. 民事优先权新论[M]. 北京：人民法院出版社, 2002：63. 该定义忽视了通过法律行为设定优先购买权的可能性，故不予采纳。

④ Klaus Schreiber. Die Vorkaufsrechte des BGB[J]. Jura, 2012. (S): 114-119.

　　国内一些学者在其著作中试图构建完整的民事优先权体系，将民事优先权分为物权优先权与债权优先权，在债权优先权项下存在补偿性优先债权和利用性优先债权，而优先购买权则属于利用性优先债权的一种特殊类型。股东先买权——包括对其他股东所转让股份的先买权和对公司新增资本的先买权——以及合伙人先买权均属于出资人的优先购买权。[①]而其他学者则通过细化的民事优先权种类，包括先取特权、民事优先购买权、民事优先受偿权、民事优先承包权、民事优先承租权、优先申请权，对民事优先权制度进行了相对非体系化的梳理，而其同样将股东优先认购权纳入广义的股东优先购买权项下，并进而作为民事优先购买权的一种具体类型使之在民事优先权体系中占有一席之地。[②]同时，德国学者亦论述了在公司法中规定先买权的必要性，认为公司法中的先买权保护了原有股东维持权利关系与持股关系的意愿。[③]股东优先购买权作为先买权的一种具体类型已经得到了肯定，而股东优先认购权亦能够达到维持公司原有权力结构的目的，故从这一意义——即广义的目的论角度——观之，股东优先认购权归入广义的股东优先购买权乃至先买权项下并不存在实质障碍。

　　民事主体地位平等是民法的基本原则，民事优先权的存在违背了主体地位平等这一基本原则。民事优先权是一种优先于他人行使资格的权利，从传统的权利分类来看，的确无法为民事优先权找到一个栖身之地，正如某些学者指出的"所谓民事优先权是指某些权利的共同效力，并非专门的权利类型"。[④]无论从股东优先认购权法律规范的明文规定还是法律解释的角度观之，股东优先购买权以及股东优先认购权具有优先效力毋庸置疑，因此，上述两种权利属于优先权的特殊类型亦没有任何异议。但是，可以纳入到优先权项下的一种权利并不一定属于先买权，这就引出了一个问题：先买权与其他具体类型的优先权相比有何特殊之处？笔者认为，先买权与其他补偿性（受偿性）优先权（如抵押权中的变价与优先受偿权）相比，一方面，后者的实施结果是使债权人通过该标的物（拍卖、变价等）获得清偿（befriedigen），至于是不是取得该标的物对权利人来说并不具有重大意义，关键在于受偿，而前者的实施使权利人取得（erwerben）该标的物；另一方面，从设定权利的终极目的观之，补偿性优先权只是使债权人获得优先受偿，而先买权的目的则在于避免共有关系的复杂化，使财产能够发挥出最大的社会效用和自然效

① 李锡鹤. 民法哲学论稿[M]. 上海：复旦大学出版社，2009：194-207.

② 蔡福华. 民事优先权新论[M]. 北京：人民法院出版社，2002：50-108.

③ Klaus Schreiber. Die Vorkaufsrechte des BGB[J]. Jura, Vol.34, No.2: 114-119.

④ 李锡鹤. 民法哲学论稿[M]. 上海：复旦大学出版社，2009：194. 既然民事优先权是指某些权利的共同效力而非专门的权利类型，那么这样的优先权还是权利吗？笔者认为，先买权既可以从整体视角进行观察，也可以从阶段性视角进行观察。作为整体视角的先买权具有法律意义，而处于不同阶段的先买权却具有不同的法律效力与本质，由于现存的法律规定只就整体性的先买权，而且不可能完全割裂不同阶段的先买权，因此将（整体性）先买权视为一种权利是必要的。

用，以致物尽其用。①

随着经济生活以及法律制度的发展，财产的概念正在不断扩大，人类所能取得的东西不再仅限于有体物，只要能够被纳入到权利客体范围内的无形财产、权利，包括物权、权利上的权利、知识产权、债权以及资合和人合公司中的成员权等都可以为权利主体所取得。具体到股东优先认购权，一方面，无论对股权的本质存在着多少争论，可以确定的是，股权作为财产的一种具体类型，可以被主体取得，而原有股东正是通过行使股东优先认购权从而获得公司新增资本/新股的相应份额；另一方面，股东优先认购权保证了原先共同关系的稳定。通过上述分析得知，将股东优先认购权纳入先买权项下并不存在问题。

（二）优先认购权的具体类型

德国学者将优先认购权区分为抽象性优先认购权与具体性优先认购权。抽象性优先认购权与具体性优先认购权在产生时间、法律效力、救济规则等方面存在差异，笔者将二者的区别总结如下。

（1）具体权利产生的时间不同。原则上，取得股东资格的时间即取得抽象性优先认购权的时间。当然，对股东优先认购权是否为股东固有权以及公司章程能否排除优先认购权的不同回答会导致权利产生时间上的差异。具体性优先认购权在股东（大）会做出具体的增资决议时产生，其产生时间晚于抽象性优先认购权。而抽象性优先认购权的产生时间则相对比较复杂。在公司章程不得对排除股东优先认购权做出概括约定的立法例下，股东的优先认购权只能通过具体的增资决议予以排除，此时，公司股东在取得股东资格的同时取得抽象性优先认购权。但当立法允许公司章程事先就排除股东优先认购权做出约定时，抽象性优先认购权有可能并未随着股东资格的取得而产生。在第一种立法模式下，非股东主体是否能够享有抽象性优先认购权？笔者不以为然，如果认可非股东主体根据具体增资程序开始前与公司达成的优先认购协议，从而享有抽象性优先认购权，则必然得出在一个出资份额或者一份股票上可以存在至少两个互相冲突的抽象性优先认购权的结论，此结论既违反形式逻辑，又会导致复杂的权利冲突，可谓得不偿失。此时，不会存在非股东主体的抽象性优先认购权，非股东主体此时基于优先认购协议所享有的权利实乃一种相对权，只约束该非股东主体与公司之间的法律关系，对享有抽象性优先认购权的股东不会产生任何影响，而赋予非股东主体优先认购权的具体增资决议做出时

---

① 同时，笔者认为必须准确区分先取特权与先买权。先取特权是一种物权，该权利的行使效果无须借助契约关系，在出现先取的事实行为时径行发生物权变动的效果，与此相比，先买权则必须借助契约关系——无论是单方意思形成的契约关系还是双方意思形成的契约关系———方能实现。有关先买权行使效果的逻辑解读可参见：辛颜静.《德国民法典》中先买权之法律技术性质的逻辑解读[J]. 比较法研究，2004（3）.

则会产生该主体的具体性优先认购权。在第二种立法模式下，由于各个主体的优先认购权可以由章程做出事先安排，因此无论是股东还是除股东以外的主体均可以取得抽象性优先认购权，非股东主体的抽象性优先认购权在公司股东（大）会做出授予其优先认购权的决议时产生。因此，非股东主体是否能够享有抽象性优先认购权取决于立法安排。[①]

（2）权利的性质不同。抽象性优先认购权为期待权，具体性优先认购权为形成权。具体内容将在下文予以详细论述。

（3）权利的救济方式不同。既然两种权利的本质或者属性存在差异，那么侵害权利的具体样态以及救济方式亦存在差别。关于侵权样态及相应的救济方式将在下文进行讨论。

抽象性优先认购权与具体性优先认购权之间是否存在联系？笔者赞同某些学者的观点，即抽象性优先认购权并非具体性优先认购权的基础。[②]原因是，在具体的公司法实践中可能存在下述情形：法律规定或者公司章程约定股东享有优先认购权，此时的优先认购权属于抽象性优先认购权，但股东会在具体的增资决议中排除了部分股东的优先认购权，并将这部分优先认购权赋予其他主体，此时被排除了权利的股东不享有具体性优先认购权，而其他主体则可能在不享有抽象性优先认购权的情况下获得具体性优先认购权。

二、优先认购权的法律性质

（一）相关学说梳理

我国学界对股东优先认购权法律性质的界定可归纳为以下三类：债权或债权请求权说、形成权说、期待权说。

1. 债权或债权请求权说

有学者基于下述几项理由认为股东优先认购权属于债权请求权[③]：一是股东的优先认购权以法律明文规定或者公司章程约定为权利产生前提，公司股东个人的意思表示不能够直接导致该权利的产生，没有法律规定或者当事方的约定则不存在股东优先认购权；二是仅凭股东的单方意思表示，优先认购权不能实现，股东在行使优先认购权时需要向公司做出相应的意思表示；三是债权请求权以权利主体请求义务人履行给付义务为主要内容，优先认购权的行使导致公司负担向权利股东分配新增资本相应份额或新股的义务，故优先认购权符合债权请求权的法律内容；四是请求权可以转让，形成权不允许单独转让，而国外立法例大多允许股东转让优先认购权。

① 笔者赞同固有权立法模式，如果没有特别说明，则本文中所指的优先认购权均为固有权立法模式下的一项股东权利。

② 王东光. 论新股优先认购权及其排除[J]. 甘肃政法学院学报，2008（9）.

③ 朱樟坤. 论优先认股权[J]. 兰州学刊，2003（5）.

　　上文指出，部分学者将股东优先认购权纳入利用性优先债权项下，认为股东优先认购权从本质上说是一种债权。根据将股权视为一种"附条件共有份额所有权"，公司财产是一种"附条件股东按份共有关系"，得出"股东优先认购权可视为附条件共有人先买权"这一结论，而先买权属于一类特殊债权（利用性优先债权）。[①]故将股东优先认购权归入债权项下并不存在任何问题。

　　笔者认为，优先认购权不属于单纯的债权，理由如下：首先，将权利的产生以法律约定或者章程约定为前提作为债权说的理由，根本没有区分权利的产生与权利的行使。其次，将优先认购权视为一项强制缔约权，即公司负有对股东提出的认购新股的要约进行承诺的义务，将削弱优先认购权的效力。此时，如果公司事实上违反了强制缔约义务，那么股东仅能向公司主张损害赔偿责任，而不能根据已经成立的新股认购法律关系主张不利于股东自身的股权变动无效。最后，形成权并非绝对不可转让，如果能够取得受该形成权影响的主体的同意，当然可以转让形成权。

　　2．形成权说

　　不少学者区分了抽象性优先认购权与具体性优先认购权，认为后者属于形成权。[②]原有股东一旦行使权利，将主张优先认购权的意思表示向公司做出并到达公司后，随即在该股东与公司之间确立认购新股法律关系，该股东取得基于该法律关系要求公司向其派发新股的权利，同时亦负担履行出资的义务。由于股东主张优先认购权后，公司立即受到由该意思表示单独形成的法律关系的约束，而做不做出这一意思表示则完全取决于该股东，公司或者第三人无法进行干预，故具体性优先认购权不存在被侵害的可能性，这一点符合形成权"不可侵害"的特征。最后，该权利具有原则上不得脱离股东身份或股东资格单独转让的特征，而这一点恰好符合形成权不可单独转让的基本特征。

　　3．期待权说

　　对股东优先认购权做出具体性与抽象性区分的学者基本主张抽象性优先认购权属于期待权，而具体性优先认购权属于既得权，前者指向后者。抽象性优先认购权原则上基于股东身份之取得而获得，故而，股东身份之取得乃期待权之作为权利的部分要件，而在公司决定增加资本或发行新股时产生完整的、可以正常行使的权利，而这一事件（增加资本或发行新股）在抽象性优先认购权产生时并不确定，即"新股发行之不确定性和未来性决定了抽象性优先认购权之实现具有或然性和未来性"。[③]因此，抽象性优先认购

[①] "利用性优先债权是指：同一债务人之数个到期债权，其中一个债权，因债权人与债务人，就债权之标的，标的之承担物，或标的所在物，存在或曾存在共有关系、用益物权关系、总有关系、租赁关系，或者，债权人与债权标的所有人存在同一有限责任公司股东关系，享有优先受偿的资格。"李锡鹤．民法哲学论稿[M]．上海：复旦大学出版社，2009：202．

[②] 王东光．论新股优先认购权及其排除[J]．甘肃政法学院学报，2008（9）．

[③] 王东光．论新股优先认购权及其排除[J]．甘肃政法学院学报，2008（9）．

权符合期待权的定义和内涵，属于期待权。同时一些学者并未区分股东的抽象性与具体性优先认购权，而径行将股东优先认购权定性为期待权，因为只有在公司决定增加资本或者发行新股时，股东才可以行使优先认购权。[①]

（二）域外立法例考察

域外立法例并未直接规定股东优先认购权的法律属性，笔者只能从个别规范中观察到股东行使优先认购权后将在公司与行权股东之间产生何种法律关系。现将大陆法系主要国家的相关规定归纳总结如下。

1. 德国《股份法》

根据德国《股份法》第 182 条至第 191 条的规定，增资或者发行新股的整个过程可以分解为以下几个步骤：增资决议之做出—增资决议申报商事登记—新股认购的书面声明—增资之实施（派发新股）—增资的事实申报商事登记—实施登记后，基本资本增加，且根据第 186 条第 1 款的规定，当股东向公司请求时，公司必须向每个股东分配原有持股比例相应的新股份额，认购权的行使期间最少为两个星期，即"股东可以通过向公司发出单方面的意思表示，来行使其优先认购权。股东一旦做出相应的意思表示，就在股东和公司之间按照增资协议规定的条件签订了认购合同"[②]。同时《股份法》并未就优先认购权能否转让的问题做出规定。德国《有限责任公司法》在增资事项方面参照适用《股份法》的相关规定。

2. 日本公司法

日本公司法并未对新股优先认购权的法律性质做出明确定义，但界定了与之类似的一种权利——新股预约权——的概念。新股预约权即"应拥有新股预约权的人的请求，公司负有向其发行新股，或者代之以转移公司库存的自己股份的义务"，新股预约权与新股认购权的唯一差异在于该权利是否与新股发行有关。[③]推理可知，享有优先认购权的股东在增资过程中请求公司向其发行新股，则公司负有向其发行新股的义务。同时，日本公司法规定，在公司允许转让并且公司发行新股认购权证书时，合法持有该新股认购权证的人可以通过交付证书转让新股认购权。

3. 韩国商法

根据韩国商法的规定[④]，股东有权得到与其持有的股份数额相应的新股的派发，公司有义务将股东可以取得新股派发的权利以及转让新股认购权的权利通知具体股东；只有

---

① 施天涛. 公司法论[M]. 北京：法律出版社，2006：244.

② [德]托马斯·莱赛尔，吕迪格·法伊尔. 德国资合公司法[M]. 高旭军，等，译. 北京：法律出版社，2005：320.

③ 吴建斌. 最新日本公司法[M]. 北京：中国人民大学出版社，2003：238.

④ 韩国商法[M]. 吴日焕，译. 北京：中国政法大学出版社，1999：94-96.

在股东请求公司发行新股认购权证书时，公司董事会始决定向该股东分发新股认购权证书；在约定期间内未申购股份的，则丧失认购新股的权利；新股认购权的转让通过新股认购权证书的交付进行。

4. 法国公司法

根据法国公司法典的规定[①]，股东享有对公司以货币形式发行的新股的优先认购权，股东按照所持股份的比例行使优先认购权。如果优先认购权可以与股票相分离，则股东可以转让优先认购权，股东也可以放弃优先认购权。

通过对大陆法系公司法立法例的考察可以得知，一旦股东合法行使优先认购权，则公司随即负有向其分配新股的义务，即股东行使优先认购权将导致在行权股东与公司之间形成新股认购法律关系。至于是股东单方面的意思表示即可使公司负有该义务，抑或是公司负有强制缔约义务而基于要约—承诺的经典的债之产生方式形成了两者的认购法律关系[②]，笔者并不能够从各国公司法的规范中看出些许端倪。

三、优先认购权属性及特征的总结与分析

有关优先认购权法律属性的定义莫衷一是，笔者认为，如果优先认购权存在一个上位的权利概念，则可通过分析上位权利的属性以及法律特征来界定优先认购权。前文已经指出，优先认购权是先买权的一种具体类型，如此，其应具有先买权的一般属性。但在此不得不强调的是，虽然优先认购权是一种具体类型的先买权，但并不排除其具有不同于其他类型先买权的个别特征。

（一）先买权的权利属性

1. 中国大陆及台湾地区相关观点梳理

我国学界针对先买权的权利属性讨论较多，存在形成权（附条件）说、期待权说、物权说及债权说。

相对来说，形成权（附条件）说占据主流地位。王泽鉴教授认为"惟查优先承买权之主要内容，乃赋予先买权人以附有条件之形成权，因此先买权负有条件之形成权之行使，使权利人与义务人之间，成立义务人与第三人所订立同样条件之买卖"。[③]该观点亦是台湾地区"最高法院"的主流意见。通过一方当事人的单独意思表示便可在两者之间

[①] 法国公司法典（上）[M]. 罗结珍，译. 北京：中国法制出版社，2007：169-172.

[②] 但可以确定的是，股东主张优先认购权并不会当然导致股东直接获得该部分股权，而是形成股东与公司之间的新股认购法律关系。而传统民法理论中的先取特权则是通过权利人的单方行为直接取得物权，从这一意义上来说，股东优先认购权并不是类似于先取特权的一种权利，因为其不具有直接变动物权（或者类似于物权）关系的可能。

[③] 王泽鉴. 民法学说与判例研究[M]. 第一册. 北京：北京大学出版社，2009：313.

形成、变更或者终止法律关系，此乃形成权的基本内容，也是其本质特征。先买权人行使先买权——通过向先买权义务人发出单方意思表示，即在先买权义务人与自己之间成立买卖/类似买卖（Verkaufsvertrag oder ähnlicher Verkaufsvertrag）合同，而合同关系为法律关系之典型，故从这一意义上来说，先买权具有形成权的基本特征。

　　然而持形成权说的学者争论较多的是：先买权究竟是不是附条件的形成权。与王泽鉴教授的观点相反，一些学者认为先买权作为形成权，不可能也不应附条件。原因如下：一是权利不可能附条件，只有法律行为才能附条件或者附期限；二是优先购买权的行使条件是标的物所有人出卖该标的物，这一条件属于法律规定的事由并非条件，因为"条件"一词意为约定事由；三是先买权人取得优先购买权是在先买权义务人出卖该标的物时，如果没有出现"出卖标的物"这一事由，则遑论存在优先购买权。[①]

　　部分学者认为先买权是物权取得权（优先承典权、土地承租人之优先承买权、经登记的附条件之不动产物权也属于物权取得权）[②]，归属于物权范畴下，因为先买权使先买权人得在一定条件下排他地取得不动产物权。当然，其认为属于物权取得权的先买权都属于法律规定的先买权（法定先买权）。

　　另有一些学者并不急于为先买权定性。其中部分学者认为先买权产生后根据发展阶段的不同，其法律性质亦有差别。在先买权义务人尚未出卖标的物时，先买权属于期待权，在先买权义务人表达出卖标的物的意愿后，先买权人的权利变为一种形成权，可依其单方意思在权利人与义务人之间形成一种法律关系。[③]也有一些学者则直接跳过对先买权法律性质的讨论，而通过补充、完善先买权的法律效力的讨论间接界定先买权的内涵与外延。[④]

　　2. 德国理论界的争论与发展

　　德国学者对先买权的权利本质问题亦存在争议，一些学者认为先买权是附有双重条件的买卖，第一个条件是买卖事由的出现（der Eintritt des Vorkaufsfalles），第二个条件则是先买权人做出行使权利的意思表示（die Abgabe der Vorkaufserklärung durch den Berechtigten），另一些学者认为通过先买权的设定，权利人获得了一项形成权（ein Gestaltungsrecht），还有一些学者认为无论是物权性先买权还是债权性先买权，其均属于附条件与形成权的结合体，即先买权可以归属于双重条件的买卖（einer doppelt bedingter Kauf），同时先买权的行使（Ausübung des Vorkaufsrechts）则可视为行使形成权。[⑤]

[①] 张家勇. 试析优先购买权的法律性质[J]. 西南民族学院学报，1999（1）.

[②] 史尚宽. 物权法论[M]. 北京：中国政法大学出版社，2000：17.

[③] 夏志泽. 先买权新论——从先买权的性质和行使谈我国先买权立法的完善[J]. 当代法学，2007（3）.

[④] 在理解先买权的法律性质并非直接给出性质归类，而是注意先买权的一些特征，如它是一种不确定的、附有条件的权利；一种技术性、手段性的权利；一种附从性的权利。参见. 戴孟勇. 先买权的若干理论问题[J]. 清华大学学报，2001（1）.

[⑤] Klaus Schreiber. Die Vorkaufsrechte des BGB[J]. Jura，Vol.34,No.2: 114-119.

通过国内外现有学说的梳理可以得知，学界已逐渐淡化对先买权权利属性的单纯争论，转而朝向更有现实意义的、针对法律效力的讨论。今时今日，大陆法系传统民法理论关于权利的分类显得越来越僵化，非此即彼的权利分类方式着实无法适应当前财产类型、交易行为多元化的发展趋势。笔者认为，德国部分学者提出的观点——先买权是附条件买卖与形成权的结合体，以及部分国内学者的观点——随着时空阶段的转换具有不同属性的权利，是对先买权法律属性的较为合理的解释。笔者认为，正因为一项完整的权利在不同的阶段表现为具有不同法律效力的个别权利，而围绕前后几个个别权利形成了互相联结、互相影响的法律规则，因此，通过程序性的、流动的视角讨论完整的权利以及个别权利的法律规则，不但可欲而且可能。另一方面，国内外学说的发展同时彰显一个基本观点，即先买权并非一个专门的、独立的、封闭的权利类型，而是某些具有共同效力的个别权利的集合，因此我们在讨论先买权时，从基本特征而非单纯的权利类型（权利分类）的角度观察会取得事半功倍的效果。

（二）先买权的基本法律特征

当然，在讨论先买权基本法律特征时，必须厘清一个问题，即由于先买权体系内部存在法定先买权、约定先买权以及物权性先买权、债权性先买权之分——这一区分也是德国学界的通说（我国多数学者亦采纳此种基本分类方法），如此区分是否会导致先买权法律特征的多元化？根据德国学者的总结，将通过法律行为设定的先买权（rechtsgeschäftlich begründete Vorkaufsrechte）区分为债权性先买权（《德国民法典》第463条至第473条）和物权性先买权（《德国民法典》第1094条至第1104条）。[①]债权性先买权原则上只约束先买权人与先买权义务人，不会对该法律关系之外的第三人产生影响，此时该权利的设定遵循合同自由原则，即内容自由、形式自由。与此相对，物权性先买权不仅约束先买权人与先买权义务人之间的法律关系，其同时会对第三人产生影响，即物权性先买权具有物权的排他效力，能够排除第三人取得先买权之标的物，正因为物权性先买权具有物权的效力，故其设定、变更必须遵循物权公示原则（即不动产公示）。在《德国民法典》中由法律直接规定的先买权只有承租人先买权（第577条）以及共同继承人的先买权（第2034条、第2035条），前者属于债权性先买权，后者属于物权性先买权。[②]厘清上述问题后，可将先买权的法律特征总结如下。

（1）先买权之产生需要理由（非不证自明），其产生要么基于当事人的约定，要么

[①] 德国民法典[M]. 杜景林，卢湛，译. 北京：中国政法大学出版社，2014：117-118，304-305.

[②] 在德国民法典中，物权性先买权规定在物权编，其只能与土地相关。第2034条明文规定了其他共同继承人可向第三人主张先买权，而第577条则只提及在没有规定时适用先买（vorkauf，而不是先买权（vorkaufsrecht），即只是债法编中的先买）的相关规定。德国民法典[M]. 杜景林，卢湛，译. 北京：中国政法大学出版社，2014：169，487.

基于法律的直接规定。先买权的设定之所以需要理由，是因为行使先买权具有与行使形成权相同的法律效果，即仅需先买权人单方的意思表示，便可在当事人之间形成相应的法律关系，产生约束双方当事人行为的法律效果。

（2）出卖事由之出现乃行使先买权的前提条件，即先买权义务人意图出卖标的物时先买权人方可行使先买权。此处的前提条件决定了先买权具有不同于单纯的形成权的个别特征，同时表明分阶段解读先买权非常必要。

（3）先买权人单方面做出行使先买权的意思表示即可在先买权人与先买权义务人之间形成买卖（或者类似买卖的）合同法律关系。

（4）先买权人行使先买权后导致产生两个内容相同的买卖合同。先买权义务人负有同时向先买权人以及第三人交付并转移标的物所有权的义务。

（5）若该先买权属于物权性先买权，则先买权人可优先于第三人取得该标的物。因为此时的先买权，已经通过登记公示的方式为外部不特定第三人所知晓。

围绕前三项法律特征的讨论并不存在较大的争议，而后两项法律特征涉及是否能够将优先认购权归入先买权项下，在此随即引出优先认购权作为一类特殊先买权的个别法律特征问题。

（三）优先认购权的个别法律特征

笔者在上文讨论了先买权的五项基本特征。先买权一般理论中的权利阶段性问题已经通过抽象性优先认购权与具体性优先认购权的区分得到解决，即在产生权利阶段与权利可行使阶段赋予权利人两种不同法律性质的权利。而权利行使条件即所谓的出卖事由在优先认购权中表现为公司决定新增资本或者发行新股；享有优先认购权的股东单方面向公司主张权利即可在股东与公司之间形成新股认购法律关系，这种新股认购法律关系当然可以视为一种买卖（类似买卖的）合同法律关系，此时作为买卖合同的标的物——新增资本相应份额或者新股——相对于一般的物来说比较特殊。进一步观察可知，优先认购权并不符合第四、五个法律特征，即权利主体行使优先认购权不会直接导致两个内容一样的买卖合同，以及优先认购权一般具有对抗第三人的效力。

针对第一个争议点，即使是一般的先买权，亦存在先买权义务人并未向第三人出卖标的物而径行询问先买权人是否愿意购买该标的物的情形。此时，不能否认先买权的存在，因为双方已经通过法律行为设定了先买权或者法律已经规定了权利人享有先买权。但是，在先买权义务人径行向先买权人出卖先买权标的物时，先买权并未被启动（激活），因为此时根本不存在需要启动（激活）先买权的前提。先买权的各种法律效力也就"隐而不彰"了。具体到优先认购权，享有优先认购权的股东在公司增加资本或者发行新股之际，股东主张认购，若不存在与之相竞争的第三人，则优先认购权的优先效力便无用武之地，但是却不能排除优先认购权的形成效力，即股东单方意思表示即可在公司与股东之间产生新股认购法律关系。其实，仔细思考后可以发现，之所以会存在这种差别，是因为启动权利的条件不同，一般先买权的启动条件是先买权义务人向第三人出卖标的物，而（具体性）优先认购权的启动条件则是公司决定新增资本或者发行新股，两者均为"出卖标的物的意思"。而一旦启动了权利，则自然产生权利所具有的法律效力。由此也可得知，不同类型的先买权因为权利启动的事由不同，权利启动导致的后果也会有所差异。从这一点来说，我们的确应当从更加宽泛的意义以及更加开放的角度理解出卖事由（vorkaufsfall）的法律含义。①

四、优先认购权的法律效力

（一）抽象性优先认购权的法律效力

抽象性优先认购权属于期待权，在并未排除优先认购权的增资决议形成后该权利得暂时让位于具体性优先认购权，即随着增资决议的形成出现了一个可以立即行使的既得权——具体性优先认购权。上述分析也与德国学界的通说相契合，即"人们一般将附条件权利人在条件成就与否未定期间内所拥有的法律地位称为期待权（anwartschaftsrecht）。"②附条件权利人一般是股东，具体的增资决议是从期待权法律状态转化到既得权法律状态的条件。另外，此处为何称其为暂时让位呢？理由是，抽象性优先认购权以股东资格为基础，股东资格或者股东身份是一个持续的、具有时间意义的法律事实，由此，抽象性优先认购权亦具有时间意义上的持续性的特征，从股东资格的取得一直延续到股东资格的丧失，只是在具体的增资阶段，其让位于具体性优先认购权，一旦完成了此次增资程序，则抽象性优先认购权将依旧发挥原有的功能。

问题是，作为期待权的抽象性优先认购权在条件出现之前的法律效力为何？或者说，抽象性优先认购权人在具体增资决议形成之前的法律地位究竟如何？《德国民法典》第158 条至第 163 条对附条件的法律行为进行了规定③，根据第 160 条的规定，附条件法律行为的另一方当事人应当在整个条件与否未定期间（die Schwerbezeit）内负有不破坏或者不妨害附条件权利人的义务，如果其因自己的过错（verschulden）给附条件权利人造成了损失，则附条件权利人可在条件成就时向对方请求损害赔偿。对第 160 条的立法目的，

---

① 在一般先买权中，先买权义务人径行向先买权权利人询问是否购买标的物，此时适用要约加承诺的双方法律行为形成路径，虽然先买权基于双方当事人的事先约定已经存在并有效存续，但由于没有出现先买事由，先买权并没有被激活，也就不会出现先买权的形成效力或者优先效力。在优先认购权中，只要公司形成了增资的意思并且没有排除优先认购权，此时的优先认购权被激活，抽象性优先购买权转变为具体性优先购买权，具体性优先认购权的形成效力以及优先效力发挥作用。

② [德]维尔纳·弗卢梅. 法律行为论[M]. 迟颖，译. 北京：法律出版社，2013：838.

③ 德国民法典[M]. 杜景林，卢湛，译. 北京：中国政法大学出版社，2014：31-32.

有学者解释为"就权利人而言，应当确保其因条件的成就而基于法律行为规则取得其按照法律行为规则在条件成就时应当取得的权利。"①具体到抽象性优先认购权，抽象性优先认购权人有权对在具体增资决议形成之前公司所实施的，旨在破坏或者妨害在增资决议形成后获得完整的具体性优先认购权——即对公司新增资本的相应份额或者新股进行认购的权利——的行为，在增资决议形成后要求公司承担损害赔偿责任。但是，如此解释岂不是导致抽象性优先认购权人在增资决议形成之前不能采取任何保护权利的措施吗？此时，不妨看一看《德国民法典》第 161 条的规定，即不利于附条件权利人的附条件的处分行为对该权利人不产生效力，并且权利人享有相对于处分行为人的法律保护，除非第三人的行为符合从非权利人处取得权利的规定，即善意取得的规定。对抽象性优先认购权的排除应该属于一种处分，因为排除不仅会致使权利人丧失具体性优先认购权，从而丧失认购新增资本（新股）的权利，也意味着该权利人以外的其他人将取得新增资本的相应份额（新股）。此处仍存在解释上的困难，即因排除行为而丧失的具体性优先认购权在事先排除的情况下并未产生，行为客体并未特定化，何谈处分行为。其实，当立法采股东固有权模式时，由于抽象性优先认购权与股东身份密不可分，排除抽象性优先认购权意味着处分股东资格，资格亦可为处分行为的客体。如此一番解释，《德国民法典》第 161 条依旧可以在此找到适用的理由与空间。上述解释同时佐证，立法采股东固有权模式——即将具体增资决议之前全部或部分排除优先认购权的行为规定为无效——符合民法的基本理论，同时表明，公司法具体规则与民法基本理论之间存在相互契合的可能性与必要性。

（二）具体性优先认购权的法律效力

具体性优先认购权是形成权，权利主体凭借其单方意思即可在权利人与相对人之间产生一定的法律关系当无疑义，即具体性优先认购权具有形成效力。另外，笔者认为，符合一定公示条件（此处的公示要件"内外有别"）的公司股东的具体性优先认购权具有对抗第三人的物权效力。

在德国民法理论中，先买权分为物权性先买权与债权性先买权、以法律行为设定的先买权与直接由法律规定的先买权。债权性先买权仅约束先买权人与先买权义务人之间的法律关系，当事人之间的约定不会对此法律关系之外的第三人产生任何影响，而物权性先买权则不仅约束先买权人与先买权义务人，其同时会对第三人产生影响，即先买权义务人与第三人之间的处分行为不得对先买权人的权利产生不利影响，任何妨碍先买权人取得标的物的所有权的行为对先买权人来说均属无效行为，德国学者认为，所有权保留（vorbehaltseigentum）、预告登记（vormerkung）以及物权性先买权（dingliches

---

① [德]维尔纳·弗卢梅. 法律行为论[M]. 迟颖，译. 北京：法律出版社，2013：837.

vorkaufsrecht）的功能均在于保护权利人的取得利益（erwerberschutz），物权性先买权与预告登记均赋予了权利人对抗第三人取得标的物所有权的法律效力。[①]但是，《德国民法典》规定的物权性先买权仅限于土地上设定的权利以及共同继承人出卖遗产时其他共同继承人的权利。同时，在法律规定的先买权中，部分法定先买权属于债权性先买权，部分法定先买权属于物权性先买权。

具体性优先认购权属于物权性先买权吗？如果按照德国民法典规定的字面含义，其显然不能成为具有对抗第三人的物权效力的先买权，因为该权利并非与土地相关。但是我们应该死扣法条的字面含义而无视法律规范的体系解释、目的解释以及经济社会的发展吗？答案显然是否定的。从法律解释的角度观之，之所以预告登记与物权性先买权均具有对抗第三人的效力，是因为预告登记下的债权或者先买权已经登记在土地登记簿中，通过登记公示具有了不动产物权的权利外观，第三人可以通过土地登记簿的记载对权利的存在有所了解并做出相应的行为安排。从经济社会发展的角度观之，当前越来越多不属于传统物权范畴下的权利在具备登记公示的外观后具有了对抗第三人的物权效力，荷兰民法典已不再遵循传统的物债二分原则，而是通过区分登记财产权与非登记财产权来确认具体权利是否具有对抗第三人的效力。[②]由此观之，随着各类土地登记簿以及商事登记簿的完善，具有物权效力的权利种类将会呈现快速增长趋势。根据我国公司法的规定，有限责任公司股东的优先认购权属于法定、固有权利，在公司章程未做特别约定的情况下，股东当然享有此项权利。而载明在工商登记簿上的股东满足登记公示的要求。因此，记载在工商登记文件中的股东的优先认购权属于物权性先买权，该股东可据此排除第三人取得新增资本的相应部分（新股）。

股份有限公司的股东优先认购权的情况则较为复杂，因为上市公司可以发行无记名股票，公司以外的人甚至是公司自己都不清楚谁是公司股东，此种情形下的股东身份尚未符合为一般第三人所知的公示要件。如果股份有限责任公司的股东并未具备为第三人所知的权利外观，则这些股东的优先认购权属于债权性先买权，第三人可以参照适用善意取得规则取得公司发行的新股。

除股东以外的主体获得的具体性优先认购权属于债权性先买权还是物权性先买权？对于第三人来说，增资程序尚未完结，上述主体也尚未获得股东身份，他们的优先认购权并没有符合公示的要件，因此属于债权性先买权。但是，如果具体增资决议赋予股东

[①] Peter O. Muebert,Erweberschutz bei gestreckten Erwerbsvorgangen, Funktions-und Wirkungspatallelen bei Vorbehaltseigentum, Vormerkung und dinglichem Vorkaufsrecht, Archiv für die civilistische Praxis,2014, S: 309-361.

[②] 《荷兰民法典》第三编财产法总则的第二节就登记财产的登记内容以及效力进行了规定。其中，第 23 条规定，推定登记财产的受让人知晓登记簿中登记的事实，其不能以不知为由主张善意。第 25、26 条规定了登记财产的登记内容具有公信力，事实错误不得用来对抗登记财产的受让人。荷兰民法典（第 3、5、6 编）[M]. 王卫国，译. 北京：中国政法大学出版社，2006：13-14. ；苏永钦. 寻找新民法[M]. 北京：北京大学出版社，2012：84.

外的某个人（某些人）优先认购权，此时的优先认购权相对于公司其他股东来说是否属于物权性先买权？笔者认为，一方面，股东会决议本身不具有权利公示的作用；另一方面，因为增资程序尚未结束，其他主体尚未具备股东身份，即他们还没有来得及成为团体中的一员，而公司团体性的特征要求公司以股东利益以及内部关系的稳定作为判断行为合适与否的重要标准，如果此时将其他主体的具体性优先认购权规定为物权性先买权，则股东（大）会失去了通过做出新的决议从而剥夺或者限制其他主体优先认购权的可能，第三人的意思由此可以束缚作为一个团体的公司的意思，这对公司来说是一种不当负担，也有悖公司团体性的特征。因此，除股东外的其他人享有的优先认购权均为债权性先买权。

结论

　　股东优先认购权可区分为抽象性优先认购权与具体性优先认购权，二者的产生时间、法律性质及法律效力存在差异。股东优先认购权是先买权的一种具体类型，其具有先买权的一般法律特征，如附条件买卖、形成权属性等，其亦具有个别性的法律特征，个别性的法律特征根源于启动权利的条件的特殊性。赋予股东优先认购权的目的在于维护原有的股权结构，以及稳定公司内部权力关系，其与先买权物尽其用、增加共同体的社会、自然效益的目的相一致。当然，在资本市场环境下，股东优先认购权还意味着原有股东可以获得股份溢价利益。

　　抽象性优先认购权属于期待权，具体性优先认购权属于形成权，股东的具体性优先认购权原则上具有对抗效力、优先效力、追及效力等物权效力，非股东的具体性优先认购权仅具有约束基础法律关系双方当事人的效力。[1]

---

[1] 笔者在撰写本章内容时，对形成权的法律效力问题产生过疑问，即行使积极形成权究竟可以在当事人之间产生具有何种内容以及何种效力的法律关系？笔者认为，形成权的行使可以产生当事人之间的债权债务关系当无疑义，但是，这种债权债务关系是否只具有约束双方当事人的效力却并非当然，在预告登记、所有权保留的情况下，虽然在当事人之间只存在债权债务关系，但这一相对性的法律关系却具有对抗外部第三人的效力。因此，以更加开放的视角以及与时俱进的态度理解 Schuldverhältnis、sachverhaltnis 以及 Rechtsverhältnis 非常必要，通过这种方式可以克服物债二分在现代社会遇到的各种解释难题。另一方面，即使在德国，关于形成权的准确概念也并无定论，尚处于不断修正的过程中。Alfred Söllner, Gestaltungsrechte. Rechtsgeschäfte,Ansprüche - Zur Stellung der Privatautonomie im Rechtssystem, Archiv für die civilistische Praxis, 1997 (S): 76-78.；Michael Becker, Gestaltungsrecht und Gestaltungsgrund, Archiv für die civilistische Praxis, 1998 (S): 24-68.

专题八　优先认购权的行使、排除与救济规则

【摘要】

在固有权立法模式下，股东的抽象性优先认购权属于期待权，具体性优先认购权属于形成权，两项具体权利之间存在权利转换时点。由于两项权利的性质、法律效力不同，由此导致了不同的行权规则，尤其体现在权利的排除与救济规则中。通过理论层面的正本清源，得以在实践操作层面创设、统一优先认购权的行使、排除与救济规则。

【关键词】

优先认购权　抽象性与具体性　物权效力与债权效力　行权规则

一、优先认购权的一般行使规则

优先认购权行使的一般规定包括优先认购权的产生、成立、行使方式、转让与放弃的具体条件与法律后果。

（一）优先认购权的产生与成立

抽象性优先认购权与具体性优先认购权的区分解决了将先买权理解为整体的、不可分割的权利这一观点在阶段性、时间顺序性上的矛盾与冲突。而抽象性优先认购权与具体性优先认购权之间的差异始于权利的产生。

1. 抽象性优先认购权的产生与成立

抽象性优先认购权何时产生？学者们对此观点相对一致，即原则上，股东获得股东资格、取得股东地位之时，股东的抽象性优先认购权即告产生。这里的"原则"是指公司法将股东优先认购权视为一种股东的法定权利而加以规定，公司章程并未排除该规定；或者公司法虽然未规定股东优先认购权，但在该股东加入公司之前，公司章程已经就该项权利进行了约定。几乎所有欧陆国家的公司法均规定，股东优先认购权只能通过具体

的增资决议被全部或者部分排除，如果只有在增资决议中才能排除股东的优先认购权，则章程事先就除股东之外的其他主体享有优先认购权做出的约定无效，通过"固有权"立法模式一劳永逸地解决了抽象性优先认购权的产生基础以及产生时间问题。

2. 具体性优先认购权的产生与成立

具体性优先认购权与抽象性优先认购权之间的关系受到两个因素的影响：一是立法模式，即立法采固有权模式抑或非固有权模式；二是全体或者部分股东的意思，即是否通过具体的增资决议排除股东优先认购权。在固有权模式下，具体性优先认购权取决于具体的增资决议，股东的具体性优先认购权在没有排除股东优先认购权的增资决议形成时产生。在非固有权模式下，股东的具体性优先认购权亦取决于具体的增资决议，但此时的具体性优先认购权在赋予（并非排除）股东优先认购权的增资决议形成时产生。通过具体的增资决议可以分离抽象性优先认购权与具体性优先认购权。

但是，如何为上述分离行为提供正当性说明？对抽象性优先认购权与具体性优先认购权之间的非依存关系的反对观点可能源于对基础关系缺失的担忧，即一般先买权存在一个由权利人与义务人一致达成的、以设定先买权为内容的合同，一般情况下，股东的具体性优先认购权也存在股东身份这一基础事实，而第一个问题中的增资决议却在没有类似基础关系的情况下径行授予优先认购权。其实，在具体增资决议中明确某类（个）主体享有优先认购权的行为其实就是一种授权行为，而这种授权行为本身不会对被授权人产生不利影响，因为他可以自己决定是否行使该项权利。在代理中，代理人与被代理人之间同样可能存在两种不同的法律关系，基础法律关系可能存在也可能不存在（如基于情谊行为的代理行为），但是授予代理权的行为则肯定存在，而从授予代理权这一角度观之，代理人是否实施代理行为由其自己决定，而其不行使代理权是否会给代理人自身造成不利后果则受基础法律关系（如委托合同）的调整。将这一理论类推适用到具体性优先认购权的授予则可得出以下结论，即有没有基础法律关系并不会对授予具体优先认购权这一事实产生影响，没有基础法律关系——而这一基础法律关系在优先认购权问题上则表现为基于股东身份而享有抽象性优先认购权，或者公司与第三人在公司新增资本之前就优先认购权的设定做出的约定（优先认购权设定合同），具体优先认股权依旧能够产生并且依照优先认购权人的意愿行使。

（二）优先认购权的行使方式

优先认购权人仅在可行使阶段，即取得具体性优先认购权后，才会遇到是否行使权利以及如何行使权利的问题，因此"优先认购权的行使方式"实乃具体性优先认购权的行使方式。

1. 行权方式

借助先买权理论不难得出如下结论：当公司形成增资决议时，具体性优先认购权产生并可行使，此时，优先认购权人向公司主张认购新增资本相应部分或者新股，在该意思表示到达公司之时，无须公司对该意思表示予以承诺，即在优先认购权人与公司之间形成新增资本（新股）认购法律关系。但是，享有优先认购权的股东应该向谁主张以及以何种方式行使优先认购权。

第一个问题涉及谁是先买权义务人，即谁是先买权标的物的所有权人。对这个问题的回答应该不难，谁拥有新增资本，谁就是优先认购权义务人。在此，公司无疑是全部新增资本的"所有权人"，因此，优先认购权人应向公司主张优先认购权，这也符合资本作为公司独立财产重要组成部分的公司法基本观点。在实践操作中存在多种方式，最普遍的方式便是股东在参加股东（大）会时主张自己的优先认购权，若是相关股东没有参加股东（大）会，则其可向公司对外代表机关或者执行机关主张优先认购权。那么非公司股东但享有具体优先认购权的权利主体应如何行使权利呢？结合实践操作可以得知，这部分享有优先认购权的主体也可以以非股东的身份参加股东（大）会，并在会议上发出行使优先认购权的意思表示，根据意思表示的发出与到达理论，当场做出的意思表示立即到达对方当事人并生效。如果这类主体没有参加股东（大）会或者在会议上没有做出相关意思表示，则其可在会议结束后向公司对外代表机关做出行使优先认购权的意思表示，此时的意思表示属于向非在场当事人做出的意思表示。

此意思表示是否需要以书面方式做出？根据德国学者的观点，无论是债权性先买权还是物权性先买权，先买权人行使先买权的意思表示都是需要受领的意思表示，但该意思表示本身无须遵循形式要件，即该意思表示是形式自由的（formfrei）。[①]笔者认为，在此应遵循形式自由的原则。综观我国现行公司法，除股东行使极个别的股东权利（如股东查阅公司账簿）时须以书面方式向公司提出外，并未对行使其他股东权利做出需要符合形式要件的规定。另一方面，对于在二级市场上普通股民购买某公司股票的意思表示，也没有规定需要遵循严格的形式要件。因此，无论是具有股东身份的优先认购权人还是不具有股东身份的优先认购权人，在做出主张行使优先认购权意思表示时均无须履行书面形式，口头表示即为已足。

2."出卖事由"的通知

在先买权理论中存在颇多争议的"出卖人通知义务"在优先认购权中也存在，例如公司没有通知个别享有优先认购权的股东参加股东会，而此次股东会做出了公司新增资本的决议。此时，可能会出现两种情况：一是该股东到公司完成全部增资程序并在工商登记机关办理相关变更登记后仍未得知任何关于增资的消息；二是该股东通过其他方式知晓了增资决议的内容并向公司主张了优先认购权。

通知是先买权义务人的义务，但并非"出卖事由"的组成部分，因此通知与否并不

---

① Markus Finn. Grundfall zum dinglichen Vorkaufsrecht[J]. Jura.2009.S: 443-447.

会对先买权从产生阶段跨入可行使阶段产生任何影响，但若出卖人不履行通知义务则失权期间不会开始计算，这也是德国学界与中国台湾地区学界的通说。

回归到公司法，即使部分享有优先认购权的股东因公司没有履行通知义务而未参加股东会，股东会仍旧可以做出增资决议，只是该增资决议因违反公司法或者章程关于股东会决议的程序规定而成为可撤销的法律行为罢了，该法律行为在被撤销之前是有效的。此时，增资决议事实上存在，即"出卖事由"已经出现，则股东无论通过何种方式获知了公司新增资本决议的内容，均可以行使优先认购权。但是，一直被"蒙在鼓里"的股东无法向公司主张优先认购权，此时，其权利毫无疑问受到了侵害。笔者认为，因未接到通知而无法行使优先认购权的股东，其权利救济与公司决议的可撤销问题息息相关，该股东可以向法院提出决议可撤销之诉。因未被通知而无法行使优先认购权的股东以外的权利人则只能依据基础法律关系（一般是其与公司之间签订的设定优先认购权的合同）解决纠纷，这一判断基于下述两个原因：一方面，公司没有尽到相应的通知义务只是决议的程序瑕疵，具有程序瑕疵的决议为可撤销的决议，可以提起可撤销之诉的主体一般限定为公司股东、董事和监事，而且后两类主体并非基于自己的利益受到损失而提起可撤销之诉；另一方面，股东会做出的增资决议相对于除股东以外的第三人来说是一种单方的授权行为，被授权人不应仅仅依据该授权行为本身向授权人主张该授权行为的效力存在问题（此时的授权行为并没有授予授权人除行使优先认购权之外的其他权利）。

3. 权利行使中的价格因素

学者对先买权具体类型，包括承租人先买权、股东优先购买权、共有人优先购买权中的价格因素争论颇多。围绕价格因素产生诸多争论的原因在于"同等条件"是先买权行使的一个限制条件，这一限制条件对先买权人能否正常行使先买权，从而排除第三人取得先买权标的物，或者要求先买权义务人承担违约责任等问题具有决定性的影响。无论学者对"同等条件"的性质做何理解，在一点上已经达成共识，即同等条件是先买权发挥正常效力的一个限制条件，不符合"同等条件"的要求，则先买权人的先买权无法获得法律的保护。同等条件的内容可谓是纷繁复杂，但其中存在一项核心要求，即等价性，而此处等价性的判断必须结合具体案例，仅此一条即已使先买权理论，尤其是具体实践变得极为复杂。因此，当讨论先买权的一类具体类型时，无法越过对"同等条件"，尤其是价格因素的思考。

在公司法规定及公司法实践中，公司增资决议必定会对新增资本（新股）数额以及认购价格做出规定，此时，认购价格既然已经确定，则再考虑价格因素貌似显得多余。但是，正如笔者在上文已提到的，如果没有其他意图认购公司新增资本（新股）的竞争者出现，则优先认购权中的优先效力无处体现。因此，不能谓价格因素在优先认购权中毫无意义。价格因素的意义主要体现在股东优先认购权的排除以及有限责任公司股东对外转让优先认购权问题上，例如非股东的外部投资者以明显高于资本账面价值的价格购买公司新股，往往是排除原有股东优先认购权的主要原因。

4．行权期间

各国公司法均对股东在增资决议形成后行使优先认购权的期间做出了规定，如德国股份法规定，认购权的行使期间应不短于两个星期，具体期间由公司章程规定。股东在此期间不行使优先认购权，则视为放弃该权利。[①]法国公司法典规定，认购权的行使期间由公司股东大会或者经授权的董事会或者管理委员会决定。[②]而我国公司法没有对此做出相应的规定，是为法律漏洞。

（三）优先认购权的转让与放弃

1．许可转让与放弃的正当性说明

首先必须回答的问题是，股东能否放弃优先认购权？原则上，一项权利归属于一个权利主体，则该权利主体有权按照自己的意愿、不受他人干预自由处分该权利，处分包括转让、放弃以及在权利之上设定权利。权利人当然可以与其他人达成限制处分该权利的约定，从而导致权利人无法自由转让或者抛弃权利，此实属当事人意思自治，法律对此不应无端干涉。但是，若是通过法律的规定直接对权利人的处分权予以限制则需要强有力的理由，在不存在权利主体滥用权利以及权利人的行为违背公序良俗的情况下，对处分自由的无端限制乃是对民法基本原则的背离。

在股东作为优先认购权的权利主体的情况下，优先认购权是一种维持股东出资比例的技术性权利，"旨在保护股东的两项权利——防范股东的股权权益的稀释，以及按持股比例表决权的稀释"[③]，其权利本身不是目的，而是达成某种目的的手段。而且，维持原有股权结构的目的并非绝对，其可以因为出现某些特殊事由而受到修正（权利排除）。受该技术性权利影响的主体，除了该享有优先认购权的股东外，还包括公司其他享有优先认购权的股东以及公司自身。因此，当谈及优先认购权的处分时，该权利并非自益性的股东权利，而是具有共益性的特征，即会对其他股东产生一定的影响，因此个别股东不可随意转让优先认购权。但是如果受该权利转让影响的股东一致同意个别股东转让优先认购权，则法律禁止该权利的转让就没有正当依据。

另一方面，除了优先认购权属于一种维持股东原有持股比例及股权结构关系的技术性权利外，公司法中的优先购买权也属于一种技术性权利，只是后一种技术性权利所服务的目的并非维持原有的公司内部股权结构比例，而是阻止公司外部第三人进入公司内部从而破坏原有的人合性，因此我国公司法仅在有限责任公司中规定股东享有优先购买

① 德国商事公司法[M]. 胡晓静，杨代雄，译. 北京：法律出版社，2014：158.

② 法国公司法典（上）[M]. 罗结珍，译. 北京：中国法制出版社，2007：172.

③ 傅穹，孙秋枫. 新股优先认购权规则[J]. 南京大学法律评论，2004.

权,即使推而广之运用到闭合式股份有限公司,优先购买权也不可能在开放式的上市公司中找到生存空间。公司内部原有股东之间相互转让出资遵循处分自由原则,在公司章程并未对内部转让做出例外规定时,股东之间转让出资无须经过其他股东同意。因此,在不引入外部第三人的情况下,改变公司内部股权结构非常简单,即使立法禁止股东转让优先认购权,意图改变股权结构的股东也可先认购出资(股份),之后将出资(股份)转让给其他股东。当然,引入外部第三人的情况则比较复杂,因为有限责任公司对外转让出资必须经过公司过半数股东同意,不同意的股东对出让部分享有优先购买权,由于对外转让出资时存在双重限制条件,会对改变原有股权结构的企图设置障碍,但是不可否认的是,既然存在通过优先购买权改变股权结构的可能,则类似意图就有被实现的可能。由此可以得出结论,无法通过转让优先认购权从而实现的意图,可以通过股权转让制度以及附带的优先购买权制度得以实现。换言之,即使法律禁止股东转让优先认购权,股东仍旧可以采取"迂回策略"通过认购增资后再行出卖的方式绕过该项禁令,从而达到改变现有公司内部股权结构的目的。但是,对外转让优先认购权存在一些解释论上的冲突与矛盾。矛盾的根源在于股东的具体权利能否脱离股东身份单独转让,而且向外部第三人转让优先认购权意味着该第三人在未来有可能成为公司股东。笔者认为,在固有权模式下,抽象性优先认购权与股东身份密不可分,因此,抽象性优先认购权不能单独转让给第三人,只有具体性优先认购权才具有被转让的可能性。如果承认向外部第三人转让优先认购权的法律效果,鉴于此种承认会导致第三人通过行使优先认购权从而进入公司,因此需要通过公司的同意与认可,认可的形式可以是股东会决议,也可以是分别征求其他股东的同意。股东会可以在一次会议上对公司增资以及个别股东向外部第三人转让优先认购权的事项做出表决,通过这一形式,公司并不需要支付额外的成本。

但是必须注意的是,公司法规范仅对有限责任公司股东对外转让出资进行了限制,而且全体股东可以修改甚至排除该限制规定,因此所有对股东优先认购权转让的限制的讨论也应局限于有限责任公司中,而在公众型股份有限公司中,相关限制规定不存在适用空间,原则上,公众型股份有限公司股东得自由转让优先认购权。

股东能否放弃优先认购权?因为放弃该权利的法律后果与不行使该权利的法律后果完全一样。具体性优先认购权一旦产生,则只会出现行使或者不行使权利的问题,放弃优先认购权在此与不行使优先认购权同义。而抽象性优先认购权能否放弃?在固有权模式下,抽象性优先认购权与股东身份密不可分,因此,股东不能单独放弃抽象性优先认购权。 在非固有权模式下,抽象性优先认购权可以与股东身份分离,因此股东可以放弃抽象性优先认购权。

其次必须回答的问题是,非股东主体能否放弃优先认购权?在固有权模式下,不具有股东身份的主体只能享有具体性优先认购权,由于不行使具体性优先认购权与放弃优先认购权同义,而法律也没有强行要求权利人必须行使权利,因此,不具有股东身份的主体可以自由放弃该权利。但是，由于非股东的其他主体的优先认购权往往受到基础合同关系的约束（一般是其与公司签订的优先认购协议书），因此，权利人拒不行使权利或者放弃权利的行为可能会导致各种违约责任。当涉及权利转让时，问题会变得更加复杂。不具有股东身份的人通过增资决议取得具体性优先认购权，如果他可以转让具体性优先认购权，那么此时的核心问题是：公司的其他股东在意该第三人的身份吗？有限责任公司的股东往往基于公司的人合性而在意未来股东的身份，该第三人转让优先认购权意味着未来股东的人选会发生变化。由于新股东的加入需要符合一定数量的股东的同意，因此，此时第三人转让优先认购权也需要部分股东的同意。当然，在公众型的股份有限公司中，不存在上述限制，第三人可以自由转让优先认购权。但是，转让优先认购权可能意味着同时转让与公司之间签订的优先认购协议所形成的合同法律关系，因此，如果想要使这一转让行为有效，就需要获得作为合同相对人的公司的同意。

2. 转让与放弃的具体规则

既然优先认购权人可"借道"股权转让以及优先购买权制度实现自己的意图，为了达到法律适用上的统一与一致，原则上，立法必须将设置在优先购买权制度上的障碍"原封不动地"移植到优先认购权的转让规则中。公司内部股东之间转让优先认购权应遵循处分自由原则，即无须经过其他股东的同意即可自由转让优先认购权，但是，公司章程可对此做出除外约定。对于向外部第三人转让优先认购权，笔者认为参照适用公司法中关于优先购买权的限制规定较为可取，但同时需要对双重限制条件加以修改：股东对外转让优先认购权，必须经过公司其他股东的过半数同意（同意条款），这也是公司意思的体现，毕竟对外转让优先认购权意味着为外部第三人提供了未来进入公司的可能性，当然，同意的形式可以是股东会做出决议或者征得股东个别同意，而前一种形式的成本更低；不同意的股东可以主张受让优先认购权，当存在两个以上不同意的股东时，这些股东可以协议解决或者按照持有股权的比例受让优先认购权。上述限制只适用于有限责任公司、股份有限责任公司的股东，尤其是上市公司的股东可以自由转让优先认购权，许多国家公司法规定认购权证可以自由流通，类似的规定表明立法支持优先认购权在公开资本市场中的自由流通。但是，有限责任公司股东主张对被转让的优先认购权享有优先购买的权利的行为可能会存在权利滥用的情况，此时需要进行个案分析，具体判断主张权利的股东是否因滥用股东权利而阻碍了公司的发展或者侵害了其他股东的利益。

非股东身份享有优先认购权的主体转让优先认购权与股东转让优先认购权并无本质区别，向公司内部股东转让优先认购权原则上无须经过其他股东的同意，而向公司外部第三人转让优先认购权则受到同意条款的约束，理由亦是，转让行为为其他外部第三人提供未来进入公司的可能性，针对开放式的股份有限公司的优先认购权可以自由转让，不受上述条件的限制。但是，非股东身份而享有优先认购权的主体在多数情况下事先与公司签订了有关未来认购新增资本或者发行新股的合同，此时，未经债权人同意的转让行为对债权人不发生效力。

在固有权模式下，股东不能单独放弃抽象性优先认购权，同时，股东放弃具体性优先认购权与不行使具体性优先认购权同义。由于不行使权利是一种不作为，不作为不会遇到形式以及程序问题，因此，放弃优先认购权也无须遵循特定的形式或程序。当然，明示放弃抑或默示放弃（在行权期间内没有行使权利即是一种默示放弃）在法律效果方面并没有差别。就非股东主体而言，优先认购协议意味着该非股东的其他主体负有类似于"股东追加出资"的认购义务。此时，擅自放弃优先认购权的行为将导致违约责任，因此非股东的其他主体放弃优先认购权需要与公司进行协商并获得公司的同意。

（四）优先认购权转让规则的实证分析

就现有案例来看，股东优先认购权转让纠纷的案例较少，即使存在涉及优先认购权转让的案件，也会被法院定性为股东放弃优先认购权或者排除优先认购权的案件。笔者认为，贵州捷安与贵州黔峰公司新增资本认购纠纷案属于与股东优先认购权转让有关的案件（虽然一审、二审以及再审法院将其表述为其他股东放弃优先认购权）。本案基本事实如下：捷安公司为黔峰公司的股东，黔峰公司决定在增资过程中引入战略投资者。股东会做出具体增资决议，出资比例达91%的股东将同意放弃行使优先认购权，对应的新增资本由战略投资者认购；捷安公司依照原有的9%的持股比例认购新增资本。捷安公司同意公司增资，但主张行使股东优先认购权从而认购公司全部新增资本。公司对这一要求不予理睬，捷安公司遂诉至法院。[①]在本案中，股东会决议的主要内容为：公司增加资本、战略投资者认购其他股东放弃的优先认购权相对应的新增资本部分、捷安公司按照原有持股比例认购新增资本。三审法院均认为，股东会决议符合形式要件，并且引入战略投资者符合公司可持续发展的要求，应属有效决议，捷安公司无权优先认购其他股东放弃认购的那部分新增资本。笔者认为，三审法院的判决结果是正确的，但是在论证过程中存在以下几个问题。

（1）没有明确区分优先认购权的转让与优先认购权的放弃。正如上文所言，股东单纯放弃优先认购权将导致其他股东可以依据自己持有的出资比例优先认购这部分被放弃的新增资本，而股东转让优先认购权则可能导致公司外第三人成为公司股东。即如果原股东放弃自己的优先认购权，则该股东将不在乎谁将成为认购新增资本相应份额的"新股东"，如果原股东转让自己的优先认购权，则该股东将通过自己的对外意思明确谁将成为认购新增资本相应份额的"新股东"。因此，当仔细思考股东会决议的具体内容以及优先认购权行使规则后，不难发现，本案中的其他股东实际上是把自己的优先认购权转让给了战略投资者。但是，对外转让股权时的限制规则适用于优先认购权的转让中，故而

[①] 案例来源：北大法宝。案件字号：（2010）贵民申字第 1275 号。

有限责任公司的其他股东应当享有对对外转让的优先认购权的优先购买权。但是，同等条件是行使优先购买权的一个限制因素，此案是否存在同等条件呢？三审法院对引入外部投资者的必要性所做的异常细致的说明可以作为否认同等条件的依据。对此，笔者表示赞同。

（2）在股东转让优先认购权的情况下，即使包含转让内容的决议通过了持有多数出资的股东的同意，持反对意见的股东仍旧对优先认购权享有优先购买权。三审法院都没有认清这个案件属于优先认购权转让的案件，也就没有对具体转让规则进行论述，而只是一味强调在特殊案件中引入战略投资者的必要性与合理性。

（3）二审与再审判决均认为增资与股权转让存在本质差别，二者的具体适用规则不具有可比性，殊不知，通过优先认购增资再将出资转让给第三人的方式可以达到与转让优先认购权相同的目的。三审法院显然没有从法律后果的角度思考问题，也没有真正理解优先认购权的具体规则。

二、优先认购权的排除规则

欧陆国家及英美国家公司法均规定了新股发行时的优先认购权排除规则，我国公司法则对此只字未提。在此，笔者认为有必要集中梳理域外典型立法例对优先认购权排除规则的规定，并归纳总结优先认购权排除规则的范式。

（一）域外立法例中的优先认购权排除规则

1. 德国股份法

德国股份法规定了以资本进行的增资、以实物增资以及以公司财产增资这三种筹集资本的方式，股东享有优先认购权的规定仅适用于以资本进行的增资方式中。

《德国股份法》第 186 条确立了下述具体规则：

（1）优先认购权仅能在增资决议中被全部或者部分排除，含有排除优先认购权内容的增资决议必须经过代表基本资本至少四分之三多数的股东同意；

（2）排除优先认购权的决议案必须在做出决议前对外公告；

（3）董事会负责撰写涉及排除优先认购权理由的书面报告，并将该报告提交至股东大会；

（4）列举了排除优先认购权的具体情况，例如此次以现金出资进行的增资数额不超过基本资本的 10%，而且发行价格并不显著低于资本市场上的股票交易价格。[①]

根据股份法的相关规定、司法判例以及各公司法实践，德国学者将优先认购权排除

---

① 德国商事公司法[M]. 胡晓静，杨代雄，译. 北京：法律出版社，2014：158.

规则予以总结归纳如下①：

（1）在做出增资决议之前，董事会应当将增资决议的内容——包括排除优先认购权——申报商事登记并公告；

（2）在做出排除优先认购权的决议之前，股东大会必须对排除事由进行细致的审查和检验，审查的主要目的在于确定是否在事实上存在为了公司利益而排除股东优先认购权的实质理由（sächliche Gründe im Interesse der Gesellschaft），股东大会对股东以及公司利益的判断应遵循比例原则（Verhältnismäßigkeit）的要求；

（3）排除优先认购权的理由必须在做出决议的时点仍旧存在，并且股东大会应根据决议做出时（im Beschlusszeitpunkt）公司所处的具体事实情况做出判断并将判断结果公开；

（4）在授权资本制下，股东大会可授权董事会做出排除优先认购权的决议，以达到快速适应瞬息万变（rasch und flexibel）的资本市场的目的；

（5）股东大会应当监督董事会做出关于排除优先认购权决议的行为，此时的董事会负有谨慎、全面地考虑全部情况（sorgfältig und vollständig）并做出决议的义务，若其没有履行上述义务，则将被要求承担损害赔偿责任；

（6）对排除优先认购权的决议持有异议的股东可以提起决议可撤销之诉。

2．法国商法

法国商法规定②，排除优先认购权的决议必须由特别股东大会做出，亦即该决议必须满足绝对多数决要求。在特别股东大会做出排除优先认购权的决议前，一方面，董事会或者管理委员会必须提出包含排除优先认购权理由的报告，同时指明哪些主体将从中获益，即哪些主体将认购这部分并非由股东认股的新股；另一方面，会计监察人应当提供相应的审计报告，指明新股认购价格的各种因素是否准确、真实，这是因为排除股东新股认购权意味着公司而不是股东将从中获得发行溢价。如果各项报告中的说明不准确或者不充分，将会导致增资决议无效。

3．意大利公司法

根据意大利公司法的规定③，公众公司以实物出资增加注册资本时，股东不享有优先认购权，同时存在排除或限制优先认购权的特殊情况，而特殊情况一般是出于对公司利益的考虑或者是为了向与公司利益息息相关的主体（如本公司员工、本公司的子公司或母公司的员工）发行新股。同时，排除优先认购权的决议必须经过代表公司股份一半以上的股东同意。作为一种监督手段，公证人可对排除优先认购权的决议进行监督。

---

① Marcus.Lutter,Kapitalerhöhung unter Ausschluss des Bezugsrechts der Aktionäre[J]. JuristenZeitung. 1953(S): 47-53.

② [法]伊夫·居荣. 法国商法[M]. 第1卷. 罗结珍，赵海峰，译. 北京：法律出版社，2004：472.

③ [挪威]马德斯·安登斯，[英]弗兰克·伍尔德里奇. 欧洲比较公司法[M]. 汪丽丽，汪晨，胡曦彦，译. 北京：法律出版社，2014：187.

4．美国公司法

美国境内不存在适用于 50 个州的统一公司法，笔者在此仅选取美国标准公司法与特拉华州公司法中关于股东优先认购权的相关规定。

根据美国标准公司法[①]，优先认购权是一种由公司章程约定的股东权利，并非由法律直接规定，即在章程没有规定股东优先认购权时，股东对公司未发行的股份并不享有任何优先权利。其次，当公司章程明确约定公司股东享有优先认购权时，公司章程可以自行设计与优先认购权相关的具体规则，只有在公司章程就具体事项尚未约定时，标准公司法的具体规定才发挥补充适用的功能。公司法明文规定的排除股东优先认购权的情况包括以下几种：

（1）针对本公司、本公司的子公司或者本公司的关联公司的董事、高管以及雇员发行股票；

（2）为上述主体提供补偿而设置的转换权或者选择权而发行的新股；

（3）在授权资本制下，公司成立之日起六个月内发行的股票；

（4）以非现金方式发行的股票；

（5）具有分配利润或资产的优先权但不具有投票权的股票持有人不享有优先认购权。

特拉华州公司法并未规定股东享有优先认购权，仅在第 157 条规定股份认购权与期权。[②]股份认购权或期权由公司根据公司章程创设。创设股份认购权与期权的决议由董事会做出，并且董事会对股份认购权或者期权中的价格确定事项承担责任。

5．英国公司法

根据英国公司法的规定[③]，优先认购权在配售红利股、为雇员持股计划所发行新股以及出售库藏股的情况下将被当然排除，公司章程可以设置一般的排除股东优先认购权的条款，同时公司董事也可根据公司章程或者特殊决议的做出排除股东优先认购权的决定。董事有义务提交包含排除优先认购权事由的报告。

（二）权利法定主义与权利约定主义

1．立法例

《德国有限责任公司法》第 55 条第 2 款规定，"公司可以允许原有股东或者通过认购而表示加入公司的其他人认购营业份额"。[④]《德国股份法》第 186 条第 1 款规定，"经请求，必须向每个股东分配与其在原有基本资本中的份额相应的新股份额"。[⑤]根据"公

[①] 沈四宝. 最新美国标准公司法[M]. 北京：法律出版社，2006：56-57.

[②] 特拉华州普通公司法[M]. 徐文斌，译. 北京：中国法制出版社，2010：57.

[③] 英国 2006 年公司法[M]. 葛伟军，译. 北京：法律出版社，2008：353-357.

[④] 德国商事公司法[M]. 胡晓静，杨代雄，译. 北京：法律出版社，2014：47.

[⑤] 德国商事公司法[M]. 胡晓静，杨代雄，译. 北京：法律出版社，2014：158.

司可以允许原有股东"的字面含义可以得知，有限责任公司的优先认购权并不是股东固有权，而股份法则明确规定股份有限责任公司股东的优先认购权为股东固有权。但有学者提出股份有限公司股东优先认购权规则适用于有限责任公司，虽然有限责任公司法对此并未给出明确的规定，但股份法的相关规定应在此参照适用，即有限责任公司股东的优先认购权亦是股东固有权，股东可以根据公司法的规定要求公司向其派发增资相应份额。[①]法国公司法规定公众公司的股东对于现金发行的新股享有优先认购权，其他欧陆国家，如意大利、比利时、西班牙、荷兰有关优先认购权的规定均与之相似。[②]

《美国最新标准公司法》第 6.30 节规定，"公司的股东对公司未发行的股票不享有优先购买权，除非公司章程另有规定"[③]，特拉华州公司法规定，公司可以创设并发行股份认购权或者期权，但是并未明确必须授予公司股东股份认购权或者期权，故此处的优先认购权并非股东固有权。

无论是固有权还是非固有权，各国公司法均规定排除或者限制股东优先认购权的具体事由，只是排除或者限制权利需受到相关条件的约束。

根据我国公司法的规定，有限责任公司的股东对新增资本享有优先认购权，但是全体股东可以约定不按照出资比例行使优先认购权。股份有限责任公司的股东是否享有优先认购权，立法没有对此做出明确规定，但不宜直接得出股份有限责任公司股东的优先认购权为非固有权的结论。

2. 章程的选入与选出

结合章程性质的讨论，笔者可以通过排列组合的方式得出关于优先认购权法定抑或约定的几种可能：公司股东的优先认购权是法定权利，同时章程可以选出该权利；公司股东的优先认购权是法定权利，同时章程不可以选出该权利；公司股东的优先认购权是约定权利，章程可以选入该权利；公司股东的优先认购权是约定权利，同时章程不可以选入该权利。第四种情况自相矛盾，为法所不许，故尚存在第一、二、三种情况。根据德国股份法的规定，德国公司法介于第一种与第二种立法例之间，即股份有限责任公司股东的优先认购权为法定权利，但是该权利可以通过具体的增资决议予以排除，也就是说，在具体增资程序启动之前，公司章程无法排除股东的优先认购权。因为决议的做出与章程的修改都是公司意思的体现，均属于通过一定比例的股东的约定排除优先认购权，只是决议只在具体语境下起作用，而章程则是一个发挥持续性效力的一般文件，因此两者都是基于约定选出权利。美国标准公司法则采取第三种立法例，即除非章程约定优先

① [德]格茨·怀克，克里斯蒂娜·温德比西勒. 德国公司法[M]. 殷盛，译. 北京：法律出版社，2010：370.

② [挪威]马德斯·安登斯，[英]弗兰克·伍尔德里奇. 欧洲比较公司法[M]. 汪丽丽，汪晨，胡曦彦，译. 北京：法律出版社，2014：172-199.

③ 沈四宝. 最新美国标准公司法[M]. 北京：法律出版社，2006：56-57.

认购权,否则股东并不享有该项权利。上述立法例的差别源于各国长期的商事实践以及对商事自由、股东权利保护所持不同的态度,很难说哪一种立法模式更好。

3. 我国公司法的选择

我国《公司法》第三十四条规定,有限责任公司的股东享有优先认购权,但全体股东可以约定不依照出资比例行使优先认购权。由于后半段的字面含义并不清楚,导致对权利排除的理解产生了偏差。首先股东约定既可以表现为章程的一般规定,也可以表现为股东会做出的具体决议,如此一来,就会导致在具体增资程序开始之前通过章程排除优先认购权的行为符合公司法的规定。其次,法条没有明确该条款适用于优先认购权的排除,只指明可以不依照出资比例行使优先认购权,前后二者可以等同吗?笔者不以为然。最后,如果这一规定针对优先认购权的排除,那么"全体股东"这一限制条件无疑大大缩小了优先认购权的排除可能性,而其他国家的公司法将优先认购权的排除作为增资决议的一部分,适用多数决的表决要求,我国公司法亦规定公司增资属于股东(大)会绝对多数决事项。由此,《公司法》第三十四条可谓前后矛盾、漏洞百出。

笔者认为,我国公司法应当采用德国公司法的立法模式,即法律规定公司股东享有优先认购权,但该权利可以通过具体的增资决议予以排除或者限制。采取此种做法的理由如下:首先,虽然公司法并未对股份有限公司股东优先认购权做出规定,但在公司实践中对原有股东进行增资配股的现象非常普遍,因此可以说,大部分公司,尤其是公众型公司对股东优先认购权具有非常清楚的认识。其次,我国的公司法立法与美国相比,差距甚大。美国公司法之所以将股东优先认购权的设定交给章程处理,是因为美国股东诉讼机制以及商业判断制度非常完善,所有章程条款均可能受到公平原则的牵制和约束。优先认购权制度本身以保护股东权利为主要目的,而美国公司法实践已经发展出一套非常完善的股东权利保护的事后审查体系,比较起来,中国公司法实践则相形见绌。再次,我国为大陆法系国家,我国民法承袭了大陆法系民法典的基本结构、基本概念以及法律逻辑,而"民商合一"的立法体例已为实务界及理论界所接受,这就决定了商事权利应当与民事权利相契合,如此才能发挥法典的体系与辐射效应,而大陆法系国家在建构优先认购权制度时,正是将其带入民法权利体系进行思考。与之相对,英美法系国家则是从实用主义的角度对权利的设定,尤其是事后救济进行规范。因此,采纳英美法系的非固有权模式将导致法律逻辑上以及法律移植上的"水土不服"。最后,德国的立法模式并未束缚公司的自由意志,也未阻碍公司的(尤其在资本市场上的)发展,因为优先认购权存在诸多排除以及限制事由,而且立法也允许公司发行认股权证以及认股权证的自由转让,只是排除或者限制优先认购权的理由在存疑时须受到法院的事后审查罢了。

当立法采取"优先认购权为股东固有权利,并且一般意义上的章程无法排除该权利,只能通过具体的增资决议予以全部或者部分排除"的观点时,股东外的其他主体享有的优先认购权也可以获得合理的解释。股东优先认购权的排除意味着公司为其他主体提供了取得优先认购权的可能。由于股东的优先认购权只能通过具体增资决议予以排除，而增资决议的形成又意味着具体性优先认购权的产生，因此，非股东身份的其他主体取得的优先认购权只能是具体性优先认购权，而不可能是抽象性优先认购权。抽象性优先认购权与股东身份密不可分的观点由此获得恰当的说明。

（三）优先认购权排除的条件与法律后果

1. 决议可分与效力联结

公司法实践中的个案引发了理论界针对"决议可分与否以及排除决议的单独效力"的讨论。股东会决议的第一部分决定公司新增资本，第二部分则立即排除部分股东的优先认购权，此时原则上具体性优先认购权并未产生，因为决议第二部分没有独立存在的价值和意义。但是，当新增资本部分有效，而排除优先认购权部分的效力存在问题时，此时具体性优先认购权是否基于有效的新增资本部分的决议而产生呢？笔者认为，公司决议属于法律行为的一种具体类型，只是其与双方法律行为相比，存在意思表示指向一致以及存在多数决甚至全体决等特殊之处。既然属于法律行为，决议就会遇到部分有效、部分无效的问题。笔者认为，对此问题的回答应当遵循《德国民法典》第 139 条以及立法理由书所确立的判断标准，即"如果无法证明法律行为即使不包括无效规定也会生效，则法律行为全部无效"，而确立该判断标准的依据乃是"不应违反那些旨在实现整体、全面法律效果的当事人的意思迫使其接受部分实现的法律效果"的民法基本理念。①在涉及增资决议时可表述为，增加资本与排除优先认购权是一个整体法律行为的各个部分，如果无法证明整体的增资决议即使不包括排除优先认购权部分的约定也会生效，则整个增资决议并非有效，由此直接导致具体性优先认购权并未产生。但是，形式上的确认并不意味被排除了具体性优先认购权的股东无法获得法律的救济，因为排除股东优先认购权的那部分决议本身需要受到事后审查，这一点与"法律行为的一部分同样需要满足关于法律行为效力规定"的民法基本理论相契合。

2. 形式要件

综观各国公司法规范，在优先认购权作为股东的一项法定、固有权利的情况下，其只能在增资决议中被全部或部分排除，除增资决议之外的其他排除优先认购权的行为无效。

以我国公司法现有条款为依据（《公司法》第三十四条），有限责任公司股东的优先认购权可视为一项股东固有权，即法律明文规定的权利。在增资决议中排除股东优先认购权（此时的优先认购权为具体性优先认购权）自然无可置疑，但是在增资决议形成之前是否可以通过修改章程的方式排除优先认购权（抽象性优先认购权），笔者认为在增资决议形成之前不能排除抽象性优先认购权。理由在于，既然股东优先认购权是股东的一

---

① [德]维尔纳·弗卢梅. 法律行为论[M]. 迟颖，译. 北京：法律出版社，2013：680.

项固有权，排除这项权利必须存在强有力的原因，这一原因即是存在特殊的公司利益，例如某有限责任公司希望引进风险投资者，以便于未来 IPO 的开展。此时股东利益与公司利益处于对立的两极，必须权衡二者，判断哪一方的利益更值得保护、哪一方的目标更值得追求。而在公司开始增资行为之前，这种利益判断不切实际，即使做出了类似判断，也免不了在具体增资过程中面临被修改的命运，而每次召开股东会，启动、开展修改公司章程的行为须耗费一定的成本，这有违商事效率原则。另一方面，我国公司法并未规定有限责任公司可以实施授权资本制，初始及新增资本必须在设立及增资时被全部认足，因此，不存在股东会授权董事会做出增资决议的可能。由此，笔者认为，排除有限责任公司的股东优先认购权必须通过公司股东会的增资决议，并且因为公司增资必须经过代表公司资本三分之二以上的股东同意，作为增资决议一部分的优先认购权排除内容亦需符合此绝对多数决要求。

由于董事会负责具体增资方案的制订，因此董事会通过单独报告或者增资方案的附加内容等方式将排除优先认购权的事由在股东（大）会上做出说明，以方便股东（大）会据此做出决议。

由此可以得出排除优先认购权的形式（程序）要件，排除优先认购权必须通过股东会的增资决议，并且该事项属于绝对多数决事项。董事会应当在增资方案中写明排除优先认购权的事由并就此事由向股东（大）会说明。上述所言之形式要件实乃最低要求，公司章程或者其他特别法可对其做出更为严格的约定或规定。

3．实质要件

排除优先认购权的有效决议没有统一的实质要件，只能遵循具体问题具体分析的原则。但个案分析的方法不排除存在一些判断基准，即评判准绳。

最为核心的排除理由是存在排除优先认购权的公司利益，并且围绕相互对立的公司利益以及股东利益的判断应当符合比例原则的要求。例如，为了向公司或向公司相关企业的高级管理人员以及雇员发行新股而排除股东优先认购权属于股权激励方案的主要内容，股权激励制度的首要目的是为了公司的可持续发展，此时就存在一种高位阶的公司利益。当然，具体情况无法穷尽，也因为比例原则的博大精深，在公司法中做出面面俱到的规定并不具有现实意义，尚需在不断的公司实践中对此进行类型化的整理。

另一方面，基于利益判断所做出的各种决议必须能够作为诉讼的对象，而提起诉讼的主体则为那些受优先认购权排除决议影响的股东。

4．优先认购权排除有效与否的评价程序

在结合多方法律关系的程序性特点以及法律行为部分效力理论的基础上，笔者认为，增资决议各部分效力问题的判断标准应该包含以下内容：一是不赞成排除优先认购权的股东将整个增资决议视为一个整体，换言之，如果增资决议排除了该部分股东的优先认购权，将直接导致该股东不赞成公司增加资本；二是增加资本部分的决议在除去不赞同排除优先认购权的决议的股东后，将不符合公司法对通过增资决议表决比例的要求。当同时满足上述两个条件时，增加资本部分的决议并非有效，具体性优先认购权并未产生，反之，则具体性优先认购权基于有效的增加资本的部分决议而产生。但是，上述两个标准并未穷尽需要考虑的全部形式条件，因为经过上述标准检验后得出的"增资决议部分有效、排除决议部分无效"的结果并未考虑赞同排除优先认购权的股东的意思。因此这一结果还需通过反向形式标准的再次筛选，即赞成排除优先认购权的股东将整个增资决议视为一个整体，同时，增加资本部分的决议在除去赞同排除优先认购权的决议的股东后，将不符合公司法对通过增资决议表决比例的要求，若这一形式条件并未满足，则"增资决议部分有效、排除决议部分无效"才最终得到形式上的确认。

但是，形式上的确认并不意味被排除了具体性优先认购权的股东无法获得法律的救济。虽然形式上确认了排除全部或者部分股东优先认购权决议的效力，但该排除部分决议必须接受实质要件的审查。若仅仅是实质无效，即仅仅只有持股比例三分之一以下的股东质疑排除优先认购权的正当事由，而且这种质疑获得了法院的认可。在这种情况下，增资部分的决议完全满足形式要件（即使质疑排除事由的股东在排除优先认购权的情况下将不赞同公司增资，无效的排除决议因为否决票没有达到三分之一的要求而不会影响增资决议部分的通过），因此，增资的那部分决议有效，公司股东——包括反对排除的股东与赞成排除的股东——基于有效的增资部分决议享有具体性优先认购权，该权利可以行使、转让或者放弃，此时适用上文所述的具体行使规则。

（四）股东优先认购权排除规则的实证分析

实践中，股东优先认购权排除纠纷案件较少，其中最具代表意义的便是绵阳科创公司增资纠纷案，案件事实如下：2003 年 12 月 16 日，绵阳科创公司增资扩股，会议召开通知于股东会召开前 11 天通知各个股东，并且未写明股东会决议内容。有关增资扩股的决议分为三部分：一是公司增加资本并吸收第三人陈木高为公司股东；二是内部股权转让；三是高层管理人员选举。蒋洋与绵阳红日公司作为科创公司股东对决议的第一项中"吸纳陈木高为新股东"的内容表示反对。由于该股东会决议经过占三分之二以上出资额的股东同意，公司开始后续的增资程序。12 月 22 日，蒋洋与绵阳红日公司向科创公司主张，应当由两人或者其中一人认购公司全部新增资本 800 万元，科创公司对此不予理睬。2005 年 12 月 22 日，蒋洋与绵阳红日公司向法院提起诉讼，要求确认股东会决议无效，确认科创公司与陈木高之间签订的认购协议无效，并支持由蒋洋与红日公司认购原新增资本 800 万元。一审法院认为，该增资决议符合公司法关于增资决议的程序要求，故增资决议有效，驳回原告的诉讼请求。二审法院认为，该增资决议因侵害股东的优先认购权而无效，上诉人有权认购公司原新增资本 800 万元。再审法院认为，增资决议的一部分内容侵犯了原有股东的优先认购权，而且原有股东及时向公司主张了权利，因此，原有股东有权依据原来的持股比例行使优先认购权，新增资本的其他部分由陈木高认购。[①] 该案中，一审法院、二审法院以及再审法院做出了内容截然相反的判决，究竟哪一级法院的观点符合公司法的规定以及优先认购权的行使规则？

一审、二审以及再审法院在本案中认定的争议焦点如下：具体增资决议是否有效以及决议内容是否可分？个别股东能否主张优先认购权以及主张优先认购权的法律效果为何？

但是，笔者认为，在回答上述两个主要问题之前需要明确，公司在增资程序中引入新股东的行为究竟属于哪种性质的行为？是排除全部股东的优先认购权，还是赞同引进新股东的股东将自己的优先认购权转让给该新股东？三级法院均未在判决中明确指出该增资决议属于哪种性质的决议，但是从判决书的结果来看，一审法院认定该决议为排除优先认购权的决议，二审法院认定该决议为其他股东放弃优先认购权的决议，而再审法院认为该决议为其他股东转让优先认购权的决议。但是，笔者通过阅读三级法院的判决理由，认为三级法院其实根本没有清楚地认识到将该决议归入不同性质的行为将会导致不同的适用规则，因为三份判决书均未仔细探究公司的真实意思或者多数股东的意思。三级法院在此混淆了股东优先认购权的放弃、转让与股东优先认购权的排除，在第一、二种情况下，具体性优先认购权已经产生，只有已经实际获得的权利才可能被主体放弃或者转让；后一种情况下，因为增资决议排除了股东的优先认购权，所以股东的具体性优先认购权并没有产生，既然没有产生具体的权利，也就没有行使该权利的可能。

本案中，科创公司的股东会决议究竟属于上述三类决议中的哪一类呢？可以肯定的是，从股东会会议纪要来看，不存在放弃优先认购权的意思，如果个别股东放弃自己的优先认购权，那他就不会关心何人将"补漏"，更不会明确赞同"公司吸收新股东"的提议。科创公司的股东会决议是以其他股东向第三人转让优先认购权为内容的决议吗？笔者不以为然，因为法院之后查证，股东会决议中包含"公司增资的具体数额"以及"公司全部新增资本由陈木高认购"两项内容，同意吸收新股东的原有股东对此完全知晓（如果是转让优先认购权，不至于转让不属于自己的那部分优先认购权），因此，"公司全部新增资本由陈木高认购"足以说明该股东会决议属于包含排除全部股东优先认购权的决议。

当对排除优先认购权的决议存有疑问时（即被排除优先认购权的股东对此提出异议时），该决议必须接受事后审查，事后审查包括形式要件的审查与实质要件的审查。上文指出，由于优先认购权与公司增加资本息息相关，因此排除优先认购权所需的形式要件应与增资相同，即由持有公司三分之二以上出资的股东同意。根据所提供的事实，本案中的增资决议符合该形式要件。但是，是否存在排除优先认购权的实质事由呢？一审法院虽然提到了陈木高成为新股东后将负有向公司持续投资的义务，但并未将这一事实作为判断存在排除股东优先认购权必要事由的主要依据。如果此案中，排除股东优先认购

[①] 案例来源：北大法宝，（2010）民提字第 48 号。

权的事由符合比例原则的要求，那么绵阳红日公司以及蒋洋的诉讼请求将被驳回。但若是必要事由并不成立，那么排除优先认购权的那部分决议将被认定为无效，则绵阳红日以及蒋洋可以按照自己的实际出资比例优先认购新增资本。此时，排除优先认购权的部分决议仅仅因为不符合实质要件而无效，增资的部分决议仍旧有效，其他赞同排除的股东依据有效的增资决议享有优先认购新增资本的权利，该权利可以在符合对外转让条件的情况下转让给陈木高。再审法院的判决支持了后一种情况，但再审法院只指明股东会排除优先认购权的部分决议侵害了具体股东的优先认购权，却没有证明为什么该案中的权利排除是无效的，同时，也没有指明在排除无效的情况下将适用何种具体规则。

三、侵害优先认购权的救济规则

（一）侵害优先认购权的具体形态

笔者从阶段性视角观之，将作为整体的优先认购权区分为抽象性优先认购权、具体性优先认购权以及联结二者的权利转化时点。处于语义分析明晰化的考虑，此处所指的"侵害"客体仅包括抽象性优先认购权以及具体性优先认购权，并不涉及对权利转化时点，尤其是在具体增资决议中排除股东具体性优先认购权的问题。

1. 与救济规则相关的优先认购权的法律特征

（1）从权利属性观之，抽象性优先认购权是一类期待权，而具体性优先认购权则属于形成权。在附条件法律行为中，附条件权利人在条件尚未成就之前所处的法律状态是期待权，在条件尚未成就之前期待权的保护规则应当围绕条件成就后权利人能够获得预定的既得权展开。而传统民法理论对形成权的论述集中于对形成权相对人的保护，而非形成权权利人的保护。形成权相对人不得不接受因形成权人单方面行使形成权所导致的法律状态，这对形成权相对人来说是一种不甚公平的法律事实，因此传统民法理论侧重保护形成相对人是对人本主义的一种回应，但是单向保护却忽视了实际生活中可能出现的侵害形成权人的情况。笔者认为，对形成权人的保护，必须借助形成权正常行使后的法律后果分述之。哪些行为属于侵害期待权的行为，哪些行为属于对形成权本身的侵害以及对形成权正常行使后预定法律状态的侵害，对这些行为的分析即构成了侵害优先认购权的讨论框架。

（2）与一般先买权相比，优先认购权的先买事由较为特殊，先买事由并非先买权义务人与第三人签订买卖合同，而是公司形成增资意思，而公司的增资意思在优先认购权项下则是抽象性优先认购权向具体性优先认购权转变的分隔点。另一方面，公司决议本身牵涉若干实体及程序要件，当公司决议的内容违反法律的（强制性）禁止规定时，公司决议当然无效，当公司决议的内容仅违反了章程规定或者做出决议的程序违反了公司法规定或者章程约定时，该决议即是可被撤销的决议。实质违法与程序违法导致的结果截然不同。故侵害优先认购权的行为不仅可以从实体角度探讨，也可以通过程序角度进行分析。

（3）相较于一般民事期间，出于对商事效率原则以及商人专业化的考虑，与公司有关的期间相对较短，这就导致被侵害的权利人所能够获得的保护期间相对较短。

（4）与公司相关的行为涉及众多主体，既包括公司与当事人股东，也包括公司外第三人、公司其他股东甚至工商登记机关。另一方面，存在众多表征股东权利外观的文件，如出资证明书、股票、公司章程、股东名册以及工商登记备案的各项文件。牵涉主体众多、资格认定存疑等问题使优先认购权的救济规则变得更加复杂。

2．侵害抽象性优先认购权的具体行为

抽象性优先认购权属于一种期待权，是附条件法律行为的权利人在条件尚未成就前享有的法律状态，侵害附条件权利人法律状态的主体可能是附条件行为的义务人，也可能是附条件法律行为之外的第三人，而该附条件法律行为在条件成就时导致附条件权利人获得直接认购公司增资相应部分或者新股的具体性优先认购权。由于在条件尚未成就之前，作为标的物的新增资本或者股权在事实上并不存在，因此，不可能存在附条件行为人处分标的物导致侵害附条件权利人的情况。换言之，标的物此时并不存在，因此处分行为是不可能的，而原则上，负担行为本身不会对负担行为所导致的法律关系外的第三人产生任何影响，故公司外第三人或者其他股东通过与公司实施法律行为从而侵害抽象性优先认购权的情况并不存在。故而，只存在公司自身排除或者限制抽象性优先认购权的可能，此时涉及的是对权利主体资格的处分而非标的物的处分。根据欧洲公司法的一般实践以及笔者在上文结合各国立法例提出的立法建议，在增资决议之前排除部分或者全部股东优先认购权为法所不许，违反上述法律规定的行为无效。

3．侵害具体性优先认购权的具体行为

（1）侵害行为的二分性。具体性优先认购权从权利属性角度观之属于形成权，一般认为形成权本身不存在被侵害的可能性，因为积极形成权的享有者可以不理会其他人的意思而凭借单方的意思表示便在其与他人之间创设法律关系，既然可以排除除自己之外的其他人的意思，故形成权不可能被侵害。但是，意思表示可能基于各种理由被不正确地做出或不做出，欺诈、胁迫等都可能导致意思表示存在瑕疵，从而使当事人预设的法律后果无法正常实现。上述情形属于侵害形成权本身。除此之外，还存在一种情况，虽然形成权人行使了形成权，并在其与对方之间创设了法律关系，但对方当事人无视该法律关系的存在，通过与第三人之间的法律行为形成了与当事人之间法律状态相矛盾的法律关系，与第三人的法律关系由于信赖保护原则而产生了强于或者足以对抗原有法律关系的效力，上述情形则是对形成权正常行使所致的法律关系的侵害。

（2）侵害具体性优先认购权正常行使的行为。侵害具体性优先认购权正常行使的行为主要指公司或其他相关主体没有尽到通知义务，致使股东无法在行权期间内正常行使优先认购权。根据我国公司法的规定，公司增资属于股东（大）会决定事项，而公司必须在股东（大）会召开之前通知各个股东会议召开的时间以及决议的具体内容。虽然股东会召集程序并不符合法律的规定，但由于具体的增资决议已经符合三分之二以上资本多数决的表决要求，因此，股东的具体性优先认购权已经产生并可得行使，如果股东不知增资事项而导致没有认购新增资本或新股，或者股东因为受到欺瞒等对股东会增资决议中的相关事项产生错误认识而放弃行使优先认购权（如公司虚报了认购价，本想认购新股的股东由于价格过高而放弃认购；或者受到其他股东的胁迫而放弃行使优先认购权），上述事由都会妨碍股东正常行使优先认购权。上述行为均属于妨碍具体性优先认购权正常行使的行为，与股东的真实意思相违背。

（3）侵害具体性优先认购权行使所致新股认购法律关系的行为。增资决议形成后，股东在行权期间内向公司做出认购新增资本或新股的意思表示，该意思表示到达公司后即在该股东与公司之间形成新股认购法律关系，股东按照约定履行出资义务并办理完毕工商变更登记后，对这部分新增资本享有股权。

虽然股东与公司之间已经形成了新股认购法律关系，但公司并未按照该认购法律关系变更工商登记，却与其他股东或者公司外第三人签订了以该部分新增资本（新股）为标的物的认购合同，并据此办理了工商登记，即股东在本次公司增资程序中本应增加的股权并未记载于工商登记中。这种情况可能出现在股东履行出资义务之后，也可能出现在股东履行出资义务之前。在股东实际出资的情况下，股东资格的取得若采实质要件说，则此时公司与第三人之间的行为侵害了股东的股权，若采形式要件说，则此时公司与第三人的行为侵害了股东与公司之间形成的新股认购法律关系。

（二）侵害优先认购权的法律后果

1. 再述债权效力与物权效力

笔者在相关文章中已经提出，在我国公司法语境下，公司股东的优先认购权属于一类法定先买权，而法定先买权分为债权性法定先买权与物权性法定先买权。债权性先买权仅约束先买权义务人与先买权人之间的法律关系，对外部第三人不产生任何影响，如果第三人从先买权义务人处取得了标的物的所有权，并且第三人的行为没有违反法律的禁止性规定（如恶意损害先买权人的先买权），先买权人不得依据约定的先买权向第三人提出异议，更不可能优先于第三人取得先买权标的物；即使第三人仅仅与标的物出卖人签订了买卖合同，此买卖合同与先买权人和先买权义务人之间的买卖合同的效力并无高下之分，出卖人享有将标的物转移交付给其中任何一人的自由。而对另外一个没有取得标的物所有权的人，出卖人对其仅承担违约责任。与此相对，物权性先买权人的先买权具有取得标的物的优先效力，即使在第三人已经取得标的物的情况下，物权性先买权人的先买权具有追及效力，其可以向第三人要求转让该标的物并取得标的物的所有权。换言之，债权性先买权仅具有债权效力，仅在相对的权利人与义务人之间产生效力，而物权性先买权则具有物权效力，绝对效力、优先效力以及追及效力均为物权效力的衍生。之所以根据先买权合同产生的先买权具有对抗第三人的物权效力，是由于权利人与义务人之间的债的法律关系登记于相应的登记簿中，属于预告登记的一种形式，虽然并非是一种特定的物权，但毫无疑问其具有个别物权的效力，并以担保请求权的实现为目的。①

2．侵害抽象性优先认购权的法律后果

笔者认为，公司法应明文规定，股东优先认购权只能通过增资决议被全部或者部分排除，在此之前进行排除的行为无效，而在增资决议形成之时，股东的具体性优先认购权即告产生，抽象性优先认购权暂时退出舞台。因此，如果公司在增资程序开始之前就在公司章程中或者股东会决议中排除股东优先认购权，则该内容因违反了法律的禁止性规定而无效，公司股东可以提起确认决议无效之诉，而公司章程的相应条款对全体股东没有约束力。

3．侵害具体性优先认购权正常行使的法律后果

股东可能因公司未尽相应的通知义务——包括未通知股东参加包含公司增资决议事项的股东会，或者未将增资决议所含主要内容告知股东（主要是行权价格和条件）——导致其未能正常行使优先认购权，若股东知晓上述事项则会正常行使该优先认购权。此时，该增资决议因程序违法而存在效力问题，相关主体可以提出撤销该决议的请求。一旦撤销之诉被法院确认，则整个增资行为就会面临自始无效的命运。在具体实践中，整个增资行为的无效必然会导致一连串的不良反应，因此，为了避免多米诺骨牌式的后果，法院宜要求公司及第三人配合行权股东进行工商变更登记，变更后的登记应当如实反映股东正常行使权利后的股权结构。

如果公司没有尽到相应的通知义务，则股东优先认购权的行权期间并不开始起算，换言之，即使过了两周或者章程约定的行权期间，股东在得知增资决议以及决议的真实内容后仍可以向公司主张行使优先认购权，一旦股东主张的行使优先认购权的意思表示到达公司，则在其与公司之间形成新股认购法律关系，并且这种法律关系具有物权效力，即具有优先效力以及追及效力。具体而言，在尚未就增资以及持股比例进行变更登记之前，行权股东可以在履行约定的出资义务后要求公司将新增资本相应份额（新股）登记到自己名下；若是公司已经就增资以及持股比例办理工商变更登记，则除非第三人信赖工商登记（股东的优先认购权具有权利公示外观）以及根据公司提供的股东（大）会决议而善意行为，否则行权股东可以再次要求公司以及第三人配合工商变更登记，将应属于自己的那部分资本（股份）登记在自己名下。但是，权利存在失权期间，优先认购权

---

① [德]M·沃尔夫. 物权法[M]. 吴越，李大雪，译. 北京：法律出版社，2004：217.

亦不能除外，相对于一般民事权利（如所有权的时效取得等）而言，优先认购权的失权期间应该相对更短一些，因为在商事法中商事效率有时比公平正义更为重要。一旦优先认购权由于期间经过或者由于第三人善意取得而使行权股东无法获得新增资本的相应份额（新股），则股东可以向公司主张要求损害赔偿，当然，此项损害赔偿请求权亦受到诉讼时效的限制。

如果不是公司而是其他人通过欺诈或者胁迫行为影响了股东的真实意思，从而阻碍股东正常行使优先认购权，上述行为又将导致何种法律后果？笔者认为，只要公司并不知道第三人的欺诈或者胁迫行为，那么公司就不应当为股东不能正常行使优先认购权负责。行权期间约束公司本身以及享有优先认购权的具体股东，因此，如果股东在行权期间内没有向公司做出行使优先认购权的意思表示，那么对于公司而言，即产生了对该股东放弃行使优先认购权的信赖，这种信赖应受到法律的保护。行权期间过后，其他人认购了由该股东放弃行使优先认购权所剩余的这部分新增资本或者新股，并据此办理工商登记、发生了股权变动，则该股权变动对公司来说是有效的。而实施欺诈或者胁迫行为的人应当对该股东承担损害赔偿责任。但是，问题是，此时股东具体性优先认购权的优先效力以及追及效力如何体现？笔者对此持下述观点：如果获得这部分新增资本或者新股的第三人实施了欺诈、胁迫行为，则此时的第三人不符合善意取得的条件，该因受欺诈或者胁迫行为而放弃行使权利的股东可以主张再次变更工商登记，从而取得本应属于自己的那部分出资份额或者新股，公司以及第三人应配合变更登记，但是公司不应承担再次变更登记所产生的费用；如果获得这部分新增资本或者新股的第三人既没有实施也不知晓欺诈或者胁迫行为，则此时的第三人符合善意取得的条件，该股东只能向实施欺诈或者胁迫行为的人主张损害赔偿。第一种情况下的股东优先认购权受到失权期间的约束，而第二种情况下的损害赔偿请求权受到诉讼时效的限制。

并非恶意串通侵害权利人的第三人因为个别股东行使优先认购权而最终没有取得，根据与公司签订的认购合同所约定的股权，则该第三人可以基于认购合同要求公司承担违约责任并要求损害赔偿。

4. 侵害具体性优先认购权行使所致新股认购法律关系的行为

股东主张行使优先认购权的意思表示到达公司之后，即在该股东与公司之间形成新股认购法律关系，但公司可能无视此法律关系的约束而与第三人签订了认购合同，并按照该认购合同的内容办理了工商变更登记。此时，行权股东可以基于已经有效存在的新股认购法律关系要求公司以及第三人配合再次进行变更登记，将相应股权登记于自己名下。若是公司还未就增资的认购情况进行工商变更登记，则股东可以要求将认购的新增资本或者新股登记于自己名下。在第一种情况下，若第三人取得股权的行为符合善意取得的条件，则行权股东就无法要求再次变更登记，行权股东可以根据已经成立的新股认购法律关系要求公司承担损害赔偿责任。

此时，由于存在股东与公司之间的新股认购法律关系而没有取得认购合同约定的股权的第三人，可以要求公司承担违约责任并要求损害赔偿。

结论

通过上文分析，笔者论证了优先认购权的可转让性，讨论了该权利转让、放弃或者通过具体的增资决议排除的相关规则。由于（自己或他者）处分权利的具体规则以及法律后果有所不同，故而在处理围绕股东优先认购权所产生的纠纷的过程中，必须首先确定这一纠纷所涉及的行为性质为何。

侵害抽象性优先认购权的各种行为在固有权立法模式下一律无效。侵害股东具体性优先认购权的行为类型较少，主要包括侵害优先认购权本身的行为，以及侵害优先认购权正常行使后所致新股认购法律关系的行为。符合公示要件的股东优先认购权属于物权性先买权，具有相对于第三人的优先效力以及追及效力，因此上述侵害优先认购权的行为，原则上不具有最终阻碍股东行使优先认购权，从而获得新增资本相应份额或者新股的法律后果，行权股东可以向公司以及第三人主张取得新增出资以及新股的权利，除非优先认购权经过失权期间或者第三人符合股权善意取得的条件。非股东主体的优先认购权为债权性先买权，侵害此类主体优先认购权的行为受到基础法律关系（主要表现为新股认购协议）的调整。

但是，由于优先认购权是一种商事权利，在就具体纠纷案件进行裁判时，不能一味地遵循形式逻辑，价值判断，尤其是对商事效率的考虑应当体现在整个裁判过程中，这亦是商法的特殊魅力所在。

专题九 有限责任公司股东优先购买权的结构与效力

【摘要】

《公司法》第七十一条第二款后句下异议股东的购买应当不可拒绝且应按照同等条件来购买，因此实际上是一项优先购买权。结合第七十一条第三款的规定，《公司法》第七十一条下实际上是设置了两项优先购买权，为协调其相互关系应对相关条文做限缩解释。对于这两项优先购买权的效力分析，则必须注意到有限责任公司股权变动模式的重要影响和前提性意义。按照债权效力和物权效力的传统划分，《公司法》第七十一条下的优先购买权都仅具有债权效力。

【关键词】

有限责任公司 股权优先购买权 结构 效力

优先购买权又称优先承买权或先买权，"论其性质，系属形成权，即优先承买权人得依一方之意思，形成以义务人出卖与第三人同样条件为内容之契约，而无须义务人（出卖人）之承诺"[①]。该权利的创设往往以规避风险、物尽其用为其目的[②]。但就有限责任公司股权优先购买权之经济目的而言，则多认为其以保持有限责任公司人合性、维护经营秩序、减少经营成本与交易成本为宗旨[③]。然而，此目的之实现与法定股权优先购买权的契合也受到了一些文章的质疑[④]。无论如何，股权优先购买权作为一种特殊的先买权，其在立法目的上确有特殊的考量，在具体制度的构建上也与其他优先购买权有所不同，

[①] 王泽鉴. 民法学说与案例研究[M]. 第一册. 北京：中国政法大学出版社，2005：477.

[②] 谢哲胜. 论优先购买权[J]. 中正大学法学集刊，1998（1）.

[③] 许尚豪，阚英. 论优先购买权价值功能与法理基础的统一性[J]. 政法论丛，2008（1）：40-41.；胡大武，等. 有限责任公司股东优先购买权的理论基础[J]. 西南民族大学学报（人文社科版），2008（192）.

[④] 邓峰. 普通公司法[M]. 北京：中国人民大学出版社，2009：376.；袁锦绣，段方群. 股权优先购买权研究：交易成本的视角[J]. 时代法学，2005（3）.；石鑫. 中国公司法股东优先购买权立法重构——约定与法定之辩[D]. 北京：中国政法大学，2011：17.

实践当中的相关案例①亦存在着一些问题。

一、《公司法》第七十一条第二款后句下的优先购买权

（一）异议股东购买的，出让人原则上不可以拒绝

《公司法》第七十一条第二款规定："股东向股东以外的人转让股权，应当经其他股东过半数同意。"对此处的转让应当作物权变动来理解，即股东向外转让股权要发生股权变动的效果应经其他过半数股东的同意。因此在第七十一条第二款后句"其他股东半数以上不同意转让的"情况下，由于对外转让的物权变动被阻却，此时股权仅能对内转让。

问题在于，此时出让人是否可以拒绝异议股东的购买，撤销转让股权的意思表示。该问题在实践中往往体现为出让人是否享有"反悔权"②？原则上来看，股权是出让人的财产，出让人享有处分的自由，是否出让全赖于其自己的意志来决定。但从既有股东选择转让股权的动因来看，其往往是因为公司人合性出现了裂缝，股东间的信任与合作出现了困难，因此寻求退出公司。所以此时如果允许出让人反悔或者拒绝异议股东的出让，使其保有股权，继续保持股东身份，反倒不利于有限公司的经营秩序和效率，徒增障碍。因此，否定出让人可以拒绝，确保股权对内的变动，有利于保证出让人顺利退出公司，从而避免公司长期处于人合性裂缝中。

当然，有观点认为在股权出让人是出于一定的战略经营目的而希望将股权出卖于外人时，应当承认出让人可以拒绝异议股东的购买③。此时，"股东出让股权不是单纯追求股价高低，而是服务于未来经营战略，所以这种转让一开始就有明确的受让人，转让手段常常是股权置换、集团公司内部股权调划等，此时其他股东很难达到转让条件，更无谈判的余地和必要"。④此时，若还强使出让人将标的股权出卖于既有股东似乎存在问题。对于这一观点笔者认为是有一定道理的，但是出让人不能以"特定目的"或者"特定利益"这一过于空泛的陈述作为拒绝的理由，否则将很容易逃避不能拒绝的原则。在此种特定情况下，必须当这样一种"特定目的"表现为一些独特的其他人所无法达成的

---

① 参见：（2009）闵民二（商）初字第 371 号判决；（2012）宁商终字第 278 号判决；（2012）辰民二初字第 42 号判决；（2012）沪二中民四（商）终字第 585 号判决；（2011）沪一中民四（商）终字第 883 号判决；（2011）民提字第 113 号判决；（2012）龙民初字第 712 号判决；（2011）闵民二（商）初字第 424 号判决；（2008）甬鄞民二初字第 2198 号判决；（2010）衡中法民二终字第 15 号判决；（2010）沪二中民四（商）初字第 126 号判决；（2009）浙商终字第 285 号判决。

② 相关案件可参见（2011）民提字第 113 号判决，北大法宝引证号：CLI.C.1776903。

③ 杜军. 公司法第七十二条蕴含的商业逻辑及其展开[J]. 人民司法，2013（11）.

④ 杜军. 公司法第七十二条蕴含的商业逻辑及其展开[J]. 人民司法，2013（11）.

合同条件，才能够认为其可以拒绝。如在股权置换的特定目的下，其合同对价是买受人的股权，合同给付义务的条款也就具有一定的特殊性，异议股东很可能无法达成。但异议股东如果能够满足，则其特定目的本身也就可以得到实现，实无肯定其拒绝之必要。至于哪些条件是合同条件，笔者以为还是应当采取一种形式主义的检验方法，最为简单的就是看我国合同法规范中的相关规定中所提及或者明确规范的内容。对此《德国民法典》第466条[①]的规定也具有一定的启发性。

（二）"不同意的股东应当购买"——并非设定了异议股东的购买义务[②]，而是权利

《公司法》第七十一条第二款后句规定："其他股东半数以上不同意转让的，不同意的股东应当购买该转让的股权。"此规定从表面上看似乎是设置了异议股东的购买义务。但是按照义务违反后的效果或者说"责任"来看，不购买的仅仅视为同意转让，这样一种"责任形态"很难称为是对义务违反的一种后果。就此而言，异议股东的购买并非是一种义务[③]。如果认为购买乃异议股东的一项不真正义务[④]，将"视为同意"的规定作为异议股东违反义务所产生的不利益。该种解释的问题在于"不真正义务"这一概念乃是债法上的概念，是作为债之义务群当中的一种[⑤]，也就是说，它应当是属于债之关系中主体的一项义务。而在股东对外转让股权的情况下，异议股东所处的地位并非是债之关系的主体，因此也就不可能承担所谓的不真正义务。且从不真正义务违反的效果来看，其导致的效果是"义务者遭受权利减损或丧失的不利益"。[⑥]然而，此处异议股东不购买的效果仅仅是"视为同意对外转让"，此种"视为"的效果能否说是对异议股东同意权的减损或者丧失也不无疑问。

按照上文之主张，即异议股东购买的出让人原则上不能拒绝来看，第七十一条第二款后句的规定更像是为异议股东设立了权利。该项权利的效力在于，出让人不得拒绝异

[①] "第三人在合同中有义务履行一项从给付，而先买权人没有能力履行此项从给付的，代之从给付，先买权人应当支付其价额。从给付不能够以金钱估定的，不得行使先买权；但即使没有从给付仍将会与第三人订立合同的，从给付的约定不在考虑的范围之内。"杜景林，卢谌. 德国民法典评注[M]. 北京：法律出版社，2011：234.

[②] 不少学者认为第七十一条第二款设置了异议股东的强制购买义务。王云川. 浅论有限责任公司股权转让中的优先购买权制度[J]. 金融法苑，2009（2）：55.

[③] 徐琼. 论有限责任公司股东的同意权与优先购买权[J]. 河北法学，2004（10）. ；施天涛. 公司法论[M]. 北京：法律出版社，2006：263-264.

[④] 米会娟，李晓郡. 评析《公司法》第71条——从股东同意权、优先购买权和异议股东购买义务关系的视角[J]. 四川警察学院学报，2013：1.

[⑤] 王泽鉴. 债法原理：基本理论. 债之发生[M]. 第一册. 北京：中国政法大学出版社，2001：47.

[⑥] 王泽鉴. 债法原理：基本理论. 债之发生[M]. 第一册. 北京：中国政法大学出版社，2001：47.

议股东的购买。这种效力如果从合同缔结的角度上来看，则应当是说异议股东一经主张购买则与出让人形成一个买卖合同。而不是说可请求出让人承诺，因为若仅仅是一个请求权则出让人实际上还是可以拒绝的，并不能确保股权的转让。既然该项权利的效果是主张后形成一个买卖合同，那么该买卖合同的内容或者说购买条件是什么呢？应当如何来加以确定？

（三）异议股东应当以何种条件购买

1. 当事人协商或者由法院、中立的第三方来确定一个合理条件

对于这一问题，传统上认为应当由当事人协商来加以确定，在当事人协商不成的情况下由法院或者中立的第三方来确定一个合理条件。而不能够按照"同等条件"来确定[①]。其理由在于[②]以下几方面。

（1）这样的确定方式比起"同等条件"而言，其条件是一个合理条件，也就可以防止第三人恶意以高价购买，既有股东由于无力支付同等的对价，从而无奈选择放弃行使购买权，恶意第三人得以成功进入公司，人合性的保护陷于无效的情况发生[③]。这样一种假设很可能是不成立的。因为异议股东并不一定在第三人高价购买时就会放弃购买。如果高于合理价格的部分比该外人加入后可能造成的不利或者损失要小，那么其他股东就会主张购买。而且，第三人并非不理性，特别是商事活动当中，第三人本身也会谨慎地权衡利益得失，分析标的股权的真实价值，不会为了加入公司而不顾一切地抬高价格。这意味着同等条件下的价格对异议股东而言不会完全背离股权的真实价值而令人无法接受。

（2）如果以同等条件购买则其前提在于，此时必须存在一个同等的条件，而很可能在此时出让人根本还未与第三人签订买卖合同，因此也就根本不存在同等条件。对这样一个质疑，笔者认为可以通过对第七十一条第二款前句所说的"对外转让"的解释来加以解决。第七十一条第二款前句下的对外转让的"转让"应当指的是股权的物权变动，而并非是债权合同或者是意欲对外转让。因为同意权的设置主要是为了阻止外人成为股东，该目的之达到只要阻却股权变动的效力即可。根本没有必要针对债权合同的效力或者要约的效力。若是针对后两者反倒使得第三人无法通过债权合同来保护其相关权益，致使利益保护不平衡。既然对外转让之"转让"指的是股权的物权变动，逻辑上来讲，此时就必然存在一个买卖的债权合同，因为一般交易的场合，只有在债权合同签订后才

[①] 周俪，刘庄. 再论优先购买权和同意权的并存[J]. 金融法苑，2012（1）：84.；李筱珊. 论有限责任公司股东优先购买权的行使[D]. 北京：中国政法大学硕士毕业论文，2009：15.

[②] 理由（2）和（3）是作者与其他同学讨论的过程当中被提出的观点。

[③] 周俪，刘庄. 再论优先购买权和同意权的并存[J]. 金融法苑，2012（1）：84.

有可能开始谈论物权变动的效力。未有债权合同就谈不上物权的变动，当然也就谈不上物权变动的阻却。因此第七十一条第二款的情形下必然存在一个出让人与第三人签订的债权合同，因此也就必然存在同等条件。至于实践当中出让人在意欲对外转让股权时就询问既有股东是否同意或者优先购买，既有股东在此时也做出了相应的意思表示的情况，笔者认为这时的意思表示并非是在行使第七十一条第二款下的相应权利，而仅仅是对是否行使未来权利的一项预约。

（3）如果以"同等条件"购买，而不能由当事人双方自发协商一个购买条件，则排除了当事人之间的意思自治空间。这一理由也是站不住脚的。在以"同等条件"作为购买条件的模式下，权利人与出让人之间当然可以自由协商确定一个买卖合同。这样协商的结果并非是在为第七十一条第二款下的购买确定条件，而是双方在第七十一条第二款后句之外另行签订了一份买卖合同，这个买卖合同本身就包含了对第七十一条第二款后句下权利的放弃（仅仅是对第七十一条第二款后句下权利的放弃，第七十一条第二款的其他规定仍然是有效的），通过协商而非单方意思形成一个买卖合同。

2．以同等条件来确定购买的条件

笔者认为异议股东应当按照出让人与第三人签订的合同的同等条件来购买。以同等条件而非合理价格为异议股东购买的条件有以下理由。

（1）"同等条件"比"合理价格"更能反映股权的真实价值。因为同等条件的规定使得对标的股权的购买进入一种类似于拍卖的竞价状况[①]，是否能购买到标的股权全在于能否给出其他人所无法给出的价格。由这种竞价机制形成的价格是市场价格，它比由第三方评估出的"合理价值"更能够体现出标的股权的真实价值。若仅仅为了降低异议股东的购买成本而使其以合理价格购买，则取消了这种竞价状态，反倒不利于股权"真实价值"的实现，忽视了对出让人利益的保护。

（2）将"同等条件"作为单方意志形成的买卖合同下购买条件的确定方式，能够很好地协调出让人不得拒绝异议股东购买的一般原则与其例外，保护出让人的特殊目的及利益。在一般情况下由于异议股东能够达成同等之条件，因此只要其愿意，在购买上就并无障碍。而上文所说的出让人可以拒绝的例外情况必须是当"特定的利益、目的"转化为特殊的合同条款或者条件，且异议股东无法达成这些合同条件，此时出让人才可以拒绝出让股权。而若将同等条件作为合同购买之条件，则使可拒绝的原理与合同条款的确定结合在了一起，可拒绝的问题变为了异议股东是否可以行使相关权利的问题。在逻辑上也就更为顺延。

[①] 既有的文章也认为形成一种竞价状态对于出让人利益保护而言十分必要，但却并未认识到"同等条件"的设置实际上也起到了形成拍卖竞价环境的作用。蒋大兴. 股权优先购买权行使中被忽视的价格形成机制[J]. 法学，2012（6）.

而若是以合理条件作为合同条件的确定标准，则在出让人可以拒绝的特定情况下，是否是说异议股东仍然还是可以购买的？此时当事人之间多半无法达成一致，只能由第三方来确定条件。如此无疑反倒是剥夺了对出让人"特定利益、目的"的保护。而如果说此时在合理条件标准下也不能购买，则不禁要问其原因为何？若是说此时异议股东无法达到特定利益下的同等条件，因此不能购买。则实际上是区分了能否购买和如何购买两个问题，并且就这两个问题分别设置了两项不同的标准。那么在异议股东能够满足同等条件的情况下，确定其可以购买，但同时在实际的合同条件上却又确定了与同等条件不同的条件。此时，能否购买这一判断设置背后的出让人特殊利益保护的价值无疑也就成了空中楼阁。可见在合理条件标准下，如何融入出让人特殊利益保护的构造是一个非常棘手的问题。

（3）股权对外转让限制的设计乃是人合性等集体利益与股东个人利益之间的平衡[①]，不能过分偏向其一。以"同等条件"作为此时异议股东的购买条件，从实质上来看就是要求在满足出让人股权真实价值的前提下，满足公司股东之间人合性的要求。"合理价格"观点下为了满足人合性的期待而要求出让人接受一个低于标的股权真实价值（市场价格）的"合理价格"，在一定程度上减损出让人利益的做法是有失偏颇的。特别是在对外转让的法定限制日益受到质疑和废止[②]的当下，采取如此一种偏重人合性保护的法定主义态度值得怀疑。

（4）若对第七十一条第二款下的购买采"合理价格"的观点，由于第七十一条第三款下的购买条件是"同等条件"，则在第七十一条下实际上有两种不同的购买条件，出让人为了实现自己利益的最大化，很可能主张一种购买条件而规避另一种购买条件，其实践效果如何深值怀疑[③]。

（四）小结

因此，若异议股东依据第七十一条第二款后句主张购买标的股权，则应当按照"同等条件"购买。又因为出让人对于异议股东的购买原则上不得拒绝，依照异议股东的单方意思就形成一个买卖合同，我们完全可以认为此处存在一项属于异议股东的优先购买权，一经主张则直接成立一个"同等条件"的买卖合同。但在异议股东实质上达不到同等条件的要求时，则不得行使该项优先购买权。

---

① 安建. 中华人民共和国公司法释义[M]. 北京：法律出版社，2005：109.

② 澳门特别行政区《商法典》就废除了有限责任公司股权对外转让限制的法定主义态度。其原第367条1款规定："公司对股东之生前转移享有优先权；公司不行使该权时，各股东根据其股之比例对该转移享有优先权；但章程另有规定者除外。"该条后被改为："股之生前转移可自由做出；但章程另有规定者除外。"变为了意定主义的模式。

③ 关于两种购买条件下的漏洞问题，参见：邓峰. 普通公司法[M]. 北京：中国人民大学出版社，2009：374.

（五）同意与第七十一条第二款后句下优先购买权的行使

按照《公司法》第七十一条第二款的规定，该款后句下优先购买权的行使与是否同意的认定之间具有极为紧密的联系。不同意的其他股东如果不行使其优先购买权，则将被视为同意对外转让。不同意就必须行使优先购买权，否则其不同意的意思表示就无效，而会被视为同意的意思表示[①]。这样的规定或者说理解似乎并不合适。因为第七十一条第二款要求不同意的股东购买乃是为了"保障股东行使股份转让权"[②]，确定其能达成转让股权的目的。从这一立法目的来看，只要这些异议股东中有人行使优先购买权买下标的股权即可，完全没有必要要求所有异议股东都来购买。所以应当对第七十一条第二款的相关规定做目的性限缩解释，改为"在大过半数其他股东都不同意对外转让的情况下，如果没有人行使优先购买权[③]，则视为全部股东同意对外转让"。

这样的限缩解释还可以解决原规定下，拟制同意的场合，无法判断少数异议股东行使的是哪一项优先购买权的问题。按照原有规定，如果过半数股东都不同意对外转让，但其中仅有一位股东主张购买，则此时除了主张购买的异议股东外，其他不主张购买的异议股东都将被视为同意对外转让。该主张购买的异议股东也就变为了少数，其购买似乎就仅能是在主张第七十一条第三款下的权利。但是毕竟此时，过半数人的真实意志是不同意对外转让，该异议股东的购买是符合过半数人之意思的，从实质上来看其主张的又应当是第七十一条第二款下的权利。就此难免产生判断上的困难。而笔者主张的目的性限缩解释则显然能避免现有规定下的这一问题。在过半数股东不同意对外转让的情况下，只要有异议股东购买，就不会发生拟制同意的效果，其行使的也就当然是第七十一条第二款后句下的权利。

可以看出，这样的限缩解释同时也使得同意权在一定程度上与优先购买权相区分，回归其所具有的独立意义和价值。

二、《公司法》第七十一条下优先购买权的结构

（一）第七十一条第二款后句下的优先购买权与第七十一条第三款下优先购买权的关系

《公司法》第七十一条第三款规定："经股东同意转让的股权，在同等条件下，其他

[①] 这样一种设计常常被相关学者认定为是设置了弱同意权。杜军. 公司法第七十二条蕴含的商业逻辑及其展开[J]. 人民司法，2013（11）.

[②] 安建. 中华人民共和国公司法释义[M]. 北京：法律出版社，2005：109.

[③] 笔者认为不能仅就标的股权的部分主张优先购买权，因为标的的数量和规模乃是同等条件的重要内容，优先购买权人行使权利仅能就标的股权之全部主张。

股东有优先购买权。"此规定赋予了其他股东以优先购买权，且不限于异议股东。在第七十一条第二款后句已经赋予异议股东优先购买权的情况下，又规定了第七十一条第三款的优先购买权，这种做法有无必要，确实值得考虑①。

从两项优先购买权的主体范围和适用情形来看，确实存在不同。第七十一条第二款下的优先购买权主体是不同意对外转让的股东，且必须在半数以上不同意对外转让时，才可主张。第七十一条第三款下的优先购买权主体则是所有其他股东，在过半数同意对外转让时，才可主张。对于不想外人成功购入股权而进入公司的股东而言，根据过半数股东是否同意对外转让的不同，分别可以求诸于不同的优先购买权。在过半数不同意对外转让的情况下，援引第七十一条第二款后句的优先购买权即可。而如果过半数人都同意对外转让，则必须转而寻求第七十一条第三款下的优先购买权。以此观之，两项权利可谓泾渭分明。但此分明的条件在于其他股东的数量必须存在复数以上，如若不存在，则此设置将会面临一些问题。例如，在两人公司的情况下其他股东仅有一人，针对该一人没有过半数和不过半数的区分，如此则对两人公司而言似乎无法适用第七十一条的相关规定。但这样的问题并非不能通过解释加以解决，相关文章就认为可以将该一人股东的同意等同于过半数人同意，其不同意等同于过半数人不同意，从而分别适用第七十一条下的不同条款②。

即便如此，两项优先购买权的设置仍然存在着一些衔接上的问题。由于第七十一条第三款下优先购买权的主体不限于异议股东，即使是已经同意对外转让的股东也可以再主张优先购买权。这无疑是给予了已经同意对外转让的股东一项反悔权。此种变相的后悔权有害于交易的效率和安全，实值检讨。

因此，即使为了保障过半数股东同意对外转让下少数异议股东的人合性要求，第七十一条第三款也应当改为"不同意的股东有优先购买权"，即对第七十一条第三款应做目的性限缩解释。而在两人公司的情况下，其他股东仅有一人，不可能在过半数股东同意的情况下存在不同意的少数股东，也就没有第七十一条第三款适用的余地。所以在两人公司当中，其他股东所能主张的优先购买权只能是第七十一条第二款下的优先购买权。如此理解下，两项优先购买权的权利主体均是异议股东，差异仅仅在于适用的前提不同。因此，按照笔者关于两项优先购买权的设置之主张，《公司法》第七十一条下股权优先购买权的结构模式如图 9-1 所示。

---

① 许多学者对于这种重复规定持批评的态度，认为仅需保留一项权利即可，如：甘培忠. 企业与公司法学[M]. 北京：北京大学出版社，2007：68.

② 张艳，马强. 股权转让的法律问题——公司法第 71 条适用之探讨[J]. 法治论丛，2008（3）.

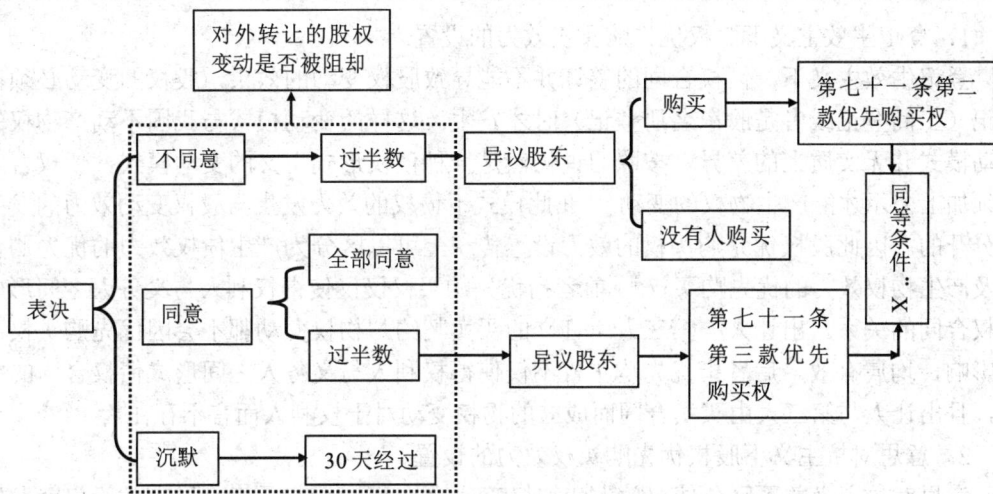

图 9-1 股权优先购买权效力图

（二）《公司法》第七十一条第四款的作用

以上结构模式是在未考虑第七十一条第四款的背景下做出的。章程是否可以对以上结构中的任何一个环节都加以另行规定？其另行规定的内容是否可得任意？要对这一问题进行深入讨论就必须对实践中的各种"另行规定"进行类型化的整理和分析，因此本文并不打算加以详细论述。但原则上而言，章程的另行规定不得完全限制股东对外转让股权的自由，否则其股权的出售就不能形成一个市场，而只能在有限的范围内流转，真实价值很可能得不到体现。

三、优先购买权效力之前提：有限责任公司股权变动模式

优先购买权的效力问题一直是优先权讨论中的核心问题[1]。然而在该问题的分析上，必须注意到股权优先购买权是有限责任公司股权转让下的一个环节和设置，对它的讨论无法脱离开有限公司股权转让这一框架来进行。特别是要放在有限公司股权变动模式的视野下来加以分析。

（一）有限责任公司股权变动模式对优先购买权效力设置的影响

有限责任公司股权的变动模式为何在我国素有争议，主要可以分为登记生效主义[2]和意思对抗主义[3]。

---

[1] 戴孟勇. 先买权的若干理论问题[J]. 清华大学学报（哲学社会科学版），2001（1）.

[2] 刘俊海. 现代公司法[M]. 北京：法律出版社，2008：322-323.

[3] 李建伟. 有限责任公司股权变动模式研究[J]. 暨南学报，2012（12）.

1. 登记生效主义下股权优先购买权效力的设置

登记生效主义下，债权合同的签订并不能导致股权变动的效果，股权的变动必须在登记（工商登记或者是股东名册登记）时才发生。这样的变动模式与我国不动产物权的变动模式并无实质上的差异，按照通说仍然是一种债权形式主义的变动模式，债权合意必须加上公示才能产生物权的变动[①]。在此模式下债权的效力发生与股权变动效力的发生是分开的。因此股权优先购买权的效力设置传统上可以区分为产生债权效力的优先购买权及产生物权效力的优先购买权[②]。前者指优先购买权仅仅使得权利人与义务人之间形成债权合同的关系。出让人与第三人所订立的买卖契约与物权变动都不会因优先购买权而受影响，均属有效。后者指优先购买权不仅使得权利人与义务人之间形成债权合同的关系，且出让人与第三人由买卖合同而成立的物权变动对于权利人而言不存在[③]。

2. 意思对抗主义下股权优先购买权效力的设置

意思对抗主义并不区分债权效力和物权变动的效力[④]，股权买卖合同有效股权就发生变动，未登记于股东名册则不能对抗公司及内部人，未工商登记则不能对抗公司之外的第三人。在该模式之下传统上优先购买权效力设置的两种形态就不能适用了。原因在于该种模式之下根本就不区分债权效力与物权变动，在逻辑上再把优先购买权区分为债权效力的优先购买权和影响物权变动效力的优先购买权就是错误的。要在该模式下促使优先购买权人取得股权，只能认为优先购买权行使下所成立的合同能够对抗第三人与出让人之间合同的效力，即对于优先购买权人来说第三人与出让人之间的合同不产生效力。因此权利人就可根据行使优先购买权而成立的合同而取得股权。但问题是，此时股权已经由权利人取得，那么第三人与出让人之间的合同效力如何呢？一个解释的方法是，合同仅对于优先购买权人而言不生效，但在第三人与出让人之间仍然是有效的。该有效意味着什么呢？在第三人与出让人之间股权转移了？此时股权已经由优先购买权人取得了，这种说法本身就是奇怪的。第三人可以向出让人主张违约的损害赔偿？问题是意思主义模式下不区分债权效力与物权效力，违约损害的前提是有效的合同，如果存在一个有效的合同物权也就理所应当地变动，第三人就应该能够取得股权。因此，这种说法也是矛盾的。

由此可见，在意思对抗主义的模式下，对于优先购买权效力的设置非常困难。因此，不同的股权变动模式对于优先购买权效力的认定有重要影响。要讨论优先购买权效力的设置就必须先确定有限公司的股权变动模式。

[①] 股权的变动是一种准物权的变动，因此后文就用物权变动一语指代股权的变动。

[②] 优先购买权效力设置的可能安排并非只有传统上的债权效力及物权效力两种。传统见解下的物权效力仅仅是权利人得对抗第三人之股权变动，即对于权利人而言，不存在第三人与出让人之间的股权变动。此外的效力安排还可以是直接阻却第三人的物权变动，使之绝对的不发生。除此之外，还可根据其效力是否得对抗善意第三人等加以区分。

[③] 王泽鉴. 民法学说与案例研究[M]. 第一册. 北京：中国政法大学出版社，2005：479.

[④] 李建伟. 有限责任公司股权变动模式研究[J]. 暨南学报，2012：12.

（二）有限责任公司股权变动模式的确定

那么有限责任公司股权之变动模式到底为何呢？如果采意思对抗主义的立法模式，由于不区分债权行为与物权行为则对一股二卖的情况无法很好地处理。至于登记生效主义的模式，其首先也面临着是否承认物权行为解决一股二卖的问题；其次则在于登记与否全赖于公司的态度，这就使得公司对于股权之变动享有了"实体上的权利"并不合适[①]。至于还有的学者所主张的交付主义的观点[②]，也是不可行的。因为实践中存在大量不发放股权凭证的有限责任公司，若采交付主义模式则难与实践相协调。

笔者认为有限公司股权变动的模式应当仿照债权转让之模式[③]来加以设计。在区分债权行为与物权行为的前提下，认为股权转让的债权行为与物权行为原则上同时发生，除非法律特别规定或者当事人特别约定。未在股东名册登记则不能对抗公司和内部人[④]，未经工商登记则不可对抗外部人。而《公司法》第七十一条第二款第一句下的同意权构成了有限公司股权对外变动的特别规定。在过半数股东不同意对外转让的情况下，即使出让人与第三人之间已经达成了物权合意，对外转让也不发生股权变动的效果。台湾学者将这样一种同意权设置下其他股东的同意称为股东对外转让出资的生效要件[⑤]，实为恰当。如此，则有限责任公司中股权的变动模式如图9-2所示。

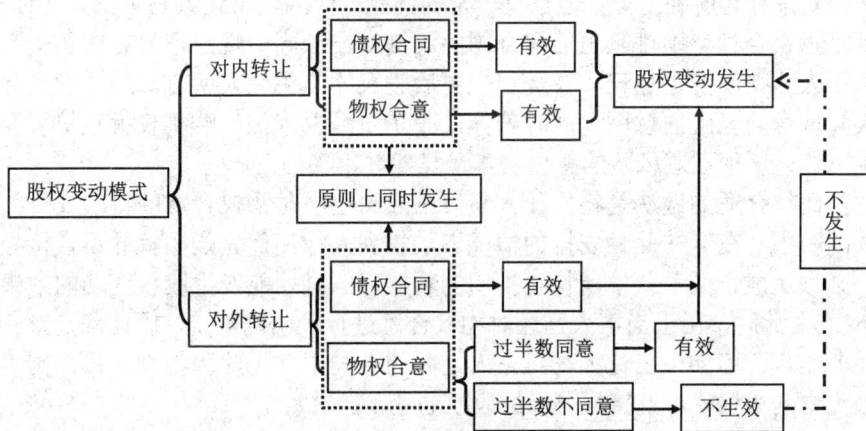

图9-2　股权变动模式图

在该种股权变动模式下，由于区分了债权行为与物权行为，因此股权优先购买权效力的传统区分仍然可以适用。

[①] 李建伟. 有限责任公司股权变动模式研究[J]. 暨南学报，2012：12.

[②] 朱庆. 股权变动模式的再梳理[J]. 法学研究，2009（12）.

[③] 王泽鉴. 民法概要[M]. 第二版. 北京：北京大学出版社，2011：229.

[④] 按照我国台湾地区"公司法"的规定，其第165条明确规定了内部登记仅仅具有对抗公司的效力。

[⑤] 何芳枝. 公司法要义[M]. 修订六版. 台北：三民书局，2009：399.

四、股权优先购买权的效力

（一）第七十一条第二款后句之优先购买权的效力

第七十一条第二款第一句下的同意权行使后才能行使第七十一条第二款后句下的优先购买权。而同意权的行使效果完全阻却了第三人买卖股权的股权变动，因此第七十一条第二款后句下的优先购买权则不必再具有物权效力，其具有债权之效力即为已足。

但该优先购买权是否具有使权利人直接取得标的股权的效力则是一个值得思考的问题。若无此效力，那么优购买权人还需与出让人另行做成一个单独的物权合意才能取得标的股权。但是对于这样一项单独的物权合意应如何认定呢？特别是在本文所采的股权变动模式下，该种物权合意在当事人无特别约定的情况下应当是与债权合同同时产生的。但是在由优先购买权之行使而直接形成债权合同的场合，由于根本没有对方当事人意思的加入，则很难说同时也成立了一个由当事人做成的物权合意。那么是不是就应当一概地把直接导致股权变动的效力也纳入到第七十一条第二款后句下优先购买权的效力之内呢？若一概认为该项优先购买权也包括了变动股权的效力，一经主张即发生股权变动。这样的安排有其便利之处，但也有一定的问题。因为，出让人与第三人签订合同时，很可能是将物权合意特别排除出债权合同的。例如在合同中规定，只有在买受人付清价款后，出让人才帮助变更登记，在登记变更后股权才归买受人所有。此种规定往往体现了出让人降低合同风险的意图。此时若异议股东一经主张优先购买权就获得了股权，而全然不顾出让人这种规避风险的意思安排，显然并不妥当。

因此，比较合适的做法是将出让人与第三人约定中对物权合意的特别安排纳入"同等条件"的范围。在存在此种安排的情况下，权利人行使优先购买权并不直接导致股权的变动，必须达成合同条款中所特别指明的物权合意时才能发生股权变动的效果（相当于担保条款）。此时，由于当事人已经对物权合意进行了明确规定，因此确定该物权合意的内容并非难事。而如果出让人与第三人之间的合同中并无此种特别安排，则可以认为一经主张优先购买权就可直接导致标的股权的变动。

（二）第七十一条第三款下的优先购买权的效力

如前所述，我国《公司法》第七十一条第三款下的优先购买权应属于一种少数股东权利。该项权利在其他过半数股东同意对外转让的情况下才可由少数异议股东行使。如此，则少数股东的人合性要求亦可得到一定程度的保护。但在本文既有的思路和模型之中，此种优先购买权具有何种效力，无疑也是一个比较棘手的问题。

由于此时过半数股东已经同意对外转让，股权变动之限制就已经去除。第三人此时很可能已经取得了股权（只要双方协议当中并未明确排除物权合意）。此时若优先购买权仍然按照第七十一条第二款下优先购买权的效力来理解，则首先一定会产生一个债的合同，此债之合同有效。同时也产生一个物权的合意，只要出让人与第三人签订的合同未明确排除物权合意。但是由于股权已经为第三人所有，出让人已不享有股权，属于无权处分，则该物权合意效力待定，其有效与否全赖于第三人的意志。若不追认，则少数异议股东仅能向对外出让股权的出让人主张违约责任。如此而言，少数异议股东优先购买权的价值几乎仅限于主张损害赔偿的违约责任而没有获得股权的可能。因此有学者主张不应将此优先购买权认定为形成权，而应按照物权取得权来理解[①]。即认为此时少数异议股东行使优先购买权，同时具有对抗第三人取得股权的物权效力。

这样的主张并不妥当。首先，物权效力的优先购买权对于第三人的影响甚巨，对其物权效力一般应当有公示公知才可，即需要有法律的明确规定或者其他的公示[②]。从另外一个方面来讲，排除此处优先购买权的物权效力，虽从结果上初看起来是使得异议股东仅能主张除损害赔偿的违约责任而不能实际取得股权，也就起不到抑制外人进入公司的作用，但从交易成本的角度来看仍有重要意义。此种优先购买权的设置导致的违约责任实际上是增加了出让人对外转让的交易成本，且此时由于两个合同之条件是同等的，也就不会存在效率违约[③]的情况。因此一个理性的经济人会尽量避免这一情形的发生，尽量在优先权人不购买的情况下再对外转让。实践中通常的做法是出让人与第三人约定，只有在优先权人不行使优先购买权的情况下合同才生效[④]。如此一来，则优先购买权人完全可以取得标的股权。保持人合性的目的并非不可实现。且第七十一条第三款下的优先购买权毕竟是少数异议股东的权利，径直认为该项优先购买权具有物权效力，从利益平衡的角度而言，似乎也过于偏重对少数股东的保护了。

结论

《公司法》第七十一条第二款后句下异议股东的购买应当不可拒绝且应按照同等条件来购买，因此实际上是一项优先购买权。结合第七十一条第三款的规定，《公司法》第七十一条下实际上是设置了两项优先购买权，为协调其相互关系应对相关条文做限缩解释。对于这两项优先购买权的效力分析，则必须注意到有限责任公司股权变动模式的重要影响和前提性意义。按照债权效力和物权效力的传统划分，《公司法》第七十一条下的优先购买权都仅具有债权效力。

[①] 王泽鉴. 民法学说与案例研究[M]. 第一册. 北京：中国政法大学出版社，2005：478. ；张钧，吴钦松. 论未经其他股东放弃优先购买权的股权转让协议之效力[J]. 河北法学，2008（11）.

[②] 史浩明，张鹏. 优先购买权制度的法律技术分析[J]. 法学，2008（9）.

[③] "效率违约"是一方当事人可能会仅仅由于他违约的收益将超出他方履约的预期收益，并且预期收益损失的损害赔偿是有限的而去冒违约的风险. 孙良国. 效率违约理论研究[J]. 法制与社会发展，2006（5）.

[④] 叶林. 辛汀芷. 关于股权优先购买权的案例评述——北京新奥特集团等诉华融公司股权转让合同纠纷案. 中国民商法律网[EB/OL]. [2014-01-14]. http://www.civillaw.com.cn/article/default.asp?id=49744#m1.

专题十　股东优先购买权的不可侵害性

【摘要】

学界论证优先购买权之不可侵害性时往往从其作为形成权、发生债法效力的角度出发，而未详细区分发生不同效力的优先购买权。股东优先购买权作为单行法中的一种优先购买权，有其特殊性。通过对公司法规定的法解释学分析，笔者认为《公司法》第七十一条同时也规定了物权性股东优先购买权。由此，公司法中的股东优先购买权是集合性权利，包括债权性优先购买权和物权性优先购买权，前者为形成权不可侵害，后者为物权可以侵害。因此，所谓股东优先购买权的不可侵害性，应系仅针对债权性优先购买权而言。

【关键词】

股东优先购买权　集合性权利　不可侵害性

股权转让纠纷诉讼是公司诉讼中的重点和难点，其中尤以股东对外转让股权和其他股东优先购买权[①]之间的关系最为复杂。我国《公司法》第七十一条规定了股东优先购买权及相关制度，从内容上看虽显要言不烦，但面对实务中诸多问题仍显捉襟见肘，亟待学理上做出相关解释。

实务诉讼中，当事人多见以侵害股东优先购买权为由向对方有所主张，法律判决中以此作为依据也屡见不鲜。但多数情况下理由与结论实难匹配，确有研讨之必要。明确股东优先购买权的性质和效力，探究其是否可能受侵害及在何种情况下适用侵权责任法获得救济，至少有两方面的意义：其一，请求权基础上的意义，明确请求权基础，将其与诉讼主张对应起来，可以理顺法律关系，判断当事人应该以何种请求权基础向谁提出何种主张；其二，国际私法上的意义，国际私法领域中不同的纠纷类型或导致适用不同地区的实体法和管辖，明确纠纷类型可以判断案件的准据法和法院的管辖权。[②]

[①] 优先购买权，我国台湾地区又称优先承买权，后文为行文方便或简称为先买权；同理股东优先购买权于后文或简称为股东先买权。

[②] 参见深圳市盐田区工业发展有限公司与中国创业投资株式会社（China Venture Investment Co.,Ltd.）股权转让纠纷管辖权异议上诉案，（2010）粤高法立民终字第 135 号。法院即以"因侵权行为提起的诉讼，由侵权行为地或被告住所地人民法院管辖"为由，确认原审法院作为被告住所地法院对本案享有管辖权。本文案例若无附注说明，皆引自北大法宝（http://www.pkulaw.cn/）数据库。

一、优先购买权的性质与效力

　　股东优先购买权存于优先购买权法律体系中，并非孤立的制度，私法体系中尚有与其相同位阶之权利分散于各单行法中，如共有人的优先购买权①、承租人的优先购买权②、合伙人的优先购买权③等。其共同归属于同一上位概念，即优先购买权。不可否认，股东优先购买权因涉及人合性理念而有其独特的性质，但欲探究股东优先购买权的性质与效力，很大程度仍需仰赖澄清优先购买权的概念，体系化的思考不能偏废。其益处在于：首先，上位概念的某些理论共性可以直接应用于下位概念；其次，股东优先购买权涉及内容稍显狭窄，转而观察优先购买权易于参考更多法律资源。

（一）学说综述

　　优先购买权之定性并非新鲜的学术问题，大陆学界对该问题的讨论已经形成了较为丰富的资料，学者或归纳总结或自行提出，形成了一系列学说。其中某些学说已经在讨论中逐渐丧失生命力，为学界所背弃，如期待权说、买卖合同请求权说。但仍有一些尚具有活力的学说并存，学界难以形成共识。

　　1. 物权取得权说

　　该说认为，优先购买权具有排他的效力，故为物权，但优先购买权既非用益物权，又非担保物权，而是属于形成权的物权取得权。总结该学说的学者常常是以否定者的身份出现的，其表示，"该说一方面认为优先购买权为形成权，同时又承认它为物权，显然存在着冲突"。④同样观点的学者也认为，"优先权不等同于物权，两者属于不同的概念"。⑤

　　2. 形成权说

　　即优先购买权人得依单方的意思表示，与出卖人成立和第三人同等条件的买卖合同，而无须出卖人的意思表示。该说也多为大陆学者总结和引用。

　　3. 权利组合说

　　该说认为先买权并非单一权利，而是权利组合、权利系列。"发生于先买权人取得先

---

① 《民法通则》第七十八条第三款：按份共有财产的每个共有人有权要求将自己的份额分出或者转让。但在出售时，其他共有人在同等条件下，有优先购买的权利。

② 《合同法》第二百三十条：出租人出卖租赁房屋的，应当在出卖之前的合理期限内通知承租人，承租人享有以同等条件优先购买的权利。

③ 《合伙企业法》第二十三条：合伙人向合伙人以外的人转让其在合伙企业中的财产份额的，在同等条件下，其他合伙人有优先购买权；但是，合伙协议另有约定的除外。

④ 崔建远. 论共有人的优先购买权[J]. 河北法学，2009（5）：53-56.；戴孟勇. 先买权的若干理论问题[J]. 清华大学学报（哲学社会科学版），2001（1）：53-59.

⑤ 丁春艳. 论私法中的优先购买权[J]. 北大法律评论，2005（01）：649-687.

买权身份，终止于完成优先受领，包括：'先买'资格维持请求权，与第三人买卖合同内容告知请求权，强制缔约权，优先受领权。"[①]

（二）比较法上的观察

考察大陆法系其他国家和地区的经验，往往能给予我们观察问题的新视角。德国与我国台湾地区保持了负担行为与处分行为二分的民法传统，于我国民法最具参考价值，下面以其为例分析先买权的性质与效力。

德国民法上的规定区分了"对人的先买权"与"物权性先买权"，分别规定于《德国民法典》第 463 条至第 473 条（第二编债务关系法）、第 1094 至 1104 条（第三编物权法）[②]。其中，对人的先买权，仅在先买权利人与先买义务人间成立法律关系；而物权性先买权，为一项物权，故得针对第三人产生效力。对人的先买权之客体可以为任何客体，而物权性先买权仅针对土地成立。[③]由此可见，德国法中并未笼统地谈及优先购买权概念，而是在将物法与债法相区分的体系中，构建了不同形式的优先购买权。此对于明确我国股东优先购买权的内涵，尤有借鉴意义。

无独有偶，我国台湾地区亦将优先购买权的效力做出区分。依台湾地区"土地法"（1946 年）第 104 条：出租人出卖基地时，承租人有依同样条件购买之权，房屋出卖时，基地所有人有依同样条件承买之权利。前项优先权，于接到出卖之通知后，十日内不表示者，视为放弃。又依第 107 条：出租人出卖耕地时，承租人有依同样条件优先承买之权。学者认为在上述条文中，优先承买权仅具债权效力，"故耕地所有权已转移于他人者，不得对于承买耕地之他人，主张优先承买该地，仅能对于出租人，请求损害赔偿"。[④]

我国台湾地区于 1975 年"台统（一）义字第 3366 号令"修改了"土地法"第 104 条，在其第二款后增加：出卖人未通知优先购买权人而与第三人订立买卖契约者，其契约不得对抗优先购买权人。其修改理由如下。

（1）本条规定之承租人优先承购权仅为租赁双方之权利义务关系，如出租人违反此项义务，将其基地之所有权卖与他人，并已为土地权利变更登记时，承租人仅能请求赔偿损害，不得遂指该项买卖契约为无效，但如买受人尚未取得该不动产所有权时，承租人之优先承购权即不受其影响，前经我国台湾地区"最高法院""1958 年台上字第 153 号"著成判例。

（2）惟查我国台湾地区"耕地三七五减租条例"第十五条第三项既已依照台湾地区"宪法"第一百四十二条之立法精神规定："出租人如违反前二项规定而与第三人订立契

约，其契约不得对抗承租人"，则台湾地区"最高法院"所为"土地法"第一百零四条之判例，似不应以准许请求赔偿损害为已足，而应宜判其契约为无效……①

中国台湾学说认为，修改后的承租人先买权具有物权效力。新增条款中"买卖契约"实质上指代的乃物权契约②，因为债权合同具有相对性，其不对先买权人产生效力自不待言，该条文实质上所欲，乃使得义务人与第三人之间的物权变动行为对先买权人不生效力。

此外，有物权效力之优先承买权见我国台湾地区"耕地三七五减租条例"第15条：耕地出卖或出典时，承租人有优先承受之权。出租人应将卖典条件以书面通知承租人……出租人违反前两项规定而与第三人订立契约者，其契约不得对抗承租人。相关判例如表 10-1 所示。③

表 10-1　我国台湾地区判例总结表

判 例 索 引	裁 判 要 旨
1960 年台上第 2358 号	所谓不得以其契约对抗承租人，系指该项买卖为原因而成立之转移物权行为，对于承租人不生效力
1971 年台上第 2340 号	……其未通知者，该物权转移契约对于承租人即不生效力

综上所述，对于债法效力的优先购买权，德国通说与我国台湾地区一致，认为其系形成权④。优先购买权人以单方之意思表示与义务人订立债法上的买卖契约，而不必借助义务人之意思表示。而对于物权效力的优先购买权，德国将其视为一种担保，民法典直接将针对土地的物权性先买权塑造为一项限制物权⑤，使其具有相当于预告登记的法律效力（民法第 1098 条第 2 款）；而我国台湾地区法律则通过特别法的形式（"土地法"），将土地承租人之先买权规定为一项物权⑥。

笔者认为，德国法在民法典内将物权性先买权塑造成为一项物权的意义在于，使得针对土地之意定先买权也可能获得物权效力。例如，当事人双方可以通过物权合意设立一项针对土地的先买权，且根据物权公示的要求记载于登记簿中，此时，一方即可获得该限制物权。第三人也可以通过查阅登记观察到该物权性先买权，因此，该意定的先买

---

① 参见我国台湾地区"土地法"修正沿革，"立法院"法律系统，http://lis.ly.gov.tw，访问日期 2013 年 12 月 16 日。

② 王泽鉴. 民法学说与判例研究[M]. 第三册. 北京：北京大学出版社，2009：378. ；林诚二. 优先承买权之效力与行使期间[J]. 月旦裁判时报，2011（10）：31-38.

③ 案例引自：王泽鉴. 民法学说与判例研究[M]. 第三册. 北京：北京大学出版社，2009：317.

④ 谢哲胜. 优先购买权[J]. 月旦法学教室，2003（3）：14-15. ；温丰文. 基地承租人之优先购买权[J]. 月旦法学杂志，2001（78）：10-11. ；林诚二. 优先承买权之效力与行使期间[J]. 月旦裁判时报，2011（10）：31-38. ；陈立夫. 土地法第一百零四条之基地优先购买权[J]. 台湾本土法学杂志，2001（18）：70-80.

⑤ [德]M. 沃尔夫. 物权法[M]. 第 20 版. 吴越，李大雪，译. 北京：法律出版社，2004：218.

⑥ 王泽鉴. 民法物权[M]. 北京：北京大学出版社，2009：8. ；史尚宽. 物权法论[M]. 北京：中国政法大学出版社，2000：13.

权具有物权性，可以对抗第三人，自不必言。而我国台湾地区土地承租人之先买权之物权效力系单行法法定之结果，而非意思自治，其合理性在于，以法律规定代替公示，任何人不得以不知法律为由抗辩。

（三）现有学说评述

在上述分析基础上，可以对现有各学说一一进行检讨了。

我国学者归纳的物权取得权说，应该是在不区分德国法"对人的先买权"[①]和"物权性先买权"的前提下的一种误解。实际上，孙宪忠教授谓：因先买权具有排斥他人的效力，所以它当然是一种物权，但这种物权并不是用益物权，也不是担保物权，而是属于物权取得权[②]；史尚宽先生亦谓："于将来一定条件之下，取得不动产物权之权利，有排他性时，为一种物权的取得权。"[③]其指称的先买权乃是德国民法物权编所规定的"物权性先买权"，并非指称我国大陆法系术语中高度抽象后的优先购买权，也并不是说"物权性先买权"既是物权又是形成权，故在这里并不存在定性上的冲突。谢怀栻先生称"在物权法中还有物权取得权，如物权性的先买权……"[④]，即表明此点。

至于我国学者归纳的形成权说，也有类似的问题，德国以及我国台湾地区所指称的形成权，仅指向先买权的债法效力[⑤]，即论证先买权人可以和出卖人之间形成债法上的买卖关系。若将其硬套至大陆地区的抽象的先买权概念，则难以解释先买为何存在物权法上的效力，即对抗出卖人与第三人之间的权利变动。

相比之下，对先买权制度认识最为深刻的是权利组合说，其能够区分先买权的各种效力，但具体组合成先买权的内容，仍有探讨的必要。

首先，关于"先买"资格维持请求权，"出卖人与第三人订立买卖合同前，先买权人可请求出卖人不得否定先买权人的先买资格，此为先买权之维持请求效力"[⑥]。先买权人有先买权，是根据先买权人身份，如股东身份、承租人身份，他人无法否认先买权人的身份，也无法否认其先买权，所以这里特别强调存在"先买资格维持请求权"并没有意义。

其次，关于与第三人买卖合同内容告知请求权，实际上是法律赋予先买权人的知情权，也没有纳入先买权的必要。行使先买权并不以行使知情权为前提条件，例如，先买权人从其他途径获知出卖消息；侵害知情权，也不必然能侵害先买权，因为先买权的债法和物法效力并不因出卖人的不通知而有所减损。

---

① 为与物权性先买权对应，下文或称债权性先买权。

② 孙宪忠. 德国当代物权法[M]. 北京：法律出版社，1997：169.

③ 史尚宽. 物权法论[M]. 北京：中国政法大学出版社，2000：17.

④ 谢怀栻. 论民事权利体系[J]. 法学研究，1996（02）：67-76.

⑤ 王泽鉴. 民法学说与判例研究[M]. 第一册. 北京：北京大学出版社，2009：316.

⑥ 李锡鹤. 民法原理论稿[M]. 第二版. 北京：法律出版社，2012：631.

最后，关于优先受领权。其含义为，"如出卖人与多个买受人订立买卖合同，受领多份金，先买权人可以请求出卖人现行给付"[1]。前述之优先受领权，效果上相当于德国法上的对物的先买权，但其仍有差异。在出卖人将权利转移给第三人之前，优先受领权的逻辑在于先买权得以请求出卖人向自己先行给付；而对物的先买权之逻辑在于，先买权人与第三人同时起诉时，法院应基于先买权制度的立法意旨，判决出卖人向先买权人履行，否则先买权人嗣后再主张出卖人对第三人的给付不能对抗先买权人，徒增司法成本而已。在出卖人将权利转移给第三人之后，对物的先买权仍得主张涂销权利转移登记，并请求按照与第三人所订买卖契约之同样条件转移标的物所有权予优先承买权人[2]；而优先受领则不具备此项功能。

因此，在我国立法基础上抽象讨论优先购买权概念时，应认为其属集合性权利，内容包括债权性先买权，即强制缔约权，其为形成权；也包括物权性先买权，即物权取得权。

二、股东优先购买权的性质与效力

经前文的讨论，可知抽象意义上探讨优先购买权实质上是诸权利之集合，其包含债法意义上的先买权和物法意义上的先买权。分析单行法中具体优先购买权时，应遵循该逻辑，区分不同意义上的具体先买权，此为体系化的价值。下文亦依照此脉络分析股东先买权的性质与效力。

（一）债权性股东先买权

中国大陆关于优先权的立法模式类似中国台湾地区而有别于德国，即在立法上不明确区分债权性先买权和物权性先买权，而笼统规定各类具体优先购买权。因此，凡单行法规定先买权，其必含有债权性先买权之内容。

因为，在简单逻辑上单行法规定先买权只可能有三种情况：其一，仅规定债权性先买权；其二，仅规定物权性先买权；其三，规定集合性先买权，两者并举。但第二种情况实质上是不存在的，因为债权合同是权利变动的原因行为，法律仅规定出卖人向第三人的权利变动不得对抗第三人，而不保障先买权人与出卖人之间有债权合同，此时权利人仅能主张涂销第三人权利登记，而不能主张出卖人向自己给付，这是没有意义的。

债法效力上的股东先买权，即对人的股东先买权也应属于形成权，其效力是："当优先购买权的行使条件具备时，优先权人只需通过向出卖人做出行使权利的单方意思表示，买卖契约即可在当事人之间成立。[3]"也有学者反对将其视为形成权，其理由略谓：其一，

[1] 李锡鹤. 民法原理论稿[M]. 第二版. 北京：法律出版社，2012：632.
[2] 温丰文. 基地承租人之优先购买权[J]. 月旦法学杂志，2001（78）：10-11.
[3] 赵旭东. 股东优先购买权的性质和效力[J]. 当代法学，2013（5）：18-25.

如有多个股东同时主张优先购买权，其最终应该按照协商或出资比例购买，此时购买人与购买比例皆不确定，并非单方意思表示即可形成合同；其二，公司法关于股东优先购买权的规定可由章程规定，不能说是强制性权利，不宜认为是强制的形成权；其三，将股东优先购买权解释为形成权，为意思管制违背私法自治原则。[①]司法实践中，亦有否认股东优先购买权为形成权之观点，如表 10-2 所示。

表 10-2　否认形成权判例总结表

判 例 索 引	裁 判 要 旨
上海 A 有限公司诉李 a 股权转让纠纷案（2009）闵民二（商）初字第 372 号	况且，优先购买权不具有强制缔约的效力，仅在转让人违反在同等条件下不得将股权转让给第三人的义务时，得请求法院撤销转让合同的权利
南京黎明生物制品有限公司与江苏天士力贝特医药科技有限公司等合同纠纷上诉案（2012）宁商终字第 278 号	股东优先购买权是有限责任公司股东基于股东资格而享有的一项请求权，具备股东资格是行使股东优先购买权的法定条件

反对者之观点看似有理，实则欠缺说服力。关于第一项，在有多数股东同时主张股东先买权时，某一股东并非不能简单地依靠单方意思表示形成债法上的买卖合同。多数股东同时主张股东先买权时，购买人是确定的，仅购买比例暂时不确定，但履行合同时会通过协商或出资比例确定，无妨买卖合同之生效。例如，超市与果农签订协议，收购当年该果农生产的所有水果，其债权合同生效时标的物不确定，唯交付时标的确定即可，此即处分行为的确定原则[②]，债权行为无须奉行。

关于第二项，强制性规定与任意性规定是从法律适用角度来谈的。区分意义在于："法律行为制度，旨在实践私法自治之理念，故国家法律一方面须设任意规定，于当事人无特别约定时，得予适用，对私法自治予以补充。一方面须设强行规定，不问当事人意思如何，强予适用，对私法自治予以适当限制。"[③]而所谓形成权的强制性，指得以单方意思变动法律关系，实际上是从其法律效力的角度来讲的。股东优先购买权制度可以是任意性规定，股东优先购买权同时也可以是形成权，没有冲突。

关于第三项，诚然私法自治是私法领域的基本原则，但有原则即有例外，股东先买权制度旨在维护公司之人合性[④]，故公司法根据价值衡量创设例外，亦无不可。

此外，在笔者检索之案例中，也以承认股东优先购买权为形成权居多，具体如表 10-3 所示。

① 蒋大兴. 股东优先购买权行使中被忽略的价格形成机制[J]. 法学，2012（6）：67-77.

② 朱庆育. 民法总论[M]. 北京：北京大学出版社，2013：157.

③ 王泽鉴. 民法实例研习丛书（二）：民法总则[M]. 台北：三民书局，1997：233-234.

④ 施天涛. 公司法论[M]. 第二版. 北京：法律出版社，2006：261.

表 10-3　承认形成权判例总结表

判 例 索 引	裁 判 要 旨
宋某某诉宋某某 1 等股权转让纠纷案 （2012）辰民二初字第 42 号	股东优先权还是一种附条件的形成权，在股东向第三人转让股权时，即可行使
金某某诉上海哲野印刷有限公司等股东资格确认纠纷案 （2012）沪二中民四（商）终字第 585 号	由于股东优先购买权为法定的形成权，故将导致金某某与杨甲签订的股权转让协议履行不能
周某某与姚某某、姚某及原审第三人上海甲机械制造有限公司股权转让纠纷案 （2011）沪一中民四（商）终字第 883 号	本院认为，股东优先购买权是形成权，股东要求行使优先购买权时，无须转让股东再为承诺，即在享有优先购买权股东与转让股东间成立拟转化股权的股权转让合同……
楼国君与方樟荣、毛协财、王忠明、陈溪强、王芳满、张铨兴、徐玉梅、吴广灯股权转让与优先购买权纠纷案 （2011）民提字第 113 号	楼国君在自己获悉方樟荣等八名股东对伍志红等三人的股权转让合同后，坚持明确主张按方樟荣等八名股东对伍志红等三人转让合同的条件行使优先购买权，系合理主张共有权益人的权利，符合《公司法》的规定，楼国君的主张应获得支持……原一、二审法院判决认为方樟荣等八名股东与楼国君之间存在要约与承诺，合同应当成立的观点虽然理由欠妥，但结果并无不当

　　在前三个判例中，法院明确表示股东优先购买权有形成权之效力。而最后的判例中，即最高人民法院做出的（2011）民提字第 113 号中，未明示股东优先购买权之性质，需要解释。相关案件事实为：包含方樟荣等八名股东欲出售公司，与第三人签订股权转让合同，且以天山公司名义在株洲日报上发布《通知》，告知未参与转让之股东楼国君。楼国君获悉后，遂采取向方樟荣等股东寄信、在报纸上刊登《通知》的方式明确表示要按同等条件行使优先购买权。

　　基于该事实浙江高院谓：方樟荣等八名股东刊登在株洲日报上的《通知》内容，符合合同法规定的要约的全部条件，是明确的要约行为，楼国君在该《通知》限定的期限内在株洲日报上以刊登通知的形式明确表示愿意以该价款受让方樟荣等八名股东的股份，应认定双方已达成合意。而最高院认为：原一、二审法院判决认为方樟荣等八名股东与楼国君之间存在要约与承诺，合同应当成立的观点虽然理由欠妥，但结果并无不当。最高院否认先买权人之意思表示为承诺，而又认为其与其他股东之间存在买卖合同，虽未明示但实质上认为楼国君之单方意思表示成就了该买卖合同，也就是承认股东优先购买权有形成权之效力。

　　综合上述民法传统、国内学说和司法判例，应该认为债权性股东先买权为形成权，一经行使即在先买权人与出让股东之间形成债法上的股权买卖合同。

（二）物权性股东先买权

判断单行法上各种具体的优先购买权是否含有物权性先买权内容，有必要识别单行法之规定意旨，逐一进行具体判断。不能认为，"法定先买权均系基于特殊的社会、经济等政策而规定，如不赋予物权效力难达立法目的，故仅规定先买权，而未明文规定其物权的效力者，解释上亦应予以物权的效力"。① 也不能认为，其效力取决于优先购买权所基于产生的原法律关系性质，如基于物权而产生（如共有关系），则系物权效力；如果是基于债权而产生（如租赁合同），则为债权效力。②前文所述我国台湾地区"土地法"第104 条之修订沿革，展现了其从无物权效力到有物权效力之过程，即很好地证明了这一点。

对于股东优先购买权，我国《公司法》第七十一条规定：

● 有限责任公司的股东之间可以相互转让其全部或者部分股权。

● 股东向股东以外的人转让股权，应当经其他股东过半数同意。股东应就其股权转让事项书面通知其他股东征求同意，其他股东自接到书面通知之日起满三十日未答复的，视为同意转让。其他股东半数以上不同意转让的，不同意的股东应当购买该转让的股权；不购买的，视为同意转让。

● 经股东同意转让的股权，在同等条件下，其他股东有优先购买权。两个以上股东主张行使优先购买权的，协商确定各自的购买比例；协商不成的，按照转让时各自的出资比例行使优先购买权。

● 公司章程对股权转让另有规定的，从其规定。

该条第三款确立了股东优先购买权制度，从该款字面上看实难解释股东优先购买权是否有物权效力。但从体系上看，股东优先购买权制度是有限公司股权对外转让之特殊规定中的一环。该条第二款规定了股东对外转让股权要经过过半数股东同意的限制，而第三款在此基础上规定"其他股东在同等条件下也享有优先购买权，从而构筑阻止外人进入公司的又一道屏障"。③故，考察第二款的规定，有利于从体系解释的角度认识股东优先购买权。

1. 第七十一条第二款的法律解释

欲讨论第二款首先应明确其所称"股东向股东以外的人转让股权，应当经其他股东过半数同意"中其他股东同意的内容，是股东与第三人之间的债权合同，或是股东向第三人处分股权之处分行为。司法裁判中对该问题也呈现出不同观点，如表 10-4 所示。

---

① 郑玉波. 论先买权[J]. 法令月刊, 1974（12）.

② 王利明. 优先购买权研究[M]//民商法研究. 北京：法律出版社, 1999：379.

③ 李建伟. 公司法学[M]. 第二版. 北京：中国人民大学出版社, 2011：264.

表 10-4　裁判观点总结表

裁 判 结 果	判 例 索 引	判 决 要 旨
买卖合同无效	原告路广、杨薇与被告开封市百胜商贸公司股东资格确认纠纷案（2012）龙民初字第 722 号	原告路广、杨薇与郭红霞签订的协议在没有征得过半股东同意情况下，郭红霞将公司总股份的 10%转让，侵犯了其他股东的权益。故该协议为无效协议
	宋某某诉宋某某 1 等股权转让纠纷案（2012）辰民二初字第 42 号	因对外转让未书面通知其他股东征求意见，亦未依该公司章程第十条的规定，在向股东以外的人转让其出资时由股东会讨论，取得全体股东的一致同意并形成决定。故《转让协议》无效
	洪某诉陈某等股权转让纠纷案（2011）闵民二（商）初字第 424 号	被告陈某在转让其持有的股份时，并未经过某公司另一股东原告的同意，某公司也未形成过有关被告陈某转让股权的股东会决议，故确认《公司转让协议书》无效
	毕兆菊诉毕金良等股权转让纠纷案（2008）甬鄞民二初字第 2198 号	被告事后亦未告知原告股权转让事项，而原告对两被告股权转让的行为又不予追认，两被告签订的股权转让协议违反了法律的规定，损害了原告毕兆菊的股东知情权和优先购买权，故股东会关于股权转让协议无效
买卖合同可撤销	石玉红与彭辉股权转让合同纠纷上诉案（2010）衡中法民二终字第 15 号	本案中，上诉人石玉红在转让股权时未得到公司另一股东胡际宣的同意，胡际宣可以通过申请撤销该股权转让初步协议的方式行使否决权
买卖合同有效仅影响合同履行	上海明艺园林景观有限公司诉上海怡绿房地产有限公司其他合同纠纷案（2010）沪二中民四（商）初字第 126 号	《和解协议》不为其他股东所知，其他股东无法做出意思表示，因此《和解协议》在明艺公司和怡绿公司之间成立并且生效
	周某某与姚某某、姚某及原审第三人上海甲机械制造有限公司股权转让纠纷案（2011）沪一中民四（商）终字第 883 号	姚某某与周某某间的股权转让协议是双方当事人的真实意思表示，符合合同法有关合同效力的要件，应认定为有效
	刘宝全与徐兆平等股权转让合同纠纷上诉案（2009）浙商终字第 285 号	股权转让合同只要依法成立的，自成立时即生效

关于司法判例中的结果，理论上也有相关观点与之对应。例如，主张买卖合同无效者，认为《公司法》第七十一条第二款为强制性规定，但难以解释为何公司能够对该款

另行规定；主张合同可撤销者，认为"此时这种合同应区别于绝对有效合同，否则，老股东的优先购买权势必落空。此合同也有区别于绝对无效合同，因为出让股东是想要股权的主体，老股东也未必反对该合同"。①但传统民法认为，法律行为可撤销盖因其意思表示瑕疵②，而此处难谓存在任何表示瑕疵，因此可撤销说缺乏理论支撑。认为债权合同有效的观点，在解释上最为恰当。③因为，合同的效力是可以与权利变动的结果相区分的，"法律可通过权利变动领域施以控制以保护相关利害关系人的权益，而不必在合同效力领域加以干涉"。④并且，从文义解释上看，第二款所指称乃"转让股权"本身，而未提及作为其法律上原因的债权合同。

因此，《公司法》第七十一条第二款"股东向股东以外的人转让股权，应当经其他股东过半数同意"中之"同意"应该解释为，过半数股东的同意是股东向第三人转让股权之处分行为的法定生效要件，而与债权契约无涉。

学者通常将《公司法》第七十一条第二款中规定的股东权利称为"同意权"⑤，但未能对其定性，该问题值得讨论。首先，该权利的行使可能使得股东的处分行为生效；其次，该权利行使无须第三人意思之配合；最后，该权利不属于形成权，因最终考察的系过半数股东的共同意志，单方意思表示不足以变更法律关系。笔者认为其系特殊的表决权，是对股东对外转让股权的处分行为进行表决的权利，但不以股东会、提案等程序为前提。其特殊之处还在于，若股东行使表决权否定对外处分股权之行为的效力，则应同时行使债权性先买权，否则视为同意。这里"不同意的股东应当购买该转让的股权"，不能理解为股东的义务，否则无法解释出让股东为何要与异议股东缔约，其次义务的违反导致责任，"视为同意转让"不是一种责任形式。因此，《公司法》第七十一条不仅规定了股东知情权、同意权，还规定了发生债法效力的股东优先购买权。

故省略第三人支付价金的处分行为后，股东与第三人之间权利义务关系如图10-1所示。

至于该对外处分的股权之法律行为能否对抗嗣后行使股东优先购买权的股东，得以第三款规定的股东优先购买权是否有物权效力而定。

---

① 刘俊海. 论有限责任公司股权转让合同的效力[J]. 法学家，2007（6）：74-82.

② 张俊浩. 民法学原理[M]. 北京：中国政法大学出版社，2000：282.；梁慧星. 民法总论[M]. 北京：法律出版社，2007：197.；崔建远. 合同法[M]. 北京：法律出版社，2010：110.

③ 详细的论证参见：赵旭东. 股东优先购买权的性质和效力[J]. 当代法学，2013（5）：18-25.

④ 张钧，吴钦松. 论未经其他股东放弃优先购买权的股权转让协议之效力[J]. 河北法学，2008（11）：186-190.

⑤ 冉崇高，陈璐. 侵犯股东同意权及优先购买权的股权转让协议的效力[J]. 人民司法，2011（14）：76-79.；段威. 有限责任公司股权转让时"其他股东同意权"制度研究[J]. 法律科学，2013（03）：113-121.；徐琼. 论有限责任公司股东的同意权与优先购买权[J]. 河北法学，2004（10）：66-69.

```
        ┌───── 出卖人负担转让股权之主给付义务及协助变更登记等附随义务 ─────┐
        │                   受让人负担转让价金之义务                        │
股东 ┤                                                                      ├ 第三人
        │      处分股权的合意+法定条件之达成导致直接处分股权的契约生效       │
        └──────────── 股权自该契约生效时流转 ────────────┘
```

附注：◀──▶ 负担行为 ◀--▶ 处分行为

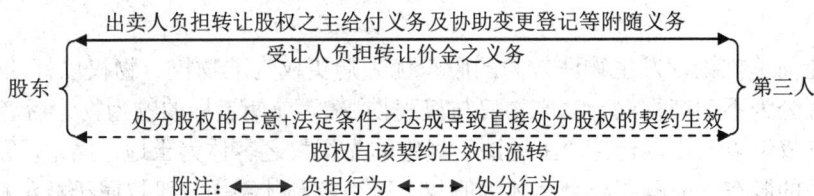

图 10-1 法律关系示意图

2. 第三款上的物权性股东优先购买权

在明确《公司法》第七十一条第二款的基础上，讨论第三款规定的股东优先购买权之内容始得有据可循。若认为股东优先购买权仅具有与出卖人之间形成买卖合同的债权效力，则股东优先购买权维护公司人合性之意旨势必难以达成。因为在买卖不动产时，第三人取得不动产物权除了物权行为之外尚需仰赖登记行为，故债权性先买权人在第三人未登记时，仍可要求出卖人向自己给付。而在股权变动中则不同，股权变动采登记对抗主义，故权利流转不以登记为要件，也无须依靠变更股东名册[①]。唯《公司法》第七十一条第二款给股东对外处分股权之处分行为设定了生效条件，即过半数股东同意。而股东行使先买权以过半数股东同意转让为前提，此即意味着股东行使先买权与出卖人之间形成债权合同。但此时股权已经转让给第三人，股东实际上无法向出卖人主张给付股权，仅能主张违约责任。此时，股东优先购买权即与保证股权在公司内部流转的意旨完全不相干，仅能保证先买权人的违约赔偿请求权，其立法目的被完全消解了。

而如认为第三款规定了物权性股东优先购买权，结果则有不同。股东对外转让股权经其他过半数股东同意后，股东可行使债法效力的股东先买权，与出卖人之间形成买卖合同；同时行使物权性股东先买权，主张出卖人向第三人转让股权的处分行为对自己发生效力，一方面可以主张登记机关涂销对第三人的登记，另一方面可以请求出卖人先自己给付股权。此时，股东先买权之维护公司人合性目的方得以实现。所以，如果认为第七十一条第二款具有维系公司人合性之目的，即无法否认第三款规定了物权性股东优先购买权。

3. 物权性股东优先购买权是物权

从法律效果上看，不论物权效力之优先购买权客体指向物或股权，其适用结果是相同的，即使得出卖人向第三人的处分行为不得对抗先买权人。处分行为包括物权行为和准物权行为。"物权行为，指发生物权法上效果的行为；准物权行为，指以债权或无体财产权作为标的之处分行为。"[②]因此，处分土地上的权利属于物权行为，处分股权属于准

---

① 李建伟. 公司法学[M]. 第二版. 北京：中国人民大学出版社，2011：257-258.

② 王泽鉴. 民法总则[M]. 北京：北京大学出版社，2009：210.

物权行为①。

但不能简单推论，发生物法效力的股东优先购买权为准物权。物权以标的物之种类为标准可区分为不动产物权、动产物权与权利物权②，前两者标的物为物，后者为权利。德国民法物权编以及中国台湾"土地法"规定的先买权之客体为土地，属于民法上的物；而物法效力的股东优先购买权之客体为股权。民事权利体系中，股权属于社员权③，权利虽不同于物，但仍可以构成物权的客体，如权利质权④。故物法效力的股东优先购买权仍是物权，为取得性物权。

根据以上分析，《公司法》第七十一条上股东的权利谱系应如图 10-2 所示。

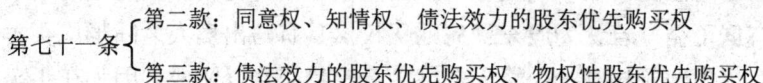

第七十一条 {
　第二款：同意权、知情权、债法效力的股东优先购买权
　第三款：债法效力的股东优先购买权、物权性股东优先购买权
}

图 10-2　权利谱系示意图

依照此谱系，即可一一检视，股东何种权利被侵害，并寻找请求权基础，进而主张诉求。

三、股东优先购买权的不可侵害性

2009 年我国侵权责任法颁布，《民法通则》第一百三十四条所定民事责任方式去掉两种，成为侵权法第十五条。其中停止侵害、排除妨害、消除危险与返还财产诸责任方式与《物权法》第三十四、三十五条在适用范围上未做区别，构建了一个独立的侵权责任规范体系。

张谷教授即认为我国侵权法上的"侵权责任"可以分为三个层次：狭义的、中义的、广义的"侵权责任"。狭义的"侵权责任"指侵权人的损害赔偿责任，对应的是被侵权人的损害赔偿请求权；中义的"侵权责任"指侵权人须承担的、第十五条所规定损害赔偿之外的其他民事责任，对应的是被侵权人的辅助性请求权（或称预防请求权）；广义的"侵权责任"还包括加害人或者受益人在特定情形下须负担的牺牲补偿义务、损失分担义务甚至不当得利返还义务。⑤刘家安教授也认为在适用"损害赔偿型责任方式"之时才须考虑侵权责任构成的问题，此时其所对应的侵权责任可称为"真正侵权责任"；在适用所谓"非

---

① 李建伟. 公司法学[M]. 第二版. 北京：中国人民大学出版社，2011：257.

② 王泽鉴. 民法物权[M]. 北京：北京大学出版社，2009：37.

③ 谢怀栻. 论民事权利体系[J]. 法学研究，1996（02）：67-76.

④ 我国《物权法》第十七章第二节规定了权利质权。

⑤ 张谷. 论《侵权责任法》上的非真正侵权责任[J]. 暨南学报（哲学社会科学版），2010（03）：43-51.

损害赔偿型责任方式"时，无须考虑侵权责任的构成要件问题为"不真正侵权责任"。①

须明确，下文讨论的侵权责任，是真正的侵权责任，还是狭义的侵权责任。

（一）债权性股东优先购买权之不可侵害性

如前所述，债权性股东优先购买权为形成权，形成权是依照权利人单方的意思表示即可生效从而改变相应法律关系的权利。②具体至股东优先购买权，即依先买权人之意思表示，得以形成其与出卖人之间债法上的股权买卖合同。

由此可见，形成权人行权时，仅以其单方意思表示即告完毕，无须相对人配合；嗣后先买权人要求出卖人向其转移股权，以双方之债权买卖合同为请求权基础，与先买权无关。因此针对形成权，相对人并不负有相对应的义务，只是受到拘束，须容忍此项形成及其法律效果。形成权仅得由权利人行使，第三人无从加害。③学界普遍认为，形成权不属于绝对权，无须侵权法的保护，无权利的他人实际上根本无法触及到这样的权利。④

（二）物权性股东优先购买权之可侵害性

我国《侵权责任法》第二条规定了该法所保护之范围："侵害民事权益，应当依照本法承担侵权责任。本法所称民事权益，包括生命权、健康权、姓名权、名誉权、荣誉权、肖像权、隐私权、婚姻自主权、监护权、所有权、用益物权、担保物权、著作权、专利权、商标专用权、发现权、股权、继承权等人身、财产权益。"

在物权部分列举为所有权、用益物权、担保物权，而未提及物权取得权，应该解释物权取得权是否在第二条所称"等人身、财产权益"内。

依据效力之不同，民事权利被分为绝对权与相对权。绝对权也称"对世权"，包括物权、人格权等。绝对权是相对于不特定的人（即权利人之外的一切人）而存在的。"而相对权，又称对人权，是相对于特定的人产生效力的权利。"⑤绝对权与相对权二分可溯源至罗马法，最初用意主要在于据以确定不同权利类型的保护方法，这一思路，至今仍为德国法所贯彻。绝对权的保护若因受过错有损害，可以适用侵权法保护，而相对权一般不存在为第三人所侵害的问题。⑥因此，"侵权法主要保护是物权、人格权等绝对权，这

① 刘家安. 侵权责任方式的类型化分析[J]. 广东社会科学，2011（1）：237-241.

② 朱庆育. 民法总论[M]. 北京：北京大学出版社，2013：504.

③ 王泽鉴. 民法总则[M]. 北京：北京大学出版社，2009：79.

④ [德]卡尔·拉伦茨，曼弗瑞德·沃尔夫. 德国民法中的形成权[J]. 孙宪忠，译. 环球法律评论，2006（04）：491-495. 同样的论述可参见：韩忠谟. 法学绪论[M]. 北京：中国政法大学出版社，2002：180-182.；林诚二. 论形成权[M]//杨与龄. 民法总则争议问题研究. 台湾五南图书出版公司，1998：75.

⑤ 程啸. 侵权责任法[M]. 北京：法律出版社，2011：62.

⑥ 朱庆育. 民法总论[M]. 北京：北京大学出版社，2013：498.

一点从《侵权责任法》第二条第二款所列举的基本上是绝对权，就可以看出"①。就此而言，物权取得权作为一种物权，更是绝对权、对世权，并无不予侵权法保护之特别理由。笔者认为，立法上未明确物权取得权，并非立法者有意将其排除在外，实因物权法上未明确规定物权取得权，故理论上认为我国尚未规定物权取得权②，进而影响了第二款的列举。

综上所述，物权性股东优先购买权作为物权、绝对权，应属于侵权法保护之对象，具有可侵害性。

（三）实务中对侵害股东优先购买权之误解

学理上的分析逻辑简单，无须多赘，唯应解答者乃司法实践中被误会之现象。实践中，侵害先买权往往为当事人一方所主张诉求之基础，或法院裁判之理由，如表 10-5 所示。

表 10-5　判例总结表

判 例 索 引	涉 及 内 容
A 公司与杨 B 股东知情权纠纷上诉案（2012）沪一中民四（商）终字第 1282 号	案外人张 D（亦系 A 公司股东）以侵犯股东优先购买权为由对杨 B 2010 年时受让股权的效力提出异议，认为杨 B 正是基于此次股权受让而登记为股东，因此原审法院将杨 B 认定为股东错误。A 公司故诉请撤销原审判决，驳回杨 B 的原审诉讼请求
上海明艺园林景观有限公司诉上海怡绿房地产有限公司其他合同纠纷案（2010）沪二中民四（商）初字第 126 号	法院认为，作为股权转让的出让方或者受让方，不能以签订股权转让协议侵害他人优先购买权而自行主张合同无效
梅根龙诉江苏省航运有限公司请求变更公司登记纠纷案（2012）下商初字第 29 号	被告航运公司辩称，原告与第三人签订的股权转让协议书上约定的价款为 10 万元，后又以股权转让补偿金 60 万元的形式，提高股权转让价款，侵害了其他股东的优先购买权
张某与狮龙公司等股东优先购买权纠纷上诉案（2011）渝高法民终字第 266 号	原告张某认为其他十九名股东和被上诉人南川区方博公司的股权转让行为严重侵犯了其股东优先购买权，请求依法判令被告签订的股权转让协议无效
上海宝寿硬面有限公司诉上海崧鑫金属表面工程有限公司等股权转让纠纷案（2011）沪二中民四（商）终字第 580 号	被上诉人崧鑫公司辩称，即便股权转让事实成立，因未能事先征得崧鑫公司另一位股东刘某某的同意，而侵害了其股东优先购买权的行使
施某与浙江环宇建设集团有限公司股东会决议效力确认纠纷上诉案（2011）浙绍商终字第 107 号	由于该股权对外转让违反《公司法》第七十二条第二款（笔者注：现为第七十一条第二款）关于股东优先购买权的规定，侵犯了上诉人的股东优先购买权，应认定为无效行为

① 程啸. 侵权责任法[M]. 北京：法律出版社，2011：61.

② 谢怀栻. 论民事权利体系[J]. 法学研究，1996（02）：67-76.

判 例 索 引	涉 及 内 容
毕兆菊诉毕金良等股权转让纠纷案（2008）甬鄞民二初字第 2198 号	法院认为：两被告签订的股权转让协议违反了法律的规定，损害了原告毕兆菊的股东知情权和优先购买权，该股权转让的民事行为应认定无效
上海盛华企业投资发展有限公司诉倪鸣等股权转让纠纷上诉案	二审法院认为，现倪鸣等人在盛华公司未明确表示放弃其优先购买权的情况下仍进行了股权转让，故该股权转让行为不符合上述法律规定的转让法定条件，侵犯了盛华公司的股东优先购买权，依法不能成立，应予以撤销

分析以上案例，实务中认为的"侵犯股东优先购买权"情形总结起来应有如下类型。

1. 未经过过半数其他股东同意对外转让股权

这一类型的情形，主要是出让股东未经其他股东同意，而径行与第三人签订股权转让合同，更甚者已完成变更登记。由此，其他股东以自身先买权受侵害为由，请求法院认定股权转让无效。

在理论和实践中，多笼统地讨论违反《公司法》第七十一条的股权转让协议效力[①]，《公司法》第七十一条第二款与第三款效力往往未得到详细区分。其做法忽视主张不同权利的请求权基础，实不可取，应该分别讨论。实务中，出让股东未经其他过半数股东同意对外转让股权时所称的"侵犯股东优先购买权"，实质上是指违反了《公司法》第七十一条第二款的规定。

如前所述，第二款规定了股东的同意权、知情权、债法效力的股东优先购买权。其中，同意权的行使无须第三人之配合，唯需权利人的意思表示，没有可侵害性；知情权是相对权，依法以出让股东为义务人，出让股东不通知其对外转让股权之行为构成法定义务的不履行，亦非侵权；债法效力的股东优先购买权是形成权，也没有可侵害性。

因此，股东未经过半数其他股东同意对外转让股权，不能构成侵权责任。还应该注意的是，侵权责任的方式为赔偿损害，也不能使某一法律行为无效。使得股东对外转让股权之处分行为因缺乏法定条件而不生效力，是股东行使同意权的结果，而非侵权的结果。

2. 经过过半数其他股东同意对外转让股权

在经过半数其他股东同意后的情况下，出让股东无视其他先买权人的意思表示，径行对外转让股权，是否构成对股东优先购买权之侵害，值得讨论。《公司法》第七十一条第三款规定的股东优先购买权是集合权利，包括债法效力的股东优先购买权和物权性股东优先购买权，前者是形成权，有不可侵害性；后者为物权，可能被侵害。因此，这里

---

① 冉崇高，陈璐. 侵犯股东同意权及优先购买权的股权转让协议的效力[J]. 人民司法，2011（14）：76-79.

的问题是股东的物权性股东优先购买权是否被侵害。

侵害物权的方法之一乃侵害物权的归属或物权人的法律地位，"例如无权处分他人之物，受让人因善意而取得其所有权（或其他物权）"。[①]由此，如果第三人善意受让股权，且认为构成善意取得，那么其他股东针对该转让股权上的物权（物权性股东优先购买权）即告消灭，因善意取得为原始取得，其上不应有权利负担。依循此逻辑，其他股东即丧失了物权性先买权人的法律地位，可以认为，出让股东侵害了其他股东的先买权。故出让股东是否侵害其他股东的先买权，视第三人能否善意取得股权而定。

笔者认为，此时善意第三人不能善意取得股权。原因在于，《物权法》第一百零六条规定的善意取得制度所规制的是"无处分权人将不动产或者动产转让给受让人"的情况，以行为人无权处分为要件。《公司法司法解释（三）》第二十五、二十七条规定了股权善意取得制度，其参照适用《物权法》第一百零六条，且参照适用的范围皆为工商登记与实际权利人不符，也是无权处分的情况。而出让股东对外转让股权是有权处分，唯该处分行为生效以其他过半数股东同意为法定条件，且不得对抗物权性先买权人。故此处没有善意取得的适用空间。

而对于物权性先买权，以中国台湾"土地法"第一百零四条规定之先买权为例，学说认为："既为具有物权之效力，得以对抗第三人（尤其包含信赖土地登记有绝对效力之善意第三人）。"[②]物权性先买权可以对抗信赖绝对效力登记的善意第三人，更惶论股权工商登记仅有相对效力，举重以明轻，更加可以对抗。

3. 出让股东与第三人恶意串通

此种类型所揭示之情形为：出让股东与第三人以阻却其他股东行使优先购买权为目的，以高价订立股权买卖合同，实则以低价进行股权交割。

此时也不存在侵害股东优先购买权的问题，股东之前关于放弃优先购买权的意思表示可以认为存在意思表示的瑕疵，其他股东获悉真实价款后其仍可以行使其先买权，出让股东与第三人之间变动股权的处分行为不能对抗股东优先购买权人。

此时出让股东仅违反了其告知义务，并不能在实质上侵害股东优先购买权。

结论

在立法技术上，德国法在民法债编和物权编中分别规定先买权，使其请求权基础分离，形式上就区分了两种类型的先买权，即"对人的先买权"和"物权性先买权"。而

① 王泽鉴. 侵权行为[M]. 北京：北京大学出版社，2009：156.
② 陈立夫. 土地法第一百零四条之基地优先购买权[J]. 台湾本土法学杂志，2001（18）：70-80.

我国大陆立法与台湾地区相似，将先买权规定于某一单行法中。其造成了不同类型的先买权在形式与请求权基础上的混同，从而给理论构建制造了麻烦，也给司法适用带来了困难。我国台湾地区通过学说的梳理以及裁判的归纳，将先买权的债权效力与物权效力加以区分，其最终做法与德国殊途同归。而我国关于先买权理论中，不区分两种类型的先买权，试图笼统而抽象地界定先买权的性质，各学说看似皆有理据，实则为逻辑混乱之根源。

　　在讨论股东优先购买权是否可侵害时，也应依照此逻辑，区分债权性股东先买权和物权性股东先买权，方有意义。司法实践也应该早日厘清《公司法》第七十一条上的股东权利体系，认识到债权性先买权的不可侵害性和物权性股东先买权可以对抗善意第三人。以便将法律依据、请求权基础与判决结果、当事人主张准确地对应起来，从而摆脱将所有的股东对外处分股权问题都归咎于侵害股东先买权的说理困境，也能正确地适用国际私法，明确准据法与管辖权。

专题十一　股东知情权的行使

【摘要】

股东知情权是股东知悉公司财务和经营信息、监督公司日常运作的重要手段，也是股东做出符合自己真实意愿决策的基础。股东知情权的制度保障在公司所有权和经营权分离的背景下对公司治理和股东权利保护具有重要意义。但对股东权利的保护也不得漫无边际，利益均衡和合目的性在股东知情权中主要体现在对股东知情权的行使主体和行使范围上的明确与限制。

【关键词】

股东知情权　行使　目的性解释　利益平衡

一、股东知情权理论概述

现代公司治理结构设计的理论基础是所有者与经营者相分离，股东既是最初的公司投资者，也是公司利益的最终享有者。但信息成本和资本多数决难免造成对公司股东，尤其是中小股东的利益压迫和侵害。因此，在公司、股东和利益第三人之间寻求恰当的利益平衡点就显得尤为重要。

（一）股东知情权的内涵与性质

股东知情权是学理上对股东一些具体权利的凝练与概括，无论是世界还是我国的公司立法均未对股东知情权进行概念描述。股东知情权是股东作为公司剩余索取权人和剩余控制权人，以维护公司和自身利益为出发点，了解、获取、查阅和复制与公司日常经营活动相关的信息的权利。"股东的知情权，是指股东享有的知道和了解公司经营状况的重要信息的权利"。[①]

对于股东知情权的性质之探讨，主要集中在自益权和共益权的争论上。"自益权概指股东从公司获取财产性利益的一系列权利；共益权泛指股东为参与公司决议、经营、管

---

① 孙晓洁. 公司法基本原理[M]. 北京：中国检察出版社，2006：177.

理、监督和控制的一系列权利，不直接包含财产内容。"①就两者的区别而言，首先，自益权更关注的是自身的财产性利益，而共益权则是为公司和全体股东利益考虑；其次，自益权关注对象是财产性利益，共益权更多的是一种监督和管理性权利。股东知情权的性质却落于两种权利之间，其既关乎股东自身的财产性利益，也折射出公司共益权的监督和共益特征。与其绝对的将其置于自益权或共益权的权利谱系，毋宁将之作为一种兼具自益权特征和共益权特征的综合性权利。知情权性质的明确在股东知情权的行使主体资格认定中彰显意义。

（二）股东知情权的理论基础

1. 降低代理成本，解决信息不对称

按照现代公司理论，科斯认为现代公司是合同集束（nexus of contracts），即公司是一系列合同的集合。现代公司治理结构实行公司的所有权与经营权相互分离。公司由股东出资设立，公司的所有权由公司股东享有，即公司股东名义上享有对公司的剩余利益控制权和剩余利益索取权（residual rights）。但公司股东并不直接参与公司的日常管理与经营，经营权由公司选举出的管理层享有和行使。但基于"非完全理性人"、董事"利己主义"和严重的信息不对称会引发严重的"代理成本"问题和"逆向选择"问题。"因为委托代理关系，代理人常常掌握某些委托人不了解的信息，而这些信息有可能是对委托人不利的，代理人会利用这种信息不对称实施对自己有利的行为，而委托人却会因为缺乏足够的信息而做出对自己不利的行为。"②因此，股东与管理层的信息往往严重失衡，股东做出这种逆向选择造成自己利益的重大损失在现实中也频繁发生。对股东权利的保护也就停留于纸面，成为一种"镜花水月"。为解决委托—代理成本问题，公司必须形成一套行之有效的制度，保障股东能够做出正确、理性的判断并监督管理层的"利己行为"，防止公司利益和自身利益损失的发生与进一步扩大。这一切的前提和基础便是股东能够全面、及时、准确地获取和知晓公司的经营信息，股东知情权的行使正是保证这个前提得以实现的基础和关键所在。

2. 保护中小股东利益，维护平等原则

信息不对称和利益冲突并非只存在于公司股东与管理层之间，通常也会发生在股东与股东之间，在有限责任公司中此情况尤为突出。我国有限责任公司，人数较少，股权结构有时不合理，人的理念也有分歧，常常导致大股东与中小股东之间产生利益冲突。大股东控制着公司和管理层，获取经营信息极为方便，而中小股东获取信息却往往经历重重障碍，大股东对中小股东的利益侵害也就在所难免。"股东平等原则是现代公司立法

---

① 刘俊海. 股份有限公司股东权的保护[M]. 北京：法律出版社，2004：235.
② [美]罗曼诺. 公司法基础[M]. 罗培新，译. 北京：北京大学出版社，2013：69.

所奉行的基本原则之一，它是民法平等原则在公司法领域的具体表现，也是平等保护投资者利益、调动投资者积极性的客观需要。"①因此，为保护中小股东利益，贯彻股东平等原则，赋予股东平等的知情权利，既有必要也有实益。

二、股东知情权行使的一般性规定

根据《公司法》第三十四条规定，有限责任公司股东有权查阅、复制公司章程、股东会会议记录、董事会会议决议、监事会会议决议和财务会计报告；有权查阅公司会计账簿。但知情权的行使必须遵循既定程序。这被认为是股东知情权的内容，但股东知情权的行使必须遵循既定的规则。"股东要求查阅公司会计账簿的，应当向公司提出书面请求，说明目的。公司有合理根据认为股东查阅会计账簿有不正当目的、可能损害公司合法利益的，可以拒绝提供查阅，并应当自股东提出书面请求之日起七日内书面答复股东并说明理由。"虽然公司法对知情权的行使予以规定，但规定过于简单，实践中对股东知情权当如何行使仍存争议。

主要争议在于所谓的"正当目的"为何，实际由谁来举证"目的"是否正当。但观察公司法律条文，法律对有限责任公司股东知情权规定仅此一例，规定过于简略粗糙，很难从语义和体系脉络中发现股东知情权行使的真正内涵，而历史文献中更是鲜有资料提及上述问题，因此，有必要对此问题进行深入探讨。

（一）目的正当性

从世界范围内的立法来看，各国都对股东知情权的"正当目的"进行了规定，规定方式主要包括概括式和列举式。概括式以美国为典型，根据《美国示范商业公司法》第16（c）条的规定可以看出，公司股东在请求查阅公司财务信息、会计账簿和经营信息时，首先，必须善意；其次，股东必须说明理由是详细与合法、合理的；最后，还应当表明欲查阅的信息必须与自身利益息息相关，换言之，不得借股东知情权而查询与自己无关的信息。美国法中的"正当目的"的含义在嗣后的判例中得到确定和发展，具体而言：（1）评估股东投资的意图；（2）同其他出资股东的交易意图；（3）得到与自身股东地位无关的利益；（4）一种个人的社会责任感，后两种情况一般不被认可为"正当目的"②。

列举式规定模式，则是不仅要求行使股东知情权必须说明"正当目的"，还通过法律列举予以进一步明确，日本立法便采取此等模式。结合《日本商法典》和公司法规定，股东在下列情况下可以拒绝查阅请求：（1）该请求与股东权利行使或债权并无关联；（2）请

---

① 赵旭东. 公司法学[M]. 北京：高等教育出版社，2015：38.

② [美]罗伯特·克拉克. 公司法则[M]. 胡平，译. 北京：工商出版社，1999：75.

求目的在于损害股东共同利益或影响公司的正常经营；（3）提起查阅请求的股东同公司间存在同业竞争；（4）以刺探公司商业秘密将信息出卖于第三人之动机提起的查阅请求；（5）过往两年内曾为谋求个人利益而将信息出卖于他人[①]。

可以看出日本虽然采取的是列举式描述，但其基本功能同美国的概括式列举并无本质区别，不过是对条文的一种区别对待。我国的股东知情权中的"正当目的"实际上是对美国和日本的一种吸收借鉴，采取的是一种概括式描述。

事实上，无论是美国还是日本在对"正当目的"审查时均是从目的角度对实际个案进行裁判。正如特拉华州高等法院判例所述，"所要求的股东的目的的正当性通过该目的是否与作为股东的股东利益相关来衡量，即要求查阅的正当目的是指与诉请者作为股东的利益或和地位相适切的目的"[②]。此次《公司法司法解释（四）》中对不正当目的进行了列举式规定，即有限责任公司有证据证明存在下列情形之一的，应当依据《公司法》第三十三条第二款认定股东有不正当目的：（1）股东自营或者为他人经营与公司主营业务有实质性竞争关系的业务；（2）股东为了向第三人通报得知的事实以获取利益；（3）在过去的两年内，股东曾通过查阅、复制公司文件材料，向第三人通报得知的事实以获取利益；（4）能够证明股东以妨碍公司业务开展、损害公司利益或者股东共同利益为目的的其他事实。这种规定具有突破性意义，其将正当目的进行了细化与具体化，但这种规定同时也具有一定的局限性，实践中目的千差万别，有时目的并不单纯，完全列举难以周延。在列举之外伫立一个触及本质的概括式标准可以起到填补漏洞的作用。

考虑到知情权的立法目的是缓解代理成本、解决信息不对称和维持股东平等原则，协调股东间关系，因此，"一般认为，如果获取信息的目的与保护股东利益具有直接关系，该种目的就是正当的，即使这种行为是对管理层不太友好的"[③]。正如股东查阅公司的会计账簿和财务报表是为了更方便地行使股东监督权，或者是对公司事项的表决而搜集信息，再不就是对公司管理层的不当行为提起诉讼，抑或是知晓公司某种决策的依据进行审查等，这些请求目的都应当得到法院的理解和支持。但如果有证据表明公司股东查阅公司财务信息是为了刺探公司信息、出卖商业秘密和专利技术，或者是为了谋取个人利益实施关联交易和同业竞争行为，再或者纯粹是为了损害公司和股东利益，这些都应被认为"不正当目的"。实践中，股东提起查阅公司财务信息等理由千差万别，对目的是否正当很难进行全面描述，因此目的究竟是否确属正当便需要法官结合具体案件事实，恪守保护股东利益的目的和底线，保护股东正当利益。另需提及的一点是，股东的提请目

[①] 吴建斌. 日本公司法规范[M]. 北京：法律出版社，2003：143.
[②] 周建伟. 美国公司法股东查阅权制度演变初探[J]. 北京政法职业学院学报，2005（4）：51-56.
[③] 赵旭东. 公司法学[M]. 北京：高等教育出版社，2015：241.

的有时不会那么纯粹，会出现正当目的与不正当目的并存的情况，"对此，美国特拉华州法院认为，当股东能够证明目的的正当性时，其依据《特拉华州普通公司法》第 220 条获得的法律救济不会因为其存在其他不正当目的而被驳回"[①]，这种思想值得借鉴。

（二）举证责任分配

既然行使知情权需要目的审查，进而由谁举证却又是实务中的一个难点，对此日本公司法规定"董事会对股东查阅账簿负有举证责任"[②]。美国的立法则经历过较大转变，"在美国早期的判例中认为股东应负举证责任，之后又采取股东目的正当性推定，最后转向公司有义务证明股东目的之不正当性"[③]。而我国对于目的正当解释的规定几乎一片空白。

从举证责任分配理论来看，应区分提出责任与说服责任。公司股东应提出证据证明自己已经尽了说明理由的责任，若其不能证明，则应当承担败诉的不利后果。股东知情权是股东的法定权利，相对应，公司同意股东的查阅请求是其法定义务，除非其能证明股东请求具有某种不正当目的。换言之，公司应当承担说服责任，即提出足够充分的理由证明股东的查阅请求目的并不正当，会损害公司利益，如若不能，自担败诉风险。

我们对一个法律条文的理解，不能脱离语境与其体系脉络。"在对词语进行解释时，应优先考量有助于维持该规定与其他规定——事理上的一致。"[④]从公司法条文脉络可得知，"股东要求查阅公司会计账簿的，应当向公司提出书面请求，说明目的"——此即为股东的先证明责任，股东必须证明其说明目的。"有合理根据认为股东查阅会计账簿有不正当目的、可能损害公司合法利益的，可以拒绝提供查阅，并应当自股东提出书面请求之日起 15 日内书面答复股东并说明理由。"——此即为公司的证明责任，证明股东具有不正当的目的。

鉴于股东与公司相比，无论从信息优势上还是从经济实力看，股东都处于一种弱势地位，本着保护投资者的利益角度，对于实务中极为难证明的"不正当目的"，证明责任由公司承担比较适合。

（三）司法裁判应秉持的理念

1. 践行中小股东保护原则

对于股东知情权的保护可以降低代理成本，解决信息不对称问题，协调公司与股东

[①] 参见吴高臣. 股东查阅权研究[J]. 当代法学，2007（1）：80-85.

[②] 刘玉杰. 日本商法中的股东账簿查阅权[J]. 日本研究，2004（4）：37-40.

[③] 张民安. 公司法上的利益平衡[M]. 北京：北京大学出版社，2003：204.

[④] [德]卡尔·拉伦茨. 法学方法论[M]. 陈爱娥，译. 北京：商务印书馆，2011：206.

之间、大股东与中小股东、公司与外部第三人这三方关系的合法利益。同时股东知情权也是对股东法律地位平等原则的贯彻和落实。

2. 利益平衡

权利行使必有一定之界限，超过这一正当界限而行使权利，即为权利之滥用。在民商合一的背景下，禁止权利滥用原则和诚实信用原则这些民法的基本思想如何在公司法股东知情权上得以呼应。作为一项以保护股东利益为导向的民事权利，股东知情权的行使并非毫无边际能够肆意而为的。在很多情形下，在"利己主义"的利益驱动下，股东亦经常实施投机行为以追求自身利益的最大化。他们行使股东知情权往往并非关注公司的财务状况和经营信息，更多的可能是为了达到某些特殊目的，例如，刺探公司商业秘密，又或者是为了实施关联交易等。这些行为往往会损害公司的长远利益。因此，股东知情权的行使，无论是行使主体抑或是行使范围都因此受到限制。

总而言之，在司法裁判中，法官必须协调股东与公司之间的利益冲突，既周延地保护股东的信息利益，又秉持禁止权利滥用和诚实信用原则，实现个案正义。

三、股东知情权的行使主体

（一）自己行使

知情权是公司股东所享有的固有权利之一，股东可以享有、行使其知情权，不受他人之剥夺与干涉，股东可以自己行使，也可以委托他人行使，但在特殊情形下，股东资格可能存在瑕疵或其他状态，从而导致一些学者认为其并不享有股东权利。以下将对特殊情形展开分析。

1. 瑕疵出资股东的知情权

对于瑕疵出资人，包括未出资、未完全出资和抽逃出资者，是否享有和能否行使知情权，在理论和实践中存在争议。

第一种观点认为，股东知情权以股东享有完全的股东资格为基础，对于未出资、未完全出资和抽逃出资，瑕疵出资人的股东资格并不完整，作为惩罚，股东的知情权应得到限制。[①]

第二种观点主张，应对瑕疵出资人进行区分。对于完全未出资或抽逃全部出资的股东，其不具备股东知情权，而未完全出资或抽逃部分出资的股东其知情权不受影响或给予必要的限制。其理由是，公司法规定，"股东按照实缴出资比例分取红利"。出资是股

---

① 参见吴高臣. 股东查阅权研究[J]. 当代法学，2007（1）：80-85.

东最为基础的义务，也是股东享有股东利益的前提和基础。作为股东利益一部分的知情权，未履行出资义务的股东自是不能行使。[①]

第三种观点认为，瑕疵出资人不影响股东资格的认定，只要具备股东资格，理所应当具备股东知情权，这与是否出资没有直接关系。[②]

本文认为，第一种观点实不可取，事实上司法裁判中也鲜有采取此做法。股东是否具备股东资格以是否记载于股东名册为主，是否实际出资并不影响股东资格的认定。依据《公司法》第二十八条，未履行出资义务或抽逃出资的股东应在未出资范围内承担补充责任和违约责任。"从这个意义上来说，股东是否出资与其能否行使股东知情权之间没有必然联系。"[③]当然，如若公司章程对未出资、未完全出资和抽逃出资的股东的知情权进行惩罚性限制，为尊重公司自治原则，其合法性自不待言。第二种观点理由也不成立。公司法对于出资瑕疵股东权利的限制仅限于"利润分配请求权"、"新股优先认购权"和"剩余财产的分配请求权"，基于行为自由和权利推定思想，"法无禁止即自由"，因出资瑕疵而限制股东的知情权于法无据。再者，立法者对瑕疵出资股东的限制均是一种财产利益的限制和"股东按实缴比例分取红利"，其立法目的在于股东履行何等程度的出资义务就应当享有何等程度的财产利益分配，是一种实质性的"分配正义"思想的体现，因此出资义务是否得以履行及履行的程度深浅不应成为限制股东知情权的理由，只要认定当事人具备股东资格，其作为知情权的适格权利主体地位便不应得到怀疑。于此，第三个观点更为妥当。

2. 退出股东的知情权

对于将股权转让于他人的股东能否查阅其转让前的会计账簿、财务会计报表等公司信息，理论上有以下两种看法。

肯定说的主张者认为，股东将股权转让后仍有权行使股东知情权。当然，对于股东知情的范围存在争议，有相对有权说和绝对有权说之分[④]。绝对有权说认为股东有权查阅一切与自身利益相关的财务会计资料[⑤]。但这一主张并不合理，因为这是对公司自治的过度干预，也同禁止权利滥用和权利行使应依据诚实信用原则相悖离。相对有权说认为，股东往往在不知晓公司信息的情形下被迫转移自己的股权，自身利益会因信息不对称而受到伤害，在股权转移之时不知晓或无法知晓公司究竟有多少盈余分配转移股权退出公

---

① 参见吴高臣. 股东查阅权研究[J]. 当代法学，2007（1）：80-85.

② 参见吴高巨. 股东查阅权研究[J]. 当代法学，2007（1）：80-85.

③ 杨春宝. 未出资的股东是否享有知情权[J]. 中国孵化器，2008（4）：28-28.

④ 郭少伟. 股东知情权范围和行使主体的认定——基于股东知情权案例的梳理和研究[J]. 市场周刊·理论研究，2011（6）：102-106.

⑤ 蒋大兴. 超越股东知情权诉讼的司法困境[J]. 法学，2005（2）：117-128.

司，侵犯的是股东在位期间的盈余分配利益。因此，为切实保护股东利益和实现公平正义，股东有理由也有依据查阅股权转让前与自身利益重大相关的公司经营信息，并以知情权受到侵犯为由提起侵权之诉。同时，此种溯及既往的"强性知情权"做法还能降低公司管理层捏造虚假会计资料和财务会计报表等损害公司利益的行为，实现公司的良性发展。

持否定说的观点认为，股东一旦转让其全部股权而退出公司，便脱离股东身份，不能再对公司经营信息进行查阅，换言之，退出股东不再享有知情权。其基本论点在于股东是否享有知情权的依据是股东身份，知情权是股东的固有权利之一，与之相生相随，当股东转让其股权而退出公司时，其知情权也随股东资格的丧失而消亡。

"通常情况下，该主体查阅公司财务资料之前并不能确定公司是否隐瞒以及隐瞒多少利润的事实，故为了保障股东盈余分配权的实现，赋予其特定知情权诉讼的原告资格较为妥当。"[①]司法审判实务中对此做法虽然不一，但以否定说居多，本文赞同此观点。若赋予退出股东知情权会带来诸多负面影响和潜在弊端：首先，只有享有股东资格者才天然享有股东知情权，而一旦承认退出股东有权利行使股东知情权，实质上将股东资格与知情权肢解，割裂两者间的关系，有悖于法理；其次，如果基于"肯定说"理由而对股东给予此等保护，则显失公平，也会大大增加股东滥诉和退出股东插手公司的经营活动的可能，不利于社会经济稳定；最后，也尤为重要的一点是，这种退出股东的知情权构造很可能成为刺探公司商业秘密的绝佳理由，进而给公司造成巨大损失。事实上，最高院关于适用《中华人民共和国公司法》若干问题的规定（四）（以下简称《公司法司法解释（四）》）第十三条便采纳此种观点，即股东依据《公司法》第三十三条或者第九十七条起诉公司请求查阅、复制公司文件材料的，应当依法受理。公司提供证据证明原告起诉时或者在诉讼中已经不具有股东身份的，应当驳回起诉。

（二）委托他人行使

股东只要具备股东资格，即便其未出资、未完全出资或者抽逃出资，都可以自己行使知情权。但公司法并未规定股东是否能够委托外人行使。

这是一个具有实践意义的问题，因为财务资料往往具有专业性和复杂性，"事实上，多数自然人股东不具备独自查阅财务会计账簿的能力"[②]，即便财务信息存在伪造的情况，当事人也难以分辨真伪。如此，如股东不能委托专业的会计师和律师，那么整个股东知情权的立法目的便形同虚设，只是一句空话，实践中也有判例判决禁止委托他人行使知情权，如表 11-1 所示。

---

① 李建伟. 股东知情权诉讼基本程序问题探析[J]. 国家检察官学院学报，2010，18（1）：115-121.

② 需要指出，法人股东不存在这一问题，因为其可以委托专业会计人员作为其代理人进行查阅。

表 11-1　司法实践关于禁止委托他人行使知情权的案例

	判 例 索 引	涉 及 内 容
禁止委托行使	异议人王敏与被执行人江苏佳弗林出租汽车有限公司其他民事执行异议案（2014）鼓执异字第 13 号	股东能否委托他人代为行使查阅权应通过审判程序予以解决。在生效法律文书未明确规定股东可以委托他人代为行使查阅权且双方未能就查阅方式达成一致的情况下，执行程序中不应直接准许股东委托他人（包括专业人员）行使股东查阅权

　　因此，为实现立法目的，保护股东知情权，有必要在裁判中支持委托其他专业人士代为查阅的请求。当然，若公司能够举证证明委托他人行使会给公司带来损害，可请求法院暂停股东查阅行为。《公司法司法解释（四）》对此问题予以了回应，即"人民法院经审查认为原告的诉讼请求符合公司法规定的，应当判决在确定的时间、在公司住所地或者原告与公司协商确定的其他地点，由公司提供有关文件材料供股东查阅或者复制。股东可以委托代理人查阅、复制公司文件材料"。但同时，这种委托行使的被委托人的范围应当适当限缩，仅限于律师、会计、审计师等专业人士，若肆意委托他人，难免为刺探公司秘密打开阀门，大大造成给公司利益造成重大损害的可能。

　　从比较法来看，许多国家都规定了与此相关的检查人制度。就英国而言，1985 年《公司法》第 14 章专门规定公司调查制度，在我国也译为检查人（选任）制度[①]。"法院可以发布令状（order）要求调查公司，此时国务大臣应当委任检查人。国务大臣本人在其认为存在以下情形时可以主动委任检查人进行调查……（4）公司股东没有被提供他们有理由获得的有关公司事务的所有信息。"[②]德国则是另一种形式，"……在下列情况下，法院可以指定特别调查……如果有理由认定在年度账面中的某些具体事项中，账面数额严重超过或严重低于实际金额……"[③]。从世界立法来看，各国对检查人制度的规定虽不完全相同，但都包含一种思想，即在符合法定条件下，对于有证据证明公司董事、高管实施损害公司利益行为时，特意请求法院聘请独立的律师、会计师等对公司经营进行临时性检查，具有独立性、临时性和专业性的优势与特点。这种制度一方面拓宽了股东获取公司信息的方式与渠道；另一方面也解决了股东缺乏专业知识的问题，更富有效率。

四、股东知情权的行使范围

　　从经济学视角，由于信息缺失等原因，人们往往都并非"完全理性的人"。股东与董

[①] 施天涛. 公司法论[M]. 北京：法律出版社，2006：316.

[②] 参见吴高臣. 股东查阅权研究[J]. 当代法学，2007，21（1）：80-85.

[③] 杜景林. 德国股份法、德国有限责任公司法、德国公司改组法、德国参与决定法[M]. 北京：中国政法大学出版社，2000：85.

事之间、大股东与中小股东之间都有不同的利益诉求，会形成一种利益冲突与矛盾，在此处，缺乏信息的中小股东往往处于不利地位。因此，法律赋予股东法定的知情权来平衡利益。但股东的知情权却也会引发新的利益冲突，这种新生的利益冲突无疑加重了公司的运营成本。"制度创新或变迁的动机是为了获取更大的利益，促使人们改变既有规则和接受新规则的根本原因是新规则和新制度能够给人们带来更多的收益。"①这种利益之间的冲突依赖于权利之间的平衡。正如利益法学家耶林所言，权利的基础是利益，法起源于对立利益的斗争，法的最高任务就是平衡利益。

（一）对公司的财务或资产状况进行审计是否为知情权的行使范围

在实践中，公司股东会要求法院对公司的财务或资产状况进行审计。此项要求往往基于一些正当理由，例如，最高人民法院（2001）民四终字第 39 号在无锡梁溪冷轧薄板有限公司（下称梁溪公司）诉太平洋镀锌薄板有限公司（下称太平洋公司）等股东知情权案中，中方股东梁溪公司便以太平洋公司隐瞒公司大量资产的行为侵犯其知情权为由，要求法院对公司财务和资产进行审计。这从情理上似乎有支持的余地，但这显然超出了法律对知情权的规定，超过了其语言和体系含义及知情权的行使范围，行使此项要求有违诚实信用原则的要求。若法院予以支持无疑漫无边际地扩张了知情权的边界，一项膨胀过度的权利对法秩序的破坏绝不容忽视。此亦非知情权立法目的应有之义。

公司法只有在一人公司中对审计进行了规定，"一人有限公司在每一会计年度终了时的财务会计报告进行审计"，除此之外，再无对强制审计进行规制。此处应做"规范性沉默"理解，立法者有意将审计排除知情权范围之外，对其持章程自治态度。这是利益权衡的结果。公司法不仅要维护股东的利益，同时亦要兼顾公司和整个社会市场经济的效率问题，在两者之间寻求一种动态的平衡。在对一个公司进行审计耗时极长，浪费诸多人力与社会资源，公司经营会受到极大的影响。在此点上，立法者显然进行了利益判断，为了经济效益和效率而对股东的知情权有所限缩。

表 11-2 所示为司法实践关于是否支持对公司财务进行审计裁判表。

表 11-2　司法实践关于是否支持对公司财务进行审计裁判表

标　题	判例索引	涉及内容
反对对公司财务进行审计	宁波 A 股份有限公司诉上海 B 有限公司股东知情权纠纷案（2010）闵民二（商）初字第 2042 号	股东行使知情权亦有一定的范围，在查阅权范围的确定上，应遵循查阅权有限行使原则，以防止股东滥用诉权，维护公司正常运转。依据公司法的相关规定，股东有权查阅的内容已经在法律条文中予以了列明，被告章程对此范围亦没有扩大。据此，以任何理由对查阅范围的任意扩大无法律依据。原告要求查阅的审计报告不在股东知情权范围之内

---

① 高德步. 产权与增长：论法律制度的效率[M]. 北京：中国人民大学出版社，1999：187.

标　题	判例索引	涉及内容
反对对公司财务进行审计	无锡梁溪冷轧薄板有限公司诉无锡太平洋镀锌薄板有限公司等股东知情权纠纷案（2006）锡民再终字第0028号	根据原《中华人民共和国公司法》的规定，股东有权查阅公司章程、股东大会会议记录和财务会计报告。本案中，梁溪公司与长江公司、太平洋公司虽就投资欠款发生争议，并向法院提起诉讼，但并不因此能说明梁溪公司欲行使知情权具有恶意的或有不当的目的。因此对在法律规定和当事人起诉范围内的知情权应予保护。梁溪公司起诉要求长江公司、太平洋公司接受其安排独立会计师对长江公司、太平洋公司全面审计和安排评估师对企业整体资产进行评估的诉请，法律对此未有规定。长江公司、太平洋公司的股东在修订的合营合同中明确约定，"一方有权在任何时候安排独立的会计师对企业的账簿进行审计"。在章程中也约定："合营企业每一方有权在任何时候自己负担费用聘用单独的会计师对合营企业的账簿和记录进行审查"。股东并未约定对太平洋公司、长江公司可全面审计和可对整体资产评估。因此梁溪公司的该项诉请既无法律上的规定，又超出了当事人的约定，不予支持
支持对公司财务进行审计	杭州华鼎实业投资有限公司诉浙江浩然置业有限公司股东知情权纠纷案（2014）杭江商初字第1255号	对华鼎公司要求查阅或复制浩然公司2013年度审计报告的请求，华鼎公司作为公司两股东之一，有权全面了解公司经营状况，其有权查阅或复制2013年度审计报告，虽浩然公司所称2013年度审计报告尚未出具，因本案争议为原告是否享有查阅或复制的权利，审理阶段尚未需要实际履行，确认原告享有权利与后期可实际履行并未冲突，故本院对华鼎公司要求查阅或复制2013年度审计报告的请求也予支持

（二）会计凭证是否在股东知情权的行使范围之内

《公司法》第三十四条规定："有限责任公司的股东有权查阅、复制公司章程、股东会会议记录、董事会会议决议、监事会会议决议和财务会计报告。股东可以要求查阅公司会计账簿。"第九十八条规定："股份有限公司股东有权查阅公司章程、股东名册、公司债券存根、股东大会会议记录、董事会会议决议、监事会会议决议、财务会计报告，对公司的经营提出建议或质询。"公司法用这两个条文对股东知情权的范围进行了规定，也允许股东对公司的会计账簿进行查阅，只要说明正当理由即可。但实践中就是否能查阅会计账簿的原始凭证却出现极大分歧，详情如表11-3所示。

表 11-3　司法实践关于是否应当支持股东请求查阅会计账簿裁判情况表

支持查阅会计账簿	刘云坤诉克拉玛依市国信拍卖有限责任公司股东知情权纠纷案 （2014）独民二初字第 160 号	《中华人民共和国会计法》第九条、第十四条、第十五条第一款规定，本院认为，公司的具体经营活动只有通过查阅原始凭证才能知晓，不查阅原始凭证，股东可能无法准确了解公司真正的经营状况。据此，原告要求查阅会计原始凭证的诉讼请求，亦应予以支持
	北京上地创业物业管理有限责任公司与谢兴达股东知情权纠纷案 （2015）一中民（商）终字第 4682 号	关于查阅公司会计账簿的范围，本院认为，股东对公司的财务状况、运营状况是否具有充分的、真实的了解，关系着股东权益的实现，关系着股东投资参股公司的目的是否能够实现，但公司财务和运营状况并不能够仅仅通过会计账簿充分体现，甚至会出现虚假记载的情况，而会计凭证则具有原始性、中立性和可核实性的特点，是公司收支活动的可靠性依据，故为了保障股东的知情权的实现，应当允许股东查阅公司的会计凭证，包括记账凭证和原始凭证，这也符合公司法的立法本意
	上海中友实业有限公司诉上海金蕾丝花边绣品有限公司股东知情权纠纷案 （2015）沪一中民四（商）终字第 499 号	其次，对于中友公司查阅会计账簿及会计原始凭证的要求，中友公司在 2015 年 1 月 30 日向金蕾丝公司发送函件中已经明确说明了查阅的目的，该主张并不违反法律规定。会计原始凭证系记账的主要依据，会计账簿内容的真实性、完整性发生争议时，会计原始凭证是必不可少的判断标准。因此，股东行使知情权要求查阅会计账簿，依照公司法规定提出书面请求并说明正当目的的，其查阅权利的范围应包含会计原始凭证
	任瑜与苏州锦泰华装饰工程有限公司股东知情权纠纷案 （2014）相商初字第 01269 号	股东知情权是指股东享有对有关公司决策、经营、管理、财务运行状况等重要信息了解和掌握的权利，是股东依法实现其他股东权的基础，而查阅公司会计账簿则是股东知情权的具体内容之一。根据会计法的有关规定，会计账簿是根据会计原始凭证制作的，要保障充分、真实、全面了解公司会计账簿的由来，应当一并了解其会计原始凭证

续表

		对于第三个争议焦点，根据我国会计法的规定及其实务操作规范，在整个会计资料系统中，会计原始凭证处于最基础层面，会计账簿的登记必须以经过审核的会计凭证为依据。虽然我国公司法未对股东查阅会计原始凭证做出规定，但根据"举轻以明重"的法律适用原则，对会计原始凭证的查阅条件应较会计账簿更严格。本案中，虹吸公司的章程中并未约定股东可以查阅会计原始凭证，王浩亦未能充分举证证明其所需查阅的公司账簿不真实、不完整，或针对会计账簿提出足以引起合理怀疑的依据，亦未举证证明非经结合查阅会计凭证不足以验证公司账簿的真实性和合法性，或不足以有效实现其正当目的。故王浩要求查阅虹吸公司会计原始凭证的诉讼请求，缺乏事实和法律依据，应不予支持
反对查阅会计账簿	上诉人南京虹吸工程技术有限公司与被上诉人王浩股东知情权纠纷案（2015）宁商终字第595号	
	原告林建峰因与被告福州开发区东方远航船务有限公司股东知情权纠纷案（2015）马民初字第657号	原告林建峰查阅权行使的范围只限于公司会计账簿（含总账、明细账、日记账和其他辅助性账簿）。对于原告林建峰要求查阅其他公司资料的诉请，因超出了《公司法》第三十三条第二款规定的股东行使知情权的查阅范围，本院不予支持
	昆明市宜良进霆房地产有限公司与徐忠义等股东知情权纠纷上诉案（2014）昆民五终字第44号	股东的知情权行使范围包括财务会计报告、会计账簿等，并不包括财务会计凭证，两被上诉人在一审的诉请中请求了财务会计报告，一审并没有针对会计报告做出判决，二审中两被上诉人明确放弃查阅会计报告的请求，故本院不再针对会计报告做出判决。至于一审法院判决的要求上诉人提供财务会计凭证供两被上诉人查阅，由于财务会计凭证并不属于股东行使知情权的范畴，故本院对此予以改判
	杨云等与南京寻憬艺术设计咨询有限公司股东知情权纠纷上诉案（2014）宁商终字第1号	另外，关于杨云、宣小雷要求复制会计账簿（包括记账凭证和原始凭证）的上诉请求，因超出法律规定的行使范围，于法无据，本院不予支持

　　一种有力观点认为，会计凭证不得为查阅。[①]

　　首先，会计账簿是按照特定格式、序时分类的由相互间具有联系的账页所组成，全

---

① 参见吴高臣. 股东查阅权研究[J]. 当代法学，2007（1）：80-85.

面反映企业、事业单位经济业务事项的会计簿。原始凭证，如款项收据、销售发票等，是最初发生经济往来的书面材料。原始凭证、记账凭证属于会计凭证；总账、明细分类账和其他辅助性账簿属于会计账簿。会计账簿和会计凭证是两个不同的东西，两者并非包含与被包含的关系，不能从法律规定中推得而知股东有权对会计凭证进行查阅。

其次，对会计凭证的查阅会产生泄露商业秘密的风险。会计凭证本身往往会承载诸多商业信息，例就标的物的出卖价格、交易当事人住址等情况、运费负担状况等。而贸然让股东进行查阅无疑会造成信息泄露的风险。

但本文对上述观点持反对态度。

查阅会计账簿的原始凭证符合保护中小股东知情权的立法目的。首先会计的原始凭证是制作会计账簿和财务会计报表的原始凭证，只有从原始凭证下才能窥探出财务会计信息的真实性、准确性和合法性。如不能查阅，股东知情权不过流于形式。

从利益角度考虑，对原始凭证的查阅并不会造成公司利益的流失，相反，其知情权的积极行使会起到良好的监督作用。在很多情况下，大股东凭借其股权多数和最高管理层的控制，往往实质性地掌控着公司的人事、财务、经营和管理，中小股东仅凭纸面上的数字往往很难知晓公司的真实营运状况，处于极为不利的地位。另外，大股东很有可能为谋求自身利益的最大化而虚假和捏造财务信息。就泄露商业信息而言，公司法也给予了一定平衡，股东在查阅会计账簿时必须说明理由，公司认为股东查阅有不正当目的时可以拒绝。但必须说明的是，这种查阅也应当受到限制，其不能干扰到公司的正常经营；此外，股东对其查阅到的原始凭证也有保密的义务，不能泄露给他人，若因其违背保密义务而给公司造成损害的，该股东有义务承担赔偿责任。

综上所述，为真正保护股东知情权，起到股东的监督作用，平衡大股东与中小股东之间的利益，将会计原始凭证纳入股东知情范围合法合理。

（三）股东是否有权查阅公司与他人签订的有关协议

股东有时也会要求查阅公司与他人签订的合同，法院判决也存在分歧，如表 11-4 所示。

表 11-4 司法实践关于股东是否有权查阅公司与他人签订的有关协议的裁判情况表

支持有权查阅公司与他人签订的协议	王进与江苏华淮房地产有限公司股东知情权纠纷案（2015）丰商初字第 0084 号	原告王进同时要求查阅公司会计账簿之外的施工合同、采购合同等对外合同，鉴于以上合同均是公司正常的经营活动范围和内容，反映了公司的基本经营状况，作为公司股东要求知悉以上信息内容并无不当，本院亦予以支持
支持无权查阅公司与他人签订的协议	余洪刚诉广西贺州市俊翔水电开发有限责任公司股东知情权案	贺州市八步区人民法院在审理后认为，原告请求查阅被告俊翔公司与他人签订的协议或者文件及经营管理文件，超出了《公司法》第三十四条规定，故原告的诉讼请求不予支持

但这显然不能够被支持。严格来讲，公司与他人签订的协议已属商人间的秘密，如能被查阅，则往往会损害第三人的利益。另外在所有权与管理权相分离的模式下，股东并不直接参与公司经营，是无权查阅公司间的协议。将此等要求排除在股东知情权的范围之外，也是股东利益与外部第三人利益和交易安全衡量的结果。

总而言之，任何权利的行使都要符合诚实信用原则，股东知情权的权利构造不是一种纯粹的、直线型的、单向的权利保护，毋宁是一种多种利益衡量下的权利博弈。一味过分地保护股东知情权，则往往会损害公司、第三人和整个社会的利益。"权利机制的失衡和从中反映出的利益机制的失衡，必然会最终侵蚀公司运作机制和其目标的实现。"[①]

（四）行使时效

从理论而言，以时间和空间为轴线，可以对知情权的行使范围进行时间上和空间上的划分，上述三种情形都是股东知情权行使的空间范围，股东知情权行使的时间维度在于其行使时效。

从现实而言，对于股东查阅的信息是包含既往的所有信息还是应当为一定期限的问题，在本文看来其实无讨论必要：第一，本着"法无明文规定"的法谚，股东知情权的行使受期间限制于法无据；第二，有时对股东权利侵害不会立刻显现，会存在"潜伏期"，设立期间限制殊不合理。

另外，依股权转让或继承而获得股权的继受股东能否就其成为股东之前的信息进行查询的问题，实践裁判有所差异，具体如表 11-5 所示。本文持肯定态度。首先，公司经营是一个连续性活动，很难从时间上进行切割；其次，股东地位平等性亦要求股东应享受相同的权利，股权的可转让性及其转让前后本身平等的附加价值本便是公司的生命力之所在，此无必要限制；再者，股东对其成为股东之前的财务资料和经营信息对公司不会造成损害，反而能监督公司运营，增强投资者信心，促进公司良性发展。

表 11-5　司法实践关于股东知情权是否适用诉讼时效的裁判情况表

适用诉讼时效	许忠心与上海梧迪文化传播有限公司股东知情权纠纷案（2015）奉民二（商）初字第 507 号	本院认为，股东知情权是股东基于股东身份而行使的一种权利，具有身份权属性质，不适用诉讼时效，退一步讲，即使受诉讼时效的限制，亦应从知道或者应当知道其知情权受到侵害之日起计算，本案中，原告于 2014 年 10 月 23 日发函向被告提出书面请求，要求行使知情权，但被告至今未提供，原告的股东知情权仍处于被侵害的状态，原告要求查阅 2009—2011 年期间的财务会计报告的诉讼请求并未超过诉讼时效，故对被告的该辩称，本院不予采纳

[①] 倪健林. 公司治理结构：法律与实践[M]. 北京：法律出版社，2001：92.

续表

不适用诉讼时效	王彦峰诉常州市三利精机有限公司要求查阅具备股东身份之前的公司财会资料股东知情权纠纷案（2012）钟商初字第 555 号	至于原告要求查阅起诉之日起 2 年前的会计账簿是否超过诉讼时效，具体到本案中，该诉讼时效问题实质上是查阅范围问题。法院认为，公司经营是一个整体延续性的过程，公司今日的情况可能是以前运营的结果，若绝对的以身份论权利，股东不得查阅取得股东身份之前的相关信息，势必导致股东权益保护的不完备

结论

本文对股东知情权在实务处理中的争议点与问题进行了梳理和分析，集中体现在股东知情权行使的一般性原则、股东知情权的主体资格认定问题，以及股东知情权的行使范围和界限问题。随着市场经济的稳步发展，对股东权利保护的利益诉求也会随之增加，这就要求无论是从立法角度还是从司法审判角度，都必须加大对股东利益，尤其是中小股东利益的保护力度。但法律的不完备和其本身的滞后性，很多问题并不能从法律条文中得到直接的解答，我们需要从立法目的角度出发解决实际争议问题，例如对目的性是否正当进行审查时，法官就必须把握好司法自由裁量权，从而满足立法目的，实现实质正义。"但是法律的终极原因是社会的福利，未达到这一目标的法律规则，同样也不能永久性地证明其存在是合理的。"[①]因此，立法者和法官在裁判时，也必须慎而又慎，协调股东与公司之间、大股东与中小股东之间以及股东利益与不特定第三人之间的利益冲突。

总而言之，股东知情权作为股东的最基本的权利之一，其正当和无碍的行使是实现公司和股东自身利益的桥梁和媒介。这种权利如何行使不仅关系到公司的经营管理、公司内部治理结构和制度运行，它同样和整个经济社会的利益分配和诚信体系规则息息相关。

---

① [美]本杰明·卡多佐. 司法过程的性质[M]. 苏力，译. 北京：商务印书馆，1998：45.

专题十二　法人知情归责的一般结构

【摘要】

我国既有法律，在法人知情归责的处理上并没有提供非常明确的法律依据。本文试图就此进行一番梳理和建构，为法人知情归责的判断提供一套一般性的判断结构。比较法上的考察，是进行这种具体制度立法论梳理的较优选择。而美国法与德国法基于不同的价值理念，构建了不同的法人知情归责体系。美国法上存在一套独立的、一般性的知情归因规则，且在公司知情归责的问题上，还存在集合意识规则这一特殊的判例法原理。而《德国民法典》基于意思自治的传统理念，并不存在一般性的知情归责规范，相关知情归责问题的处理仅能通过较为迂回的手段来加以判定。虽然德国法一定程度上扩大了法人知情归责的范围，但其对于抽象的意志结合仍采取了谨慎的立场。我国的立法体例，决定了在法人知情归责的问题上应采取与德国法类似的归责结构。但美国法上知情归因的规则，对我国法人知情归责微观的判断而言，并非没有借鉴的价值。而就法人的相关知情是否得进行抽象上的直接结合，关键在于，法人相关法律责任及法律效果的构成，过错归责原则要坚持到何种程度。如果认为法人不仅要为其组织构架的完善性负责，而且也要为其相关员工重大的内部不规范行为负责，则可以进行这样的抽象结合。

【关键词】

归因规则　归属规范　法人知情归责　一般结构

一、问题的提出

法人知情归责[①]的概念，可以说是指法人相关责任及法律效果认定涉及法人知情状态或者主观过错[②]的判断时，如何进行认定。该问题，在一般的情况下并不具有特别的意义。因为在合同效力及侵权责任认定的场合，直接依照代理或者说雇主责任的规定，法人径

[①] 在德国学者的相关著作中也使用了"法人知情归责"的概念。[德]迪特尔·梅迪库斯. 德国民法总论[M]. 邵建东，译. 北京：法律出版社，2013：690.

[②] 之所以说知情归责会对过错判断产生影响，是因为过错的基本结构在于主观上知道或者应当知道某事实后，仍主观地追求、放任或者实施了某一行为，知情因素在过错的判断上具有重要影响。

直承担相应的法律后果。但在两种情况下往往意义重大：（1）相关法律效果主要根据主观状态而确定，例如善意取得、知情抗辩等；（2）行为人本身并不构成责任，从而需要确定法人主观过错时。就此，我国实践中存在的一则案例具有典型意义。

　　A 公司与 B 公司签订房地产转让合同，A 公司的法定代表人为丙，而实际负责 A 公司缔约的是其高管乙，但丙在最终的合同文本上有签字。乙在合同中陈述已经取得合法有效的房产证。然而，在合同履行过程中，B 公司发现该房地产项目存在用虚假消防验收合格意见书骗取竣工备案并进而取得房屋初始登记的情况。标的房产的房产证及登记因此存在重大的效力瑕疵。B 公司就此提出合同撤销之诉，认为 A 公司在合同签订过程中故意隐瞒伪造文件骗取竣工备案及房产登记的事实，严重动摇了缔约基础，要求撤销合同。A 公司抗辩称，伪造文书的骗证行为是其负责办证的前期项目部低阶经理甲的个人行为，公司董事、高管及实际缔约人确不知晓相应情况，不能认为 A 公司存在欺诈的故意。

　　法院一审认为：经理甲的职权包括组织办理项目竣工备案及初始登记，因此其伪造消防合格意见书骗取备案及登记的申请行为是公司行为，A 公司已因此明确地受到了行政处罚。但就与 B 公司进行签约的合同行为来看，A 公司并不存在欺诈的故意。因为甲的职权不包括对外签订房产买卖合同，其也并未实际参与缔约。公司董事、高管及实际签约人也并不知晓甲的相应行为，也就无法认为存在合同欺诈的故意。

　　合同欺诈的构成传统上需要满足：（1）欺诈行为；（2）欺诈的故意；（3）对方陷入错误认识；（4）因果关系[①]。各项要件至为明确，然而在社会分工日益细密的情况下，公司合同欺诈之成立是否仅能依据合同缔约者乙或者其董事、高管的主观知情状态来认定？一方面认为经理甲的行为在办证事项上是公司行为，而在缔约行为中又否认其行为是公司行为，这种一方面肯定，另一方面又否定的论断是否正确？又何以可能？

　　对于现代商业活动最为主要的参与者——法人，如何认定其具体的主观意志和知情？这一问题不仅具有实践上的重大意义，也是相关理论构建中需要特别关注的事项。

　　虽然各具体法律效果及责任均有其特殊的利益考量，不可能一劳永逸地解决相关问题，但是否存在一个法人知情归责的一般结构，是否存在认定法人知情状态及过错的一套基本方法。如果存在，那么该一般结构的内在逻辑和考量为何？只有回答了这些问题，法人意志的迷雾才能被真正地揭开。

二、法解释论上我国法人知情归责的困境

　　在涉及法人责任及法律效果的知情判断上，应该说存在两种解决的路径：（1）根据

[①] 合同欺诈的因果关系为双重因果关系，不仅要有使对方陷入错误认识的意思表示，对方还必须基于该错误认识而做出意思表示。崔建远. 民法总论[M]. 北京：清华大学出版社，2010：51.

法律责任或者效果的具体构成条款来界定法人场合知情的判断标准；（2）根据法人本身的相关规定，确定如何判断公司知情状态的一般标准。而从我国相关的具体法律规定来看，这两条路径均存在不小的解释论困难。

（一）基于构成条款的解释困境

就此，可以以上述合同欺诈案为例，从合同欺诈撤销权构成的角度来加以分析。

根据我国《合同法》第五十四条第二款的规定来看，合同欺诈均是"一方"实施了欺诈。要判断是否成立欺诈，也就是要判断该"一方"是否存在欺诈的故意，因此原则上来说，该"一方"的主观状态就成为了判断合同欺诈故意的基准。那么此处的"一方"到底指的是谁呢？

从《合同法》第五十四条的行文来看，此处的"一方"应当与该条前句中"有权请求人民法院或者仲裁机构变更或者撤销合同"的"当事人一方"相对应。而从"有权请求人民法院或者仲裁机构"这一定语来看，该"当事人一方"是具有诉权的民事主体，类似于民事诉讼法上作为案件当事人的原告的含义。如此，则与此相对应的另一方当事人当然就应当是被诉的对象。那么，问题就转化为，受欺诈而签订合同的人按照诉讼法或者仲裁法的规定可以起诉哪些人？按照《民事诉讼法》第四十八条、第一百一十九条的规定，受欺诈的合同签订方可起诉的对象显然包括了所有欺诈了他的人，只要存在欺诈的事实和明确的对象，无论其是被代理人还是代理人或者其他人均可成为被告。但是需要注意的是，《合同法》第五十四条中的"一方"应该不仅具有诉讼法上与原告对应的被告的含义，而且还具有合同法上，与受欺诈人交易方向相反的交易相对方的内涵，因为按照我国通说，第三人所为的欺诈，不应当直接纳入第五十四条合同欺诈条款的适用范围，原则上不能直接主张合同欺诈的法律效果。①

那么问题就进一步转化为，是否与交易相对方有关的任何人员均可以认为属于欺诈条款中"一方"的范围，如果不是，那何种关系下可以认为属于欺诈条款中所规定的"一方"？从《民法通则》第六十三条的规定来看，被代理人要对代理人的代理行为承担"民事责任"，似乎可以认为代理关系下的合同代理人属于一方的范围。但公司未参与合同实际缔结的代理人与其他员工的相关知情状况是否可以作为判断公司合同欺诈主观过错的依据，属于"一方"的范围？

可见，基于构成条款来认定法人场合的知情判断，往往存在解释学上的困难。本质上说，这些解释显然涉及对不同责任及法律效果的具体考量，需要去判断相应效果在法人场合下，基于何种知情而认定责任和法律效果符合其特定的法目的。当然，法人场合各法效果的构成也均涉及一些所谓归属规范的适用和解释问题。而在价值判断上也往往

---

① 崔建远. 民法总论[M]. 北京：清华大学出版社，2010：50.

存在一个一般性的问题：对于法人而言，如何配置其责任和法律效果符合法人本身的特殊性质。

（二）基于法人规范的解释困难

按照一般学理，认为法人机关的职务行为就是公司的自己行为，[①]因此相关知情状态也就是法人的知情状态。就此而言，判断公司的知情状态似乎也就是要判断公司的法人机关，然而从解释论上来看，该问题的判断本身并不像想象的那么简单。

1. 《民法通则》第三十八条

由于我国《民法通则》第三十六条明确了法人的行为能力，因此逻辑上法人应当存在相应的自己行为与自己意识。而如何确定法人自己行为与意识则主要在于如何确定学理上的法人机关。而《民法通则》第三十八条规定："依照法律或者法人组织章程规定，代表法人行使职权的负责人，是法人的法定代表人。"一般均认为该条所确定的法定代表人是法人的机关，[②]法定代表人在职务范围内的行为及意识就是法人本身的行为和意识。学理上一般也认为董事会、股东会、监事会也属于法人的机关，但一般认为按照我国法律的规定，法人对外表示自己意思常常仅能通过法定代表人为之。[③]那么这些机关，就其职务范围内的知情就得认定为法人的知情。但我国法上法人的机关是否仅限于以上几种，显然从我国既有法的规定来看存在不小的争议。

2. 《民法通则》第四十三条

按照《民法通则》第四十三条的规定："企业法人对它的法定代表人和其他工作人员的经营活动，承担民事责任。"对于该条规定的理解，通常学者认为是规定了法人对其法定代表人及其他工作人员在经营过程中导致的侵权责任要承担责任。按此理解，则此处的"民事责任"指的是侵权责任。[④]但有的学者认为，该处的"民事责任"至少也包括了债务不履行的责任。[⑤]若比照我国《民法通则》第六十三条对于代理效果的规定，其也采用了"承担民事责任"[⑥]的说法，似乎确实不能对该处的"民事责任"做仅是侵权责任的理解。但更为重要的问题是，该条规定所确定的到底是法人自己责任，还是将他人责任归属于法人而已？如果说是自己责任，那么本条不仅规定了法定代表人还规定了"其他

[①] 方龙华. 企业法人机关民事责任制度探究[J]. 法学论坛，1997：1. ；柯昌辉. 论法人行为和法人责任[J]. 法学评论，1990：4.

[②] 马骏驹. 法人制度的基本问题（中）[J]. 法学评论，2004：5.

[③] 朱庆育. 民法总论[M]. 北京：北京大学出版社，2013：414.

[④] 梁慧星. 民法总论[M]. 北京：法律出版社，2011：133. ；王利明. 民法总论[M]. 北京：中国人民大学出版社，2009：172.

[⑤] 朱庆育. 民法总论[M]. 北京：北京大学出版社，2013：453.

[⑥] 对于代理规定中"民事责任"概念的理解也存在着不同的意见，有学者认为应当严格认定为义务等消极因素的范畴，然后通过举重以明轻的推论和解释将民事权利等积极的因素也相应地归属于本人。崔建远. 合同法[M]. 北京：法律出版社，2010：117-119.

工作人员"，那么逻辑上来讲，这些"其他工作人员"也就应当属于法人之机关。但这些其他工作人员到底包括哪些，前述案例中的经理甲是否也属于法人机关？如果认为该条仍然规定的是法人为他人责任负责，那么问题就在于：（1）法定代表人乃属法人机关，其职务行为导致的责任当属法人的自己责任，而非他人责任；（2）如果是他人责任之归属，如上所述《侵权责任法》第三十四条也对此进行了规定，两者若性质相同，该种重复规定便不合逻辑。即使认为是包括了债务不履行的责任，由于我国《合同法》第一百二十一条也已经规定了该种责任的归属，因此认为《民法通则》第四十三条规定的是他人责任的论断存在逻辑矛盾。因此，细想之下，本条所规定的仍然应当是法人的自己责任，"其他工作人员"也属于法人机关。但该"其他工作人员"到底包括哪些人，其确定之基础到底为何？如果不能解决这一问题，显然就无法基于法人机关而判断公司的知情状态。

（三）构建法人知情归责一般结构的可行性

1. 基于构成条款构建的不可行性

由上述的分析已经可以看到，无论基于构成条款还是法人规范来解决相关问题均存在解释论上的困境。就此则必须进行某种立法论上的梳理和构建。那么，是基于构成条款来解决相关问题，还是基于法人规范来解决相关问题，对于法人知情归责的判断而言，何种路径更具可行性？

责任及法律效果的构成条款往往各有其特殊的利益考量，因此企图基于各构成条款，构建统一的认定规则，来解决法人知情归责的问题就会变得非常庞杂，不符合法律的体系化要求。然而，如上所述，各法律责任及法律效果的构成条款在法人场合的适用上，也都会涉及一般归属规范的适用，且也都涉及一个共同的价值考量问题：对于法人而言，如何配置其责任和法律效果符合法人本身的特殊性质。而后一考量往往又体现在法人的特殊规范当中。

2. 基于归属规范及法人规则进行构建的可行性

而基于法人规范和归属规范，来构建一套法人知情归责的一般结构，具有体系化的基础，这一基础具体体现为：（1）在一个国家的法律中，对法人这一主体，就其责任的认定一般均有一套较为统一的价值考量；（2）法人本质上并无行为及意志，其所谓的知情均是将自然人的意志归属于它而已。而归属规范本身并非不存在一套基本的结构体系。因此，基于法人的相关规范来构建一套法人知情归责的一般规则，是构建法人知情归责结果的一条可行路径。

（四）比较法考察的必要性

然而如上所述，我国的法人规范及归属规范在解释论上均存在许多有待明确的问题，要基于两者构建知情归责的一般结构，首先就必须厘清这两者本身的逻辑内容和结构。

然后，才能从归属规范的外在体系及法人责任认定的内在体系入手，构建出知情归责的一般结构。因此，要在解释论上解决以上的问题，回到立法论的梳理上来是必要的。而要更好地完成这一立法论上的分析，进行某种比较法的考察则是有益的。就此而言，美国法上的公司归因规则及德国法上的法人归属规范最具参考意义。就美国法的而言，英美法系下的相关规则对于理解本文问题具有启发意义，而美国法在相关问题上存在较为体系性的规则和代表性，因此从比较法考察而言是较优的选择，且其与德国法的差异也有助于理解相关问题解决的本质性问题。德国法的选择，则不仅在于其是民法法系的典型代表，并且由于其自身在相关问题上的独特发展过程，对于本文相关问题的理解亦有重要的帮助。①

三、美国法上的公司知情归责②

在美国法上，其代理概念与大陆法系的代理概念显有区别，并非仅指由本人授权，以本人名义而为法律行为的法律关系。而包括了所有"基于本人及代理人的相互同意，代理人为本人利益行为并受本人控制的法律关系"③，照此概念，则大陆法系传统概念上的各辅助人也均可纳入该代理的概念之中。对各辅助人的相关行为本人均要一般性地承担责任。

也正因为如此，代理规则（agency law）在美国法上实际充当了最一般性的归因规则（general rule of attribution）④，对于公司而言也得直接适用。而美国法上代理规则的主要内容可以体现在三个方面：（1）为承担合同责任而进行的归因；（2）为承担侵权责任而进行的归因；（3）通过代理人而形成的本人知晓状态

这一体例的最大特点在于，知情归责被单独地加以统一规定。这似乎就意味着，本人不仅要一般性地对其代理人的职务行为产生的责任负责，而且也要为该范围内其代理人的知情一般性地承担法律后果。

---

① 就比较法分析的方法和标准，见：王泽鉴. 比较法与法律之解释适用[M]//民法学说与判例研究（重排合订版）. 北京：北京大学出版社，2015.

② 美国法上没有基于法人的概念来构建的一般性规则，其一般是围绕公司（corporation）来构建类似的规则，又由于本文主要讨论的就是公司这样一种法人，因此此处径直以美国法上公司的相关规则为讨论对象。美国法上与德国法上将他人行为责任及效果归属于本人的规则并不相同，为区别两者特将美国法上的该类（attribution rule）称为归因规则，而对于德国法上的此类规则仍按照通常之称谓而谓之归属规范。而就法人自己行为及意志的认定而言，本质上仍然是将自然人的意志或者行为归属于法人，因此也可纳入到归因规则与归属规范的范畴当中。对于归属规范的定义，见：[德]迪特尔·梅迪库斯. 德国民法总论[M]. 北京：法律出版社，2013：671.

③ Robert A. Ragazzo & Frances S. Fendler. Closely Held Business Organizations[M]. second edition. Thomson Reutres 2006: 7.

④ Meridian Global Funds Management Asia Ltd v. Securities Commission 一案中法官就明确提出了适用于公司归因的代理规则，并将其表述为公司归因的一般规则。

（一）通过代理人而形成的本人知情：第三次代理法重述[①]

对通过代理人而形成的本人知情规则，美国在第二次及第三次代理法重述中均设置了统一的规定。而其中第三次重述作为美国代理法最新的整理和研究成果，最能体现出美国代理法相关规则的现状及发展方向。对此问题，该重述实际上是分了以下三种情形来对此加以规定的。

（1）就第三人送达代理人的通知而言，只要代理人具有接受该通知的权限或者表见授权，那么就应当认为本人已经知晓了该项通知。除非该第三人明知或者可得而知：代理人是在损害公司利益而行为。[②]

（2）在判断本人与第三人法律关系时，就代理人知晓的相关事实，[③]只要该知晓与代理人对本人的义务而言重要，就得认定本人已经知晓，除非代理人：① 是在完全为自己或者他人的利益而损害公司利益时知晓；② 负担了不向本人披露相应事实的义务。[④]

（3）在判断本人与第三人法律关系的场合，即使代理人是完全为自己或他人利益而损害公司利益时（如侵占公司资产等），其在这一过程中所知晓者，在存在以下情况时也可以认为本人知晓：① 有利于保护与本人交易的善意第三人[⑤]的权利；② 本人认可了代理人的该行为或者有意识地从这一行为中获取利益。[⑥]

就第一种情形，相关信息乃是由他人特别地告知和期待，因此必然存在第三人的强烈信赖，故而规定在存在受领信息的表见授权时就认定本人知晓，而不考虑该信息实际上是否与代理人的义务而言重要。对第三人信赖的保护被提到了更重要的位置。但是并非完全不顾本人的控制力问题。按照前文所注，表见授权下相对人的信赖乃由本人积极地促成，因此本人就表见授权之形成而言仍具有控制力。

第二种情形，属于代理人在行为中自然形成的知晓状态，而非由他人特意所促成，第三人对于本人的知晓并没有特别强烈的信赖。所以，原则上更重要的是要考虑相关信息与代理人义务的关联性。只有当相关信息与代理人的义务为重要时，才能认定公司知晓。此时，对这些信息，代理人对本人具有报告的义务，本人对这些信息的取得实际上有控制力，让其承担知晓的效果，可以激励其在选任和信息沟通的建立上更为积极，因此并无不

[①] 之所以选择第三次代理法重述，是因为虽然法律重述在美国并没有强制性适用要求，但由美国律师协会编写的重述在判例中经常被加以引用。其反映了美国既有规则及其发展方向。对于了解美国法的规则最具代表意义。

[②] 《第三次代理法重述》，第 5.02（1）条。

[③] 美国法上的该项知晓也包括了明知和应知两者。美国《第三次代理法重述》，第 5.01（4）条：如符合归因规则，代理人的应知也归因为本人的应知。但不能把代理人的明知归属为本人的应知，或者将其应知直接归属为本人的明知。

[④] 《第三次代理法重述》中对 5.03 条所做的评述，west law，restatement（third）of agency.

[⑤] 当第三人知晓代理人是在损害公司利益而行为时构成非善意。因此，此处所谓的善意的判断，乃是对第三人是否知晓或应当知晓代理人此时行为乃是为完全损害公司利益而行为的判断。

[⑥] 《第三次代理法重述》，第 5.04 条。

当。①此时知情的归属并不考虑第三人的信赖，无论其信赖与否均得将知情归责于本人。

第三种情形是第二种情形当中一种较为特殊和复杂的情况。②该情况也属于代理人在行为中自然而形成的知晓状态，但与第二种情形相比，本人对于此种信息的控制力要更弱，因为行为人对于其损害公司利益的行为必然会进行故意的隐瞒，客观上增加了公司获取相关信息的难度。而且，如果认为本人已经知晓了相关情形，还会导致本人构成明知而丧失要求代理人就其损失进行赔偿的权利。③因此，原则上来说不得认定公司知晓了相关事实。但是，在对第三人关系的场合，如果第三人对于代理人损害公司利益行为的性质并不知情，那么就仍然可以按照第二种情况的一般规则处理。同时在公司认可了该行为，或者有意识地从代理人的行为中获利时也仍然按照一般规则处理。可见，在此种控制力较弱的情况下，第三人的信赖与本人的得利等因素可以弥补控制力不足的因素，也将代理人的知情归责于本人。

在本人知情判断的大多数情况下，最主要的规则还是第二种情况的规定。按照该规则，本人是否知情的判断显然极为简单，通常仅仅只需要考虑代理人的相关知情是否与其对本人的义务而言为重要。按照该规则，本人是否具有相应认识或者是否具有获取信息上的过错，均不过问。而对于公司这种本人而言，就并非只是其法人机关的知情才能归因于公司，甚至其外部代理人的知情也可以。更为重要的是，内部组织信息沟通的组织构建上是否事实上有瑕疵，也并不影响对公司知情的归因。可见，美国法上的知情归因规则极大地拓宽了公司对其代理人意识负责的范围。但在责任认定上，公司知情的归因到底采取了前文所说的何种应用方式呢？对此则需要通过具体案例的分析来加以确定，在此之前对于公司的特殊归因规则也有必要进行相关的讨论。

（二）公司特殊的知情归责

虽然代理之规则均得适用于公司的情形当中，但公司作为特别的主体及本人，其在相关归因问题的处理上，仍然存在一些特别的规定，这些特别规定与一般代理规范一起均适用于公司归因问题的处理。

1. 公司的机关（organ）

与公司的代理人不同，公司机关之相关行为及主观意志被认为就是公司自己的行为及意志，其所产生的任何法律责任均应当是自己责任（primary liability）而非间接责任（vicarious liability）。两种责任在公司是否享有追偿权上具有差异。④因此，从这个意义上来看，法人机关的判断仍然具有一定的意义。在公司刑事责任的认定上，传统上也要

---

① 《第三次代理法重述》中对第5.04条的解析，west law，restatement（third）of agency.

② 在美国公司法的实践中大量存在这样的问题，见：[美]罗伯特·W. 汉密尔顿. 公司法[M]. 北京：法律出版社，1999：281-282.

③ Adolfo Paolini. Auditors' Liability and Corporate Fraud in the UK: Does Corporate Size and Structure Matter?[J]. Journal of Business & Technology Law, 2015(10).

④ Robert A. Ragazzo & Frances S. Fendler. Closely Held Business Organizations[M]. second edition. Thomson Reutres 2006: 11.

求公司的机关具有故意，但也有所动摇。①总体来看，在法人归因的问题上，英美法上的法人机关并没有特别重要的价值。特别是按照代理的一般归因规范，公司就仅需对其法人机关一般性的行为承担责任。因此，诚如相关学者所说，在英美法系上并不太常用法人机关的概念。②

而且在法人机关的判断上，美国法并不像德国法那么形式化和机械化，在《标准刑法典》中甚至认为当公司代理人是在执行公司政策的时候也可以认定为是公司机关。③但比较温和的观点仍然认为，公司管理等级上较高的职员在其职务范围内行为时就得认定为是公司机关。④

2. 集合意识规则

United States v. Bank of New England⑤一案就该问题来说具有重要的里程碑意义，该案被评论者认为是确立了公司知情判断的"collective knowledge"（集合意识规则），⑥不仅将符合知情归因规则的知情归责于公司，而且也肯定了将这些知情状态进行抽象的结合，从而在各具体代理人均不完全知情的情况下也可以抽象地认定公司存在主观上的知情。

该案法官明确表示："所谓公司的行为，简单地说，就是其所有雇员在其职务范围之内所为的行为……类似地，各雇员在其职务范围之内所知晓的相关事项，也都应归属于公司，均认为是公司所知晓的事实。"在完成了这样一种知情归责的认定后，法官认为，在公司相关职员均不知晓客户承兑数额已达到法定报告义务要求且对此也不存在过错的情况下，由于每一个相关员工就其所知晓的数额都是公司知晓的数额，因此虽然具体的员工对承兑的总额并不知晓，但将这些知情结合起来，则公司对此应是知情的。公司明知达到了法定的报告义务而不报，具有主观故意应当承担相应责任。⑦

新英格兰案下通过集合规则，在各代理人均不是完全知情的情况下，通过抽象地结合，生造出了一个公司完整的主观故意。这一做法引起了相关学者的批判，⑧认为任何法

---

① Yedidia Z. Stern. Corporate Criminal Personal Liability——Who is The Corporation[J]. Journal of Corporation Law, 1987(13).

② 邓峰. 普通公司法[M]. 北京：中国人民大学出版社，2009：125.

③ MODEL PENAL CODE § 2.07(1), 1956.

④ Yedidia Z. Stern. Corporate Criminal Personal Liability——Who is The Corporation[J]. Journal of Corporation Law, 1987(13).

⑤ 821 F.2d 844 (1st Cir.), cert. denied, 484 U.S. 843(1987).

⑥ Thomas A. Hagemann, Joseph Grinstein: The Mythology of Aggregate Corporate Knowledge a Deconstruction, George Washington Law Review, 1997: 65. 这一批判文章最具有影响力，并在 2013 年的最新判例中被法官加以引用。

⑦ 在该案之前，其实也存在着法院适用结合规则的情况。See United States v. T.I.M.E.-D.C., Inc. 381 F. Supp. 730 (W.D. Va. 1974); Inland Freight Lines v. United States191 F.2d 313 (10th Cir. 1951). 而在该案之后，不仅刑事案件当中存在适用该案规则的情况，在民事案件中也开始适用这一案件所确定的规则。See Procter & Gamble Co. v. Bankers Trust Co., 900 F. Supp. 186, 191 (S.D. Ohio 1995), Graniteville Co. v. Bleckley Lumber Co., 944 F.2d 819.

⑧ Thomas A. Hagemann, Joseph Grinstein. The Mythology of Aggregate Corporate Knowledge a Deconstruction[J]. George Washington Law Review, 1997(65); Anthony Ragozino. Replacing The Collective Knowledge Doctrine With A Better Theory For Establishing Corporate Mens Rea: The Duty Stratification Approach[J]. Southwestern University Law Review, 1995(24).

院在刑事案件中单独适用该项规则来认定公司责任都是严重错误的。将导致公司在过失情况[①]下也要承担故意犯罪的责任，从而与法律的目的相违背，也削弱了"犯罪故意"要件本身的意义，最终将导致刑事责任的不当扩张。[②]

然而，在民事责任的认定场合，该原理仍然得到了很大程度的承认，[③]它显示了对于公司责任的一种新认识：公司不再仅仅只为不法行为本身的过错负责，其也应当为与该不法行为产生相关的、内部不规范的行为负责。当然该内部不规范行为按照通过代理人而形成的本人知情规则来看，必然是需要与职员所负担的义务而言重要，并非职员的任何内部不规范行为所导致的外部后果都需要由公司承担。因此，该项责任理念与无过错责任仍不相同。

（三）公司知情归因的一般结构

综上所述，可以将美国法上，民事场合，公司的知情归因规则结构大致整理如图 12-1 所示。

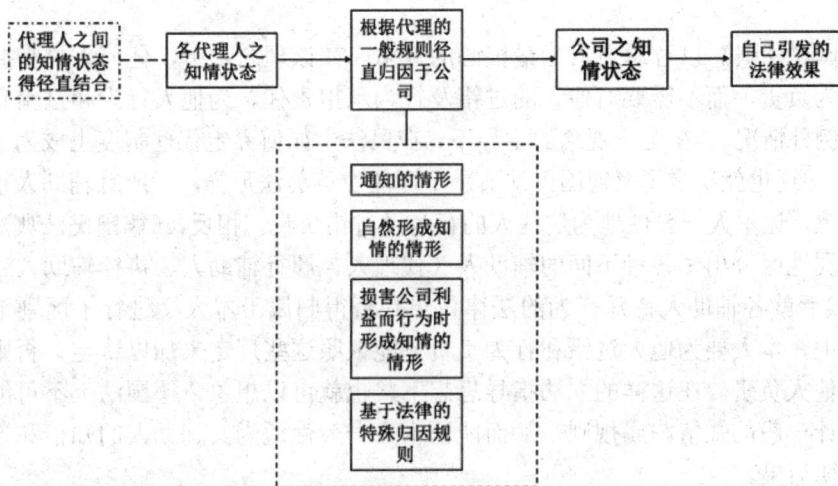

图 12-1 美国法上公司知情归因结构图

[①] 在很多类似新英格兰银行案的情况下，公司实际上都会存在过失的问题。新英格兰银行自己就承认存在未建立相关信息沟通机制的过失。因此在一般的民事案件中，往往也就可以直接基于此种过失行为来认定公司的民事责任，这种方式类似于德国法上的组织瑕疵理论。但在刑事责任的认定上，由于一般都要求故意，因此，过失并不足以构成责任。这也是为什么新英格兰案中法院会强调使用集合意识规则的重要原因。

[②] Anthony Ragozino. Replacing The Collective Knowledge Doctrine With A Better Theory For Establishing Corporate Mens Rea: The Duty Stratification Approach[J]. Southwestern University Law Review, 1995(24).

[③] Gutter v. E.I. DuPont de Nemours, 124 F.Supp.2d 1291, 1309 (S.D.Fla.2000); See CPC Int'l, Inc. v. Aerojet-General Corp, 825 F. Supp. 795, 812 (E.D.Mich.1993).

可见，在美国法上，公司知情的归因规则所重点考虑的问题，并不是什么样的代理人其知情可以归因于公司。代理人的身份在民事案件的处理上并不会影响是否可归因的判断。美国法上所考虑的核心问题在于：知情的内容本身和该知情所形成的具体情境。原则上来说，一般情况下最核心的就是要考量，该知情事项是否与其所负担的义务相关并且重要。这一结构首先建立在美国法对于代理关系下本人责任认定的价值考量之上，在他们看来，本人应该一般性地为其代理人职务范围内重要的知情和意志负责，以督促他们构建完善的信息沟通机制。而在公司的场合，由于美国法认为公司不仅应当对企业组织的完善性负责，而且也应当为该组织机构内其成员不规范的内部行为负责，因此也支持了各知情的抽象结合。可以说，美国法上的这一套知情归因规则对于公司提出了更高的要求，但其确实是一套简明而有效的认定体系。

然而，德国法在该问题的处理上，从一开始似乎就采取了更为谨慎的态度。

四、德国法上的法人[①]知情规则

《德国民法典》以意思自治为最核心的理念。在该理念之下，任何人只需要为自己的过错行为负责，而不需要对他人的过错及行为承担责任。为他人行为和过错负责诚乃一种特殊例外情况。[②]在这一观念的主导下，在民法上如何界定代理制度也成为了激烈争论的问题。[③]这也就决定了《德国民法典》不可能像英美法那样，为所有辅助人设立统一的归属规范，让本人一般性地为这些人的行为及过错负责。相反，《德国民法典》的制定者小心翼翼地区分出了各种不同的辅助人（代理人、履行辅助人、执行辅助人、占有辅助人），然后就各辅助人特殊行为的法律效果是否得归属于本人又进行了区别地审慎对待。原则上，本人要为他人过错和行为负责只能依照这些规定来加以认定，否则便不能让本人为他人负责。在这样的立法指导思想下，也就可以想象，德国法上不可能像美国法那样设计一般的知情归属规则，从而能让本人一般性地为其辅助人的知情和过错承担相应的法律后果。

这样，最终就形成了《德国民法典》特有的知情归责结构。而对于法人的知情归责，原则上仍应按这一一般的体系来处理。而在这样的体系下，法人机关就具有了特别的意义。

（一）辅助人知情归责的一般规范

如前所述，法律效果的认定并非仅在责任认定场合具有意义，在善意取得、责任抗

[①] 对于本文主要讨论的是法人一般性的归属规范问题，对于特殊法人的特别规定原则上并不加以特别的讨论。

[②] [奥]赫尔穆特·考茨欧. 侵权法中事务的所属人和行为人责任[J]. 张家勇，译. 环球法律评论，2015：4.

[③] 对德国民法上代理制度的历史发展和争论，见[德]维尔纳·弗卢梅. 法律行为论[M]. 迟颖，译. 北京：法律出版社，2013：896-898.

辩上均有重要价值。然而,《德国民法典》基于自己责任的理念,并未设置辅助人知情状态归责于本人的一般规则。其所能归属者,在起初的立法者看来,仅能是他人行为所产生的责任而已。因此,在涉及这些非责任的法律效果的判断上,如何进行知情的归责,按照德国法上的规定进行处理往往就更为复杂。

1．法律行为情况下知情状态的归属

德国法上并无关于知情归责的一般规范,但例外的在代理关系中对此作了相关的规定。《德国民法典》第 166 条第 1 款,将代理人的知情状态作为影响法律行为相关法律效果的判断基准,而将本人的知情状态加以排除。也就是说,在无权处分的场合,买受人是否善意取得,应当根据其代理人善意与否来判断,而非根据本人。但第 166 条第 2 款对此作了实质性的限制,当代理人乃是受本人控制时,则应根据本人而非代理人的知晓状态判断法律行为的效力。该种规定将对特定法律行为效力的判断,建立在代理人而非本人的主观知晓状态下,在本人明知为无权处分时,只要代理人不知仍可由本人善意取得,在立法政策上来看也值得斟酌。①

但由于第 166 条明确确定了知情归责于本人,因此在涉及知情归责问题的处理时,该条规定可以适用于准法律行为,但对于事实行为是否适用,学者仍然采取了谨慎的态度。②同时需要注意,按照该规范,在法律行为的场合,也只能将特定法律行为的具体参与者作为效力判断的基准。③这也就决定了,本人相应法律效果的构成,必须要以实际代理人的实际代理行为和其作为行为者在行为时的主观知情状态作为判断基础,而不能将非实际参与者的知情状况作为该行为效果的判断基准。

那么,在非代理情况下,涉及知情归责问题时,具体应当如何处理呢?

2．事实行为情况下知情状态的间接归属

对此,可以以占有辅助人恶意占有为例:若占有辅助人存在恶意占有的主观,那么是否得据此认定本人的占有就直接构成恶意占有,从而使其承担相应的法律后果呢?就此而言,德国法上有所争议。有观点认为对于这种非法律行为中的知情的归属可以类推适用第 166 条的相关规定,将占有辅助人的恶意径直作为此时恶意占有的认定标准,然后再将相关法律后果归属于本人。相关判例也支持了该项主张。④但学者则认为,若将占有辅助人恶意占有之行为效果归属于本人,本质上属于一种扩大化的侵权责任,原则上应当按照执行辅助人归属规范第 831 条推导,在本人对占有辅助人的选任及监督具有过

---

① [德]迪特尔·梅迪库斯. 德国民法总论[M]. 邵建东, 译. 北京: 法律出版社, 2013: 684.

② 弗卢梅认为, 涉及事实行为的归属不得类推适用第 166 条, 参见: [德]维尔纳·弗卢梅. 法律行为论[M]. 迟颖, 译. 北京: 法律出版社, 2013: 895. ; [德]迪特尔·梅迪库斯. 德国民法总论[M]. 邵建东, 译. 北京: 法律出版社, 2013: 687.

③ [德]迪特尔·梅迪库斯. 德国民法总论[M]. 邵建东, 译. 北京: 法律出版社, 2013: 690.

④ 《联邦最高法院民事裁判集》第 32 卷, 第 53 页. 转引自: [德]迪特尔·梅迪库斯. 德国民法总论[M]. 邵建东, 译. 北京: 法律出版社, 2013: 687.

错时才能将恶意占有的法律效果归属于本人。只有当辅助人为法人机关时，才能径直认为法人构成恶意占有。[①]

可见，对于非代理情况下知情状态的归属方式有两种：（1）类推适用第 166 条知情归责规范的规定；（2）类推其他责任归属的规定，将辅助人相关知情状态的法律效果归属于本人，从而间接地达到知情归责的效果。而类推适用第 166 条及其他责任归属规范在具体知情的应用方式上应有区别。适用第 166 条原则上需要以实际行为做出者具有过错为必要。而以适用第 831 条，则需要本人具有选任及监督上的过失，才能进行法律效果的归属。

3．通过应知而联系的本人知晓状态与他人知晓的信息

对于他人知情的归属，实际上还存在另一种实现方式，但该种实现方式在起初，与其说是为了扩张本人责任及承担相应法律效果的范围，不如说是为了限制知情归责的一般化倾向，严格把握本人承担责任及相关法效果的范围。德国学者认为，即使辅助人所知晓的相关信息已经记入本人处的相关文档或者进行了储存，也不得径直认为，这些信息就已由本人所知晓。对此，仍应当从本人"因过失而不知"的角度考虑，判断对于这些已经存储的信息，本人是否有提取相关储存信息之动因，[②]存在时，由于德国法上通常将"明知"与"因过失而不知"同等处理，[③]从而可以让本人承担犹如其已经知晓那样的法律效果。

综上所述，在德国法上，辅助人知情状态归责于本人应当按照如图 12-2 所示的流程来进行。

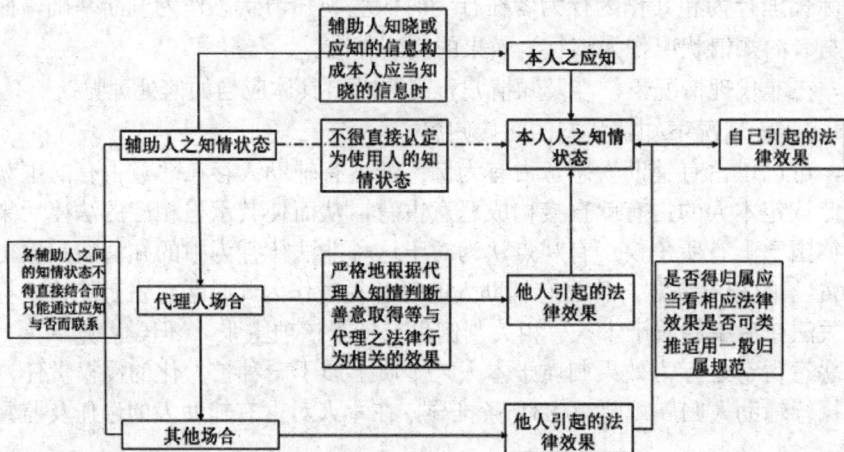

图 12-2　德国法上知情归责结构图

① [德]迪特尔·梅迪库斯. 德国民法总论[M]. 邵建东，译. 北京：法律出版社，2013：687.

② [德]迪特尔·梅迪库斯. 德国民法总论[M]. 邵建东，译. 北京：法律出版社，2013：690.

③ 《德国民法典》第 122 条第 2 款、第 123 条、第 142 条第 2 款、第 166 条、第 169 条、第 173 条、第 179 条、第 254 条第 2 款、第 307 条、第 405 条、第 674 条、第 678 条、第 729 条、第 764 条、第 824 条。

如上所论，德国法上的该种规则显然最大程度地保护了本人的自由，贯彻了自己责任的经典原理。但不能不说在一定程度上不利于第三人利益的保护。[①]且从图 12-2 所示的判断流程来看，显然德国法上对于辅助人知情的归属安排，对于法官判案来说也过于繁复，不如美国法简便。

（二）法人[②]的特殊知情归责

德国传统学说当中对于法人的性质一直存在激烈的争论，[③]实在说与拟制说[④]相争不下。但目前而言，德国法上的通说为实在说，认为法人存在法律上的行为能力，而法人机关就是其自己行为与意志的承载者。[⑤]如此，则在法人知情归责的问题上，法人机关的知情就得直接认定为法人的知情，由此而言，如何认定法人机关也就成为了重要问题。

1. 法人机关

《德国民法典》第 26 条规定："董事会在裁判上和裁判外代表法人……法人由董事会的多数成员代表。"按照该规定，一般认为公司董事会对外代表法人，是其机关。[⑥]同时，《德国民法典》第 31 条规定："法人对董事会、董事会成员之一或其他依章程选任的代理人以执行其有权执行的业务中实施的、引起损害赔偿义务的行为所加给第三人的损害，负其责任。"从该条款的内容上看，归属于法人的责任应当有两种：违反合同的责任与侵权责任。[⑦]而从侵权责任的归属上来看，该条显然确立了有别于第 831 条下关于执行辅助人侵权责任归属的特别规定，不再以法人（本人）对辅助人之选任或者监督存在过错为必要。而按照实在说的理解，该条规定之所以不再要求第 831 条下的选任或者监督上的过失，是因为第 31 条下的各主体乃属于法人的机关，因此这些人的相关行为就是法人自己的行为而非是他人的行为，当然就应当由法人自己承担相应责任，而不应适用第831 条的规定将他人的责任归属于法人。[⑧]

---

① 当然，在德国法上本人知晓与否的判断是否可以适用表见规则，在第三人善意信赖本人知晓的情况下视为本人知晓不无讨论的空间。但即使可以适用表见规则，其法律效果与美国法上直接通过代理人而知晓的规则相比仍然有所差异，体现为：（1）表见规则下，德国法上仍然要求对于表见之外本人具有可归责性；（2）表见规则下，第三人必须先举证证明其存在善意的信赖；（3）对于侵权责任的等非信赖关系下的受害人利益并不得基于此而加以保护。

② 在德国法上公司属于法人的一种，对于法人的特殊规范均能适用于公司。且公司本身对于归属规范而言并无特别的规定。

③ [德]托马斯·莱赛尔. 德国民法中的法人制度[J]. 张双根，译. 中外法学，2001（1）.

④ 对拟制说的理解参见：仲崇玉. 论萨维尼法人代理说的政治旨趣和知识谱系[J]. 现代法学，2011（6）.

⑤ 朱庆育. 民法总论[M]. 北京：北京大学出版社，2013：214. ; [德]福尔克·博伊庭. 德国公司法中的代表理论[M]//邵建东，译. 民商法论丛. 第 13 卷. 北京：法律出版社，2000.

⑥ [德]弗卢梅. 法律行为论[M]//[德]迪特尔·梅迪库斯. 德国民法总论. 邵建东，译. 北京：法律出版社，2013：844.

⑦ [德]迪特尔·施瓦布. 民法导论[M]. 郑冲，译. 北京：法律出版社，2006：129.

⑧ [德]福尔克·博伊庭. 德国公司法中的代表理论[M]//邵建东，译. 民商法论丛. 第 13 卷. 北京：法律出版社，2000. ; [德]汉斯·布洛克斯，沃尔夫·迪特里希·瓦尔克. 德国民法总论[M]. 第 33 版. 张艳，译. 北京：中国人民大学出版社，2014：307.

　　按照《德国民法典》第31条的文义来看，其只能适用于法人董事会、董事会成员或其他由章程选任的具有代表权的人员，在执行职务过程中导致的责任。但在德国判例上，已将第31条的适用范围加以扩张，将不具有代表权但担任领导职务、具有独立和自我负责地位的成员亦囊括在其中。①

　　2. 抽象的意志结合

　　就法人机关的意思是否得进行直接抽象的结合，德国法上的一个判例②具有典型意义。

　　买受人K向某镇V购买不动产，并排除了物的瑕疵担保责任。然而，标的不动产上的建筑物乃由劣质材料修建，早在该合同订立前，相关部门就将该质量问题通知了V当时的法定代表人A。但与K签订合同时，A已经离任，该合同乃是由此时的法定代表人B签订，而B对于合同标的上建筑物的瑕疵根本就不知晓。但K仍然主张，出卖方V是在明知建筑物具有瑕疵的情况下与其约定排除瑕疵担保责任，该项排除约定应当属于无效。③德国联邦最高法院支持了K的主张，认为A是法人机关，其知晓构成该法人的知晓，而B也是法人机关，其相关的行为也就是法人的行为。因此，可以认为法人V是在明知建筑物具有瑕疵的情况下与买受人约定了瑕疵担保责任的排除条款，依法应当认定无效。该种论断显然是直接将两个不同法人机关的意志进行了结合，采用了与集合意识规则类似的处理方法。以至于完全未考虑具体缔约人及去职的法定代表人，对于有质量瑕疵却约定排除瑕疵担保责任的行为，有无可责难的主观知情。径直根据这种抽象的结合，而断定法人存在可责难的知情状态。

　　这样的论证方式，而非处理结果，受到了学者的批评。④这一批评强调，在本案中，"参与法律行为的只有善意的B，而恶意的A并没有参与法律行为……因此没有参与买卖行为的A的知识，不应归属于作为出卖人的某镇……A曾经是该镇的机关，是无关紧要的"，并进而认为，质量瑕疵的事实，只有构成缔约代理人B应当知晓之信息时，才能作为判断相关法律行为效果的依据。因此，要认定相应条款无效，就必须证明B对于相应事实的不明知存在具体的过错。⑤

　　显然，这一批评态度，最为本质的价值衡量仍然是过错的问题。按照该案法院的处理方式，在各法人机关对相关不法行为均没有过错认识的情况下也能够让法人承担相应

① 联邦最高法院. 新法学周刊[J]. 1991：3208-3210. 转引自：[德]迪特尔·施瓦布. 民法导论[M]. 郑冲，译. 北京：法律出版社，2006：129. 也有表述为"一般经营规则和习惯将独立且独自负责地履行义务这些重要的实质性职责分配给他，也就是说，他必须以此种方式代理法人。"[德]汉斯·布洛克斯，沃尔夫·迪特里希·瓦尔克. 德国民法总论[M]. 第33版. 张艳，译. 北京：中国人民大学出版社，2014：307.

② Fall von BGHZ109, 327. 转引自：[德]迪特尔·梅迪库斯. 德国民法总论[M]. 邵建东，译. 北京：法律出版社，2013：690.

③ [德]迪特尔·梅迪库斯. 德国民法总论[M]. 邵建东，译. 北京：法律出版社，2013：690.

④ [德]迪特尔·梅迪库斯. 德国民法总论[M]. 邵建东，译. 北京：法律出版社，2013：690.

⑤ [德]迪特尔·梅迪库斯. 德国民法总论[M]. 邵建东，译. 北京：法律出版社，2013：690.

责任，这在学者看来是不可接受的。妥当的做法是具体的法人机关对于不法行为必须有完整的认识。在各自仅具有部分认识的情况下，不能让法人承担不利的后果。而此案之后，法院在相关问题的处理上也是拒绝了该案的处理方式，采用了与批判学者意见相符的处理方法。①

由上述分析可见，是否得结合，关键就在于判断；法人即使本身没有任何过错，其组织结构也构建完善，是否也要为其员工内部的不合规行为（未按照内部组织要求行为）负责？如果要负责则可进行这样的抽象结合，如果必须存在法人本身的过错为前提，则不能进行这样的抽象结合。

3. 组织过失责任：对于法人知情归责的影响

组织过失责任最开始是从法人侵权责任的认定中被提出，并认为是因违反第 823 条第 1 款下一般性的监管义务而生的法人责任。就此而言，该项责任属于一种过失责任。其使得在法人侵权责任的认定上，即使无法由一个具体的辅助人构成侵权责任，该种抽象上的过失亦足以认定法人的责任。由此来看，在这一理论的价值逻辑之下，可以由法人抽象的"因过失而不知"的路径来证成法人相应的责任及法律效果。

从而可以在具体员工对不法行为均不具备完整的过错认识时，得兜底性地构建一个归属于法人自身的过错意识。以前述案件为例，就是说如果公司 A 对于经理甲伪造房屋的行为存在组织上的管理疏漏，以至于其不知晓房屋登记及房产证效力的真实状态，则可以认为公司 A 构成因"过失而不知"，然后按照过失欺诈理论认定 A 公司的合同欺诈。而该种组织过失理念下的知情归责与抽象结合下的过失知情归责仍然不同，本质上仍建立在法人自己的可归责性上。而后者如前所述，乃建立在对员工内部不规范行为负责的基础之上，即使法人本人对于该内部不规范行为不存在过错也要承担相应的法律后果。

可见，在知情归责判断上是否得直接进行抽象上的意志结合，最终是要回答：对法人相关责任及法律效果的构成而言，过错归责原则②到底要坚持到何种程度。③如果认为法人不仅要为构建完善的组织负责，而且还要为该组织运作下，其职员内部不规范行为所导致的外部不法后果负责，那么进行这样一种抽象的意志结合，在法律效果的衡量上而言，就并无什么问题。

但除此之外也需要考虑法律体系的具体构造，按照德国法上的构造，该种意志的直

---

① 联邦最高法院民事裁判集[M]//[德]迪特尔·梅迪库斯. 德国民法总论. 邵建东，译. 北京：法律出版社，2013：690.

② 过错归责原则一般仅是作为责任的规则原则，对于法律效果的构成而言，例如善意取得，仅仅是体现为一种可责难性的要求，此时则体现为对这种可责难性要求到什么程度。例如法人善意取得的场合，对于法人知情的判断到底是要法人机关完全知情才可以，还是说法人机关存在组织瑕疵导致不知情也可以。

③ 当然这一问题的考虑本身也涉及现相关责任及法律效果本身的过错衡量问题。就无过错责任而言，根本不用考虑主观的过错问题，在法人场合也是如此。因此，再讨论意志是否可以抽象集合本身就没有意义。但就赔偿的范围问题，似乎仍有过错程度的考量问题。此时是否得结合，也得根据法人赔偿确定规则下，过错责任要坚持到什么程度来加以判断。

接结合即使可以，也仅能在法人机关的知情归责问题上适用。

（三）法人知情归责的一般结构

按照实在说的观点，法人有行为能力，法人机关的职务行为就是法人自身的行为，其在职务范围内的知晓与应当知晓就是法人本身的知晓和应当知晓。因此，在法人知情归责的问题上，首先应当考虑的是各职员的身份，如果是法人机关则可直接将相应的知情状态归责于法人，如果不是法人机关则仍然应当按照一般的知情归责结构来进行相应判断。而就归属于法人知情的应用方式而言，由于组织瑕疵责任的构建，在德国法上可以在具体员工不存在完整过错认识的情况下，基于组织的瑕疵而构建法人本身的过失行为，从而进行责任或法律效果的判断。因此，德国法上法人知情归责的一般结构如图 12-3 所示。

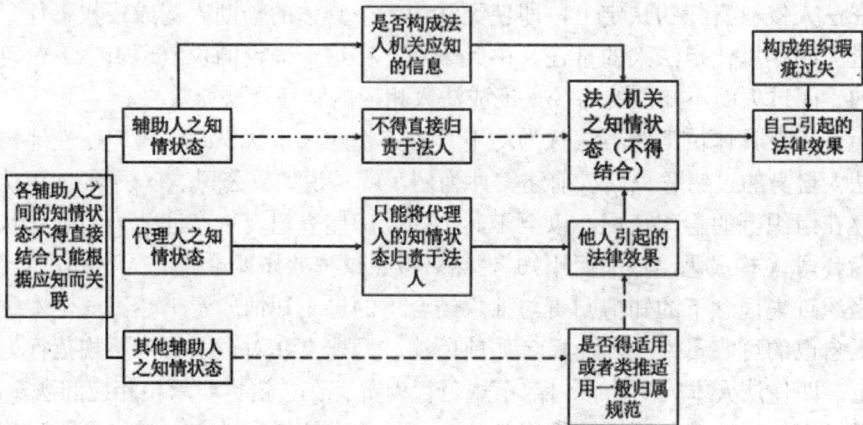

图 12-3　德国法上法人知情归责结构图

五、我国法上的法人知情归责探析

通过以上的比较法分析，对法人知情归属的结构有了较为深入的认识。美国法及德国法的构建显然存在很大的差异，其内在的价值考量也有所不同。以此作为基础，就可以对我国法上法人知情归责的结构做一番深入的解释和构建。而从我国归属规范的体系来看，显然采取了德国法上的体例，区分了各种辅助人分别设置了归属规范（《民法通则》第六十三条、《合同法》第一百二十一条、《侵权责任法》第三十四条），且未有明确的知情归责规范，不存在美国法上的一般性知情归责规范。

（一）我国法上公司知情的归属——制度与选择

1. 法解释论上我国法人知情归责的结构（见图 12-4）

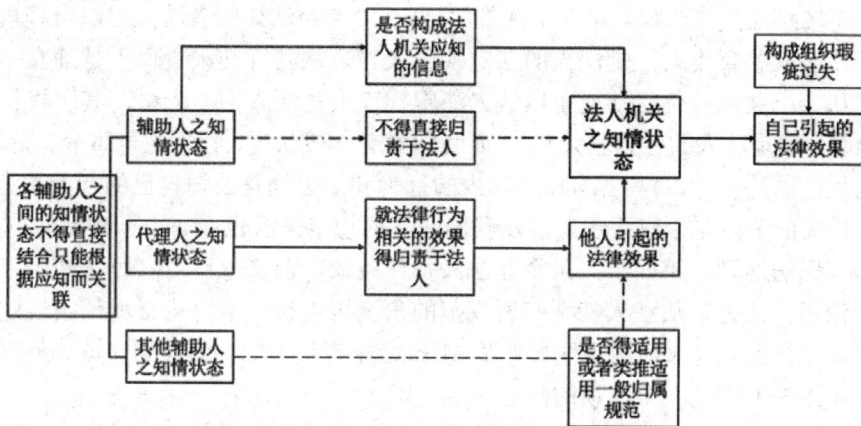

图 12-4　我国法上法人知情归责结构图

从法解释论的角度来看，我国的法人归属规范类似于德国法的制度安排。因此，在知情归责的问题上显然就不可能按照美国法上的体例，设置一般性的规定。相关知情的归属显然也应当按照上文所分析的德国法上的流程来判断。

但是，在知情归责的微观判断上，美国法上的规则并非没有借鉴的可能。例如，在如何判断各法人机关职务范围内知情的问题上，就可以借鉴美国法的义务标准，认为当该项知情与法人机关所负担的义务而言为重要时，就得认为是职务范围内而形成的知情，可以进行归属。而在他人通知的场合下，其对法人的知情具有强烈的信赖，只要该信赖是合理的，且公司对该种信赖的形成具有一定的控制力，就应当认为公司至少构成因过失而不知。同时，若相关辅助人完全是为损害公司利益而行为，那么其知情状态是否可以作为相关法律效果判断的依据，也可区分对内关系和对外关系，在对内关系上不能作为依据。在对外关系上则可在第三人存在信赖的场合，在与该第三人关系的处理加以肯定。

但需要注意的是，从解释论上来看我国法人知情归责的具体规定仍然与德国法有所不同，在司法实践当中，对相关问题的解决也存在许多特有的做法。

2. 法人机关

（1）《民法通则》第三十六条。一般认为，是否承认法人的行为责任是区分法人实在说或者拟制说的重要标志。[①]我国《民法通则》第三十六条明确规定："法人是具有民

[①] 马骏驹. 法人制度的基本理论和立法问题之探讨（中）[J]. 法学评论，2004（5）.

事权利能力和民事行为能力，依法独立享有民事权利和承担民事义务的组织。"从而在我国法上明确承认了法人的行为能力。就此而言，也就等于从概念上承认了存在法人的自己行为及自己知晓的可能性。但是法人到底如何自己行为及如何自己知晓，该规定却仍未言明。而按照《民法通则》第三十八条的规定："依照法律或者法人组织章程规定，代表法人行使职权的负责人，是法人的法定代表人。"，从其行文来看似乎是确立了法定代表人作为法人机关的地位，从而可以认为法定代表人与法人同一人格，其职权行为和职权内的知晓，就是法人的行为和知晓。①而我国学者一般认为，社团之董事会、股东大会、监事会也是社团的机关，②其各自在职权内的行为和意思均是公司自己的行为和意思。然而，法人机关的范围是否仅限于此，从我国法条的规定来看也并非不存在疑问。

（2）《民法通则》第四十三条企业法人责任条款。前文就已对《民法通则》第四十三条有所论述。此处，从法人特别归属规范的角度再进行一番讨论。就该条规定而言，其行文及体系位置均与《德国民法典》第 31 条之规定相类似。然而到底该如何理解该条规定，在我国法上确是一个麻烦的问题。

首先，第四十三条到底规定的是法人自己责任还是他人责任？如果认为第四十三条的性质是对他人责任的归属规范，那么该规定在我国事实上对执行辅助人责任的归属不再要求选任或监督过错的情况下，似乎就并不具有太大的意义。如果认为是对他人债务不履行责任的特殊归属规范，其与《合同法》第一百二十一条的一般归属规范相比也无实质差异。当然，由于我国并未对占有辅助人进行规定，如果将责任概念进行扩大解释，认为其包括了占有辅助人占有的事实，那么该条规定作为一条归属规范就仍然具有价值。但该种价值本质上来说仍然非常有限，不可能合理地认为，法律只是将该条规范的意义仅限于在占有辅助人的场合。因此，很难认为第四十三条是将他人责任归属于自己的归属规范。

如果认为第四十三条规定的是法人自己责任而非对他人责任的归属，那么无疑就得将"其他工作人员"也认定为是法人机关，他们的经营活动就是法人自己的行为。这一理解显然在很大程度上扩大了机关的范围。如果认为"其他工作人员"仅是指那些根据章程而选任的、代表法人行为的工作人员，那么该条规定所确定的法人机关的范围就仍然与德国法上的实在说相一致。而如果认为是包括了所有工作人员，则似乎是过分地扩大了法人机关的范围。这样一来，似乎该条款所充当的角色，更多的就变成了扩张"法人机关"范围的灵活条款。而客观来说，这种灵活条款在《民法通则》第三十八条仅仅规定法定代表人为法人机关的情况下，确有其意义。这样一来，如何解释该条中的"民事责任"概念反倒不再特别重要。只要能够认定相关人员是法人机关，当然得将其主观

---

① 马骏驹. 法人制度的基本理论和立法问题之探讨（中）[J]. 法学评论，2004（5）.

② 朱庆育. 民法总论[M]. 北京：北京大学出版社，2013：414-415.

及占有等都认定为法人的主观及占有，不用再通过对"民事责任"概念的扩张解释来完成这样一种曲线救国。[①]

只有对第四十三条做如此理解，也才能够更好地与第三十六条和第三十八条相协调。与《德国民法典》第31条要发挥承认法人行为能力的功能不同，我国《民法通则》第三十六条已经一劳永逸地解决了这个问题。而第三十八条也对法人机关进行了规定。在这种情况下，唯一合理的解释就是：第四十三条是对法人机关范围的调整规范。而对于"其他工作人员"的解释，至少可以采取德国法上的概念认为是包括了：担任领导职务、具有独立和自我负责地位的成员。具体来说，是法人当中对某一经营事项负责的人。[②]

3．公司的"人格象征"：通过公章而知情

显然，解释论上的法人知情归责结构，在适用上比较复杂。特别是在涉及单独判断法人知情状况的情况下，需要通过对各种归属规范的类推适用或者对法人应知的判断来达到曲线救国的目的。可以说，是对法官判案提出了较高的要求。而在实践中来看，法院至少并未明确地适用这套规则，而似乎更倾向于采取一种更为简单明了的方法。最能体现这样一种倾向的，就是法院对于公司公章效力的认定。

我国司法实践中，公司公章一直是认定公司行为的一个重要衡量标准。在最高人民法院的相关判决中，法院更是认为："公司印章是公司人格的象征，交易文本上加盖了公司印章，便具有推定为公司意思表示的法律效力。"[③]按照该种通过公章而推定意思表示的表述，对于公章所推定意思表示的相关内容当然也得推定为公司知晓。在相关的司法案例中，也肯定了这样一种通过公章而认定公司知情的结构。[④]虽说是推定，但该项推定只有在相关印章为伪造或者被他人盗取等公司无法控制的情形下被使用，该种推定效力才会被否定。[⑤]因此，可以说，在司法实践中，通过公章而知情是判断公司知情状态的一个极为重要的简便形式标准。

然而，为什么通过"公章"公司就可以知晓？公章本身作为一个符号，并不具有意志，却为何能直接推定公司的意志？一个简单的"人格象征"如何推定人格本身？对这些问题法院均未做出回答，从而也就无法通过判决而知晓这种通过公章而知情的确切结构，一切似乎都被"人格象征"这一宗教式的神秘字眼所解释和掩盖。要解释通过公章而知情的结构，就必须要回到解释论上法人知情的结构上来。可以说，公章在本质上仅

[①] 对于《民法通则》第四十三条的理解，朱庆育教授表达了与本文并不相同的观点。参见：朱庆育. 民法总论[M]. 北京：北京大学出版社，2013：453.

[②] 对我国法上法人机关的讨论，还可参见：方龙华. 企业法人机关民事责任制度探究[J]. 法学，1997（1）.

[③] 参见最高人民法院（2012）年民提字第35号判决。

[④] 参见最高人民法院（2014）年民提字第137号判决。该案中法院确定，贷款人发放催款通知单后，相关保证人和借款人都在该通知单上加盖了公章，表明两者知晓了该项通知，能够认为贷款人在保证期间内有效地主张了权利。

[⑤] 参见最高人民法院（2008）民二终字第124号判决；最高人民法院（2012）年民提字第35号判决。

是作为对法人机关知情状态的一个有效证据而被使用，真正使得公司形成知情状态的，仍然是法人机关本身。

公章作为公司最为重要的人格象征，在公司经营过程当中，交易习惯上一般均由法人机关（常常是法定代表人）控制和使用。因此，由公章所确认的相关信息，可以认为是法人机关事实上看过以后所加盖，很大程度上能够证明法人机关已经知晓了相关信息。即使公章事实上并非法人机关所盖，而由其他员工加盖。由于公章之重要性，在授意他人实际使用时，法人机关对于其使用情况从交易上的注意义务而言有核查的义务，其确实不知晓构成"因过失而不知"的主观状态。又由于法人机关之知情状态得径直归属于法人，因此可以认为，公司此时对于公章所确定的相关信息构成了"知晓"或"因过失而不知"。而两者通常在法律效果上应同等处之。

法院之所以未揭示这样一种解释论上的基础，可能的原因是：（1）法人机关是否因过失而不知，往往并非仅考虑第三人的信赖，公司内部的用章制度等也可能影响相关问题的判断，如此就会使得知情状况的判断更为复杂，而法院可能更倾向于对第三人信赖的保护；①（2）通过这样一种路径，最终通常可以认为公司构成对相关信息的"应知"，但是否在案件相关法律效果的认定上就等同于"明知"，由于法律可能并未明确规定，因此法院难免又要进行一番论证。而径直采取通过公章而径直知晓的结构，显然简单明了地解决了相关问题，且从法效果的考量来看，通常情况下似乎也并非不妥当。

4. 直接的抽象结合

对于归属于公司的各个人的意志是否得径直为抽象上的结合？如前所述，该问题最根本的回答是，在法人责任及相关法律效果的认定上，对过错责任到底要坚持到何种程度。是否要求法人对其组织构架下，相关人员内部的重大②不规范行为负责？

至少从上文对通过公章而知情的相关介绍来看，我国判例上，对相对人特别促成公司知情，对公司知情有强烈信赖的场合，如合同效力认定、通知公司相关信息。只要该种信赖合理（信赖公章一般认为是合理的），那么对于公司的内部组织是否完善，及相关用章是否符合公司内部规范均在所不问。也就是说，此时公司应当对相关人员对内不规范的用章行为负责。因此，在这些场合下，对公章所构成的知情可以径直进行抽象的结合。

那么，在其他一般的情形下，是否可以支持这样一种抽象结合呢？对此，则似乎仍

---

① 首先，我国判例上肯定了公司可以在内部规定公章的使用方式、由谁保管等，参见北京二中院（2007）二中民终字第2687号判决、江苏无锡中院（2004）锡民二终字第255号判决。但同时，我国判例上也明确指出，公司内部的用章规则不能作为抗辩第三人相应主张的依据。参见北京高院（2014）高民提字第02248号判决；河南高院（2013）豫法民二终字第34号判决。该种倾向似乎也表明，我国法上对法人相关责任的认定，更强调对第三人信赖的保护。

② 按前文对美国法的论述，该项不规范行为需要与其所担的内部义务而言为重要。

然是留给立法者与司法实践回答的问题。但从相关判例^①的处理上来看，我国在法人相关责任的认定上似乎是采取了与美国类似的立场，认为公司承担相关责任的根本基础在于"选任和监督代理人的风险"。法院此处的用语是"风险"，而非"过失"。似乎是意味着，即使其选任监督已经履行了相关义务，代理人或者相关人员如果有不规范的内部行为时，公司仍需承担该种风险责任。但各具体法律责任及法律效果似乎仍需具体地考量和判断。但无论如何，从德国法上的发展可以看出，法人责任的扩张是现代法人制度的一个特点，在这种情况下继受组织瑕疵责任确有其必要。

5. 组织瑕疵责任的继受

应该说，组织瑕疵责任下的过失责任理念^②，对于知情归责的应用而言确有认定的必要。在法人组织存在相关组织义务的场合，让其对外部的相关不法行为承担责任。然而，就该项理论的继受而言，我国法的解释论基础为何呢？就侵权责任而言，前文已经有所陈述，由于我国《侵权责任法》第六条的一般条款将责任人限定于"行为人"，而在安全注意义务的规定中又进行了明确的限定。结合第三十四条的文义规定来看，并未强调工作人员需要构成侵权责任，因此解释上可以以该条作为侵权责任下组织瑕疵责任的基础。而至于违约责任，由于我国已经采取了无过错责任的立场，因此并不适用组织瑕疵的必要。而对于缔约过失责任的适用而言，则可以以《合同法》第四十二条第三项的规定作为基础，将其纳入到"其他违背诚实信用原则的行为"当中去。如此，则关键的问题在于判断，法人本身对外是否承担了某种组织义务，就本案而言，就是要判断公司 A 是否负担了向公司 B 披露房产证真实信息，防止由于其内部组织的问题，而导致房产证伪造情况发生的义务。一旦证成有这样一种义务，则应当由公司 A 举证证明其履行了组织义务，否则就应当承担责任。但同时，也必须注意到，组织瑕疵责任在适用上的谦抑性。^③

组织瑕疵责任与意志直接的抽象结合相比，在责任构成上更为严格，无论我国法今后是否需要采取直接结合的归责方式，或者甚至是否采纳组织瑕疵责任，明晰法人责任扩张背后的价值衡量均是具有启示意义的。

（二）法人责任扩张的价值衡量

德国法上对公司的想象，诚如学者所言的那样，仍然是中世纪那样的小公司形象^④，公司与其单一所有者之间在人格上高度重合，法人的人格往往具体地由一个自然人所体

---

① 在最高人民法院（2012）民抗字第 24 号判决。该案中房产开发商委托代理人销售房屋，代理人将一套房产销售给了 A。后开发商与代理人解除了委托代理关系，代理人并未将与 A 之间的交易汇报给开发商。开发商在不知情的情况下将该房屋又进行了出售。A 由此向开发商主张商品房一房二卖的惩罚性赔偿责任。

② 在日本法上也存在类似的制度，彭凤莲. 监督过失责任论[J]. 法学家. 2004（6）：5.

③ 上文已经有所提及，组织瑕疵责任仅在雇主责任及法人自己责任均不能构成的场合才能出场发挥作用。

④ 陈自强. 代理权与经理权之间——民商合一与民商分立[M]. 北京：北京大学出版社，2008：153.

现。因此，很多时候对于法人责任的认定，仍然并未脱离自然人责任认定的窠臼。[①]如果让法人一般性地为其辅助人意志负责，实质上就是要求其所有者这个自然人一般性地为其辅助人负责，这无疑是不能被意思自治的理念所接受的。因此，妥当的观点是，法人应当只为其人格的具体承载者负责，这样的具体人格承担者就被认定为法人的机关。

但实际上随着历史的发展，法人与其所有者之间的人格渐渐分离，现代公司很难再确定出某一单一的自然人承担了公司的人格，这已经不是现代公司的通常面貌。更多时候，公司就是各种资源和关系的集合，是一个客体而非主体。[②]传统的自己责任理念也就很难适用，因为该原则以意志存在为前提，而当代公司中已经很难确定这样一个可感知的公司自己意志的存在。因此，从根本上来说，此时公司对其法人机关负责，也成为了是在为他人的意志负责。那么有什么理由让公司仅需对部分人意志负责，而对其他人的意志却不需要负责呢？可能合理的解释在于：过分扩大公司的责任范围，会变向损害股东、债权人、雇员等公司利益集团的利益。

然而，越来越多的研究基于信赖保护[③]、组织体控制风险的有效性[④]、利益与风险的一致性[⑤]、调节交易成本的合理性[⑥]，对法人责任的此种扩大化加以肯定。应当说，就公司债权人、雇员而言，法律本身为其利益的保护已提供了相应的机制。债权人可以通过合同的约定及合同法的规定规避相应风险；雇员的利益在劳动法上常常也有特别的保护。而就股东而言，他们作为公司利益的最终剩余索取者和最终控制权归属者，将相应风险分配于他们，能够有效促使其积极地实施控制，从而最大程度地降低风险。而作为公司外部的信赖者，他们对于另一组织内部的事务根本无法预期和控制，让其承担相应风险，最终将成为一种无效率的分配。只有当他们对相关情况有所预期的情况下，让其承担相应风险才具有合理性。《德国民法典》第 31 条的实质性扩张，也在很大程度上反映了当代公司法的此种价值转向。

这种分配也应以公司对相关情况具有可控制性为前提，具体就体现为它可通过特定的权利义务关系去实现某种构造，从而降低某种风险产生的可能性。在其根本无法通过设置权利义务而实现控制的场合，似乎就构成了公司责任或者其他法律效果的边界。

[①] 朱岩. 论企业组织责任——企业责任的一个核心类型[J]. 法学家，2008：3.

[②] 邓峰. 普通公司法[M]. 北京：中国人民大学出版社，2009：32.

[③] 解亘. 再论《合同法》第 121 条的存废[J]. 清华法学，2012（5）.；韩世远. 他人过错与合同责任[J]. 法商研究，1999（1）.；尹飞. 为他人行为侵权责任制规则基础[J]. 法学研究，2009（5）.

[④] Steven P. Croley. Vicarious Liability in Tort: On the Sources and Limits of Employee[J]. Southern California Law Review, 1996 (69).; Hans-Bernd Schafer, Claus Ott. The Economic Analysis of Civil Law[M]. Edward Elgar, 2000: 252-253.

[⑤] Alastair Mullis & Ken Oliphant. torts 4th[M]. Palgrave Macmillan, 2011: 329.

[⑥] Alan O. Sykes. the economics of vicarious liability[J]. Yale Law Review, 1984(93).

（三）合同欺诈在具体案件中的处理

按照上述公司知情的归属结构，文首合同欺诈案例的认定主要有以下几种路径。

1．公司实际缔约人乙是否对欺诈行为有过错

本案中，代 A 公司实际参与合同磋商缔结的职员乙属于公司的高管，从其相关笔录来看，乙还专门督促项目经理甲尽快办理房产证。这些证据可以证明：乙对于房产证的申请事务处于负责人的地位。对于房产证申请过程中的各项信息均具有知晓的能力，那么他对于经理甲伪造文书骗证的行为是否知晓呢？从经理甲实际骗证的行为来看，其是通过套印以前的消防合格书伪造相应文件而进行骗证的。而该项套印的伪造文书一直也存放在 A 公司的档案当中，且从该伪造文书的内容来看，在形式上就存在很多问题，初步的形式观察就会对其真实性产生疑问。通过这些事实来看，乙即使对伪造×文书骗证的行为不明知，其该项不明知也属于未尽到交易上应有的注意义务，属于因过失而不知。而房产证效力的真实情况在交易上显然具有重要的意义和价值，出卖人具有披露该项事实的义务。因此乙构成合同欺诈。如果认为乙是 A 公司的法人机关，属于《民法通则》第四十三条下"其他工作人员"的范畴，那么他的该项欺诈行为径直归属于法人，按照《合同法》第五十四条第二款及第五十八条的规定请求 A 公司承担欺诈的责任。如果认为其不属于法人机关，由于其实缔约代理人，因此也可以直接按照《合同法》第五十四条第二款、第五十八条的规定让公司承担责任。

2．A 公司的法定代表人是否对欺诈行为有过错

本案中，骗取房产证的文书当中有 A 公司法定代表人的签字。而按照上文所述，甲的相关伪造行为并非难以识别，因此可以认为 A 公司的法定代表人对于房产证的真实效力情况至少构成因过失而不知。而同时，该法定代表人在与 B 公司的出卖合同中签了字，参与了合同的实际缔结。因此，对于未披露房产证真实情况的行为具有过失。而该项信息在交易上有义务披露，所以法定代表人构成过失合同欺诈。又由于法定代表人就是 A 公司的法人机关，相关的法律后果应当由公司承担。公司 B 可以基于重大误解撤销合同后，依据《合同法》第四十二条第三项之规定请求损害赔偿。

3．公司 A 就欺诈事实的发生构成组织瑕疵的过失

公司 A 负有完善其组织构造，以使其相关员工的重大经营行为合法的组织义务。而本案中，公司对于甲伪造骗证如此重大的行为疏于内部管控。导致公司 B 违背真实意愿签订了合同，对此公司 A 负有组织瑕疵的过失，应当承担相应的责任。公司 B 得依据重大误解的规定主张合同撤销，并依据《合同法》第四十二条第二项的规定请求公司 A 进行缔约过失上的赔偿。

综上可以断定，按照本文所述的事实，则 A 公司应当向 B 公司承担合同欺诈的责任。

结论

　　我国的立法体例决定了在法人知情归责的问题上应采取与德国法类似的归责结构。但美国法上知情归因的规则，对我国法人知情归责微观的判断而言，并非没有借鉴的价值。而就法人的相关知情是否得进行抽象上的直接结合，关键在于，法人相关法律责任及法律效果的构成，过错归责原则要坚持到何种程度。如果认为法人不仅要为其组织构架的完善性负责，而且也要为其相关员工重大的内部不规范行为负责，则可以进行这样的抽象结合。

专题十三 公司违法利润分配及其救济

【摘要】

利润分配请求权是股东最重要的权利之一，但实践中公司常常为了进一步发展或其他目的而不分配公司利润。股东在公司股东会未达成分配决议之前是否可以直接向法院提起盈余分配之诉，是司法实务的争议焦点。若长期不分配盈余势必会侵害到小股东利益，那么公司法是否应当赋予股东强制请求分配利润的权利，实为公司自治原则与中小股东保护之间的利益博弈。再者，公司法对于采取何种措施进行利润分配并没有明文限制，但是任何利润分配的措施都必须遵循资本制度与既定顺序。

【关键词】

利润分配请求权　违法利润分配　期待权　司法介入

股东利润分配请求权，又称盈余分配请求权、分红权等[①]，是指股东对自己的投资期望得到回报的权利[②]。股东利润分配请求权是公司股东所享有的最基本、最重要的权利之一。"天下熙熙，皆为利来，天下攘攘，皆为利往"，商人的本性便在于对利润的追求，现代公司由于具有独立的法人地位、有限责任、较为顺畅的进入退出机制以及相对稳定可观的收益回报等优势，俨然成为商人摄取利润最好的工具之一。商人因出资而获取股东资格，享有表决权、知情权、建议权等诸多权利，但倘若利润分配请求权无法实现，其他一切权利的实现也都将失去存在的价值。

对于公司利润分配，根据分配的内容与形式可以分为直接分配与间接分配。直接分配是指根据公司章程或股东会决议而将公司可分配利润直接分配于股东的分配方式；相反，间接分配则是借助薪酬、奖金以及各种福利等形式变相地分配利润。间接分配往往针对的是股东参与公司经营的情形，且无须借助股东会决议，纠纷较少，在此不多讨论，本文主要探讨直接分配及其变种。

[①] 实践中法院通常将这类案件归为利润分配纠纷，本文采取利润分配之诉的概念。

[②] 赵旭东. 公司法学[M]. 北京：高等教育出版社，2015：231.

一、利润分配请求权概述

（一）股东利润分配请求权之实定法考察

《公司法》关于股东利润分配请求权的规定主要集中在第三十八条、第四十七条和第一百六十七条等。

首先，进行股利分配的前提是具有可分配的利润。"无盈不分"是一项公司最基本的规则之一，也是资本维持原则的体现。资本维持（capital maintenance）是以法定资本制度为基础，限制公司与股东行为，意在维护公司债权人利益的一系列法律规则的总和。"资本维持原则的立法目的正是为了防止资本的实质减少，保护债权人利益，同时也防止股东对盈利分配的不正当要求，确保公司本身业务活动的正常开展"。[1]因此，世界各国都严禁在不具备可分配利润时进行利润分配，以防止资本的不当减少，维护公司、股东以及债权人等利益相关者的正常权益。

其次，公司利润需要遵循既定的顺序始能分配。《公司法》第一百六十七条规定："公司分配当年税后利润时，应当提取利润的百分之十列入公司法定公积金……公司弥补亏损和提取公积金后所余税后利润，有限责任公司依照本法第三十五条的规定分配……"[2]从法条中，我们可以梳理出公司利润遵循"当年利润弥补亏损—缴纳税款—提取公积金—利润分配"的既定顺序，一旦违背上述顺序，股东必须将所得利润退还给公司[3]。

最后，股东利润分配的决定权在于股东（大）会。《公司法》第三十八条第（六）款规定，董事会制作的利润分配方案需要经过股东会审议批准方能通过[4]，此即意味着我国公司利润分配的决定权在股东（大）会手上。事实上，关于股东利润分配请求的决定权

---

[1] 赵旭东.公司法学[M].北京：高等教育出版社，2015：231.

[2] 《公司法》第一百六十七条规定："公司分配当年税后利润时，应当提取利润的百分之十列入公司法定公积金。公司法定公积金累计额为公司注册资本的百分之五十以上的，可以不再提取。公司的法定公积金不足以弥补以前年度亏损的，在依照前款规定提取法定公积金之前，应当先用当年利润弥补亏损。公司从税后利润中提取法定公积金后，经股东会或者股东大会决议，还可以从税后利润中提取任意公积金。公司弥补亏损和提取公积金后所余税后利润，有限责任公司依照本法第三十五条的规定分配；股份有限公司按照股东持有的股份比例分配，但股份有限公司章程规定不按持股比例分配的除外。"

[3] 《公司法》第一百六十七条规定："股东会、股东大会或者董事会违反前款规定，在公司弥补亏损和提取法定公积金之前向股东分配利润的，股东必须将违反规定分配的利润退还公司。"

[4] 《公司法》第三十八条规定："股东会行使下列职权：（一）决定公司的经营方针和投资计划；（二）选举和更换非由职工代表担任的董事、监事，决定有关董事、监事的报酬事项；（三）审议批准董事会的报告；（四）审议批准监事会或者监事的报告；（五）审议批准公司的年度财务预算方案、决算方案；（六）审议批准公司的利润分配方案和弥补亏损方案；（七）对公司增加或者减少注册资本做出决议；（八）对发行公司债券做出决议；（九）对公司合并、分立、解散、清算或者变更公司形式做出决议；（十）修改公司章程；（十一）公司章程规定的其他职权。对前款所列事项股东以书面形式一致表示同意的，可以不召开股东会会议，直接做出决定，并由全体股东在决定文件上签名、盖章。"

究竟归属于董事会还是股东会，世界立法存在差异。在美国，公司盈余是被分配还是再投资，属于公司的经营管理自由，基于"所有权与管理权相分离"理念，公司利润分配请求权由董事会行使[①]。在大陆法系中，股东利润分配的决定机关多是股东（大）会，例如法国以及日本均规定，公司利润分配须经股东（大）会的批准[②]。英国的规定则旗帜鲜明，只有在董事会提议分配时始得分配，且分配数额不得超过董事会的提案，因此，英国的股东会的利润分配决定权只具有"宣誓性意义"。[③]在我们国家，董事会制订公司的利润分配方案，但需要经过股东会的审议批准方可实施。[④]

（二）利润分配请求权的权利属性

从理论上，利润分配请求权被区分为抽象的利润分配请求权与具体的利润分配请求权两个层次。抽象意义上的利润分配请求权是被法律规范所确定的实体权利，是作为出资方的股东有权请求公司予以分配利润的权利；具体意义上的利润分配请求权，是指当公司存在可以分配的利润时，股东根据股东大会分派股利的决议而享有的请求公司向其支付股利金额的权利。

抽象意义上的利润分配请求权，它表征利润分配请求权的社团法属性，是作为公司股东所享有的固有的、不受剥夺和限制的权利，"除非特定股东自愿放弃，也不可以团体决议的形式剥夺"[⑤]。对于抽象的利润分配请求权的性质，存在两种学说。德国法将利润分配请求权认为是一项"正在成熟的权利"，是一个权利的不同阶段。在未达成利润分配决议之前，利润分配请求权被视为"只是一项未来的、数额不确定的债权，而在公司做出决议之后，该权利成为数额确定的到期债权"[⑥]。"美国也认为这是一种债权。公司利润分配决议一旦通过，董事会无权撤回决议，除非其盈余没有合法授权或者突发灾害使分红变得不恰当"[⑦]。

另一看法认为利润分配请求权是一种期待权，笔者更同意此观点。"期待权是权利人依据法律的规定或合同的约定，依法对未来的某种权利享有一种期望或期待的利益。"[⑧]对

[①] 美国《示范公司法》第四十五条规定："公司董事会可以不时宣布分配股利。公司可以现金、财产或自己的股份作股利分配，除非分配股利时公司已丧失清偿债务的能力或支付股利将使公司丧失此种力……"

[②] 邱海洋. 公司利润分配法律制度研究[M]. 北京：中国政法大学出版社，2014：192.

[③] 候天友，张鹏飞. 简谈英美法系国家公司法对利润分配决定权的规定[J]. 广西政法管理干部学院学报，1999（3）：65-66.

[④] 《公司法》第三十八条规定："股东会行使下列职权：……（六）审议批准公司的利润分配方案和弥补亏损方案……"；第四十七条规定，"董事会对股东会负责，行使下列职权：……（五）制订公司的利润分配方案和弥补亏损方案……"

[⑤] 张辉. 公司股东股利分配请求权的思考[J]. 商业经济与管理，2007（5）：75-80.

[⑥] [德]托马斯·莱塞，吕迪格·法伊尔. 德国资合公司法[M]. 高旭军，译. 北京：法律出版社，2005：608.

[⑦] 梁上上. 论股东强制利润分配请求权——兼评"河南思维自动化设备有限公司与胡克利润分配纠纷案"[J]. 现代法学，2015，37（2）：67-81.

[⑧] 王利明. 民法总则研究[M]. 北京：中国人民大学出版社，2012：447.

于期待权的理解，王泽鉴先生的理解或许更为精准，"从消极意义而言，取得权利之过程尚未完成，权利迄未发生；自积极意义言，权利之取得，虽未完成，但已进入完成之过程，当事人已有所期待"。[①]总而言之，抽象意义上的利润分配请求权"是法律地位与民事权利概念的结合"，与完整权利相对，"一个空壳的制度概念，包括统领在权利取得的'先期阶段'标志下权利内容迥异的形形色色的法律现象"，具备权利取得之部分重要要件，应当受到法律的保护。

具体意义上的利润分配请求权是依据股东会决议具体化后的权利，又被称作盈余分派给付请求权[②]，性质属于债权[③]，这一定性无论是在大陆法系还是在英美法系都毫无争议。[④]

因此，对其应参照适用关于债权的规定，股东会可以依据法律或者章程约定对其限制，股东可以将其处分，可以像一般债权那样成为强制执行的标的，它是一种积极性权利，受到侵害时，亦可积极地主张救济。

事实上，学理上将利润分配请求权区分成抽象意义与具体意义，这样容易对利润分配请求权的内涵造成一定的曲解，从本质而言，"股利分配请求权是股东对自己的投资期望得到回报的一种权利"[⑤]，那么所谓的"抽象意义上的利润分配请求权"与"具体意义上的利润分配请求权"实质上应该是期待权与既得权的关系，与其如此，不如将利润分配请求权仅限缩在抽象意义之上，既得权称之为债权，以避免对权利产生混淆。即本文所指的利润分配请求权，是指股东有权请求分配利润的权利。几者关系如图13-1所示。

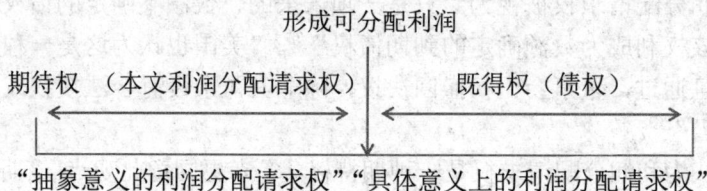

图 13-1　利润分配请求权权利属性示意图

是以，我们必须注意到另外一点，利润分配请求权的期待权属性意味着其实现依赖于一定条件的满足，才能转化为具体的权利。而这一条件便在于具有可分配的利润以及股东会达成利润分配决议。因此，在利润分配请求权从期待权利转化为既得权利之前，股东资格转移，利润分配请求权也将附随转移，这一权利属性在一些法院的审判中也予

---

① 王泽鉴. 民法学说与判例研究[M]. 北京：北京大学出版社，2004：184.

② 柯芳枝. 公司法论[M]. 北京：中国政法大学出版社，2004：332.

③ [日]前田庸. 公司法入门[M]. 王作全，译. 北京：北京大学出版社，2012：47.

④ 刘俊海. 股份有限公司股东权的保护[M]. 北京：法律出版社，2004：196.

⑤ 施天涛. 公司法论[M]. 北京：法律出版社，2014：299.

以了认可，如表 13-1 所示。

表 13-1　司法实践关于利润分配请求权权利属性认定情况

判 例 索 引	涉 及 内 容
毕景海与徐州亿洋电器设备有限公司公司利润分配纠纷案 （2015）云商初字第 0289 号	在原告将股权转让之前，被告公司股东会未形成利润分配方案，原告的股利分配请求权仅是一种期待权，原告将股权转让后，其对公司所享有的一切权利义务已经概括转让，股东身份随之丧失，就不再享有股利分配请求权，也无权再要求分配转让前的公司利润
田伟等与北京大地方通技术开发中心与企业有关纠纷上诉案 （2014）一中民（商）终字第 6683 号	对此本院认为，依据大地方通中心章程，田伟、严新暖作为企业股东对于企业的利润分配享有期待权，然而企业是否分配利润属于企业内部决议事项，在大地方通中心章程就利润分配事项缺乏具体明确的规定，且股东之间就此亦未形成相应决议的情况下，法院无法代替企业做出经营判断和选择

（三）司法困境

公司治理的核心问题之一就是对股东，尤其是中小股东利益的保护，对中小股东利润分配的保护是对股东利益维护的应有之意。然而，司法实践中关于股东利润分配的纠纷日益增多，引发了我们对利润分配请求权实现所面临的司法困境的思考。

有学者依据"股东是否基于公司股东会利润分配决议所提出的分配请求"[①]，将利润分配的纠纷进行了类型化的划分与处理。

第一种类型是基于利润分配决议而产生的盈余纠纷，其主要指公司股东会虽形成了利润分配的决议，但股东就分配协议的具体内容以及执行情况产生纠纷。具体包括利润分配的期限、盈余的具体分配方式以及分配的数额等情形，后两种情形亦可称作"不当分配"，美国著名的 dodge 案便属于这一类型[②]。因为在这种情形下，利润分配请求权已经由抽象的权利转变为具体化的债权，往往通过公司利润分配决议就可以解决，实践争议并不具有说明性。

第二种类型是非基于利润分配决议而产生的利润分配纠纷，指代在没有利润分配决议情形下而产生的利润分配请求的纠纷。具体又包括公司董事会并未就利润分配形成提案，或虽董事会形成利润分配方案，但股东会并未通过。未形成利润分配决议的原因不

[①] 梁上上. 论股东强制利润分配请求权——兼评"河南思维自动化设备有限公司与胡克利润分配纠纷案"[J]. 现代法学，2015，37（2）：67-81.

[②] 梁上上. 论股东强制利润分配请求权——兼评"河南思维自动化设备有限公司与胡克利润分配纠纷案"[J]. 现代法学，2015，37（2）：67-81.

尽相同，在一些情形下，董事会以及控股股东等为了公司的长远发展而将可分配利润进行了再投资，小股东因"短视行为"而请求分配公司利润无疑会断送公司再投资的机会，损害公司的长远发展利益；但有时公司不分配利润却是对中小股东的胁迫，是对中小股东利益的压榨，而这种胁迫与压榨却往往会被公司的长远发展目的所"掩盖"。因此，司法实践便面临着裁判困境。在股东会没有形成利润分配决议的情形下，是否允许股东直接提起利润分配之诉？对于当事人提出的强制执行公司盈余的诉求是否可以得到支持？若允许强制执行是否会伤害到公司的经营自由原则？若公司通过不分配利润作为压迫甚至排挤小股东的手段时效力如何？不仅如此，公司虽分配利润，但其手段是否正当？违法分配的法律后果如何？对于违法分配，公司、中小股东以及债权人的利益如何救济？复杂多变的利润分配措施效力如何？这都是司法实践亟须解决的问题，简而言之，关于公司利润"能不能分，怎么分，违法分配后果如何"，此为本文所要探讨的重点。

二、违法利润分配的认定及其具体类型

"股利分配政策是企业融资决策不可分割的一部分。股利支付率决定了企业作为筹资来源之一的留存收益数额。但是，将企业当期盈余的较大部分留存下来，就意味着可用于当期股利支付的资金减少。"①企业股利政策主要有两方面内容：一方面是决定企业当期利润在支付股利与增加留存收益之间的合理分配比例；另一方面是企业应当以何种方式进行分配。公司的利润分配绝非单纯地获取投资收益，是否分配、以何种方式分配并非公司绝对的内部事宜，它会对公司、股东以及债权人等利益相关者产生深远的影响，因此，对利润分配政策的合法性分析至关重要。

（一）违法分配的具体认定

对于利润分配的违法性认定，首先必须恪守的原则是"无盈不分"，即公司向股东分配的利润只能来源于公司的可分配利润，公司的资本不得用于利润分配。"无盈不分"是资本维持原则的子原则，是为了防止资本的不正当减少，维系公司偿还债务的能力以维护债权人的利益，世界各国都做出了类似"无盈不分"的规定。如法国《商事公司法》第 347 条规定，在提留分期偿债必需的储备金后，再减去以前年度亏损，并提取法定公积金和公益金，并考虑留存部分利润之后，公司尚存利润的，可向股东支付股息。支付股息部分的金额不得超过本条所规定的利润额。②我国《公司法》第一百六十七条做出了类似的规定，即首先公司利润要先满足缴纳税费的需要，之后还必须提取一定比例的法定公积金，剩余的利润才能作为股利分配给股东。因此，最为典型的违法利润分配是在

---

① [美]詹姆斯·C.范霍恩. 现代企业财务管理[M]. 郭浩，徐琳，译. 北京：经济科学出版社，1998：541.

② 沈四宝. 西方国家公司法原理[M]. 北京：法律出版社，2006：189.

没有盈余的情况下进行分配，当然，虽有盈余但分配超过盈余的部分亦构成违法分配。但我们对"无盈不分"原则的认定决不能拘泥于其形式。

除了违反"无盈不分"之外，违反股东平等原则同样可以构成违法的利润分配，例如通过章程规定或另行约定在公司有盈余的情况下不分或对中小股东少分利润，并借助此种形式将中小股东排挤出公司，因此，违法利润分配的内涵不仅包括狭义的没有利润而以各种形式分配利润，进而影响公司偿还债务能力的分配策略，还应当包括有利润而不分配的排挤策略，存在积极意义和消极意义两个层面。总而言之，如果将违法分配的类型从实体与程序两个层面分开来探讨，违反资本维持原则与违反股东平等原则都有可能构成违法的利润分配的实体要件。

（二）违反实体要件之一：变相地违法分配

一般而言，公司通常采用现金的方式进行股利分配。但实践中，通常也会采取以实物财产或公司通过发行债券、应付票据等代替现金支付，股票股利和股份分割也是惯常使用的替代股利分配措施。股份回购则可认为是一种变相的利润分配。"金融学家主要从现金流信号、股价低估、代理成本、税收和管理层激励计划等角度解释公司分配的动机和分配方式的选择。"[①]

股份回购的隐藏含义就在于可以通过公司回购股份完成减资目的的同时，达到与公司利润分配相同的法律效果。如果公司按照等比例回购股东股份有偿取得每个股东的股份，那么每个股东的财产性利益、控制性利益并不会因此而减损，不会对股东权益造成实质影响。但在公司回购股东股份时，无疑是用自由资金买自己，美国学者曾贴切地将这一现象称之为"蜥蜴在吃自己的尾巴"，"因此，可以说，股份回购的结果可以等同于一次股利分配"[②]。这也是美国等诸多国家都将股份回购视为利润分配方式的原因之所在。

但这种利润分配方式无疑具有高度隐秘性，其合法性也往往因存在违背股东平等原则和资本维持原则之嫌而遭到质疑。若公司不按照等比例回购，则意味着允许股东可以通过此等方式取回投资并获取溢价，事实上，除了 IPO 上市退出和收购退出外，股份回购是私募股权基金取回投资的重要退出途径之一。

若以减资方式回购，则股份回购无疑同实质减资具有相同的法律效果。"如任意许可公司买回自己股票，支付取得自己股票的对价，可能会侵蚀企业的基本财产，影响所及，包括公司债权人的权益，危及企业交易的秩序。"[③]因此，世界各国对股份回购的资金来源都做了限制性规定，对公司信用标准采取灵活态度的美国规定"公司取得自己股份要

---

① 唐国正. 股权二元结构对公司分配方式的影响[J]. 金融研究，2005（5）：38-50.

② 施天涛. 公司法论[M]. 北京：法律出版社，2014：299.

③ 施天涛，孙逊. 公司取得自己股份法律问题研究[J]. 政法论坛（中国政法大学学报），2002，20（4）：54-61.

以剩余金、盈余剩余金为限"[1]，德国、法国、意大利等均有此等限制。正因为如此，"无盈不分"应当得到贯彻与落实，股份回购的资金来源必须遵循利润分配相同的法律规制与分配顺序和标准。

实践中还有一种替代措施，即公司在没有利润分配的情形下，通过约定决议将公司应分配利润以借据或债券的方式，将利润分配转化成了债权债务关系，例如表 13-2 中案件所示。公司如何分配利润、以何种形式分配利润应当取决于公司自治，但任何形式的利润分配都应当恪守"无盈不分"的"红线"，无论是股份回购还是约定将利润分配权约定为债权，都必须遵循既定的分配顺序与规则，否则即构成违法利润分配。

表 13-2　关于将利润分配请求权转化为债权的司法实践

判　例　索　引	裁　判　要　旨
郑国凤诉淮安第一钢结构有限公司公司盈余分配纠纷案（2011）淮中商终字第 2 号	关于股东会决议是否有约束力的问题。法院认为，虽然被上诉人的两次股东会关于利润分配的决议是股东意思自治的表现，但是股东利润的分配必须基于具有可供分配利润的基础，同时必须是按照《公司法》第一百六十七条的规定以及公司章程的相关规定，扣除税款，提取法定公积金、提取任意公积金（按公司章程规定由股东会决议）等之后产生的

利润分配除了表现为以上样态外，还可能与抽逃出资存在密切关联。《公司法司法解释（三）》中所规定的抽逃出资的行为即制作虚假财务会计报表虚增利润进行分配等样态，都可能导致公司的财产向股东流转，从而完成利润分配之目标。不过值得注意的是，对于抽逃出资的认定，不仅要看其是否存在抽逃行为，还要看其所抽逃的客体是否为出资。当然，必须首先确定出资的外延与内涵，即使出资并不限于注册资本，还包括了资本溢价，抽逃出资的客体仍没有违法分配利润的客体大，后者涵盖至整个公司的财产，就此而言，抽逃出资这一概念可以被"违法分配"这一概念所涵盖。[2]

总而言之，违法利润分配存在各种样态，继续恪守"无盈不分"的形式要件，即只关注公司是否存在既存利润已然不能满足现实需求，我们更应当关注的是一种实质性标准，即利润分配不能减损公司偿还债务的能力。事实上，美国对于公司的利润分配违法与否采取的就是实质性标准，《美国标准公司法》第 6.40（c）节规定的利润分配条件为：分配股利后，必须保证公司有足够的流动性以偿还到期债务，且公司资产负债表上的总资产应大于总负债额。[3]我们不仅应当注重行为，更应当关注行为表象后面的经济实质，当公司的财产以股份分配、实物分配、股份回购等任何形式无对价或无合理对价地向股

[1] 施天涛，孙逊. 公司取得自己股份法律问题研究[J]. 政法论坛（中国政法大学学报），2002，20（4）：54-61.

[2] 张保华. 分配概念解析——兼评《公司法司法解释（三）》中的抽逃出资[J]. 政治与法律，2011（8）：76-83.

[3] 沈四宝. 最新美国标准公司法[M]. 北京：法律出版社，2006：86.

东流转进而影响到公司偿还债务的能力时，公司便违反了"无盈不分"原则，构成了违法利润分配。

（三）违反实体要件之二：股东排挤策略

我国《公司法》第三十五条对股利分配的政策进行了规定。就股份公司而言，公司应按照股东的持股比例进行利润分配，但股份公司章程规定不按持股比例分配的除外；有限责任公司股东按照实缴出资比例分配利润，但全体股东约定不按照出资比例分配利润的除外。[①]

从上述规定可以看出，原则而言，利润分配应当按照实际缴纳的出资比例或持股比例进行利润分配，投资多，分配多，这是股东平等原则的体现。若公司的章程另有规定或股东另有约定的可以排除适用，这又体现出了公司的灵活性，是对公司自治理念的尊重。但利润分配却可能成为公司的控制股东排挤中小股东的工具。

就股份有限公司而言，对于公司是否分配利润，因为股份在二级市场自由流通，股东的退出路径相对顺畅；股份价格也有市场价格作为参考，股东利益不会因遭到价格歧视而受损，因此，是否分配利润应取决于公司自治。但就分配方式，理论上存在争议，有学者指出，"对于公众公司而言，如果允许公司章程规定不按照持股比例分配股利，则有可能导致大股东侵害公众股东利益的情况发生，所以公众公司应以法定分配方式为原则，体现分配股权平等为宜"。[②]但笔者对此持保留态度，首先，公众公司股权相对分散，大股东的压迫行为并没有封闭公司表现得那么明显，若大股东对中小股东实行利润分配歧视，这也会对股票市场有所影响，影响公司的股票价格与交易；其次，较为顺畅与合理的退出机制已经为股东提供保护，从我国《公司法》修改思潮来看，放松公司管制，体现其自治性与灵活性乃趋势所至。因此，尊重现行法关于章程优先的规定，承认其合法性较为适宜。

就有限责任公司而言，利润分配决定权在股东会，其实质由控股股东掌握，易言之，公司是否分配取决于控股股东意思。利润分配与否往往是一个商业判断规则，这里存在公司长远利益与中小股东利益短视行为的代理成本问题。但"无股利分配"政策的目的并非总是基于商业投资而正当化，控股股东可能通过"无股利分配政策"来"软化"少数股东，并迫使股东以低廉的价格将股份出售给公司或者其他股东，从而将股东赶出公司。在多数情形下，控股股东往往也经营着公司，中小股东却很少参与公司管理，控股股东可以借助薪水、奖金、边际利益等合法形式将利润分配给自己。这一系列措施在英

[①] 《公司法》第三十五条规定："股东按照实缴的出资比例分取红利；公司新增资本时，股东有权优先按照实缴的出资比例认缴出资。但是全体股东约定不按照出资比例分取红利或者不按照出资比例优先认缴出资的除外。"

[②] 施天涛. 公司法论[M]. 北京：法律出版社，2014：299.

美法系被称为"排挤"（squeeze out）策略，这种排挤策略对中小股东的利益构成严重的侵犯，每个股东都有获得资产收益的权利，那么中小股东的利益如何维护？

（四）违反程序性条件

公司的利润分配需要经过既定的程序始得分配，除了违背利润分配的实体条件，违反程序条件同样可能构成违法的利润分配。我国《公司法》规定，董事会制订公司的利润分配方案，然后交由股东会审批，股东会的审批必须召开股东大会以决议的形式做出，但是如果全体股东以书面形式一致表示同意的，可以直接做出决定。因此，在程序上违反法律或章程规定的股利分配，主要有分配决议未经股东大会通过，或者决议的制定、通过主体存在瑕疵等，不过当分配的利润来源于公司盈余，利润分配仅违反程序性要件时，利益受到影响的主体只有公司和股东，程序上的瑕疵并不会导致公司偿还债务能力的减损，也就无所谓对债权人利益的保护。

三、违法分配的法律救济

公司将利润违法分配给股东，受到影响的绝非仅仅是公司利益，债权人与中小股东的利益同样受到侵害，对此，法律应当予以救济。

（一）公司利益的救济

1. 决议无效或可被撤销

违法利润分配需要股东（大）会做出决议方可进行，因此，违法利润分配最常见的形式就是决议的内容或决策的程序违反法律或章程。根据我国《公司法》第二十二条规定，决议的内容违反法律时决议无效，决议的内容违反章程或决议的程序违反法律或章程时可被撤销。因此，当利润分配决议的内容构成对"无盈不分"实质性的违反或违反股东平等原则，恶意排挤中小股东时，股东可以提起决议无效或可撤销之诉。

《公司法司法解释（四）》第一条、第二条对决议无效或撤销之诉的原告资格进行了明确规定，即与股东会或者股东大会所做出的利润分配决议的内容有利害关系的公司股东、董事、监事、公司职员，可以请求确认股东会或者股东大会、董事会决议无效；对于利润分配决议的撤销之诉，则只能由具有利害关系的股东提起，且提起利润分配决议撤销之诉的原告应在会议决议形成并至起诉时持续具有公司股东身份。

请求宣告股东（大）会决议无效或可被撤销的主体并不局限于公司股东，公司违法分配利润会侵蚀公司资本，减损公司偿还债务的能力，影响债权人的利益，因此，债权人也可以提起利润分配决议的无效之诉。但债权人无权提起决议可撤销之诉，根据我国

《公司法》第二十二条之规定，决议撤销之诉的主体仅限于公司股东。①

原告起诉请求确认利润分配决议无效或者请求撤销利润分配决议的，应当列公司为被告，对决议涉及的相对利害关系人，可以列为共同被告或者第三人。公司其他股东以与原告相同理由请求参加诉讼的，应当列为共同原告。

此处存在一个问题，在公司或股东提起利润返还之诉时是否应当必须提起确认决议无效或撤销决议之诉。如前所述，股东会的决议是产生"具体利润分配请求权"这一债权的前置程序，因此，如欲提起利润返还之诉，前提必须证明利润分配决议的违法性，那么决议的无效或可撤销之诉问题似乎无法回避，且如果直接提起利润返还之诉，那么决议仍处于生效状态，从而导致矛盾发生。但将之设为前置程序似乎加重了原告的诉讼负担，不利于权利的维护，我国《公司法》对这一问题没有回应，本文建议《公司法》可以要求当事人先后或同时提起确认决议无效、撤销决议之诉和利润返还之诉。

2. 股东责任

我国《公司法》第一百六十七条规定，公司违法向股东分配利润的，股东必须将违反规定分配的利润退还公司②。从该规定中可以看出，我国利润返还的主体涉及全部股东，即不区分善意股东与恶意，这种做法在一定程度上具有合理性，因为决议被确认无效或被撤销的法律效果应当具有溯及力，公司的资产应当恢复到未分配利润之前的状态，倘若因一部分人不知情而免除返还之责任，无疑会减损公司财产，影响债权人之利益。但从现实角度这种观点并不妥当。考虑到向全部股东追索股利的成本和可能性，无论是对司法还是对权利主张者都是沉重的负担，特别是针对广大公众股东，更加是一个无法完成的任务。尽管法院可以规定在明知违反的股东对无法追回部分承担连带责任，但到底怎样才算无法追回是很难界定的，而且很可能带来的是旷日持久的纠缠不清，不具有可行性。

从比较法层面，大部分国家公司法都规定了股东的利润返还义务，并排除了善意股东的返还义务。美国《标准公司法》规定承担责任的董事有权要求明知分配违法而接受分配的股东返还其所接受的分配额，对于善意即不知分配违法而接受分配的股东不适用有关返还的规定。③法国《商事公司法》第350条规定，公司不得要求股东或股份持有人返还任何股息，但下列两种情况并存时除外：（1）如果违反第346条、第347条和第348条规定的情况下，进行分配（亦即违法分配）；（2）如果公司确认受益人在分配时知道或

---

① 《公司法》第二十二条规定："公司股东会或者股东大会、董事会的决议内容违反法律、行政法规的无效。股东会或者股东大会、董事会的会议召集程序、表决方式违反法律、行政法规或者公司章程，或者决议内容违反公司章程的，股东可以自决议做出之日起六十日内，请求人民法院撤销。"

② 《公司法》第一百六十七条第五款规定："股东会、股东大会或者董事会违反前款规定，在公司弥补亏损和提取法定公积金之前向股东分配利润的，股东必须将违反规定分配的利润退还公司。"

③ SeeRobertW. Hamilton. TheLawofCorporationsInANutshell (FifthEdition)[M]. WestPub.Co, 1991: 592.

根据当时的情形不可能不知道分配的不正当性。《意大利民法典》第 2433 条第 7 款也规定，在股东根据依法通过的财务报告善意受领股息的情况下，公司不得要求股东退还违反本条规定而分配的股息。

就我国目前《公司法》而言，并未区分善意、恶意，但仍可以从其他制度予以救济。当公司违法分配利润时，股东财产积极增加，公司利润减少，当决议无效或被撤销后，股东取得该部分财产缺乏法律之上的根据，两者之间具有因果关系，因此，公司与股东之间构成不当得利之债，对于不当得利返还之义务范围，通说区分善意与恶意，即对于善意的不当得利之人仅返还现存利益[①]，如果该利润无论是现金、股份、实物亦或是其他形式的利润，如果被其他善意的第三人取得或已经毁损、灭失或无法变现，善意的不当得利人可以免除赔偿责任。因此，在我国《公司法》未进行立法上的修正时，不当得利可以成为衡平措施，一方面，可以保护善意股东之利益；另一方面，也可以将违法分配的责任分配于恶意股东或董事，同时兼顾了公司与债权人之利益，更加公允妥当。

由于股利分配决议由股东大会做出，因此公司违法分配股利时，股东除了要返还股利之外，也难免需要承担部分赔偿责任。他们之所以可能被作为违法分配的责任人而受到追究，不仅仅是因为他们是最终接受违法分配利益的主体，同时也是因为决定公司股利分配的权力乃由他们最终行使。德国《公司法》除了规定股东的股利返还义务外，还规定了股东的填补返还责任和损害赔偿责任，《有限责任公司法》规定，如果公司不能从某些受领违法分配股利的股东处取得归还款，则在为偿付公司债务所必需的范围内，由其余股东按其出资份额对应当归还的分配额承担责任[②]。虽然我国《公司法》并没有直接规定股东的这一责任，但《公司法》第二十条第二款规定，公司股东滥用股东权利给公司或者其他股东造成损失的，应当依法承担赔偿责任，因此，如果股东滥用其地位违法分配股利，并且其行为对其他股东或公司造成损失的，将要承担相应的赔偿责任。

3. 董事、监事和高管的责任

在美国等国家公司法中，决定是否分配利润的权利由董事会行使，董事会在这些国家公司的利润分配中都起着至关重要的作用，并且董事对公司经营情况最为了解，很难以善意为由作为规避违法股利分配责任的借口，所以董事承担了违法股利分配的主要责任。美国《标准商事公司法》8.33 节规定：当分配金额超过应分配的金额时，对此分配投赞成票或同意的董事对于超额部分应向公司负个人责任，但当其行为符合经营判断规则时可以免责。[③]《德国股份公司法》规定，如果董事会成员违反了下列规定，应向公司承担损害赔偿责任：违法付给股东股息和红利；违法分配公司财产；在公司已经发生无支付能力或资不抵债的情况下，仍然支付款项。即使监事会同意该措施也不能免除赔偿

① 王卫国. 民法[M]. 北京：中国政法大学出版社，2007：324.

② [德]托马斯·莱塞，吕迪格·法伊尔. 德国资合公司法[M]. 高旭军，译. 北京：法律出版社，2005：623.

③ 沈四宝. 最新美国标准公司法[M]. 北京：法律出版社，2006：104.

责任。正如股东责任一样，我国对董事的责任同样没有明确的规定，只能从《公司法》第一百一十三条和第四十七条进行体系解释，根据《公司法》第四十七条规定，制订公司的利润分配方案是董事会职权，董事会利润分配方案的决议自然属于《公司法》第一百一十三条决议的一种，即当董事会利润决议违反法律、行政法规或者公司章程致使公司遭受严重损失的，参与决议的董事对公司负赔偿责任，对于经证明在表决时曾表明异议并记载于会议记录的，该董事可以免除责任。

公司监事对董事、高管的行为直接监督并应及时报告，而高管人员制订并执行公司股利分配方案时有可能违反忠实、勤勉义务，因此，根据《公司法》第一百五十条之规定，监事、高级管理人员执行公司职务违法利润分配给公司造成损失的，应当承担赔偿责任。

（二）债权人利益的救济

违法利润分配纯粹是公司的内部行为，但这种行为会严重影响到债权人的利益，事实上对于违法的利润分配，股东往往因获得利益，主张权利的激励并不充分，相反，真正受到影响的债权人更富动机去纠正违法利润分配所形成的不正当状态，因此，许多国家和地区都赋予了利润返还请求权以维护自身的权益。例如，德国[①]、日本、韩国[②]以及我国台湾地区[③]的"商法"都做出了相似的规定，即债权人可以直接向股东请求返还分配的利润，无须符合代位权的构成要件，请求的范围可以超过自己的债权额，但只能请求将利润返还给公司，自己无权接受返还。但事实上，作为公司的外部人，利润分配与否乃公司自治问题，债权人无权干涉，因此，只有在公司违法分配实质性地危害到债权人之利益时，债权人方得提起利润返还之诉。

给债权人提供保护可以对公司怠于行使权利的情况起到很好的规制作用。但我国《公司法》并没有如同外国法律一般直接规定，一种可以参考的做法是参照使用民法中的代位权和撤销权制度，但这两种制度在公司法违法分配利润的救济上仍存在局限性，原因在于构成代位权和撤销权的前提是公司与股东之间存在合法有效的债权[④]，当利润分配决议内容违反利润分配实体性要件时，公司与股东之间的利润分配自始、确定无效，公司与股东之间自然构成给付型不当得利之债，但当决议可撤销而未被撤销时，公司与股东之间并不构成不当得利，因此，在这种情形下债权人无法行使代位权与撤销权，但事实上在利润分配决议程序违反法律、行政法规的强制性规定或违反章程之约定，并不必然导致侵蚀公司的资本和减损公司偿债能力，因此，不赋予债权人救济权并无不妥，唯在

① 德国《股份公司法》第 62 条第 2 款。参见：卞耀武，贾红梅，郑冲．德国股份公司法[M]．北京：法律出版社，1999：33．

② 韩国《商法》第 462 条第 2 款第 3 款。参见：吴日焕．韩国商法[M]．北京：中国政法大学出版社，1999：109．

③ 公司债权人可请求接受股利分配的股东或职工等人退还多分配的股利，并且赔偿自己的损失，但是股利的退还对象只能是公司。

④ 史尚宽．债法[M]．北京：中国政法大学出版社，2000：484．

决议的内容违反公司章程时救济无力，此外，代位权和撤销权返还的范围以及代位权所追回的财产归属代位权人之规则，也是制约适用的重要因素。

债权人除了向股东主张利润返还请求权和损害赔偿请求权之外，还可以向董事主张损害赔偿请求权，例如美国特拉华州的《普通公司法》还规定了公司董事违法分配股利时对债权人的法律责任："任何对第 173 条的故意或过失的违反，如果股利分配处于该董事的负责之下，该董事将在此违法行为之日起六年内对于在此期间造成的公司债务偿付困难，对公司债权人承担违法分配股利总额以内的连带责任。"[①]德国也做出了类似规定，即德国《股份公司法》第 93 条第 5 款规定，债权人可以向董事主张赔偿责任。[②]对于这些权利，我国《公司法》规定得不是很清楚，有必要予以明确。

股东抽逃出资可以构成违法利润分配，因此，抽逃出资的法律后果同样可以适用。依据我国《公司法司法解释（三）》第十四条之规定，股东抽逃出资的，公司或者其他股东请求其向公司返还出资本息、协助抽逃出资的其他股东、董事、高级管理人员或者实际控制人对此承担连带责任；公司债权人请求抽逃出资的股东在抽逃出资本息范围内对公司债务不能清偿的部分承担补充赔偿责任，协助抽逃出资的其他股东、董事、高级管理人员或者实际控制人对此承担连带责任的，人民法院应予支持；抽逃出资的股东已经承担上述责任，其他债权人提出相同请求的，人民法院不予支持。

（三）中小股东期待权的救济

1. 股东能否直接提起利润分配请求之诉

通过对我国利润分配请求权的实定法考察，我们可以梳理出股东利润分配请求权的行使应以具有可分配利润为前提，遵循既定的分配顺序，利润分配的最终决定权归属于股东会。但通过文义解释，我们不能草率地直接得出股东请求利润分配必须以形成股东会决议为必要条件。换言之，利润分配请求权的实现是否须经股东会决议这一前置程序是存有疑问的。理论界与司法实务对此都是存在争议的，并形成了以下两种观点。

一种观点认为，股东利润分配不仅要具备形式要件，还必须具备实质要件。形式要件是指公司必须具有可分配的利润；实质要件则是指股东进行利润分配必须在股东会形成利润分配决议的前提下进行，直接提起利润分配的决议不能获得法律的支持。

---

① 沈四宝. 最新美国标准公司法[M]. 北京：法律出版社，2006：104.

② 第 93 条[董事会成员的尽职、尽责]（5）如果公司的债权人没有从公司那里得到补偿，也可以由他们提出公司的赔偿要求。如果董事会成员粗暴违反了一个正直的、有责任心的业务领导人的细心，那么当发生与第 3 款不同的情况时，上述规定也同样适用；第 2 款第 2 句的规定原则适用。对于债权人来说，赔偿义务既不能通过公司的放弃和和解而废除，也不能因为这一行为是依照股东大会的决议进行的而废除。如果对公司财产的破产程序已经开始，那么在此期间，由破产管理人或者事务管理人对董事会成员行使债权人的权利。德国《股份公司法》第 93 条第 5 款。参见：卞耀武，贾红梅，郑冲. 德国股份公司法[M]. 北京：法律出版社，1999：56.

另一种观点则主张，未经公司股东会决议的请求，也可以获得法律支持①。股东的利润分配请求权不以股东会形成关于利润分配的决议为前提，若机械地否认股东关于利润分配的利益诉求，则忽视了中小股东的利益，违背公平正义原则。

两种观点针锋相对，并在司法裁判中均有体现，如表 13-3 所示。

表 13-3　司法实践关于是否允许直接提起利润分配之诉裁判表

	判 例 索 引	涉 及 内 容
允许直接向法院诉讼	金鹏公司与东湾公司利润分配纠纷案 江苏省常州市中级人民法院（2003）常民二初字第 164 号民事判决书	法院认为东湾公司在连续多年有巨额利润的情况下，既不召开股东会做出利润分配决议，也不向金鹏公司做分配利润的说明，从根本上侵害了金鹏公司的股东权益，违反了诚实信用原则，金鹏公司的请求应予支持
需要股东会决议	河南省高级人民法院（2005）豫法民二初字第 15 号民事判决	思维公司有巨额利润而长期拒不向股东分配，违反了《公司法》规定，特别是在股东之间发生纠纷时，长期不分配利润损害了占股比例小的股东的利益。故胡克可以通过诉讼要求公司分配利润。思维公司依法应向胡克分红。按照《公司法》第三十三条和思维公司的章程规定，胡克按照其出资比例对思维公司的盈余享有 25%的分配权

法律对利润分配请求权的规定只集中在三个方面：首先，应当具有可分配的利润；其次，利润分配须满足法定顺序；再者，利润分配的决定权属于股东会。从文字含义上，法律并没有规定股东利润分配请求权的实现必须以存在股东会决议为前提。但仅此便"草率"的理解，失去了对法律文本的正确性理解。

《公司法》第四条规定，公司法赋予了每个股东享有资产收益的权利②，利润分配请求权是每个股东所固有的权利；同时，公司法赋予了股东会利润分配决定权，公司是否进行利润分配取决于股东会的意志。这里便存在了理解障碍，股东的利润分配请求权与股东会的利润分配决定权的关系便是理解的关键。

法律赋予的股东利润分配请求权是作为股东出资的对价之一，是每个股东利益的根本指向，是剩余索取权的反应与体现，但所分配的利润来源于公司财产，法人人格独立是公司法的基本原则，也是公司得以存在的基础，而公司财产与股东财产彼此独立是法人制度的基本要求与应有之意。因此，对于是否将公司盈余进行分配取决于公司意志，至于将决定权归属于股东会还是董事会，是一个价值判断问题，是现有制度框架下采取董事会主义还是股东会主义的利益衡量问题。在我国现有制度下，决定权归属于股东会，

---

① 梁上上. 论股东强制利润分配请求权——兼评"河南思维自动化设备有限公司与胡克利润分配纠纷案"[J]. 现代法学，2015，37（2）：67-81.

② 《公司法》第四条："公司股东依法享有资产收益、参与重大决策和选择管理者等权利。"

因此股东不得跨越公司意志而直接请求法院进行利润分配。

这里仍需解决利润分配请求权与利润分配决定权之间的关系。虽然股东会作为公司的意志机关，代表着公司的意志，但它同时也是股东意志的集合，与股东的利益应具有一致性，公司的再投资最终仍将指向具体利润的分配。因此，利润分配决定权是一项辅助性权利，是利润分配请求权从抽象意义上转变成具体债权的权利，从一个期待权转变成既得权的必要条件；而利润分配请求权则是目的性权利，是股东得到出资回报的终极目的，其实现依赖于条件的实现。综上所述，利润分配请求权的实现需要经历"潜在的前置程序"。

事实上，《公司法司法解释（四）》第二十条便确立了是否应当支持利润分配请求权的标准，即是否存在"载明具体分配方案的股东会或股东大会有效决议"①，如果能够存在，法院应该判决支持股东会具体的分配方案分配利润；如果不存在，法院应当驳回股东的诉讼请求。②

2. 公司自治原则与中小股东保护的利益均衡

司法实践中，法院不支持股东直接请求强制分割盈余的一个主要的原因便是，"是否对公司盈余进行分配属于公司自治的范畴，法院不应干预"。③

公司作为法律适应现实的技术产物，需要借助独特的行为方式与行为目标来证明自身存在的价值与意义。"由于团体合作方式相较于个体能够更迅速、更为规模地实现盈利，所以公司在实践中逐步被认可，成为'经济人'的典范。"④因此，公司最为了解自身的经营状况，最为渴望利益的最大化，最为知悉行为选择的后果。因此，公司法应当给予公司自由意志最大的尊重。

公司自治可以区分为"基于公司人格的对外自治和基于个体人格的对内自治"。⑤对外自治是指公司作为独立的民事主体，应当以自己的自由意志实施行为，自负盈亏，尽可能地不受国家干预；对内自治则是指公司应当依照公司章程进行经营与管理。"自治意味着不像他治那样，由外人制定团体的章程，而是由团体成员按其本质制定章程（而且不管它是如何进行的）。"⑥因此，公司法不应过多干预，对于权利义务承担、激励约束以及利润分配等应当由公司自治，司法不应过多参与。

---

① 曾庆涛. 中小股东利润分配请求权之司法保护——兼论《公司法》司法解释（四）相关规定[J]. 法制与社会, 2016（31）.

② 最高人民法院起草关于适用《中华人民共和国公司法》若干问题的规定（四）第二十条规定："股东起诉请求公司分配利润，未提交载明具体分配方案的股东会或者股东大会决议的，应当驳回诉讼请求，但有限责任公司的股东有证据证明其他股东滥用股东权利或董事、高级管理人员存在欺诈行为导致公司不分配利润的除外。"

③ 最高院公报案例"河南思维自动化设备有限公司与胡克公司盈余分配纠纷案"，（2006）民二终字第110号，【法宝引证码】CLI.C.2454433.

④ 赵万一. 中国自治型公司法的理论证成及制度实现[J]. 中国社会科学, 2015（12）：156-176.

⑤ 王保树. 全球竞争体制下的公司法改革[M]. 北京：社会科学文献出版社, 2003：438.

⑥ [德]马克斯·韦伯. 经济与社会[M]. 林荣远, 译. 北京：商务印书馆, 1997：78.

　　但公司自治也非绝对。"公司就像一个民主的小国家"，民主的核心便是少数对多数的服从，"一致性虽是件好事，但却非常昂贵"，因此，根据公共选择理论①，多数决原则存在有其合理性。但却可能成为"暴民统治"，因此，现代民主要求，在按照多数人的意见处理公共事务的同时，给少数人提供一个变成多数的机会。

　　公司实行资本多数决原则，而非成员多数决原则。根据资本多数决原则，大股东通过资本的多数而取得对公司的控制，而小股东的自由意志却被大股东所"吸收"，从而导致形式公平与实质公平的彼此分离。权利社会化思潮的兴起对公司法的影响息息相关，无不是立法理念由保护形式正义转向追求实质正义的产物。因此，我们必须在资本多数决原则下，关注中小股东的利益保护，防止资本多数决沦落为多数资本对少数资本、大股东对中小股东的压榨与掠夺。

　　如前所述，利润分配政策可能成为大股东排挤中小股东的手段，侵害债权人的合法权益，股东作为投资者依法享有获得资产收益的期待权，在大股东不分或者对中小股东少分时，如何对股东的期待权予以救济是一个重要命题。有学者提出，"应按照期待权展开的法理逻辑，设计该权利的保护机制，在具备特定条件场合，认可股东的强制分配股利请求权，该权利可以通过强制分配股利之诉得以实现"②。

　　对此问题，我国理论界与实务界均有分歧，在法院判决中也有所体现，如表 13-4 所示。

表 13-4　司法实践关于是否应当支持强制利润分配裁判表

判　例　索　引	裁　判　要　旨
李玉刚与平顶山市仙居园塔陵有限公司、张聚平、张和平、杨永冰公司盈余分配纠纷案 案件字号：（2015）平民三终字第 136 号	公司的盈余分配、如何分配是公司股东会做出的，不是法院依据司法权强制分配的，只有公司不履行股东会做出的盈余分配情况下，股东才有权起诉盈余分配，且股东怎样行使知情权，在《公司法》第三十四条有明确规定，不能与盈余分配权混为一谈。一审驳回李玉刚的诉讼请求是正确的
原告黄乐武与被告河南路津交通设施工程有限公司股东盈余分配纠纷案 案件字号：（2015）济民一初字第 426 号	本院认为：根据《公司法》的相关规定，公司应当在弥补亏损和提取法定公积金后才能按公司法的规定或章程进行盈余分配，故盈余分配属于公司自治范畴，属于公司股东会的权利，公司法并未赋予股东越过股东会直接提起分配利润诉讼的请求权，且公司法也未将分配利润作为对公司的强制性规范。公司股东会有决定是否分配利润的自主权

　　3．强制利润分配制度的制度分析

　　对于这一问题，最高人民法院起草了关于适用《中华人民共和国公司法》若干问题

---

① 如果公共选择有两种或两种以上的不同意见，必定会出现多数和少数，此时，决策成本是既定的，而选择少数赞同的决策会产生比选择多数赞同的决策更大的外部成本，故根据少数服从多数原则进行公共选择可以降低决策成本。

② 周龙杰. 论抽象股利分配请求权及其救济[J]. 烟台大学学报（哲学社会科学版），2013（2）：43-48.

的规定（四）（征求意见稿）第二十条对于利润分配进行了突破性规定："股东起诉请求公司分配利润，未提交载明具体分配方案的股东会或者股东大会决议的，应当驳回诉讼请求，但有限责任公司的股东有证据证明其他股东滥用股东权利或董事、高级管理人员存在欺诈行为导致公司不分配利润的除外。"对于这一解释，有学者认为这一规定可以成为强制利润分配理论依据，根据举重以明轻，既然《公司法司法解释（四）》第二十条规定了滥用股东权利者的损害赔偿责任，则当公司有利润却不分配，小股东遭受大股东的压榨和排挤时，司法更应当介入，由法官自由裁量来对个案予以调整。[①]但这一规定过于简单，并没有提供强制利润分配较为可行的思路与方案，本文认为对这一规定应当进行合理解释：首先，主体要件，即仅适用于有限责任公司，正如前述，只有在有限责任公司中，控股股东的压榨行为表现得才更加明显，更有强制分配的必要。其次，行为要件，即股东滥用股东权利或董事、高级管理人员存在欺诈行为致使公司不分配利润，此外，该条法律规范在解释时还应当进行目的性限缩，即控股股东滥用股东权利的目的在于排挤和压榨小股东。值得注意的是，行为要件是区分强制利润分配与法人人格否认制度的重要依据。强制利润分配是以排挤中小股东为目的，股东滥用股东权利或董事、高级管理人员以欺诈的手段致使公司不分配利润，是一种消极的不分配状态，是对股东平等原则的实质性违反；法人人格否认的法律后果通常是在股东滥用股东地位或公司独立法人地位积极地违法分配利润时出现，抽逃出资时为典型。不过倘若股东既不分配利润，又以抽逃出资的方式为自己分配利润，则两项制度权利人可同时援引。

除了遵循上述要件外，公司法不应过多干预，对于权利义务承担、激励约束以及利润分配等应当由公司自治，司法不应过多干涉。因此，在符合强制利润分配条件时，法院应当判决公司有义务分配利润，即董事会有义务做出利润分配方案，股东会有义务做出利润分配方案之决议，至于分配数额的大小、分配的方式如何应当由公司自己决定，法院不能直接做出具体的分配方案，从实践层面，法院尚不具备衡量公司长远利益和股东利益得失的商业判断能力；从理论层面，法院也不应当直接参与到公司的利润分配决议之形成。

4. 其他相关制度的完善

其实，与其考虑赋予强制利润分配的权利，我们更应该反思更为一般性的问题，即法律对受压榨和排挤的股东的救济措施是否完备。公司法对侵害利润分配请求权最直接的救济措施便是异议股东回购请求权[②]。但异议股东回购请求权的行使也将遭遇苛刻的实

[①] 曾庆涛. 中小股东利润分配请求权之司法保护——兼论《公司法》司法解释（四）相关规定[J]. 法制与社会，2016（31）.

[②] 《公司法》第七十五条规定，有下列情形之一的，对股东会该项决议投反对票的股东可以请求公司按照合理的价格收购其股权：（一）公司连续五年不向股东分配利润，而公司该五年连续盈利，并且符合本法规定的分配利润条件的；（二）公司合并、分立、转让主要财产的；（三）公司章程规定的营业期限届满或者章程规定的其他解散事由出现，股东会会议通过决议修改章程使公司存续的。自股东会会议决议通过之日起六十日内，股东与公司不能达成股权收购协议的，股东可以自股东会会议决议通过之日起九十日内向人民法院提起诉讼。

体要件与程序要件的双重规制。首先，实体要件要求，公司该五年连续盈利，符合公司法规定的利润分配条件而公司连续五年不向股东分配利润。此处将面临法律解释的障碍，"公司该五年连续盈利"是要求五年必须持续不间断地盈利还是要求五年实现总额盈利；若一个公司连续四年才分配一次利润是否构成"公司连续五年不向股东分配利润"的法律规避。其次，程序要件规定股东必须对此决议投反对票，方能要求公司以合理价格收购其股权。这里面临一个难以逾越的问题，什么是"合理价格"，衡量价格是否合理的标准又是什么，"合理价格是否应当包括尚未分配的盈余，合理价格是否以公司的净资产为基础，是否需要评估定价等问题的存在，都有可能导致回购股份搁浅"[①]。在股权回购中，公司的控股股东往往为了额外"溢价"[②]，期望以低于市场的价格回购股权。"在公司董事、控股股东拥有地位优势或持股优势时，这种'不良'动机很可能变为现实，此时则形成了对中小股东的价格歧视。"[③]

另外，为救济股权回购制度，公司法赋予异议股东以诉权，"自股东会会议决议通过之日起六十日内，股东与公司不能达成股权收购协议的，股东可以自股东会会议决议通过之日起九十日内向人民法院提起诉讼。"但这里同样面临法律解释的难题，异议股东之诉是否必须以股东不能与公司达成股权收购协议为前提，换言之，达成股权收购协议是否为异议股东之诉的前置程序。除了异议回购退出，股东还可以通过股权转让退出，那么也将面临极为困难的程序要件与被压榨风险。

总而言之，公司法对股东退出途径的立法模糊、规制"真空地带"才是造成了利润分配保护不足的根源所在，与其耗费精力设计复杂的强制利润分配制度，不如转换思维完善股东的退出路径和其他救济措施，这才是于利润分配制度、股东平等保护以及整个公司法领域"效益最高，成本最低"的明智之举。

结论

从实体条件和程序条件两个层面来划分，违法的利润分配既可能因违反实体性要件而形成，也可能因违反程序性要件而形成。其中，违反实体要件又包括对资本维持原则的违反和对股东平等原则的违反。违法的利润分配不仅会影响到公司的利益，也有可能对公司股东以及债权人的利益产生影响。因此，公司法应当提供相应的救济。

---

① 吴冬才，王美燕. 异议股东回购请求权之合理价格的讨论[J]. 商业会计，2010（20）：9-10.

② 这里的额外"溢价"指代的是因大股东胁迫小股东，利用自身优势时，以严重低于股权本身应有价值的价格回购，从而赚取的中间差价。

③ 王荣康. 股份回购及对债权人和中小股东的保护[J]. 现代法学，2002（3）：66-72.

对公司利益的保护，主要包括以下三个方面：对于符合决议无效、可撤销的构成要件的利润分配决议，符合原告资格的当事人可以提起决议无效、撤销之诉；接受利润分配的股东有义务将所得财产予以返还，但返还的范围可因股东的善意与恶意而有所不同；此外，股东滥用其地位违法分配股利，并且其行为对其他股东或公司造成损失的，应承担相应的赔偿责任。

从债权人利益考虑，给债权人提供保护可以对公司怠于行使权利的情况起到很好的规制作用。债权人不仅可以向股东主张不当得利的返还请求权和损害赔偿请求权，还可以向董事主张损害赔偿请求权；对于利润分配符合抽逃出资的，相关股东、董事、高管等人应承担抽逃出资的法律责任。

在出现违法的利润分配的情形时，除了给公司和债权人提供保护之外，对股东给予足够的救济同样至关重要。利润分配请求权是一种期待权，其实现需要股东（大）会做出利润分配的决议，因此，股东不能在没有利润分配决议的情形下直接提起利润分配之诉。为在切实保护股东利益和维持公司自治原则这两者之间取得利益平衡，应当允许股东提起强制利润分配之诉，但这一制度应当受到严格限制，即只有在控股股东滥用股东权利的目的在于排挤和压榨小股东时，股东始得提起强制分配之诉，且法院不能直接做出利润分配决议，决议内容应当由公司自行做出，以维护公司的自治权利。

专题十四　公司减资的效力判断规则

【摘要】

公司减资是公司减少其注册资本的行为，通常来说，一个公司减资与否取决于公司的自由意志，公司法不得肆意干涉，但不同类型的减资将影响到不同的法律主体，其中最重要的是会对股东和债权人的利益产生影响。在不等比减资下，公司股东的控制性利益和财产性利益将会减损；公司以其净资产对债权人提供担保，只有在实质减资时才会导致公司的净资产流出，此时，方才应当履行对债权人的特殊保护程序，对于不影响公司信用能力的形式减资无须设置不必要的程序负担；对于没有正当履行通知义务的实质性减资行为应当比照适用抽逃出资规则；对于减资型股份回购同时涉及实质性减资和不等比减资，因此，对于其规制应当综合考虑。

【关键词】

减资　股权平等原则　资本维持原则　不当减资　股份回购

一、公司减资制度的概述

公司的资本制度是公司法规定的规整一切有关于公司活动中资本运作和管理的总和，是公司理论中的一项基本制度。无论是股份有限公司亦或是有限责任公司，充足的财产是公司设立、从事日常商业活动等必不可少的基础。对内，确定的公司资本，有利于防止公司资本的不正当减少，有利于维护每个股东的切身利益；对外，公司资本的稳定构成债权人对公司信用能力判断的基础，担保债权人的正当利益。减少公司注册资本的行为对公司内部和公司外部关联人都会产生影响，"牵一发而可能动全身"，不同方式会对不同的利益主体，例如股东、债权人、职员等产生影响，进而影响对减资行为效力的判断，但减资的效果影响最大的仍然是股东与债权人的利益，因此，本文主要从股东利益保护视角和债权人利益保护视角深入探讨不同的减资方式其效力应当如何分析与判断。

（一）减资的概念及其意义

公司减资（reduction of capital）是公司减少注册资本的简称，是指公司基于特定事由，如为避免闲置资本或者让股东取回出资而依据法定程序减少注册资本的公司活动。公司减少注册资本实际上是公司资本制度这一母规则的演变和细化的一项子规则，是以，若要探讨公司减资，首先应当梳理公司的资本制度理论，公司资本制度理论上的差异会使减资规则的内涵与意义大相径庭。

资本维持（capital maintenance）原则建立在法定资本制的基础之上，该原则的确立可以限制公司与股东的行为，切实维护公司、股东、债权人等相关者的利益。"资本维持原则的立法目的正是为了防止资本的实质减少，保护债权人利益，同时也防止股东对盈利分配的不正当要求，确保公司本身业务活动的正常开展。"[①]资本不变原则是指公司资本一旦确立便禁止肆意变更，只有遵循法律规定的程序规范始得更改。实质上，资本不变原则是资本维持原则的进一步发展，两者都是为了避免资本总额的不正当减少，致使公司财产能力的降低和责任范围的减损。倘若无须维持公司的资本确定不变，公司便可在其实质资产减少的情形下，相对应地缩减资本额。是以，立足于两原则，公司法对减资制度也做了必要的规定。

减资并非单纯意味着注册资本的账面减少，其具有诸多特殊的实践意义。首先，公司可以借助减少注册资本的方式缩减公司的生产经营规模，实现"减负"之目的；其次，在资本过剩时，公司可以通过减资避免资本的低效率利用甚至浪费，提高资本利用率，扩大公司的经营效益；再者，公司减资可以成为出资人合法回收出资的恰当方式；另外，在公司经营发生亏损时，继续保留名义上的高资本额对公司的负担太重，可以通过减资予以减负。因此，减资的制度规范将直接影响公司的灵活性，不能对减资课以过重的制度负担，使之动辄无效或效力出现瑕疵。

（二）我国公司法中减资制度的梳理

对公司法文本进行检索可以发现，有关减资的规定主要集中在《公司法》的第四十三条、第七十四条、第一百零三条、第一百四十二条以及第一百七十七条。其中，第四十三条和第一百零三条是有关减资决议行为，体现了资本多数决原则，即只有在有限责任公司或股份有限公司的股东会或股东大会表决权的三分之二以上通过，减资决议方才有效；第一百七十七条规定了减资的程序性规定，即公司在减资时必须制作相关的资产负债表和财产清单，自达成减资决议之日起十日内告知债权人相关减资事宜，同时，在达成决议三十日于报纸上公告，如若债权人对公司的减资决议持有质疑，可以对公司提出提前偿还债务或提供相应担保的合理主张。第七十四条和第一百四十二条是规定了股权回购规则，有限责任公司中对既定事项提出异议的股东可以向公司提出回购自己股权请求，股份公司则仅在特定情形下可以请求公司回购自己的股份。因此，一个完整的减

---

① 赵旭东. 公司法学[M]. 北京：高等教育出版社，2015：184.

资制度体现为："股东会减资的特别决议+债权人保护规则"。

但从比较法视角，我国的减资制度过于粗糙，主要在于：首先，并没有对减资的事由进行一般性规定，不仅没有规定在何种情况下必须减资或不得减资，何种情形下方可减资，亦未对详细的减资方式进行清晰界定，这样，公司是否减资、如何减资由公司自由决定；其次，对于减资程序没有进行区别对待，对于形式减资设定过高要求；最后，不正当减资的后果如何仍是"悬而未定"。

（三）减资方式

《公司法》第四十三条和第一百零三条分别规定了公司的股东（大）会形成减资决议应当有三分之二以上表决权的股东通过，即公司减资须以特别决议为之。于此，作为公司内部行为的减资决议如何对债权人利益产生影响便是减资内涵的理论延伸。我们可以发问，公司减资减的是什么？是否对公司资产产生影响？公司信用是否必然随之降低？公司的偿债能力是否因减资而减损？公司减资是否必然导致债权人的相关利益减损？这些问题触及到公司减资类型的理论划分，即形式减资与实质减资，以及不同减资类型的外部效果——债权人利益如何保护。"依据减资时是否伴随净资产的输出，可以将公司减资区分成形式减资和实质减资。"[①]

实质性减资是当缩减公司注册资本时，通过把公司的财产以既定的货币或实物退归出资人所有，进而达到公司的注册资本与公司的实际资产双重缩减，完成出资人取回自己出资的目的。这其中主要运用到的措施有返还股东出资、免除部分股东或全部股东的出资义务、消除股权和股份，这在本质上是对公司股东给予了优先性的保护。一方面，这种减资措施减少了公司的注册资本，另一方面，公司的信用也会因此而受到影响；与此同时，公司偿还债务的能力也因为公司的实际资产的减少而有所减损。虽然这种双重法律后果不是必然发生，因为如果公司经营状况依然良好，不会造成太大的影响，但在很多情况下，这与公司债权人利益保护的原则和精神是相违背的，大大增加了损害公司债权人利益的可能性。

形式性减资，则是并未削减公司的资产总额，只对公司的资产结构进行了调整，对公司的注册资本进行了变更。此种减资方式也不会如同实质减资般影响到公司债务的偿还能力。

此外，除了依据是否有资产流出对减资方式进行划分，减资方式还可依据是否等比减资进行划分。如果公司减资前后股东的持股比例并未发生改变，是之谓等比减资；与此相反，如若公司减资前后股东之间的持股比例发生改变，则为不等比减资。我国未对减资事由和减资方式进行法定化，因此法律并未明确禁止不等比减资，此时有必要深入

[①] 赵旭东. 公司法学[M]. 北京：高等教育出版社，2015：185.

探讨不等比减资下公司的内部效果——不等比减资对股东利益的影响。上述两种不同分类的价值在于为从不同主体角度分析减资效力奠定基础。

二、股东利益视角下的减资效力分析

形式减资并不会导致资产的流出，因此，不会对债权人的利益产生影响，但实质减资产生却具有外部效应，会对债权人利益产生影响，真正影响公司股东利益的是公司减资时是否依照股东的出资比例或持股比例同比例减少资本，是否构成对股东的同等对待。

（一）等比减资

等比减资是全体股东同时减少自己股份，公司将这一部分予以注销，公司减资前后股东的持股比例不发生变化，因此，除非公司减资的决议内容违反法律、行政法规的强制性规定，而归于无效或减资决议内容违反章程之规定或减资程序违反法律、行政法规或章程之规定而有瑕疵，否则，等比减资不会对股东产生不利影响，一般认定有效。

（二）不等比减资

不等比减资存在对股东利益的积极影响与消极影响，这对判断不等比减资的效力至关重要。

1. 不等比减资对股东利益的积极影响

首先，不等比减资可以合法解决出资不足或瑕疵出资的问题。公司法修改后，公司实行认缴制，公司某些出资不到位是常态，在公司经营亏损或者公司部分股东对于认缴出资未履行部分不能或不愿缴纳情形下，公司可以通过不等比减资免除某些股东的出资义务，从而使公司注册资本与实际资产达到平衡。我国并未对免除未缴出资型减资持否定态度，下文再述。

其次，不等比减资可以规避股权转让限制。对于特定的股权转让，存在限制性的法定条件，如国有股权退出问题，利用不等比减资退出就可以合法规避股权转让的限制条件。

最后，不等比减资可以解决公司僵局难题。在公司股东之间发生矛盾或者公司章程规定的情形出现时，就可以通过股东会决议某一个股东单方减资，从而剥夺该股东的股东资格。此外，不等比减资还可以解决退职职工的股东资格问题。

就上述对股东的不利影响，若是公司股东约定不等比减资，财产性减少和支配性利益的减少反而起到了调整公司的财产结构、控制权结构等作用，需要辩证对待。

2. 不等比减资对股东利益的消极影响

不等比例减资对股东利益的消极影响主要体现在其可能导致股东财产性利益、控制性利益减损以及剥夺股东资格这三个方面。

　　首先，不等比减资会导致股东的财产性利益减损。公司资本由股东出资构成，股东作为出资人具有剩余索取权与剩余控制权，因资本多数决原则，权益大小因股权的多少而异。从会计理论而言，公司的净资产数额多少与所有者权益大小相对应和匹配，如果公司减资不以净资产为依据，则不等比减资必然对股东利益产生影响。例如，某公司注册资本一百万元，A、B、C、D四人各出资25万元并缴纳足，公司净资产200万元，公司以返还D出资之手段减资20万元，则80万元对应180万元（8:18）股东权益，各方按出资比例拥有，接受返还的股东剩余利益减损；若公司亏损，则刚好相反。

　　其次，不等比减资会导致股东的控制性利益减损。若公司减资以净资产为标准，股东的财产性利益状态不会改变，但公司的股权结构和股东的控制性利益则会改变。例如，假设公司净资产与公司注册资本均为100万元，其他条件不变，公司以返还D出资之手段减资20万元，则此股东的股权比例则会减少成6.25%（5/80），在资本多数决制度下，D的表决权比例大幅缩减，D将在诸多事项上丧失话语权。

　　最后，不等比减资可能成为剥夺股东资格的方式。不等比减资非常特殊的一种情形是只有个别股东或几个股东的持股比例发生变化，公司通过仅减少个别股东的全部出资，从而使股东失去公司的股东资格，使股东退出公司。若不等比减资不受任何限制，则公司控股股东完全可以通过不等比减资手段压迫中小股东，甚至剥夺其股东资格。《公司法司法解释（三）》第二十三条第一款对解除股东资格进行了例外性规定，不仅要求必须在公司进行通知或催告之后，未出资或未完全出资的股东合理期限内仍未出资，有限责任公司方可剥夺股东资格，主体上和程序上都受到严格规制。但理论上对于股东的资格剥夺仍尚存争议。即使股东的除名制度得到认可，学界通说主张，其适用受到严厉限制，只能在股东的行为已经严重损害到股东间的信用关系，利用其他手段无法解决时，才允许适用。[①]因此，这种不等比减资的合法性值得商榷。

　　3. 股权平等原则视野下的不等比减资效力分析

　　对于不等比减资行为的效力的质疑归根结底在于对于股权平等原则的违背。股权平等原则指的是"基于股东资格而发生的公司与股东之间以及股东与股东之间的法律关系中，所有股东均按其所持股份的性质、内容和数额享受平等待遇"[②]，具体表现为在对公司收益、净资产以及公司控制的比例性收益[③]。从上文分析可得，与同比减资不同，不等比减资会对股东产生差别对待，进而对股东的财产性利益与控制性利益产生影响，有时甚至可能实质性剥夺股东资格，加之我国台湾地区"公司法"第一百六十八条第一款规定：减少资本，应依股东所持股份比例减少之。因此，理论上倾向对不等比例减资行为的效力持否定态度。但这种看法有失偏颇。

① 刘俊海. 新公司法的制度创新：立法争点和解释难点[M]. 北京：法律出版社，2006：125.
② 刘俊海. 新公司法的制度创新：立法争点和解释难点[M]. 北京：法律出版社，2006：192.
③ [韩]李哲松. 韩国公司法[M]. 吴日焕，译. 北京：中国政法大学出版社，2000：224.

首先，减资方式属于公司自治。我国《公司法》并没有对公司减资事由加以法定化，"法无禁止即自由"，公司可以以任意方式减资。

其次，违背股权平等原则并非当然无效。我国《公司法》第二十二条规定，决议在内容违反法律、行政法规的强制性规定时无效，股权平等原则是否属于法律的强制性规定，违背平等原则是否当然无效理论上存在争议。事实上，违背股权平等原则并不当然无效。"股权平等原则并不是笼统地禁止股东间的所有不平等待遇，而是禁止那些不具备正当理由的不平等待遇。"[①]就公司减资行为而言，日本学术界长期以来一直认为，无论公司采取何种减资方式，都不得违反股权平等原则，否则股东可以向法院提起"减资无效之诉"，这里的股权平等指代的必然是一种实质性的股权平等，因此，日本允许不等比减资，但以股东的实质平等原则作为限制不等比减资的平衡工具。《法国商事公司法》第63条第1款规定得非常明确，即："股东大会按修改章程所要求的条件审议批准减少资本。在任何情况下，减少资本不得侵犯股权平等原则。"[②]

据此，不等比减资未必导致减资行为当然无效，可以通过不等比减资的消极影响进行效力上的区分：即控股股东利用不等比减资不正当侵占中小股东的财产性利益的减资行为无效；控股股东利用不等比减资不正当排除中小股东的控制性利益的减资行为无效；对于单独退股，应当进行更为严格的把控，剥夺股东资格的减资行为无效。只有在上述情形下，才是实质性违背股权平等原则。对于等比减资与不等比减资下减资的效力状况可以浓缩为图 14-1。

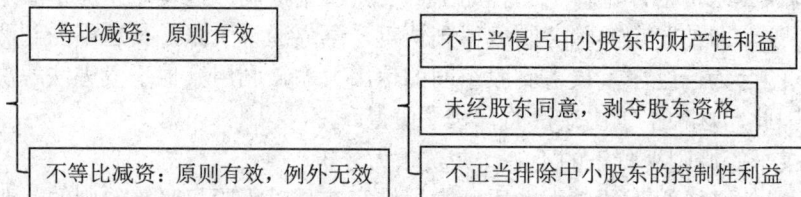

图 14-1　股东视角下减资效力示意图

三、债权人利益保护视角下的减资效力分析

（一）公司减资的比较法考察

1. 大陆法系

大陆法系国家普遍采用信息披露的债权人保护模式，它的基本含义是以信息披露制

[①] 刘俊海. 股份有限公司股东权的保护[M]. 北京：法律出版社，2004：106.

[②] 卞耀武. 当代外国公司法[M]. 北京：法律出版社，1995：393.

度为基础来实现减资过程中对债权人的保护。

《法国商事公司法》第 216 条规定，股东大会批准了非因亏损的减资计划，公司债权人集团的代表人和在决议笔录送交书记室之日前的债权的债权人，可在法令确定的期限内对减资提出异议。[①]对该条文进行反面解释可得出以下结论：对于非因亏损的减资，公司减资应当经过债权人异议程序；对于因亏损而导致的公司减资，无须经过债权人异议程序。

《德国股份公司法》第 222 条规定了削减资本的一般适用条件，第 225 条规定了"保护债权人规则"，第 228 条、第 230 条等又规定了"简化的削减资本"，依此将德国法上的减资进行区分，包括普通减资、简易减资、股份回赎减资，对于简易减资与股份回赎，因对债权人无实质影响，因此无须适用债权人异议规则。[②]

2. 英美法系

与大陆法系的减资模式相异，美国确立了减资"偿债能力准则"模式。美国《特拉华州普通公司法》规定，任何致使公司剩余资产不足以支付公司债务的公司减资不得进行或不得生效；任何减资皆不得免除股东缴付其未出资的法律责任。[③]这一规定的深层次法理无疑是参照了公司的资产信用理念。这一准则能够在"资产从公司向股东流动"类型交易中发现，例如公司分配、公司回购、公司回赎等，无论是否采纳分期回购或分期回赎的方式。商事活动的经验法则告诉我们，债权人只关注于资产负债表的现金流状况，对于没有偿债能力的公司，即便还留有大量货物，无法变现也是毫无裨益。

对于一个生产经营日益变差的公司，一旦其公司资产存在不足以匹配相应资本的风险，则对于公司而言，资本对于债务之偿付则显然无能为力。"在某些西方国家，由于商业信用的发达，注册资本已经逐渐丧失了原来的意义，成为公司的一种象征。"[④]资本信用的缺陷与不足也日益暴露，与之相对应，公司的资产信用的重要性日益凸显。为切实保护公司债权人利益，美国和加拿大选择了偿债能力模式。

3. 综述

对上述两大法系的减资制度进行比较分析，我们可以发现不同模式的同质性。大陆法系对公司减资是否必须经过债权人异议程序进行了区别对待，法国在弥补亏损型减资时债权人无权提出质疑；德国公司法采取同样的思想，区分出了普通减资和简易减资两种方式，普通的减资仍有严格的程序性要求，简易减资无须如此复杂。以美国为代表的英美法系公司法根本未赋予债权人异议程序，但公司减资必须基于其"偿债能力"准则

---

① 卞耀武. 法国公司法规范[M]. 北京：北京大学出版社，1999：133.

② 郑曙光. 公司减资的比较法考察[J]. 四川大学学报（哲学社会科学版），2004（2）：75-81.

③ 卞耀武，左羽. 特拉华州普通公司法[M]. 北京：法律出版社，2001：112.

④ 甘培忠. 企业与公司法[M]. 北京：北京大学出版社，2001：235.

进行，公司减资不得损及公司信用能力。两相对比，我们不禁疑惑，大陆法系为何对债权人异议程序因减资方式不同进行了区别对待，我国对减资事由不加区分规定是否合理，减资是否必须要求经过异议程序，其理论基础为何。对于这一系列问题，美国模式或许提供了答案。

（二）减资对于债权人利益影响的理论证成

"依债权保障理论，债权受到保障，正是基于责任财产、债的保全与债的担保三项制度的密切配合、相互作用来实现的。"[①]责任财产，是债务人的全部财产，包括能为债务人所有和实际控制的能够清偿债务并承担民事责任的财产。因此，在无债的保全与担保情形下，债务人能否清偿债务，债权人能否实现债权，债权人的利益能否得到切实保障，取决于公司偿还债务的能力，此能力即公司的信用。

公司传统的信用理论崇尚资本信用，股东认缴的公司的股权或股份构成了公司资本，公司资本构成公司信用基础，一旦股东出资，便禁止任意抽回，资本维持原则意义正在于为公司的资本划定"不可逾越的红线"，如欲增减，必须履行法定程序。其暗含的逻辑：资本维持原则愈强化，公司的信用则愈坚实，相关者的利益则愈能获得保障。但我们必须注意到，我国自公司法修改以来，除募集设立的股份公司外，股东出资均由实缴制改为认缴制，资本维持的作用已经没有以前那么重要，再以违背资本维持原则否定公司减资效力过于草率。此外，资本维持原则在公司法理论中的本身就存在制度缓和的趋势，我们应在注册资本认缴制度下探求公司的真正信用。[②]

从公司财务角度，资产与负债两相平衡，负债形成资产，资产同时又为负债的实现提供担保。公司资产可区分为所有者权益和公司负债。从法律性质分析，所有者权益可理解为股东对于公司享有的债权；公司负债才是公司对债权人所负债务，一般而言，公司在负担这项债务时都会取得相应资产。从某种意义上，公司资产都是通过负债变换而来，公司买卖货物，收取货物而取得资产，支付货款义务成为负债，因此，资产和负债不过是在财产形态上的相互转变，两者相互平衡。但这不过是理论上的分析，公司负债在特定时间下或许相对不变，但公司资产基于公司经营状况、市场价值变动，都将导致公司资产的变动不居。"在资产变动、负债不变的情况下，必然发生资产和负债的脱节，公司的经营亏损和资产贬值会使公司的负债大于资产，资不抵债因此而生。"[③]因此，对公司债务进行担保的是公司实际拥有的资产，资本只是资产的构成来源之一，与负债没有必然的、直接的对应关系。

---

① 崔建远. 合同法[M]. 北京：法律出版社，2010：205.
② 王保树. 论资本维持原则的发展趋势[J]. 法商研究，2004（1）：11-16.
③ 赵旭东. 从资本信用到资产信用[J]. 法学研究，2003（5）：109-123.

更进一步分析，公司信用同时亦受到资产的有效性和资产负债率的影响。"公司的偿债能力并非取决于账面资产，而取决于可以即时变现的账面资产占多大比例。"[①]资产的负债率则是总资产与总负债的比率，资产负债率越高，公司偿债能力越强，同时公司净资产等于公司资产减去公司负债，因此，公司的资产负债率就是净资产率，两者一体两面。因此，公司的资产信用是公司的净资产信用。

于此意义，可以对减资类型如何对债权人的相关利益产生影响、产生何种影响进行梳理。在形式减资情形下，只是改变资本额，不会改变公司的资产结构，更不会减损净资产，这种减资之目的在于公司即便存在资本缺损的情况，但在一定时间内没有恢复可能性的公司，若放任，不仅很难进行盈余分派而且公司信用度也会降低，为了资本接近于净资产而进行。[②]因此，形式减资往往发生在公司发生严重亏损情况下，旨在将公司资本变更到其应有水平之上，其目的本就在于对债权人的保护，防止公司资本与公司偿债能力的严重失衡而导致的欺诈行为，这种减资并不会影响到债权人的利益，因此，若以其违反债权人保护规则而否定其效力并无道理。我们真正应该关注的是会导致公司资产结构产生变化，使公司净资产发生流动的实质性减资，尤其是"披着减资外衣"的抽逃出资行为。

（三）债权人保护视角下减资的类型化梳理

世界各国对减资事由进行了一般性规定，使之法定化，我国对于减资事由并没有任何规定，因此，笔者结合各国立法和司法实践尝试对减资进行类型化的梳理并予以细化，并结合形式减资与实质减资进行分析。减资大致包括两大类型：弥补亏损型减资与资本过剩型减资。

弥补亏损型减资，顾名思义，发生在公司处于亏损状态之下，通常存在以下两种方式。

（1）减少股份。公司通过减少公司发行的股份数量达到减资的目的。减少股份通常发生在公司亏损的情形下，所谓股份的减少，实质上亦只是公司亏损部分的相应注销。[③]

（2）降低股份面值。公司除了通过减少发行的股份数目之外，还可以通过降低股份的面额以达到减资的目的。

市场经营中，发生亏损的公司一方面须承担注册资本与实际资产两不相称的高额成本，另一方面也面临融资艰难的局面。根据《公司法》规定，公司在分配利润之前必须先用当年利润弥补亏损，因此，若公司常年处于为弥补亏损而不分配利润，股份的市场价值必然低迷，无人问津。另外，根据《公司法》与《证券法》的相关规定，公司只有

---

① 孔祥俊. 公司法要论[M]. 北京：人民法院出版社，1997：236.

② [韩]李哲松. 韩国公司法[M]. 吴日焕，译. 北京：中国政法大学出版社，2000：586.

③ 郑曙光. 公司减资的比较法考察[J]. 四川大学学报（哲学社会科学版），2004（2）：75-81.

在最近三年内连续盈利，并可向股东支付股利的情形下方可发行新股，这也意味着公司无法通过发行新股融资。

弥补亏损性减资是为解决因严重亏损等原因而造成的实有资本和注册资本过于悬殊而采取的减资行为。"形式减资不过是一个'纸面交易'，是一个公司资产负债表两端科目的等比例消除，并不导致公司净资产减少。如果公司净资产不变且财务回归真实状况，那么认为形式减资引发公司信用或公司偿债能力减弱的观点，是经不起推敲的。"[①]

资本过剩型减资通常在公司资本存有剩余的状态下出现，以减资的方式调整公司的财产结构，提高资金的利用效率。退还已缴资本和免除待缴资本是两种最为常用的方式。

（1）退还已缴资本。退还已缴资本是公司将公司股东已缴纳的资本通过货币或实物等资产部分或全部返还，以减资的行为。

（2）免除待缴资本。自《公司法》修订以来，除募集设立的股份有限公司外，公司资本实行认缴制，股东无须一次全部缴足。公司可以借助取消股东的未缴股款以缩减公司的资本，这种方法显然是借助直接取消的股东出资义务以达到减资目的。

就实质而言，将公司股东已经缴纳的资本予以返还将导致公司资产从公司流转回股东手中，从而引发公司净资产的实质性减损，公司信用能力降低，可能影响债权人的利益。在认缴制下，通过免除股东出资义务虽不会导致公司资产的直接转移，但公司本应增加的财产未增加从而导致公司资产的消极减少，减损了公司信用能力。退还已缴资本和免除待缴资本均涉及股东出资义务正当履行与否的法律问题[②]，甚至可以通过上述两种方法达到与抽逃出资相同的法律后果，因此大多数国家都对上述两种减资方式持谨慎态度，要么通过法律严格禁止，例如，德国公司法[③]和美国公司法[④]就严格禁止公司不得以退还已缴资本和免除待缴资本的方式进行减资；要么赋予公司债权人异议权，以维护债权人利益，例如英国公司法规定只有在债权人未提出异议时才能通过退还已缴资本和免除待缴资本的方式减资。

结合上文，减资未必理所当然地影响债权人利益，法律对减资程序"一刀切"的措施及其理由没有足够地令人信服。在公司亏损时，公司为提高股价或进行融资或调整公司资本结构等复苏公司进行减资时，却赋予无利害关系的债权人要求清偿或提供担保的权利，无疑会加重公司负担甚至更进一步地恶化公司。是以，我们应该对减资进行区别对待，只有在公司减资会导致公司净资产实质性流失时，赋予债权人异议权方有实际意

---

① 傅穹. 公司减资规则论[J]. 法学评论，2004（3）：38-42.

② 郑曙光. 公司减资的比较法考察[J]. 四川大学学报（哲学社会科学版），2004（2）：75-81.

③ 《德国股份公司法》第230条也规定："从解除资本储备金或盈利储备金以及从削减资本中所得到的款项，既不得用于对股东的支付款，也不得用于免除股东支付投资款的义务，它只能用于平衡跌价、弥补其他损失，以及将它作为划分资本储备金或法定储备金中的款项。"

④ 《美国特拉华州普通公司法》第244条第4款（b）便规定："任何减资皆不得导致股东未付股款责任的免除。"

义。具体可以总结为图 14-2。

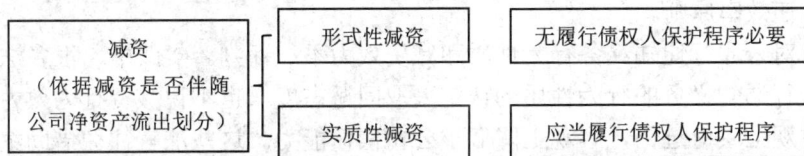

图 14-2 形式减资与实质减资的程序要求图

（四）不当减资的效力分析与公司减资的债权人保护规则

我国公司法采取的是德国的信息披露下的债权人保护规则。减资是一个公司的内部决议行为，但考虑到它可能引发的外部效应，因此公司法规定，公司减资时负有通知债权人并发出公告的义务。这一程序性规定目的便是令公司债权人有机会、有渠道获得公司的减资决议，从而要求公司对债务清偿或提供相应担保，确保自身利益不受公司减资决议的影响。然而，实践中却经常发生公司未尽到迅速及时地通知并公告的义务，严重侵害公司债权人利益，并引发大量诉讼的情形。法院在审判中对减资中（因故意或过失）未履行告知义务的行为和对债权人保护的不同做法，以下三个做法具有典型意义。

第一，将债权人同意作为减资行为的生效条件。这种观点将获取债权人同意作为减资行为的必要条件，公司（因故意或过失）未履行通知义务，减资行为归于无效，而与之相对应，减资恢复到变更登记之前状态，财产等恢复原状。这一说法的主要理由在于，通知行为是整个减资行为中一个极为关键的行为，它起到连接公司内部决议和债权人利益的桥梁作用，对发挥保护公司债权人利益起到至关重要的作用。但从法律行为理论上看，减资行为是公司决策减少公司注册资本的意思表示，以公司合同理论来看是公司股东就公司减资达成合意的过程。分析减资行为的法律构成，独立、完全的减资行为既包含减资的意图、方式和减资程度等（目的意思），也囊括积极追求公司注册资本减少的意思（效果意思），并将此意思表示形成于外。显然，一个减资行为是否有效并不依赖于是否经债权人同意。这也并不与债权人保护理念相悖。在法定资本制下，（实质）减资代表着公司注册资本的减少，注册资本的减少又将导致公司所有者权益的减少，公司的偿债能力降低。一旦公司违背债权人通知义务，而将股份或现金返还公司股东，这毋宁是将股权作优于债权进行保护。换言之，法律之所以要强制公司履行通知义务，是为了保护债权人合法利益，而非在于对减资行为效力的否定。

此外，《公司法》第二十二条规定："公司股东会或者股东大会、董事会的决议内容违反法律、行政法规的无效。"但这里仍需质疑，其一，未尽到通知义务是否能成为违反法律的充足理由；其二，《公司法》第一百七十七条第二款的关于公司通知义务的规定是取缔性效力规范而非管理性效力规范，这本身就具有探讨的空间；其三，从法律效果来看，将已经变动的财产和登记恢复原状是否代价过大，造成经济效益的降低和司法资源的浪费，有违效率原则。

第二，对未履行通知义务行为性质和减资效力不加评判。实践中，很多法官对案件中公司未履行通知义务的行为性质的认定采取回避态度，也不说减资行为效力如何，仅表述股东主观上具有过错，客观上降低了公司偿债能力。这些法官往往借助案件中的特殊事实来定纷止争。例如在"江阴市房屋建设工程有限公司与上海天南实业有限公司上诉案"[①]中，公司减资过程中未告知债权却在减资变更登记时进行了担保。一审法院便将该意思表示解释为"具有明显的对外公信效力"，构成各被告对中大紫来公司（债权人）的"债务加入"[②]，进而做出判决被告对原告承担补充责任，但基于合同相对性和保证合同的特点，这一观点显然是站不住脚。

第三，将未履行通知义务的减资行为定性为侵权行为。该观点主张，未履行通知义务的减资行为是一种第三人侵害债权的行为。所谓第三人侵害债权一般是指合同外的第三人明知合同债权的存在，仍然故意以损害他人债权为目的，实施某种侵权行为，致使债权人的债权部分或全部不能实现并致债权人损害的行为。[③]公司股东知晓存在减资决议且会对公司债权人利益产生较大影响，故意或过失未告知公司减资行为，具有主观过错；未告知减资本身违背了公司法的规定，是一种不法加害行为；减损了公司的偿债之能，造成了公司债权人可救济的损害；不法行为与主观过错之间具有因果关系，符合第三人侵害债权理论的构成要件，股东承担相应责任并无不当。笔者较为赞同这一观点。

就未履行通知义务的减资行为的债权人保护问题，一种观点认为，公司股东应在减资范围内对未通知债权人承担连带责任。其规范依据在于"法人人格否认制度"。持该观点者认为未通知公司债权人即进行减资是公司股东滥用公司独立地位的表现，应该"刺破公司面纱"，直接追索股东的连带责任。

但本文不赞同上述观点，公司股东应当对于公司债务在减资的范围内承担补充赔偿责任。首先，我们在司法实践中对"人格否认"之运用必须恪守审慎原则，决不能随意化和扩大化。通说观点，只有在以下情形中才不认可公司法人的独立人格：（1）公司法人格"形骸化"。公司与其股东发生财产混同、业务混同和机构混同等情形，难分彼此，事实上也无从区分（"纵向人格混同"[④]）。（2）公司资本显著不足。（3）利用公司规避合同义务。（4）利用公司规避法律义务。其次，从公司法理上看，抽逃出资也是第三人侵

---

① 本案合议庭由审判长侯卫清、代理审判员毛焱、翟从海组成并审理，案件字号：（2009）沪一中民二（民）终字第 3281号，【法宝引证码】CLI.C.469820.

② 史尚宽. 债法总论[M]. 北京：中国政法大学出版社，2000：753.

③ 江平. 民法学[M]. 北京：中国政法大学出版社，2014：56.

④ 调查表明，审判实践中股东与公司之间"人格混同"是法院无视公司独立地位的最常见情形。参见：姜婉，王保树. 商事法论集[M]. 第 16 卷. 北京：法律出版社，2009：304.

害债权的表现形式之一，最高人民法院《关于适用公司法若干问题的规定（三）》第十四条规定了抽逃出资的股东对于公司债权人承担的补充赔偿责任，按照类推解释的方法，本案三股东应当在减资的范围内对公司债务承担补充赔偿责任。此种责任形式可以有效地平衡公司、股东与债权人三者之间的权益，而且贯彻了《公司法》第三条第二款规定的股东有限责任原则，于法有据。

（五）强制减资制度的分析与构建

从影响债权人的利益角度出发，除了可以将减资分为形式减资与实质减资外，还可以根据减资的发生原因，将减资分为任意减资与强制减资。所谓任意减资，是指基于公司自愿而进行的减资；所谓强制减资，是指基于法律之规定而进行的减资。一般而言，强制减资主要发生在公司存在严重亏损时，法律强制性要求公司进行减资。

从比较法而言，世界有许多国家都规定了强制减资制度。《法国商事公司法》第 214 条规定："当股份公司的净资产少于注册资本总额的一半以上时，该公司必须减资。此时的债权人无权反对减资。"《意大利民法典》第 2446 条亦规定："当公司资本因亏损而减少 1/3 以上的，应及时召开股东大会采取相关措施，如果到下一年度未能实现亏损 1/3 以上的，应当根据亏损额减资。"

强制减资的制度价值在于它可以确保公司的资本与净资产处于相当的水平，反映公司真实的资产状况，给债权利益予以充足的保护。但我国对于强制减资制度并没有明确规定，不利于对债权人利益的保护，有必要公司法予以完善。不过，值得注意的是，这种强制性的减资同样存在干涉公司自治之嫌疑，必须将这种对公司的不利影响降低在最低水平。因此，本文建议，首先，这种减资必须达到一定标准始得启动。《法国商事公司法》的"当股份公司的净资产少于注册资本总额的一半以上"这一标准值得借鉴。其次，"一刀切式"强制减资的做法并不可取。换而言之，强制减资制度本在于保护债权人利益，因此，如果该公司能够对债权人提供相应担保或达成和解的，也可以得以豁免，但如果债权人中有人坚持主张强制减资的，则应当适用强制减资规则以防止债务人公司与某个债权人之间恶意串通侵害其他债权人之利益。此外，在保护债权人利益的基础上，应当兼顾到公司的利益，是以，意大利中关于亏损期间"一季度"也可以予以借鉴。最后，如果公司符合破产制度，而有人启动破产程序的，应当适用破产程序。

四、减资型股份回购

在对减资进行类型化梳理时，减资型股份回购极其特殊，在实践中，股份回购往往伴随公司资产的流动，就法律效果而言，属于实质性减资；公司股份回购一般仅对某个或某些股东的股份，因此，又属于不等比减资，因此减资型股份回购对股东和债权人的利益均会产生影响，需要单独讨论。

（一）减资型股份回购概述

"股份回购，又被称为股份回赎，是指公司依照法律规定从公司股东手中买回自己的股份的行为。"[①]《公司法》第一百四十二条规定，"公司在减资时，股份有限公司股东可以请求公司回购自己股份，公司在进行股份回购后，应当在一定期限内转让或注销该股份"[②]。也就是说，股份公司在减资时可以请求公司回购股份，相反，当股份公司注销回购股份时产生了与减资相同的法律后果，减资型股份回购是指公司回购股东股份后予以注销从而产生减资法律效果的股份回购。

从比较法角度，股份回购于世界立法主要集中在两种模式：一种为以美国为代表的自由回购模式；另一种则采取"原则禁止，例外允许"的立法模式，该模式多被以德国、日本、我国台湾地区等为代表的大陆法系所采用。"两种模式的根本区别在于资本制度的不同"[③]，大陆法系为严格贯彻资本维持原则，保护债权人利益，避免逻辑矛盾，普遍禁止公司回购自己股份，只有在法律规定的情形下方可进行。我国《公司法》只在第一百四十二条规定了股份公司股东的股份回购权以及异议股东的回购请求权，因此，结合我国的资本制度和立法目的，对于股份有限公司，我国采取的是第一种模式。但对于有限公司的股份回购行为并未明确规定，那么对于股份有限公司在法定情形外通过股份回购进行减资效力如何，有限责任公司回购股权减资的性质如何认定，股份回购的具体程序如何等问题，既有的公司法不能做出很好的解释。换而言之，超出法定情形外的股份回购效力如何？股份回购能否援用减资的程序性规定？

（二）减资型股份回购对股东利益的影响

公司可以回购某个或某些股东的股份，从而对股东进行了差别对待，在法律后果上属于不等比减资，可能违背股权平等原则。正如上文分析，不等比减资未必必然导致减资当然无效，类推至此，发生减资效果的股份回购行为也并非当然无效，效力的判断取决于是否实质性违背股东判断原则，是否构成对中小股东压迫和利益压榨，是否构成对

[①] 施天涛.公司法论[M].北京：法律出版社，2014：282.

[②]《公司法》第一百四十二条规定："公司不得收购本公司股份。但是，有下列情形之一的除外：（一）减少公司注册资本；（二）与持有本公司股份的其他公司合并；（三）将股份奖励给本公司职工；（四）股东因对股东大会做出的公司合并、分立决议持异议，要求公司收购其股份的。公司因前款第（一）项至第（三）项的原因收购本公司股份的，应当经股东大会决议。公司依照前款规定收购本公司股份后，属于第（一）项情形的，应当自收购之日起十日内注销；属于第（二）项、第（四）项情形的，应当在六个月内转让或者注销。公司依照第一款第（三）项规定收购的本公司股份，不得超过本公司已发行股份总额的百分之五；用于收购的资金应当从公司的税后利润中支出；所收购的股份应当在一年内转让给职工。"

[③] 施天涛.公司法论[M].北京：法律出版社，2014：283.

公司利益的不正当侵占。

（三）减资型股份回购对债权人利益的影响

在股份回购型减资中，公司以其自有资金作为回购股东股权的对价，无疑变相地将公司资本返还股东，效果上属于实质性减资。是以，公司回购自己"公司资本不得抽回"的原则性规定，实际上减损了公司资本，形成"资本的空洞化"。资产负债比是公司负债占总资产的比率，"公司的资产负债比或产权比例的高低与公司资产对债权人的保障力成反比例关系，即公司的资产负债比或产权比例越高，公司的资产质量越不佳，相对于公司资产对债权人的保障力越低"[①]。因此，在公司的总负债不变的情况下，公司的资产减损，必然导致公司信用的降低，对债权人利益产生不利影响。因此，减资型回购会导致实质减资的法律后果，在没有法定程序之前，学界通说认为，"可参照使用减资程序的债权人保障规则"[②]。与之相反，对于股份回购后并不注销而转让于他人类型的股份回购，正如形式减资不会导致公司信用降低一半，公司取得自身股份也并不必然导致公司信用的减损，"如果公司以盈利取得自身股份或将相当于回购的资金留存于特定账户，并不注销股份，则公司净资产将不会减少，不会损及债权人利益"[③]，因此无须比照适用减资的债权人保护规则。

但必须澄清一点，减资型股份回购只是因股份注销而发生同减资相同的法律效果，两者性质不同，股份回购未必导致减资，回购后转入不发生减资效果；相反，减资行为不同于股份回购行为，根据《公司法》第一百四十九条规定，减资只是股份回购的发生事由之一。因此，将股份回购与减资等同是对两者行为性质的误读，根据体系解释，特别多数决只有法定和约定情形方应适用，减资型回购不适用《公司法》第四十四条的规定，即发生减资型股份回购无须经代表三分之二表决权的股东通过。

对于超越法律规定的股份回购，学界基于资本维持原则和促进交易等角度提出有效说、无效说、相对无效说和可撤销等学说[④]。笔者赞同相对无效说，但同样考虑到不同类型的股份回购对债权人影响的不同，效力应做区别对待。同时，应该区分债权行为和股份的取得行为。对于超越法律规定的回购协议将因违反资本维持原则无效；对于股份取得行为因注销导致实质性减资后果，违反资本维持原则无效；"对于股份取得后又转让，

① 王荣康. 股份回购及对债权人和中小股东的保护[J]. 现代法学，2002，24（3）：66-72.

② 对于股份回购，多位学者主张程序可参照适用减资的债权人保护规则。参见：李莉，刘花玲. 股份回购的法律制度探析[J]. 暨南学报（哲学社会科学版），2003，25（4）：34-40.；华国庆. 股份回购若干问题探析[J]. 政法论坛：中国政法大学学报，2001（4）：33-39.；王荣康. 股份回购及对债权人和中小股东的保护[J]. 现代法学，2002，24（3）：66-72.

③ 孙建江. 股份回购相关问题的法律规制[J]. 技术经济与管理研究，2003（3）：81-82.

④ 陈景善，王军，吴日焕. 商法案例研习[M]. 北京：中国政法大学出版社，2013：87.

股份变动行为在股东与公司之间无效，但不得对抗善意第三人"①。

结论

　　减资有多种方式，不同的减资方式会对不同的利益主体产生影响，其中利益受影响最大的是公司的股东以及公司的债权人。

　　根据公司减资时是否对全部股东同等对待，可以将减资分为等比减资与不等比减资。公司是否等比减资会对股东的利益产生较大影响，在等比减资中，股东利益不会受到较大影响，但不等比减资却可能对股东的利益产生积极和消极影响。更深层次的原因是，不等比减资可能违反到股东平等原则。考虑到不等比减资的复杂性，不等比减资未必导致减资行为当然无效，可以通过不等比减资的消极影响进行效力上的区分：控股股东利用不等比减资不正当侵占中小股东的财产性利益的减资行为无效；控股股东利用不等比减资不正当排除中小股东的控制性利益的减资行为无效；对于单独退股，应当进行更为严格的把控，剥夺股东资格的减资行为无效。

　　根据公司减资时是否伴随着资产的流出，可以将减资分为形式减资与实质减资，这种减资的方式会对债权人的利益产生较大的影响。在形式减资中，公司的资产不会受到影响，因此，无须履行对债权人的保护程序以为需要减资的企业提供"减负"的便利。只有在可能会影响公司资产状况的实质减资中，方才需要履行债权人保护程序以维护债权人的利益，对此，我国《公司法》应当予以区分。此外，为保护债权人利益，我国也应当构建强制减资制度，但同时也需要考虑到公司的自治利益，因此，强制减资必须符合严格的条件。

　　另外，对于减资型股份回购，其既可能符合不等比减资，也可能构成实质减资，会对股东和债权人利益造成影响。因此，减资型股份回购不仅应当符合不等比减资的要求，还应当符合实质性减资的要求，履行债权人保护程序。

---

① 陈景善，王军，吴日焕. 商法案例研习[M]. 北京：中国政法大学出版社，2013：87.

专题十五　公司瑕疵决议一元化否定规则的制度构建

【摘要】

　　法人与自然人一样被认为具有意思表示和执行能力，只是其意思通过机关或代理人完成。公司决议即是公司意思形成的过程，在性质上其不属于法律行为，因此，不宜囿于传统民事法律行为的理论，尤其是效力形态对其进行制度构建。私法自治在公司法上的要求即是对公司意思的尊重，应关注公司的整体利益，尽量不干预公司意思的形成过程而认可其效力。但为消除意思形成过程中因实体或程序瑕疵而使股东、董事或其他主体可能遭遇的利益减损或不公正待遇，宜赋予股东、董事或其他主体以撤销权，通过撤销权的行使实现对公司瑕疵决议的否定。与二元、三元甚至四元效力形态相比，瑕疵决议否定规则的构建有助于维护公司自治、确保商事效率、节约司法成本、兼顾社会现实。当然，我国公司法宜为此进行相应的制度修正以提升其运行效率。

【关键词】

公司决议　法律行为　决议瑕疵　撤销权

　　现行《公司法》将决议的效力区分为决议有效、无效和可撤销[①]，2016 年 12 月 5 日，最高人民法院原则通过了《关于适用〈中华人民共和国公司法〉若干问题的规定（四）》，增加了决议不成立的效力形态，使得公司决议效力问题愈发复杂。事实上，公司决议效力判定问题一直是理论和实务界关注的重点和难点，不妨以"林照森与广州市锦桂房地产开发有限公司公司决议效力确认纠纷上诉案"为例，一窥公司决议效力判定的司法裁判现状。

[①] 《公司法》第二十二条规定："公司股东会或者股东大会、董事会的决议内容违反法律、行政法规的无效。股东会或者股东大会、董事会的会议召集程序、表决方式违反法律、行政法规或者公司章程，或者决议内容违反公司章程的，股东可以自决议做出之日起六十日内，请求人民法院撤销。股东依照前款规定提起诉讼的，人民法院可以应公司的请求，要求股东提供相应担保。公司根据股东会或者股东大会、董事会决议已办理变更登记的，人民法院宣告该决议无效或者撤销该决议后，公司应当向公司登记机关申请撤销变更登记。"

该案中，汤始公司与林照森（原告）签订股东转让出资合同书，约定林照森将其持有的锦桂公司（被告）股份全部转让给汤始公司。其后，锦桂公司向工商管理部门提交2006年6月13日《股东会决议》。该《股东会决议》上写有"林照森"的签名，载明所做出决议经公司股东表决权100%通过，同意林照森将其持有的锦桂公司28%股权转让给汤始公司等内容。后查明林照森并未参与股东会决议并且其签名系伪造，林照森向一审法院提起本诉讼，请求判令确认2006年6月13日《股东会决议》无效。

一审法院认为，林照森没有在《股东会决议》上签名，《股东会决议》不是林照森的真实意思表示，因此《股东会决议》无效。二审法院则认为，由于决议的内容主要是涉及林照森所持有的锦桂公司的股权转让给其他股东的事宜，即涉及林照森个人的实体权益，因此，未经其本人同意，该涉及林照森所持有的股权转让的决议本应对林照森本人不发生法律效力，但林照森与汤始公司签订股东转让出资合同书与《股东会决议》的内容一致，林照森已明确表示其同意将其所持有的锦桂公司28%的注册资本转给汤始公司，故该股东会决议并没有侵害林照森的实体权益。因此，本案《股东会决议》是否生效应当由股东按照出资比例行使表决权后，按照表决的结果决定。

可以看到，两级法院意见相左，一审法院以单个股东的相反意思表示为由，否定了整个决议的效力；二审法院以决议内容是否实质侵害异议股东的利益为裁判标准，撤销了一审法院的无效判决，但两级法院均没有严格遵照《公司法》的有关规定，出现了立法和实践的脱节。这展现了在公司决议效力问题上实务界的困惑，也展现了抽象立法和具体实践的矛盾。可以预见到，在公司决议效力形态愈发丰富的情况下，司法裁判的混乱和困难将愈发突出。为确保司法的权威性和公正性，并使得立法更为科学，提出明确、科学的公司决议瑕疵解决机制势在必行。

一、公司瑕疵决议否定规则的价值与依据

（一）公司决议的性质：非法律行为

1. 法律行为与意思表示

依据传统民法理论，作为法律事实之一种形态，法律行为是民事主体实施的有目的、有意志的行为。意思表示作为行为人将自己的内在意思表示于外部的行为，是民事法律行为的重要构成要件，也是其核心要素。意思表示分为两个阶段：一是内心意志，或称效果意思，是指存在于行为人内心的、希望产生一定法律效果的意愿或内心活动，它一般不能为他人所感知；二是表示行为，是指行为人根据效果意思的指引，用于影响外部法律关系的作为或者不作为，是效果意思外化的行为。① 若表示行为以行为人的效果意思

---

① 王利明，郭明瑞，方流芳. 民法新论（上）[M]. 北京：中国政法大学出版社，1987：358-360.

为基础并与之相一致，则为意思表示一致。行为人内心的效果意思只有表示于外部并为他人感知或者了解，才能产生法律上的意义，才可能影响相关主体的利益，仅仅存在于内心的意思在法律上一般没有意义，正如刑法中的犯意不构成犯罪；法律行为效力的判定通常发生于行为人的表示行为不能完全、真正反映效果意思的情形下。

2. 公司决议：公司内部意思的形成行为

当公司做出决议时，决议行为并非完整的法律行为，而是法律行为之效果意思形成阶段。公司做出决议仅形成意欲实施某内部行为或与相对人缔结法律关系之效果意思，仅对公司有拘束力，尚需通过执行机关的表示行为表示于外，方构成意思表示，[①]经与相对人达成合意，方成立双方或多方法律行为；同时，如同自然人可以基于自己内心的意思实施单方法律行为，公司在决议做出后亦可实施诸如增资、利润分配等单方的法律行为。正如有学者所言，决议只在社团内部形成社团意思而已，与第三人的法律关系不因之而成立，决议只是创造了社团的代表人对外为意思表示的基础。[②]

与自然人通过内心考量形成效果意思不同，公司作为非实在理性存在，其独立的基础即在于独立于股东的意思及财产，以资本或人数的多数决机制形成的意思为社团的效果意思。在决议过程中出现的赞成、反对、弃权意见及形成最终决议，与自然人形成效果意思时经历的内心斗争及最终做出决定，性质并无差异。故决议行为根本就不是法律行为，而是公司作为独立的法律主体依赖意思机关形成公司意思的行为。"公司作为法律拟制主体，它的意思不是从'人的自然意识'发展而来的，而是从个体股东意思转换而来的'法律意思'或'拟制意思'。"[③]所以，瑕疵决议效力的判定不是法律行为效力的判定。

（二）公司瑕疵决议否定规则的制度价值

1. 区别之辨：民法与商法上的无效与撤销

公司决议不是法律行为，但不得不接受的事实是无论是学理研究还是立法在瑕疵决议效力的判断上都受到了法律行为制度的影响。无效与撤销作为瑕疵行为两种主要的效力状态，其承载的制度功能还是有所区别，撤销的价值在于维护私益，而无效的价值在于维护公益。也正因如此，民法规定撤销权应当在法定的除斥期间内行使，而无效不因时间经过而使效力得到补正，即民法上的无效是自始、确定、当然的无效。

作为典型商法的公司法，其在借鉴法律行为效力制度时即已经做了符合商法价值的修正。与民法上的无效与撤销相比，作为民事法律行为理论发源地的德国，《德国股份法》

① 钱玉林. 股东大会决议的法理分析[J]. 法学，2005（3）：97.
② 黄立. 民法总则[M]. 北京：中国法制出版社，2002：198.；柯芳枝. 公司法论[M]. 上册. 台北：三民书局，2002：239.
③ 叶林. 股东会会议决议形成制度[J]. 法学杂志，2011（10）.

第 242 条集中规定了决议无效瑕疵的治愈。根据该条规定，未进行公证的股东大会决议，如果也未在商业登记簿中登记注册，则不得因此主张无效；部分无效决议（违反《股份法》第 241 条第 1 项、第 3 项、第 4 项的决议等）若未登记于商业登记簿且经过三年后，即便这些决议符合法定的无效情形，也不得因此主张无效。"无效的股东大会决议有：决议与股份有限公司的本质相违背、决议的内容违反了法律规定、决议完全或者主要违反了保护公司债权人利益的法律规定或者违反了应予保护的公共利益的规定、决议的内容违反了善良风俗或者违反了强制性法律规范……对这些规定进行解释是相当困难的，《股份法》第 243 条第 1 款规定，"如果决议违反法律规定，通常只能撤销该决议。通过与这一条款的比较，可以推导出一个一般性的适用原则；只有在少数例外的情况下，才能判定股东大会决议是无效的"。[①]这给我们一个启示：决议的瑕疵要么是程序上的，要么是实体上的，程序上的瑕疵可以治愈，实体上的瑕疵由于解释的困难而通常只能撤销决议，加之作为私法的商法中，"除非决议的程序瑕疵在穷尽所有合法手段仍不能使决议治愈，始得认定决议无效，唯此始能体现公司法对交易安全的保护和公司行为的尊重，减少不必要的司法干预，体现出决议无效适用的谦抑性原则"。[②]因此，无效是否还应作为一种独立的瑕疵决议的效力形态而存在值得深思。

我国《公司法》未对股东会决议瑕疵的治愈进行规定。学理上对决议瑕疵治愈的研究已较为成熟，它主要包括对决议程序瑕疵的豁免与对决议程序瑕疵的补救两种类型。日本、德国、法国、美国、英国等国家都承认了在欠缺法定程序的情况下，如果全体股东或者代理人出席了会议，该会议做出的决议有效。也可以通过追认或撤回补救。[③]且德国股份法中规定的无效决议的补救既包括形式上的，也包括程序上的，甚至还包括内容上的，[④]"无效决议瑕疵治愈的本质，并不是否定决议瑕疵的存在，只是引起决议无效的原因在经过法定的期间后，不再成为瑕疵请求权人主张无效的事由"。[⑤]这事实上已经突破了传统民法无效原因不会因时间经过而得以补正的基本理论。此处的无效制度已经与撤销制度具有相同的功能。

鉴于决议与无效在法律后果上的相似性以及功能的相近性，二者具有相互替代的可能。同时，为避免对决议效力的争议以及由此引发的对公司经营可能产生的不利影响，

[①] [德]托马斯·莱塞尔，吕迪格·法伊尔. 德国资合公司法[M]. 第 3 版. 高旭军，单晓光，刘晓海，方晓敏. 等，译. 北京：法律出版社，2005：265.

[②] 朱慈蕴. 关于公司决议瑕疵之诉的若干问题探讨（草稿）[R]. JICA 中国经济法完善项目 2007 年度第 1 次公司法研讨会. 转引自：李建伟. 公司决议效力瑕疵类型及其救济体系再构建——以股东大会决议可撤销为中心[J]. 商事法论集，2008（2）.

[③] 赵心泽. 股东会决议效力的判断标准与判断原则[J]. 政法论坛，2016（1）.

[④] [德]托马斯·莱塞尔，吕迪格·法伊尔. 德国资合公司法[M]. 第 3 版. 高旭军，单晓光，刘晓海，方晓敏，等，译. 北京：法律出版社，2005：267.

[⑤] 钱玉林. 股东大会决议瑕疵研究[M]. 北京：法律出版社，2005：287.

笔者认为，公司瑕疵决议的否定规则，即撤销权的行使可以实现公司与其他利益受损主体之间的平衡。

2. 公司决议的存在生效：与撤销对应

所谓瑕疵决议存在与否的判断，即对公司效果意思存在与否的判断，作为公司的内部行为，私法自治在公司制度中的体现就在于对公司意思的尊重，但是为避免个体股东或董事意思向公司意思转换过程中遭遇的不公正，以及可能因决议实施导致的其他利益主体的利益受损，需要对其进行救济，赋予其相应的撤销权。"就缔约内容看，股东大会决议主要是就公司的特定事项做出决定，具有可执行性，需要特定的人或者机关——公司管理者去落实和执行。所以，股东大会决议也可以看作是对公司管理者的一种行为指令，公司管理者必须遵守和执行。"①即与股东大会决议相关的主体既包括股东又包括公司的管理者。可撤销的瑕疵决议应与决议的存在生效作为对应的概念。虽然笔者不完全赞同有些学者的论证，但完全同意其结论，即"如果对法律行为理论和决议的关系进行认真的研究，我们就能发现，法律行为理论根本不适合于决议"。"决议制度的两个原则为民主原则和正当程序原则。""因为意思自治一直被当作是法律行为的一般性原则，而决议又被当作是法律行为的一种，民主原则没有受到重视，更没有上升为私法团体行动的一般性原则，而只在公司法中得到了重视。""民主原则在决议制度之中包括两个方面：议事民主和表决民主，议事民主即议事过程的民主，而表决民主以多数决定为中心，主要是一个投票表决程序。议事与表决程序正当性的价值有三：一是其直接决定决议内容的正当性；二是其自身具有独立性价值；三是其为决议（约束力）正当性的重要来源。"②笔者赞同上述观点，认为公司法上决议的存在要件应为正当程序的履行、民主的尊重与多数决机制的维护。

至于公司决议产生效力的要件，依据叶林教授的观点，依据法律与章程规定的规则与程序做成会议决议后，"股东会作成会议决议，即产生形式拘束力，却不当然产生实质拘束力。会议记录或决议只有送达董事会、公司股东及潜在投资者后，才产生实质拘束力，才发生意思表示的法律效果"。③笔者同意决议送达利益相关者方能产生实质拘束力的观点，但对需要向潜在投资者送达持保留意见。该建议对我国现行公司法公司决议制度缺漏的弥补无疑提供了解决的良药。

"决议是将客观地存在多数的意思拟制为公司的意思，构成决议个别股东意思表示的效力不论为何（无效或可撤销），只要客观地存在正常多数的意思，公司的意思即有效

① 石纪虎. 公司法·公司章程·股东大会决议——三者效力关系的"契约论"解读[J]. 法学杂志，2010（2）.
② 具体论述见：陈醇. 商法原理重述[M]. 北京：法律出版社，2010：130-139.
③ 叶林. 股东会会议决议形成制度[J]. 法学杂志，2011（10）. 在此文中，叶林教授详细分析我国股东会决议制度中存在的问题并提出了破解办法.

存在。"①无论是股东会决议还是董事会决议，确保正常多数意思的客观存在，则公司的意思有效存在。

3．判定价值：公司利益与股东权利之平衡

众所周知，公司之所以作为独立的法人主体，根本的要素在于其与股东意思的分离与财产的分离，正确区分公司的意思与股东的意思是保证公司独立性的关键。"基于公司治理结构的安排，股东会是最高权力机关，也是形成公司意思的最高机关；董事会作为股东会的执行机关的同时，也是公司常设决策机关，在其权限范围内对公司重大经营事项等的决策中充当公司意思机关的地位。"②因此，决议是公司股东会或者董事会行使职权的主要手段，依其确定的决策形成公司欲为一定法律行为的效果意思，对公司及其全体决议机关成员均具有约束力。但决议决定的是公司事务，并不直接调整参与制定决议的成员个体之间的关系，而是旨在构筑他们共同的权利领域或者他们所代表的法人或者组织的权利领域。③否定瑕疵决议的实施，其最终目的无非在于否定有内容或程序瑕疵的决议发生效力，从而阻止有瑕疵的决议发生效力并通过实施该决议而使违法决议成为现实。在构筑公司决议法律制度，尤其是瑕疵决议否定规则时，应注重商事效率和安全，关注公司的整体利益，而不应囿于传统民事法律行为的理论范式仅关注股东个体权利的保护。

（三）公司决议瑕疵否定规则的判定依据

公司决议的依据在于公司法与公司章程的规定，"股东会之决议乃公司之意思决定，然不似自然人之意思决定，仅系一种心理之过程而已，其本身即系一种法律程序。从而，其决议须基于适法之程序而形成时，始能发生公司意思决定之效力"。④"公司章程无法使股东达成特定的目的，而仅仅只是股东或者公司管理者之间的一个议事规则。议事规则的特征是程序正义，即只要在决策时遵循议事规则，最后导致什么样的结果都是正义的。这种纯粹的程序正义规则对于社会（公司）来说具有非常重要的价值。"⑤"赌博的实体是不正义的，但是赌徒对结果心悦诚服，其原因在于赌博的程序是正当的；这类行为从实体上找不到正义之处，其正义之处应当从程序上得到。"⑥根据罗尔斯的上述理论，决议约束力的正当性来自于决议的正当程序。笔者赞同此观点，其表明了程序正义的至关重要，体现了商事交易效率与公平的内涵。尤其是在决议中，依据公司法和公司章程

① 持相同观点的学者有：钱玉林. 股东大会决议瑕疵研究[M]. 北京：法律出版社，2005：218.；[韩]李哲松. 韩国公司法[M]. 吴日焕，译. 北京：中国政法大学出版社，2000：383.

② 钱玉林. 股东大会决议的法理分析[J]. 法学，2005（3）.

③ [德]卡尔·拉伦茨. 德国民法通论[M]. 下册. 王晓晔，译. 北京：法律出版社，2003：433.

④ 柯芳枝. 公司法论（上）[M]. 台北：三民书局，2002：272.

⑤ 石纪虎. 公司法·公司章程·股东大会决议——三者效力关系的"契约论"解读[J]. 法学杂志，2010（2）.

⑥ [美]约翰·罗尔斯. 正义论[M]. 何怀宏，等，译. 北京：中国社会科学出版社，1988：87.

确保程序上的完备是决议有效的基本前提。当然，如前所述，除了程序正义，还应符合民主原则以及多数决原则。"公司法和公司章程必须对股东大会决议事项的范围事先予以规定，以防止控制股东滥用控制权。"①

德国股份法规定了决议违反了法律或者章程的规定，就可以提起撤销之诉。决议违反的既可能是程序性规定，也可能是实质性条款。②这反证了决议应当符合章程与法律的规定，因此，判断决议是否应当否定也应以其为依据。

二、建立瑕疵决议否定规则的必要性

（一）现有瑕疵决议效力的学说与立法评价

现有瑕疵决议效力的学说主要有二分法、三分法与四分法，采取"二分法"的国家将股东会决议瑕疵诉讼分为决议无效诉讼与决议撤销诉讼。采取"三分法"的国家则在决议无效诉讼与决议撤销诉讼之外纳入了确认决议不成立或不存在诉讼。而采取"四分法"的学说将股东会决议瑕疵诉讼分为无效诉讼、决议撤销诉讼、确认决议不成立诉讼与确认决议不生效诉讼。③还有采取"四分法"的国家在决议撤销之诉、确认无效之诉、确认决议不存在之诉的基础上，增加了一种撤销、变更不当决议之诉的类型。如韩国公司法规定，当决议内容存在瑕疵，但排除有特别利害关系之股东而作的决议内容显著不当时，没有行使表决权之特别利害关系股东可以提起取消、变更不当决议之诉。④

不管是二分法、三分法抑或四分法，都是依据法律行为理论分析决议效力的结果，前已述及，由于决议的非法律行为属性，法律行为的相关理论并不当然适用于决议制度。我国台湾地区也有学者认为："关于股东大会决议，因其意思形成方法带有团体法性的特点，于其效力也强烈要求团体法律关系的稳定，大部分法律行为或意思表示的一般原则不适于决议。因此，决议不能硬套于传统法律行为的分类，而是按独立性法律行为来看待。"⑤因此，宜结合公司决议作为商事法律制度的特殊性合理安排其制度构建。确实，无效、不成立与撤销具有不同的制度价值，这是严格适用民法原理的结果，但在商法上是否必须坚守值得思考。民法尚不保护权利上的睡眠者，对于调整交易迅捷、效率为对象的商法而言更应如此，应规定比民法更短的权利行使时间。公司法调整的是以公司为核心的法律关系，尊重和践行公司企业的维持原则应是其要义所在，应充分尊重公司的意思。

---

① 石纪虎. 公司法·公司章程·股东大会决议——三者效力关系的"契约论"解读[J]. 法学杂志，2010（2）.

② [德]托马斯·莱塞尔，吕迪格·法伊尔. 德国资合公司法[M]. 第3版. 高旭军，单晓光，刘晓海，方晓敏，等，译. 北京：法律出版社，2005：271.

③ 张旭荣. 法律行为视角下公司会议决议效力形态分析[J]. 比较法研究，2013（6）.

④ [韩]李哲松. 韩国公司法[M]. 吴日焕，译. 北京：中国政法大学出版社，2000：413.

⑤ 柯芳枝. 公司法论（上）[M]. 台北：三民书局，2002：239.

　　近年来大陆法系公司法的立法动向虽然是增加了决议不成立的类型，但都有意识地扩大了可撤销的事由而严格限制无效和不成立的适用。[①]加之"如果法院确认了撤销之诉，那么从决议形成时刻起有关的决议是无效的"[②]，撤销与无效有相同的法律后果，且商法上的撤销权应该基于审慎原则以诉讼方式为之，与无效一样都需要法院的司法衡量，在维护商主体自治、促进商事效率以及维护商事交易安全的价值理念指导下，以撤销之诉代替无效之诉是非常必要的。

（二）历史的启示与立法例的借鉴

1. 历史启示：一元制的长期实践

　　德国公司决议瑕疵诉讼制度的产生与历史上公司制度由特许制向准则制的转变紧密相连。特许制下，决议的合法与否由国家进行监督。在特许制被准则制取代后，国家不再直接介入公司设立和运行，由此出现了决议合法性监督角色的空缺。因此，司法界和学术界逐渐从股东所有权中发展出了个体股东要求公司机关按照法律和章程从事行为的权利，并由此产生了股东对瑕疵决议的撤销权。不过，此时尚未形成对无效及可撤销决议的划分，股东撤销权事实上可以针对各类瑕疵决议。决议瑕疵诉讼具有合法性控制和个体权利保护的双重功能。[③]为防止滥用，立法者对决议撤销权引入了一系列的预防机制。[④]即便是后面承认了无效与撤销的区分，学理上有学者主张如果是股东或公司机关主张决议无效，则应当对决议无效之诉类比适用决议撤销之诉的规定。[⑤]即撤销之诉具有替

[①] 如《日本商法典》1981 年修正时在第 252 条增列确认决议不成立诉讼，承认决议不成立为股东大会决议瑕疵的独立类型，同时将决议内容违反章程的作为无效的事由修改为可撤销的。2005 年通过的《日本公司法典》第 830 条规定股东大会决议不成立之诉和无效之诉；第 831 条规定四种场合的撤销之诉：召集程序违法或违反章程；决议方法违法或违反章程；决议内容违反章程；对决议因特别利害关系者行使表决权，已做出明显不当决议。以上若法院认为违反事实不重大，且没有对决议带来影响时，可驳回起诉。《韩国商法典》第 380 条也明文规定确认股东大会决议不成立之诉，在 1995 年的修正中同样将决议内容违反章程的改为可撤销的事由。

[②] [德]托马斯·莱塞尔，吕迪格·法伊尔. 德国资合公司法[M]. 第 3 版. 高旭军，单晓光，刘晓海，方晓敏，等，译. 北京：法律出版社，2005：268.

[③] 法院通过股东起诉启动对决议合法性的审查，判决决议无效可以对公司机关遵守法律和章程做出决议施加极大压力。此即所谓的客观的合法性控制功能。另一方面，决议瑕疵诉讼同时还是中小股东对抗大股东滥用资本多数决的重要工具。公司法出于效率和公平兼顾的考虑对股东大会决议采取了资本多数决原则，少数股东服从多数决的一个前提是决议不违反法律或者章程；否则，股东可以通过决议瑕疵诉讼消除决议对自身所造成的不利损害，股东的诉权因此具有维护自身权利的功能；此即决议瑕疵诉讼所具有的维护受违法决议侵犯的少数股东利益的个体权利保护功能。关于公司决议瑕疵诉讼产生历史及制度功能的详细分析请参见：丁勇. 德国公司决议瑕疵诉讼的发展及启示[J]. 中德法学论坛，2015（00）.；丁勇. 德国公司决议瑕疵诉讼滥用问题研究及启示[J]. 比较法研究，2013（4）.

[④] 包括"在股东大会上提出异议"以及 1 个月撤销期限的限制，甚至对原告股东施加了提存股票和应公司申请提供担保的义务，以及恶意起诉时的损害赔偿责任等。丁勇. 德国公司决议瑕疵诉讼的发展及启示[J]. 中德法学论坛，2015（00）.

[⑤] 丁勇. 德国公司决议瑕疵诉讼的发展及启示[J]. 中德法学论坛，2015（00）.

代无效之诉的可能。

　　2. 他山之石：立法例的借鉴

　　由于大陆法系各国的公司决议瑕疵立法多仿效自德国，因而对于决议撤销之诉的功能定位也明显受到了德国主流观点的影响。①日本、韩国、我国台湾地区及我国公司法中②有关决议撤销之诉的立法模式均为以决议违反法律或章程为客观要件、以股东资格为主体要件，并不要求起诉股东证明个人利益受损，即撤销之诉已经超越私益的保护而具有公益维护的属性。这种"公益之诉"的立法同样也得到了学术界的支持。如韩国学者也强调决议撤销之诉带有公益性，"不是为了股东等的个人利益，而是为了股东和公司全体的利益而提起的"，是为了"恢复股东大会意思形成的公正性及合法性，来维持公司组织的健全性的制度，现有的所有股东均有利害关系"。"只要是股东，就作为股东大会的成员，对适当运营股东大会持有利益"，"由于所有股东均具有诉讼之益，即使是与瑕疵无关的股东（例如，接到召集通知的股东），也可以提起诉讼。"③同样，日本通说也受到了德国主流观点的影响，认为股东大会决议撤销诉讼的本质是股东要求公司遵法（含章程）经营的诉讼，因此，股东仅依其股东地位即被认可其诉讼利益，即使决议不侵害某股东的利益（如对其他股东召集程序等的瑕疵），该股东原则上也可以该决议损及其他股东、将来股东或公司债权人的利益为由主张撤销决议。④股东提起决议撤销之诉的诉讼利益在于"抽象的违法纠正权"，即"股东确保公司经营的合法性所具有的利益"。⑤我国台湾地区学者甚至将股东撤销权明确归为股东共益权的一种，是股东参与公司经营、防止公司不当运营及对不当之管理谋求救济之权利，其目的在于赋予股东于多数决原则之下就不法决议仍有所救济。⑥这在一定意义上表明了撤销之诉完全可以取代无效之诉的功能，使得以撤销为核心构建瑕疵决议的否定规则成为可能。

三、瑕疵决议否定规则的制度构建

（一）瑕疵决议否定规则的重要意义

　　在我国公司法修正中，采纳瑕疵决议否定规则具有如下意义。

---

① 丁勇. 德国公司决议瑕疵诉讼的发展及启示[J]. 中德法学论坛，2015（00）.

② 参见《日本公司法》第 831 条、《韩国商法典》第 376 条、我国台湾地区"公司法"第 189 条、我国《公司法》第二十二条第二款。

③ [韩]李哲松. 韩国公司法[M]. 吴日焕，译. 北京：中国政法大学出版社，2000：417.

④ 张凝. 日本股东大会制度的立法、理论与实践[M]. 北京：法律出版社，2009：285.

⑤ [日]末永敏和. 现代日本公司法[M]. 金洪玉，译. 北京：人民法院出版社，2000：131.

⑥ 林国全. 诉请撤销程序瑕疵之股东会决议[J]. 月旦法学杂志，2001（79）.

1. 维护公司自治

公司自治的要义在于"将公司企业悉委托公司企业所有人之股东自行监督，仅在特殊情况下，始发动公权力，由行政机关或司法机关加以必要之干涉"[①]，因此，公司决议作为公司的内部意思如自然人的意思一样原则上不为外人所知，法律自无干涉的必要与可能。但公司意思毕竟不同于自然人意思，在意思形成过程中，有违法的可能，相关主体也有利益受侵害的可能，鉴于撤销制度救济意思错误并尊重意思自治的理念，应该允许相关主体提起决议撤销之诉。以决议撤销之诉涵摄决议无效之诉，更好地尊重了公司的意思自治，尽可能尊重公司意思自治的过程，只有对于严重违法的决议才以撤销否定其效力。

2. 提升商事效率

撤销之诉的采纳与适用有助于提升商事效率，撤销之诉应该在较短的时间内行使，有助于消除因决议效力判定导致的公司法律关系的不稳定，避免因无效不受期限限制而使得交易的安定性受到影响，避免很长期限过去因决议无效而使得已经完结的交易被推翻，浪费成本。

3. 节约司法成本

现有无效与撤销的二分，无效、撤销与不成立的三分，以及无效、撤销、不成立与不生效的四分，会带来极高的司法成本，需要论证是程序还是实体瑕疵，以及法律规范的属性是强制性抑或任意性，强制性为效力性还是管理性的判断，这本身就存在说理上的困难。以决议撤销作为瑕疵决议的否定规则，避免了因诉讼请求不规范或不正确而被驳回导致的高成本，避免了法院因同一事件多次立案审查的重复劳动，也有助于防范司法对公司自治的过分介入。

4. 兼顾社会现实

由于判断程序瑕疵与实体瑕疵的标准不明，法律规范强制性与任意性的划分标准存在争议，让当事人基于案件事实选择合适的诉讼请求变得异常困难。一元化的诉讼请求即可避免这种问题的出现，当事人以撤销之诉起诉到法院，由法院依据瑕疵的严重程度衡量是否撤销。一旦撤销，则发生与无效相同的后果，实现了无效的价值。

（二）瑕疵决议否定规则的具体建议

规定瑕疵决议的否定规则，宜在我国《公司法》第二十二条的基础上进行如下修正。

（1）规定瑕疵决议的一般认定标准。借鉴《德国股份法》第 243 条第 1 款及第 251 条规定，公司决议违反法律或者章程的规定，不管是程序性规定，还是实质性条款，就可以提起撤销之诉。

[①] 柯芳枝. 公司法论（上）[M]. 台北：三民书局，2002：38.

（2）规定公司决议瑕疵的补正规则。对于股东会决议的轻微瑕疵，德国理论界存在两种观点：第一种是决议因果关系说，认为股东会决议的撤销以程序违法和决议之间有因果关系为前提，即只有程序上的瑕疵对决议的结果有影响时，才产生决议的可撤销的问题；第二种是股东关联关系说，该说强调股东会决议可撤销与否取决于其与相关股东之间是否具有关联性，即程序瑕疵是否给相关股东利益造成损害。[①]这可以为我国制度构建所借鉴，非轻微瑕疵的公司决议不可补正，必须撤销。

（3）规定瑕疵决议撤销的溯及力及外部效力。被撤销的决议溯及到决议做出之时自始无效。对于决议的外部效力，依据商事外观主义原则和维护商事交易安全的精神，应当顾及第三人利益的保护，结合具体的事实区别对待决议被撤销而对基于决议发生之法律关系的影响。

（4）依据决议瑕疵的严重程度规定不同的起诉时间。在决议被撤销后，由于以决议为基础的公司法律关系也会随之发生变更或消灭，为避免法律关系长期处于不确定状态，各国公司法规定了较短的撤销之诉起诉期间，如德国和中国台湾地区规定为1个月，韩国规定为2个月，日本规定为3个月，我国规定为60日。一旦期间经过后，撤销权人不仅丧失实体法上的撤销权，即使向法院提起诉讼，法院也会不予受理或驳回起诉。这是狭义撤销之诉的应有之义，尽可能早地结束不稳定的状态。在以撤销之诉解决所有瑕疵决议效力的一元机制下，规定瑕疵决议撤销的时间，依据瑕疵的严重程度，严重瑕疵，尤其是严重违法决议的撤销可以规定较长的起诉时间，借鉴合同法的规定，从知道或应当知道撤销事由之日起一年。起算点统一规定为知道或应当知道更加合理。

（5）扩大行使撤销权的主体范围。由于决议的内部性，当其仅仅做出而没有对外表示时，知晓其内容的仅是"内部人"[②]，因此"内部人"当然是撤销权人，"内部人"在自身利益受损时当然有权行使撤销权，以维护其自身的合法权益。同时，在瑕疵决议否定规则的背景下，"内部人"出于维护公共利益的目的也有权行使撤销权。在公司基于决议而实施相关的行为后，决议的违法状态为非内部人的他人所知，他人可以基于法律的规定否定行为的效力进而提出撤销决议。

（6）强化董事、监事及股东的注意义务，董事、监事、股东作为公司的"内部人"除了基于私益受损而提起撤销之诉外，应当为了公益或他益受损而撤销。若因其未尽注意义务而执行了本该撤销之决议，则应当对利益受损者承担相应的赔偿责任。

此外，按照诉讼法上的行为保全理论进行制度设置以防止滥诉的发生。

除了在一般意义上修订撤销之诉的规则外，我国公司法也应在股东（大）会、董事

[①] 王彦明. 股东大会决议的无效与撤销——基于德国股份法的研究[J]. 当代法学，2005（4）.

[②] 按照德国股份法的规定，股东、董事会、董事、监事均可提起撤销之诉。[德]托马斯·莱塞尔，吕迪格·法伊尔. 德国资合公司法[M]. 第3版. 高旭军，单晓光，刘晓海，方晓敏，等，译. 北京：法律出版社，2005：268.

会决议的召集、表决、做出程序上细化，增加其操作性。同时，增加规定决议做出后的送达义务作为决议生效的要件。

结论

在民法典编纂的背景下，安排与研究公司法的制度固然需要以民法的基本理论为基础，但更应关注公司法规则作为商法规则的特殊性。商事交易的迅捷、效率与安全的原则要求法律规则设计的简化而非繁复，尊重公司作为商主体的意思自治，尽可能承认公司决议的效力；对于违反法律或者章程的决议，才应以撤销之诉予以否定。这既尊重了主体自治，又维护了交易安全。当然，对同一事物可以从不同的视角进行分析，但因为受分析视角的限制，任何一种理论都可能存在缺陷。本文作为一种尝试，毫无疑问会存在不可避免的视角缺陷问题。

专题十六 对赌协议的法律效力

【摘要】

对赌协议最早由国际机构投资者在我国境内的应用而逐渐被公众认知，由于更偏向保护投资者利益，其合法性问题曾长时间内受到普遍质疑。甚至一度认为，对赌协议是"圈套"以及"国际资本掠夺我国财富的致命武器"。但随着我国资本市场的成长和进步，对赌协议广泛应用于私募股权投资实践中，这样的观点已经逐渐被市场抛弃了。

而将对赌协议带入法律人视野的是，海富投资与甘肃世恒之间对赌协议纠纷案。此案经过一审、二审和再审，终于最高院在 2012 年年末做出了最后判决，其作为"对赌协议第一案"而受到广泛关注。该案判决要义被业内总结为"与公司对赌无效，与股东对赌有效"。判决至今已过五个年头，耐人寻味的是，其后各级法院对于对赌协议的态度，几乎完全与此不成文的"规定"相吻合。而本文的观点是，这样的规则并非不可挑战。纵览各级法院判决，其中"与公司对赌无效"的论证背后仍缺乏教义学上的支撑。判断与公司对赌有效与否，需要更加详尽的理由与论证。通过对判例的分析，当前在司法实践中会发生争议的对赌协议形式主要为补偿型和回购型对赌协议。本文即尝试从现有的立法资源入手，以解释论的方法具体分析每一类型对赌协议的法律效力，并建立一个客观且可以沿用的判断标准。

【关键词】

对赌协议　法律效力　资本维持

一、概述

（一）对赌协议的概念

对赌协议并非是一个法律概念，其内涵也不与已有的法学概念重叠，它随着市场经济的发展而诞生，现在已经广泛应用于资本市场的领域中。以笔者目前的检索情况来看，几乎所有的文献都认为对赌协议系舶来品，与之相对应的概念为 Valuation Adjustment Mechanism（"VAM"），即"估值调整机制"。笔者通过知网检索"Valuation Adjustment Mechanism"，发现最早提出该词的是 2006 年《证券时报》的一篇新闻报道，其中明确地提出对赌协议与 VAM 之间的对应关系。①而有意思的是，尔后出现的学术文献也不加怀疑地沿用了这样的称谓，即便偶有引注也是汉语文献内的交叉引证，并没有直击源头的考据文献。

近来，有人对 Valuation Adjustment Mechanism 的提法做出了质疑，其发现在美国风险投资大本营硅谷的调查文献中，并没有 VAM 的踪影。②笔者通过 West Law 数据库在 Law Reviews & Journals（法律评论和期刊）项下，对"Valuation Adjustment Mechanism"进行全文精确检索，总计发现四篇文章，具体结果如表 16-1 所示。

表 16-1　译法总结表

论 文 名 称	时　间	频　次	指代内容
PRIVATE EQUITY AND VENTURE CAPITAL: NAVIGATING A DIFFICULT MARKET	2011 年	2	股权转让中的估值调整
SELECT TRANSFER TAX PLANNING ISSUES, INCLUDING TRUST OWNERSHIP OF BUSINESS INTERESTS, EQUALIZING TRANSFERS, GST PLANNING, SPOUSAL ACCESS TRUSTS	2012 年	1	保留年金信托（GRAT）中的估值调整
CORPORATE RESCUE IN ASIA--TRENDS AND CHALLENGES	2012 年	1	股权转让中的估值调整
ESTATE PLANNING FOR BUSINESS OWNERS	2015 年	1	保留年金信托（GRAT）中的估值调整

以上检索结果可以从不同的角度加以分析。在时间上，最早完整提到"Valuation Adjustment Mechanism"概念的文献出现在 2011 年，如果认为对赌协议概念源自 VAM，则其出现在国外文献上的时间应早于国内文献，而如前文所述，实际上国内文献则早在 2006 年即存在。在频次上，总共只有四篇文献完整出现了 VAM 的概念，该词在文献中出现频次的总和也只有五次。如果 VAM 是一个通行的概念，那么这样的检索结果未免太过于单薄。在其指代内容上，只有两篇文章中 VAM 系与股权转让中的价值调整相关，剩余两篇文章均是指代保留年金信托（GRAT）中的估值调整。

并且，*CORPORATE RESCUE IN ASIA* 一文中未对 VAM 的具体定义和内涵加以讨论或解释，仅仅提到一案例，其中股东与投资银行签订了包含 VAM 的股权转让协议，在某一财务目标没有达成时投资银行有权获得更高比例的股权。在 *PRIVATE EQUITY AND VENTURE CAPITAL: NAVIGATING A DIFFICULT MARKET* 一文中，VAM 常和 Earn-out 一起出现，用以表示对股权价值的调整。一般认为 Earn-out 协议是指在并购交易中购买

① 杜丽虹."对赌"非赌关乎公司战略选择[N]. 证券时报，2006-07-31.

② 资料来源，http://www.chinaventure.com.cn/cmsmodel/news/detail/292844.shtml，最后访问日期 2017 年 2 月 4 日。

方先支付一部分价金，然后设定某一目标，待目标达成时购买方再进行额外给付。[①]这与补偿型对赌契约类似，都能用"估值调整机制"的路径来解释，只不过一者是将支付延后，一者是使得投资者嗣后获得补偿的请求权。

这里不妨将后文中的调查结果借来一用，在实践中，除补偿型的对赌协议广泛应用外，还有回购型的对赌协议，即双方约定在不满足设定条件时，公司或股东有义务回购投资者股权。这种类型的对赌协议则完全与"估值调整"无关，因为回购行为已经不再是为了使股权价值回归真实水平，而更加接近于一种投资者的退出机制。通过回购，投资者已经不必持有股权了，其不用关心股权的真实价值，所以也不必再进行"估值调整"行为。

可见，不论从哪方面来讲，将对赌协议与"估值调整机制"（VAM）划等号都是不甚严谨的。因此，先将对赌协议等同于 VAM，再通过法律移植的思路论证其合法化，也并不是一种可信的论证路径。

然而，语词来源上的小插曲并不会给这里所要讨论的问题带去太多的困扰，无论如何，对赌协议在大陆资本市场实践中的内涵是可以确定的。本文的工作也是在当下的立法和司法实践基础上，讨论对赌协议的效力问题。所以，这里我们不妨谨慎地绕过历史源流上的争议，把视角转向当前的现实环境中。

从不同的角度观察对赌协议，会呈现出不同的定义模式。有学者认为，"对赌协议一般指企业融资过程中，投融资双方对融资目标企业现有的价值核估难以达成一致意见而做出约定，共同规划出一套适于融资企业未来营运的考核机制，并根据该机制设定一定的目标，如在约定期到时目标达成，则融资方可行使一类权利；如目标未达成，则投资方行使一类权利"[②]。还有观点认为，"对赌协议只是一种带有附加条件的价值评估方式，用来解决投资人和被投资企业的管理层之间天生信息不对称的问题"[③]。或者更简明地认为，"对赌协议实则是一种企业估值与融投资方持股比例或然性的一种约定安排"[④]。

不论各种定义的最终呈现出何种样态，它们或都指向这样一种交易流程。在私募股权投资中，公司需要融资扩张，而投资人看中目标公司潜力，愿意支付大额资本溢价入股目标公司，再待目标公司成长后出售股权，从而获得巨大资本增值收益。但基于信息不对称等原因，对于入股目标公司时支付的对价难以简单计算，因此投资者为公司设定某种目标，若未达成目标则投资人可以要求某种给付，或者达成目标被投资公司可以要

[①] See Kohers N, Ang J. Earnouts in Mergers: Agreeing to Disagree and Agreeing to Stay[M], Social Science Electronic Publishing, 2000.

[②] 王伯潇. 对赌协议法律规制的路径再勘[J]. 青海社会科学, 2015（1）.

[③] 程继爽. "对赌协议"在我国企业中的应用[J]. 中国管理信息化, 2007（6）.

[④] 傅穹. 对赌协议的法律构造与定性观察[J]. 政法论丛, 2011（6）.

求额外给付，从而降低双方交易的风险。

（二）司法裁判中对赌协议的类型和效力

如上文所述，对赌协议在当前的风险投资领域中所呈现的样态是多种多样的。就民商法学科而言，这些实践中内容形形色色的对赌协议未必都有研究的价值。一个稳妥的办法是考察司法裁判中容易出现争议的对赌协议形式，进而对他们一一进行检视和研究。

笔者通过北大法宝（www.pkulaw.cn）数据库，以"对赌"为关键词进行检索收集，同时也通过相关文献中出现的案例进行补充，若未另行注明本文案例皆选自北大法宝数据库。需要补充说明的是，虽然对赌协议分类标准多样，但基于对"与股东对赌有效，对公司对赌无效"规则的检讨，为方便行文，此处以对赌主体为依据进行分类。

1. 单纯与公司对赌

通过筛选和整理，在对赌协议中，机构投资者单纯与公司股东对赌的判例，如表 16-2 所示。

表 16-2　与公司对赌案例表

对赌方式	案　　例	约 定 内 容	法 院 判 决
股权回购	上海瑞泓股权投资合伙企业与连云港鼎发投资有限公司等股权转让合同纠纷案（下称上海瑞泓案）	《补充协议二》中第 2.1 条和第 2.2 条约定：如乐园公司上市申请在 2012 年 12 月 31 日前没有取得中国证监会的核准或在此时间前出现公司无法上市的情形，瑞泓投资有权要求朱立起、鼎发公司以现金方式回购瑞泓投资所持的乐园公司全部或部分公司股权；其中回购溢价率按公司 2011 年、2012 年二年平均净资产收益率的 90% 与 16% 的年回报率孰高者计算	《补充协议二》第二条关于股权回购之约定从本质上而言，均属于"对赌条款"性质。上述条款的订立，首先完全基于签约各方当事人的真实意思表示，属于意思自治范畴，应予充分尊重
	北京冷杉投资中心诉曹务波股权转让纠纷案[①]	补充协议书第 2.1 条约定，曹务波承诺争取目标公司于 2013 年 6 月 30 日前获准首次公开发行股票并在国内主板证券交易所上市（以下简称合格 IPO）；第 2.2 条约定，如果目标公司未能在 2013 年 6 月 30 日前完成合格 IPO，冷杉投资中心和孙博等有权要求曹务波以现金方式购回冷杉投资中心和孙博所持的目标公司的股权。回购的价格为冷杉投资中心和孙博实际投资额再加上每年 8% 的内部收益率溢价	瀚霖公司与冷杉投资中心、孙博、曹务波等签订的增资协议书和补充协议书，以及曹务波与冷杉投资中心、孙博等签订的股权转让协议均系各方当事人真实意思表示，不违反法律、行政法规的强制性规定，应属合法有效，对各方当事人具有法律约束力

[①] 案例选自占山（一审承办法官），杨力. 附"对赌协议"时股东承诺回购约定的效力[J]. 人民司法（案例），2014（10）.

续表

对赌方式	案 例	约定内容	法 院 判 决
股权回购	周展宏诉林明栋股权转让合同纠纷案（下称周展宏案）	《股权转让和委托持股协议》约定：期限届满时，东盛弘公司若未能实现股票上市，应原告要求，被告须无条件同意按本协议第一款转让金额回购代持股份，并按银行同期存款利率支付相应利息。回购完成后，被告代持股份在代持期间所产生的全部投资收益（包括现金股息、红利或任何其他收益分配）均归被告所有；已经支付给原告的投资收益，须在回购时扣还给被告	原告与被告签订的《股权转让和委托持股协议》是双方当事人的真实意思表示，且内容不违反法律、行政法规强制性规定，合法有效，受法律保护，对双方当事人均有约束力，双方当事人均应依约履行义务
	蓝泽桥、宜都天峡、湖北天峡与苏州周原九鼎投资中心合同纠纷案	《补充协议》约定：除非甲方另以书面形式同意延长，如果丙方自本次投资完成之日起至2014年12月31日的期间内未完成公开发行股票和上市，则甲方可于2014年12月31日后随时要求丙方、乙方及丁方受让甲方持有的全部或部分丙方股份，乙方和丁方承诺予以受让……如果乙方、丁方对丙方发行上市申报不予以正常配合，或者丙方提交甲方的尽职调查材料以及本次投资后的材料中相关数据有重大虚假（差额百分之十以上），或者乙方实际控制的其他投资、经营任何与丙方主营业务相关的其他业务或企业且其资产规模超过丙方资产规模的5%；则甲方有权选择在上述任何一种情况出现后一个月内要求乙方受让甲方持有的全部或部分丙方股份，乙方承诺予以受让	《补充协议》中有关两种情形下被投资方股东应当回购股份的承诺清晰而明确，是当事人在《投资协议书》外特别设立的保护投资人利益的条款，属于缔约过程中当事人对投资合作商业风险的安排。该条款与《投资协议书》中的相关股权奖励条款相对应，系各方当事人的真实意思表示。其次，案涉协议关于在一定条件下被投资方股东回购股份的内容不违反国家法律、行政法规的禁止性规定，不存在《中华人民共和国合同法》第五十二条所规定的有关合同无效的情形
	深圳市中南成长投资合伙企业与廖志强合同纠纷案	廖志强（甲方）与深圳中南投资企业（乙方）签订了《〈湖南科美达电气股份有限公司增资协议〉之补充协议》（以下简称《补充协议》），协议约定：若科美达公司自乙方投资之日起三年（即乙方的投资资金实际到达科美达账户之日起36个月）不能实现上市，乙方有权在该期限届满后要求甲方或其控制的其他公司回购乙方所持有的科美达公司的股份，回购金额以乙方原始投资成本以及该成本加计每年10%的年利息之和为准	本案中，《补充协议》中上述条款的订立，是各方当事人的真实意思表示，亦是深圳中南投资企业投资科美达公司的条件之一。该条款既促成了科美达公司增资行为依法顺利完成，也没有改变科美达公司增资后的注册资本，亦没有损害科美达公司债权人和股东的权益，不违反法律法规的禁止性规定，应属合法有效

续表

对赌方式	案　例	约定内容	法院判决
现金补偿	浙江省宁波正业控股集团有限公司与上海嘉悦投资发展有限公司等股权转让合同纠纷上诉案①（下称宁波正业案）	原告与两被告签订了一份协议书，该协议第4条、第5条约定保底收益为认购成本的8%，即原告的净收益（出售全部认购股票的收益减去认购成本）若低于保底收益（认购成本的8%），嘉悦公司须在原告出售股票后三个工作日内以现金方式补足原告净收益与保底收益之间的差价，陈五奎对此补足事宜承担连带责任；该协议书第8条还约定除原告自身原因外，其余原因导致本协议无效的，嘉悦公司应赔偿原告损失，原告损失为净收益低于保底收益的差额部分，陈五奎对嘉悦公司的赔偿责任承担连带担保责任	嘉悦公司和陈五奎作为当时寻求定向增发股票的上市公司拓日新能之股东以及实际控制人，出于自身利益考虑促成上市公司拓日新能完成本次增发事项，嘉悦公司和陈五奎向原告承诺补偿具有一定的合理性，且在法院审理中亦未发现该协议书相关条款存在无效的情形，故二审法院认同一审法院的认定，认为协议书中有关嘉悦公司与陈五奎对原告所作之补充损失承诺为有效
	上海盛彦投资合伙企业（有限合伙）与宋立新公司增资纠纷案	天津盛彦作为投资方（甲方）与宋立新作为曙光农牧的控股股东（乙方）签订《增资补充合同》。第三条第3.3项明确了《增资合同》约定的投资价款及支付，又约定在公司2011年的净利润达到或者超过1亿元时，经由公司正式聘请的上市会计师事务所审计或甲方审计确认后，投资方再支付第二期投资款合计2 500万元（上海盛彦1 000万元），该等第二期投资款全部计入公司的资本公积金……如2011—2013年标的公司实际经营业绩低于约定的经营目标，则乙方以相应的现金对沈阳滨海投资、天津盛彦投资进行补偿	《增资合同》《增资补充合同》是各方当事人真实意思表示，不违反法律、行政性法规的强制性规定，内容合法有效
	鞍山海虹工程机械有限公司等与经纬纺织机械股份有限公司股权转让纠纷案	海虹工程公司、陈丽芬将其持有的海虹农机公司51%的股权转让给经纬纺织公司，转让价款为2 865.54万元，其中1 000万元转让款支付至海虹农机公司账户，作为海虹工程公司对海虹农机公司业绩承诺的保障款，由海虹农机公司经营使用，并根据协议第7.3条确定1 000万元的最终权属。该协议第7.3条约定了海虹农机公司2010—2012年的三年经营业绩指标，如完成约定的经营业绩，则海虹工程公司可以获得该1 000万元保障款，如不能完成约定的经营业绩，则经纬纺织公司有权获得该1 000万元	上述约定实际上是投资者与目标公司股东之间对于股权的估值调整约定……该约定并未损害海虹农机公司及其债权人的利益，亦不违反法律、行政法规的强制性规定，应属合法有效，对各方当事人具有法律约束力

---

① 案例选自刘锋（一审承办法官），姚磊. 私募股权投资中股东承诺投资保底收益的效力[J]. 人民司法（案例），2014（10）.

2．与公司和股东同时对赌

在对赌协议中，机构投资方既与目标公司进行对赌也与公司股东进行对赌的判例，如表 16-3 所示。

表 16-3　与公司和股东同时对赌案例表

对赌方式	案　　例	约 定 内 容	法 院 判 决
股权回购	唐似葵与深圳市鹏德成长投资基金企业等股权转让纠纷申请案（下称唐似葵案）	鹏德企业、大禹企业签订的《补充协议》第 3.5 条至第 3.7 条关于犀文公司未达到预定利润目标时，鹏德企业、大禹企业有权要求犀文公司返还投资款。唐似葵对犀文公司不能按时退还投资款承担连带清偿责任	唐似葵作为犀文公司的股东，自愿出具向鹏德企业、大禹企业《担保协议书》，承诺对犀文公司应退还投资方的部分增资款承担不可撤销的连带赔偿责任。现广州市中级人民法院另案生效判决已认定《补充协议》有关鹏德企业、大禹企业抽回出资无效，可见《担保协议书》约定的唐似葵履行连带赔偿责任的条件已成就。唐似葵应履行向鹏德企业、大禹企业返还 260 万元增资款的合同义务
	南京誉达创业投资企业（有限合伙）诉上海超硅半导体有限公司股权转让纠纷案（下称誉达案）	誉达创投与超硅公司及超硅公司全体原股东，包括陈猛签订了《增资协议》，就誉达创投以增资方式投资超硅公司有关事项做出约定。其中，超硅公司及控股股东陈猛向投资人承诺：截至 2012 年 12 月 31 日，超硅公司 2012 年度经投资人认可的审计机构审计的税前利润不低于 5 000 万元等。若达不到此承诺，则誉达创投有权要求：超硅公司及超硅公司控股股东陈猛或其指定企业或自然人在投资人提出收购要求后的 3 个月内收购投资人所持有超硅公司股权或股份，如三个月内无法完成股份收购，则由陈猛负责承担上述收购义务；超硅公司及陈猛应对未付承诺给予投资人每年以投资额为基数乘以年息 10%的违约补偿款，收购价格按违约补偿款加投资资本金一次性算清	陈猛作为《增资协议》载明的控股股东，在超硅公司约定的业绩目标未达到情况下，应当按约定价格回购誉达创投股权……《增资协议》中对超硅公司收购誉达创投股权的约定属于无效条款

续表

对赌方式	案 例	约定内容	法院判决
股权回购 + 现金补偿	苏州工业园区海富投资有限公司与甘肃世恒有色资源再利用有限公司、香港迪亚有限公司、陆波增资纠纷案（下称海富投资案）	第（二）项业绩目标约定：众星公司 2008 年净利润不低于 3 000 万元人民币。如果众星公司 2008 年实际净利润达不到 3 000 万元，海富公司有权要求众星公司予以补偿；如果众星公司未能履行补偿义务，海富公司有权要求迪亚公司履行补偿义务。补偿金额=(1-2008 年实际净利润/3 000 万元)×本次投资金额。第（四）项股权回购约定：如果至 2010 年 10 月 20 日，由于众星公司的原因造成无法完成上市，则海富公司有权在任一时刻要求迪亚公司回购届时海富公司持有之众星公司的全部股权，迪亚公司应自收到海富公司书面通知之日起 180 日内按以下约定回购金额向海富公司一次性支付全部价款	第（二）项中，海富公司有权从世恒公司处获得补偿的约定使得海富公司的投资可以取得相对固定的收益，该收益脱离了世恒公司的经营业绩，损害了公司利益和公司债权人利益，一审和二审法院根据《公司法》第二十条和《中外合资经营企业法》第八条的规定认定增资协议书中的这部分条款无效是正确的。但增资协议书中，迪亚公司对于海富公司的补偿承诺并不损害公司及公司债权人的利益，不违反法律法规的禁止性规定，是有效的
	北京碧海舟腐蚀防护工业股份有限公司与天津雷石信锐股权投资合伙企业股权转让纠纷案（下称碧海舟案）	雷石企业及案外人 8 名投资方（甲方）与碧海舟公司（乙方），邱建军、李依璇（丙方）签订《增资协议》约定：乙方经公司股东大会决议通过，拟向甲方 9 名特定对象定向增资……雷石企业同意以现金人民币 22 496 750 元认购乙方本次非公开发行的 310.3 万股股票。同日，上述三方签订《补充协议》约定：如果公司未能在本次增资之"交割日"起 36 个月内完成合格 IPO，乙方及丙方有义务以现金方式按照任一甲方要求部分或全部购回（"回购"）甲方所持有的股份……该协议第五条还同时约定了业绩承诺条款，即公司净利润指标 2011 年度应不低于人民币 7 600 万元，2012 年度应不低于人民币 9 880 万元；如果这两年中任一年度当期实际净利润低于承诺利润指标的 95%但高于 75%，届时公司的当期估值根据公式进行调整，调整后，任一甲方可要求乙方和丙方补偿甲方投资成本	《补充协议》《协议书》中关于邱建军、李依璇回购雷石企业持有的碧海舟公司股份的约定，符合《中华人民共和国公司法》的规定，应属合法有效。《补充协议》中关于碧海舟公司回购雷石企业持有的碧海舟公司股份的约定，《协议书》中关于碧海舟公司为邱建军、李依璇的回购义务向雷石企业承担连带担保责任的约定，均会使得雷石企业的投资可以取得相对固定的收益，该收益脱离了碧海舟公司的经营业绩，损害了公司利益和公司债权人利益，应属无效

续表

对赌方式	案　例	约定内容	法院判决
股权回购 + 现金补偿	浙江实地东辰股权投资合伙企业与罗丽娜、杭州开鼎企业管理有限公司等新增资本认购纠纷、买卖合同纠纷	第一年度（按甲方实际投资日起计算第一个年度）低于1 000万元，第二年度（按甲方实际投资日起计算第二个年度）低于2 000万元，开鼎科技公司应每年以现金方式对甲方做出补偿，补偿金额的上限为甲方投资额的 10%……若发生如下事项，甲方有权在该事项发生之日起12个月内要求目标公司控股股东（陈伟强、罗丽娜）及持股管理层（黄旭、张宇、马东江、徐超）按照下面第2.4.2项约定的回购价格，购买甲方所持全部公司股权……	各方在《增资补充协议》中明确约定了在发生约定情况时，东辰企业有权在该事项发生之日起 12 个月内要求开鼎科技公司控股股东按照回购价格购买东辰企业所持全部公司股票。该约定内容并不违反法律规定，对协议各方均具有约束力。东辰企业与开鼎科技公司之间补偿条款的约定使得东辰企业可以取得相对固定的收益，该收益脱离了开鼎科技公司的经营业绩，损害了公司利益和公司债权人利益，该补偿条款应认定为无效

通过以上真实判例的归纳可以看出，尽管在资本市场中真实应用的对赌协议内容丰富多样，但真正发生纠纷进入司法裁判领域的对赌协议类型则相对比较单一。若以主体分类，机构投资者可以选择单纯与目标公司或公司股东进行对赌，也有同时与两者进行对赌的情况。若以具体对赌方式进行分类，可以有现金补偿类型的对赌协议，也有股权回购式的对赌协议，当然还存在两者并存的对赌协议。

这样一来，关于对赌协议合法性探讨的样本相对可确定下来了，下文也会集中围绕上述对赌协议类型，对其效力问题进行探讨。

二、对赌协议效力的一般法分析

由于对赌协议本身不属于法律概念，并且其内容存在多样性，所以某种具体类型的对赌协议很可能被涵摄于某一具体法律概念中。而对于该种法律概念而言，是可能存在相关法律规范来判断其效力的。在司法审判中，通过这样的路径来论证具体对赌协议效力的不在少数，下文将逐一分析。

（一）对赌协议与显失公平的法律行为

表 16-4 所示为显示公平案例总结表。

表 16-4　显示公平案例总结表

案　例	相　关　论　断
上海瑞沨案	二审法院认为：由于"对赌条款"在内容上亦隐含有非正义性的保底性质，容易与现行法律规定的合同无效情形相混淆，且无对应的法律条文予以规范，故人民法院在对此法律行为进行适度评判时，应当遵循以下原则：（1）鼓励交易；（2）尊重当事人意思自治；（3）维护公共利益；（4）保障商事交易的过程正义，以此来确定"对赌条款"的法律效力
宁波正业案	被告辩称：原告进行的股权投资是一个不承担任何风险的投资，这与投资与风险并重这一市场经济原则相悖，故应当认定该协议为无效协议

　　案例中出现的对赌协议，不论是股权回购型还是现金补偿型，往往在公司经营未达约定目标时也能使得机构投资者获取一定的收益，这似乎在形式上使得机构投资者获取了一种"旱涝保收"的地位，与朴素的股权投资观念是不相符的。因此，对赌协议内容的公平性常作为法院和当事人做出论断的理由。但其往往从一个抽象的价值判断的角度，认为对赌协议的公正性影响了协议的效力，而未明确其中的法律根据或请求权基础，使得其论断因缺乏法律制度的支撑而显空洞。

　　事实上，我国的显失公平制度，正是根据法律行为内容公正与否来调整法律行为之效力。有学者也注意到了这一点，但其论述也是从经济上论证对赌协议内容有其正当性，从而认为其不适用显失公平的制度，例如，"基于该类主体为商主体的特质，按照商事合同的风险自担原则，如无其他导致意思表示瑕疵的因素，不能由此做出显失公平的判断。"[①]在结论证成上仍缺乏教义学上的深入。

　　实体法上，《民法通则》第五十九条第一款规定："下列民事行为，一方有权请求人民法院或者仲裁机关予以变更或者撤销：……（二）显失公平的。"《合同法》第五十四条第一款也规定："下列合同，当事人一方有权请求人民法院或者仲裁机构变更或者撤销：……（二）在订立合同时显失公平的。"

　　就法律条款而言，《民法通则》和《合同法》在文字上似乎仅仅强调结果的非公正性，而对造就不公正结果的原因则在所不同。在对赌协议问题上，也似乎只需论证其协议内容的公正性。实则不然，《民通意见》第七十二条规定："一方当事人利用优势或者利用对方没有经验，致使双方的权利义务明显违反公平、等价有偿原则的，可以认定为显失公平。"将导致显失公平的原因纳入构成要件。所谓"明显违反公平、等价有偿原则"，即是利益的严重失衡之谓；"'利用优势或者利用对方没有经验'，又与乘人之危的手段相近，均是恶意利用对方的不利处境使之就范。"[②]实际上，正如许多学者所指出的那样，

---

① 季境. "对赌协议"的认识误区修正与法律适用[J]. 人民司法（案例），2014（10）.

② 朱庆育. 民法总论[M]. 北京：北京大学出版社，2013：283.

我国乘人之危与显失公平制度是德国法上暴利行为一分为二的结果。[①]

《德国民法典》第 138 条第 2 款规定了暴利行为，即"某人利用他人处于急迫情势、无经验、欠缺判断力或意志显著薄弱，以法律行为使他人就某项给付向自己或第三人约定或给予该项给付明显的不相当的财产利益的，该法律行为尤其无效"[②]可见，暴利行为的构成一方面要求行为人主观上有"利用他人处于急迫情势、无经验、欠缺判断力或意志显著薄弱"的恶意；另一方面又要求客观上给付与对待给付"明显的不相当"。

同类型的规定还可以从我国台湾"民法"第 74 条中找到，即"法律行为，系乘他人之急迫、轻率或无经验，使其为财产上之给付或为给付之约定，依当时情形显失公平者，法院得因利害关系人之声请，撤销其法律行为或减轻其给付。"可以看出，《民通意见》第七十二条的制度理念，是与其一脉相承的。

从合同法基本理论的角度上说，这种规定也是威尔伯格动态系统论在合同领域的体现。威尔伯格认为，在庞大的法律制度中其内在的独立价值和所要实现的目的具有多元性。因此，对于法律的理解和阐释不应仅依据某个单一的理念。然而，这并不意味着在判决的过程中要对那些不计其数的甚至不可预知的观点均给予平等的考虑。而是相反，需要对各个因素进行综合考量。威尔伯格将这些独立的基本价值称之为"要素"。[③]

这种"要素"对法律行为效力的影响，并不同于法律制度中的"要件"。法律制度中的"要件"是以满足与否来影响法律关系的，即满足某个或某些要件则发生某种法律后果，反之则不发生。动态系统论中的"要素"，是以累积的方式影响法律关系的，即根据法律事实抽取某些"要素"，一旦抽取的"要素"累积达到一定程度，即发生某种法律后果。

如在合同显失公平制度中，值得考虑的"要素"是当事人之间的"合意度"，即行为人"利用优势或者利用对方没有经验"给对方真实意思表示造成影响的程度；以及合同内容的"公平度"，即合同"权利义务明显违反公平、等价有偿原则"的程度。法律认为，合同内容的"公平度"这一"要素"的分量是有限的，即便完全抽取也无法导致影响合同效力的后果；因此需要抽取"合意度"进行补强，即还要求行为人"利用优势或者利用对方没有经验"，以达成合同可撤销或可变更的法律后果。还可以看出，在合同效力领域，法律对"公平度"与"合意度"的考量并不是平等的。当"合意度"完全被抽取时，可以单独影响合同的效力，如欺诈、胁迫；相反，如上所述"公平度"被完全抽取时，尚需辅以"合意度"的抽取。

因此，回到对赌协议中，欲主张对赌协议因显失公平而出现效力瑕疵，会存在以下双重困难。

[①] 崔健远. 合同法总论（上卷）[M]. 北京：中国人民大学出版社，2008：299.；李永军. 民法总论[M]. 北京：中国政法大学出版社，2008：217.；梁慧星. 民法总论[M]. 第 4 版. 北京：法律出版社，2011：202.；张俊浩. 民法学原理[M]. 上册. 北京：中国政法大学出版社，2000：290.

[②] 陈卫佐. 德国民法典[M]. 第 3 版. 北京：法律出版社，2010：50.

[③] [奥]海尔穆特·库齐奥. 动态系统论导论[J]. 张玉东，译. 甘肃政法学院学报，2013（4）.

一是证明合同"权利义务明显违反公平、等价有偿原则"，对此并没有统一标准，须参考交易习惯、行业情况等。对于对赌协议，我们很难用一种朴素的平均主义观念去检视其公平性。因为"在民众眼中，公平具有很强的社会伦理；在商人眼中，公平更多的是经济公平。民众的社会公平观更多地表现为平均主义，商人的公平主要是机会平等和平等保护。"[①]事实上，以股权回购和现金补偿为内容的对赌条款在国内外私募股权投资领域内是广泛存在的，很难否认其经济正当性。

更为重要的是，难以证明投资方"利用优势或者利用对方没有经验"的主观恶意。尽管在通常情况下，机构投资者的经济实力远胜过目标公司，其作为专业投资机构也拥有更为丰富的交易经验。但在具体交易过程中，对双方而言整个股权投资市场都是开发的，投资协议最终条款的形成，既取决于市场供需关系，又取决于双方的磋商能力。而且在商事交往中，高风险和高收益总是捆绑在一起，每一商事主体都被预设为自私而精明的，商人的身份决定了法律对他们有着比起民事主体更为严格的要求。若在商事领域中能够动辄主张对方"利用优势或者利用对方没有经验"而逃避责任，则稳定的商业交易环境将荡然无存。

综上所述，主张对赌协议因显失公平而出现效力瑕疵，在法理上难以实现。

（二）对赌协议与保底条款和借贷

1990 年，最高人民法院发布的《关于审理联营合同纠纷案件若干问题的解答》第四条前两项规定了联营合同中的保底条款以及"名为联营实为借贷"问题，即：

四、关于联营合同中的保底条款问题

（一）联营合同中的保底条款，通常是指联营一方虽向联营体投资，并参与共同经营，分享联营的盈利，但不承担联营的亏损责任，在联营体亏损时，仍要收回其出资和收取固定利润的条款。保底条款违背了联营活动中应当遵循的共负盈亏、共担风险的原则，损害了其他联营方和联营体的债权人的合法权益，因此，应当确认无效。联营企业发生亏损的，联营一方依保底条款收取的固定利润，应当如数退出，用于补偿联营的亏损，如无亏损，或补偿后仍有剩余的，剩余部分可作为联营的盈余，由双方重新商定合理分配或按联营各方的投资比例重新分配。

（二）企业法人、事业法人作为联营一方向联营体投资，但不参加共同经营，也不承担联营的风险责任，不论盈亏均按期收回本息，或者按期收取固定利润的，是明为联营，实为借贷，违反了有关金融法规，应当确认合同无效。除本金可以返还外，对出资方已经取得或者约定取得的利息应予收缴，对另一方则应处以相当于银行利息的罚款。

按照司法解释的观念，联营合同中的上述约定皆为无效。司法审判中，该条文常被引用作为论证对赌协议无效的依据，如表 16-5 所示。

---

① 叶林. 商法理念与商事审判[J]. 法律适用，2007（9）.

表 16-5　名为联营实为借贷案例表

案　例	相　关　论　断
周展宏案	被告辩称《协议》中回购条款约定若东盛弘公司不上市，被告须无条件回购代持股份200 万股，违反了投资领域风险共担的原则，使得原告作为投资者不论公司的经营业绩如何，均能取得约定收益而不承担任何风险，系以合法形式掩盖非法目的。参照《最高人民法院关于审理联营合同纠纷案件若干问题的解答》第四条第二项关于"企业法人、事业法人作为联营一方向联营体投资，但不参加共同经营，也不承担联营的风险责任，不论盈亏均按期收回本息，或者按期收取固定利润的，是明为联营，实为借贷，违反了有关金融法规，应当确认合同无效"之规定
海富投资案	二审法院认为：四方当事人就世恒公司 2008 年实际净利润完不成 3 000 万元，海富公司有权要求世恒公司及迪亚公司以一定方式予以补偿的约定，则违反了投资领域风险共担的原则，使得海富公司作为投资者不论世恒公司经营业绩如何，均能取得约定收益而不承担任何风险。参照《最高人民法院关于审理联营合同纠纷案件若干问题的解答》第四条第二项之规定，《增资协议书》第七条第（二）项部分该约定内容无效

由上述判决书内容可知，在主张适用 1990 年司法解释之时，论证者并没有尽到说理的义务，仅仅是粗略将事实和法条排列在一起陈述，而未解释两者之间是如何涵摄的。以往的资料中，有从法律位阶角度认为该司法解释不能导致合同无效。[①]但抛开这些，私募股权投资与联营制度的关系仍值得详细地探讨。

联营制度的由来可追溯至我国 20 世纪 80 年代的经济体制改革。随着计划经济时代的终结，各地已开始出现一些经济单位互相合作的经济联合形式。1980 年《国务院关于推动经济联合的暂行规定》（以下简称《暂行规定》）认为："走联合之路，组织各种形式的经济联合体，是调整好国民经济和进一步改革经济体制的需要，是我国国民经济发展的必然趋势。"1983 年的《国营工业企业暂行条例》也确认了该种联合，其第十三条规定："企业同其他企业、事业单位之间，可按照经济合理、平等互利、等价有偿的原则，自愿或在国家有关领导机关统筹安排下，组织专业化协作或经有关部门审核批准后，实行各种形式的经济联合。"

各地经济联合的迅速发展，使得仅有框架性意义的《暂行规定》捉襟见肘，基于此，国务院又颁布了《关于进一步推动横向经济联合若干问题的规定》，提出"横向经济联合"[②]的概念。"到这时为止，差不多全国所有的省、市、地区都已不同程度地通过各种方式实现并且不断完善着经济联合；同时，各省、市和地区也均以此规定为依据，按照当地的条件与实际情况制定发布了相应的地方法规。"[③]同年，《民法通则》出台，其在第三章第

[①] 季境. "对赌协议"的认识误区修正与法律适用[J]. 人民司法（案例），2014（10）. ；黄忠. 企业间借贷合同无效论之检讨[J]. 清华法学，2013（4）.

[②] 使用"横向经济联合"，是将企业单位的自发联合与计划经济时代通过行政指令进行的"纵向联合"加以区分。

[③] 米健. 现阶段中国联营及其交叉参股的比较研究[J]. 比较法研究，1990（3）.

四节对该种"横向经济联合"做出规定，调整"企业之间或者企业、事业单位之间"联合经营的相关法律关系。且根据联营后形成的不同商业实体，在第五十一～五十三条中分别规定了法人型、合伙型与双务合同型联营。①

明确联营制度的历史源流后，私募股权投资与联营制度的关系。1990 年司法解释出台之时，我国无《公司法》《合伙企业法》等商事法律法规，资本市场也刚刚处于起步阶段。法人型联营，"实质上是一种股份制的有限责任公司。"②

通过判例检索，笔者也找到了最高人民法院关于该条文适用的两个判决，具体如表 16-6 所示。

表 16-6　联营案例表

案　　例	约定内容	法院判决
保底条款	甘肃新城钢铁有限公司与西藏山南地区汽车修配厂联营合同纠纷案（1999）经终字第 258 号	双方自 1997 年 8 月至 12 月联资生产铬铁 1 000 吨；矿业公司自 1997 年 8 月至 12 月向新城公司投入资金 1 000 万元，投入资金可以实物（铬矿石）和资金形式付给新城公司；矿业公司投入资金分三批进行……矿业公司第二批、第三批资金投入根据销售决定投否，若决定不再投入，新城公司保证前批投入资金安全和矿业公司每吨 1 500 元的纯利；矿业公司不参与生产管理，矿业公司投入资金所获利润，以双方销售铬铁产品实际数量按每吨 1 500 元提取；矿业公司投入资金在双方产品销售完成后收回，同时矿业公司也可以在顶账物资中直接收回	新城公司与矿业公司于 1997 年 7 月 23 日签订联营合同，该合同系双方当事人的真实意思表示，应认定有效。但双方在合同中关于"新城公司保证前批投入资金安全和矿业公司每吨 1 500 元的纯利，矿业公司不参与生产管理，其投入资金所获利润，以双方销售铬铁产品实际数量按每吨 1 500 元提取"的约定，根据《最高人民法院关于审理联营合同纠纷案件若干问题的解答》第四项之规定，应认定为保底条款，并应认定无效
名为联营实为借贷	中国国际石油化工联合公司与福建省石化贸易公司等借款合同纠纷案（1997）经终字第 370 号	1994 年 3 月 16 日，福建石化与恒昌石化签订一份"联营协议"，约定：福建石化提供 1 200 万元人民币作为流动资金，福建石化和恒昌石化购进 5 000 吨汽油，由恒昌石化销售。合作期限内的资金利息由恒昌石化承担，按月息 1.5%计息	福建石化与恒昌石化所签联营协议虽约定福建石化与恒昌石化共同购进汽油，但协议付款条款中约定"由福建石化代恒昌石化支付中化联购油款"，福建石化并不参加购进汽油的活动，这也为实际履行所证实。福建石化只提供资金，不参加购进和销售汽油的经营活动，也不承担经营亏损，并按期收回本息和固定利润，虽然协议名义上是联营，但性质应认定为借款合同

① 方流芳. 关于联营的几个法律问题[J]. 法律学习与研究，1987（5）.

② 孟玉. 联营[M]. 北京：法律出版社，1987：4.

通过观察案例可以看出，当时典型案例中的联营脱离不了传统的营业模式，具体而言，是依靠各方所有生产资料的组合来共同运营一项事业。其最终是以经营实体经济为主导的，因此双方不必评估对方的价值，联营过程中投资方也不必负担高额的资本溢价。

彼时在联营中树立"共负盈亏、共担风险"原则，其实在实体法规范缺乏的情形下塑造了一种原始的联合经营的模型。这种规则的正当性基础在于一种基本预设，即：在当前市场中，利润分配是投资回报的主要方式。所谓保底条款，事实上是一种"上不封顶，下有保底"①的分配方式；而"名为联营，实为借贷"则是一种固定收益的分配方式。因此，根据朴素的风险与收益相对等的观念，1990年司法解释否认上述分配方式是符合金融逻辑的。

而私募股权投资，是在资本市场日益发展和完善中出现的新问题。在该领域中，风险投资者获取投资回报的主要方式在于取得股权转让后的资本增值收益。横向经济联合时代的那种预设在很大程度上已经被颠覆了，1990年司法解释中所塑造的联合经营的简单模型也不再与私募股权投资吻合。在这种新的股权交易过程中，所需要进行的价值衡量已经远非1990年司法解释所能遇见和类推。在经济实质上，对赌协议作为一种股权投资领域中的风险控制安排；而1990年司法解释所规制的保底条款和"名为联营，实为借贷"是一种分配方式，两者相去甚远难以等同。

因此，在司法实践中不论法院肯定对赌协议的效力与否，其都不宜将1990年司法解释作为其裁判的法律依据。

（三）小结

上文从理论和司法实践两个方面论证，对赌协议不会因为显失公平或者被当作联营条款而发生效力上的瑕疵。但这并不意味着对赌协议的效力在司法实践中被广泛地认同。

总结判例可以看出，在审判实践中，真正否认对赌协议效力的情境，无一例外的都是在投资者与公司发生对赌时。即便是投资者同时与股东和公司发生对赌，法院也倾向判决与股东对赌的条款有效，而与公司对赌的条款无效。收集案例的判决情况都符合实务中流行的"对公司对赌无效，与股东对赌有效"规律，虽然这不是一个很好的范式。

法院否认对赌协议效力的理由通常是，与公司对赌"损害了公司利益和公司债权人利益"，但这种理由过于抽象。机构投资者与公司对赌，为何会损害公司和债权人利益，或者说在什么具体情况下会损害公司和债权人利益，这些问题都值得进一步的讨论和研究。

当然，对于与股东进行对赌的对赌协议的效力问题，在理论和实践中都不存在更多争议，因此不再赘述。下面将按照内容把与公司对赌的对赌协议分为现金补偿型和公司回购型，并结合公司法规范逐一分析其效力问题。

---

① 彭冰. "对赌协议"第一案分析[J]. 北京仲裁，2012（3）.

三、公司补偿对赌协议的效力

　　海富案中体现了法院对于公司补偿为内容的对赌协议（本部分中"对赌协议"皆指代此种对赌协议）的态度，该案中投资者海富公司对目标公司（合资企业）的净利润做出了要求，若不达标则投资者有权根据约定的计算方法向目标公司请求补偿。一审法院认为上述约定无效，再审法院也维持了该观点。其理由如下。

　　《增资协议书》系双方真实意思表示，但第七条第（二）项内容，即世恒公司 2008年实际净利润完不成 3 000 万元，海富公司有权要求世恒公司补偿的约定，不符合《中华人民共和国中外合资经营企业法》第八条关于企业利润根据合营各方注册资本的比例进行分配的规定，同时，该条规定与《公司章程》的有关条款不一致，也损害公司利益及公司债权人的利益，不符合《中华人民共和国公司法》第二十条第一款的规定。因此，根据《中华人民共和国合同法》第五十二条第（五）项的规定，该条由世恒公司对海富公司承担补偿责任的约定违反了法律、行政法规的强制性规定，该约定无效，故海富公司依据该条款要求世恒公司承担补偿责任的诉请，依法不能支持。由于海富公司要求世恒公司承担补偿责任的约定无效，因此，海富公司要求世恒公司承担补偿责任失去了前提依据。

　　上述判决理由清晰地展现了法院的判决逻辑：该种协议因违反《中外合资经营企业法》第八条和《公司法》第二十条第一款这两项禁止性强制规定而无效，下文将逐一分析。

（一）公司补偿与《中外合资经营企业法》第八条

　　《中外合资经营企业法》第八条对合资企业的利润分配进行了限制："……净利润根据合营各方注册资本的比例进行分配。"但如上文所述，补偿型对赌协议实质上是一种估值调整机制。"补偿金额=(1-2008 年实际净利润/3 000 万元)×本次投资金额"，所谓的补偿实际上是支付对价的返还。

　　这与利润分配规则相差甚大：利润分配系针对各年公司税后可分配利润，有盈利方能分配；而对赌补偿系针对股权交易合同下的价金，企业的营业利润仅仅是判断是否应该进行补偿的一个指标。法律对合资企业利润分配比例做出限制，在利润分配这一事由上改善了引入外资的谈判环境，避免中方承担不利的分配比例。但这里讨论的对赌协议与利润分配差异很大，只是由于货币作为种类物，公司盈利所得的资金与股东投入的资金客观上混同，所以造成了一种"分配"的假象。

　　可以说，虽然公司补偿在经济结果上造成了公司资金回流投资者，这与利润分配相似。但他们一开始就指向不同的目标金额：公司补偿强调投资对价的调整，而利润分配则以会计利润为基础，这两者不相重叠。因此，该案中适用《中外合资经营企业法》第八条难谓合理。

（二）公司补偿与资本维持原则

《公司法》第二十条第一款规定："公司股东应当遵守法律、行政法规和公司章程，依法行使股东权利，不得滥用股东权利损害公司或者其他股东的利益；不得滥用公司法人独立地位和股东有限责任损害公司债权人的利益。"在海富案中，法院引用该条文，且认为其属于《合同法》第五十二条中的"法律、行政法规的强制性规定"，因此判决公司补偿的对赌协议无效。比起浙江实地东辰案中，法院仅认为补偿条款使得东辰企业取得相对固定的收益，损害了公司和公司债权人利益，因此无效。海富案判决的路径是更加清晰、有迹可循的。

然而，公司补偿是否损害债权人利益，或者在什么情况下才侵害债权人利益值得详细探讨。如前所述，补偿型对赌协议是一种估值调整机制，公司补偿是对股东投入的返还。逻辑上，公司返还越多，则留存越少，债权人可获清偿的责任财产也越少。

具体到案件中，在海富公司投资 2 000 万元人民币后，世恒公司的注册资本达到 399.38 万美元，其中原股东占 384 万美元，海富公司占 15.38 万美元。由此可见，海富公司的投资仅有小部分作为注册资本，大部分用于支付资本溢价。有观点认为，"无论海富公司从甘肃世恒获得多少补偿，都意味着其抽回了对甘肃世恒的部分投资，且不满足法律规定的几项撤资情形，违反了公司法上资本维持原则，侵犯了公司及公司债权人的利益。"[①]但并非所有的返还都是对债权人利益的侵害，返还的限度需要标准。在此问题上，需要对资本维持原则做进一步的分析。

1. 债权人保护与资本维持原则

一般认为，"资本维持原则指在公司存续期间，应经常保持与其资本额相当的财产，以具体财产充实抽象资本。"[②]有学者指出，"资本维持原则实质上是一个财务底线，凡满足这一财务底线要求的公司，均可进行自由的商业判断，将公司资产以合乎法定的方式回馈给股东或将股东投资变现。反之，不能满足这一法定的财务底线，则立法否定其行为的效力。"[③]在这个层面上，即要求公司净资产与注册资本相匹配，使得第三人通过观察公司注册资本即可窥知其清偿能力。但随着资本制度的发展，名义注册资本的出现，使其本身可能是一个象征性的数字，而仅存在明晰股权的意义。[④]

---

① 朱涛，李博雅．"对赌协议第一案"中被遗忘的资本维持原则[J]．法人，2013（10）．

② 柯芳枝．公司法论[M]．增订第 5 版．北京：中国政法大学出版社，2004：128. 李建伟．公司法学[M]．第 2 版．北京：中国人民大学出版社，2011：163．；施天涛．公司法论[M]．第 2 版．北京：法律出版社，2010：163．

③ 傅穹．公司资本维持原则的现代思考[J]．社会科学战线，2004（1）．

④ 刘燕．新《公司法》的资本公积补亏禁令评析[J]．中国法学，2006（06）．

　　从不同的角度观察，资本维持原则似乎可以呈现不同的样态。但从更加务实的角度，我们或许更需要了解的是，它作为资本三原则之一是如何在审判实践中发挥作用，影响法律行为效力的。方嘉麟先生认为，"我国公司法本身并无'资本三原则'一词，而系学者将具共通法理之各条文归纳综合为三原则，用之彰显股份有限公司资合之特质。"①虽然上述论断是针对台湾地区的"公司法"而言，但究其义理对我们同样适用。事实上，检索大陆地区公司法条文，也没有出现"资本维持原则"的字样，其虽称"原则"但与传统民法中的诚实信用、公序良俗等原则不可同日而语。盖因前者为学者对规则之总结，在具体裁判中仅可充当说理之用；而后者为法律所规定之原则，可以直接作为裁判的依据。因此，不存在仅违反抽象的资本维持原则而无效的法律行为；只可能存在因违反具体公司资本制度而无效的法律行为。

　　上述铺垫只为说明，所谓"保护债权人利益"并不是一种高高在上的理念之谈，也不是一种仅从字面即可识别的朴素认知。换个方式讲，并不是说任何使得公司资产减少的行为都属于法律禁止的侵害债权人利益的行为，例如正常的经营亏损（即便经营的事业是高风险的）；也不是说在保持资产不小于负债的情况下对资产可以随意处置，例如无论何时资本公积金不能当作利润分配。

　　因此，实际上"保护债权人利益"的制度，就是公司法中的具体资本制度本身，只不过，在学理上这些制度被提炼为资本三原则（当然这里与公司补偿对赌协议有关的是资本维持原则）。当公司的行为能够符合公司法上具体的资本制度时，债权人的利益即被很好地保护了，除此之外并无其他。

　　所以，如果坚持要适用《公司法》第二十条否认公司补偿对赌协议，其过程应该是：先论证其违反了公司法上具体的资本制度，因此其属于《公司法》第二十条所规定的侵害债权人利益的情形，又因第二十条系强制性规范，所以根据《合同法》第五十二条，公司补偿对赌协议无效。

　　然而法院的论证皆欠缺第一步，即仅从外观上陈述"风险收益"不对等，而无法指出违反了哪种或者哪些资本管制的制度，以及是如何违反的。显然，这欠缺的部分反而是论证系统中最核心的一步，这将是下文着重要讨论的地方。

　　2. 会计计量对对赌协议效力的影响

　　在私募投资过程中，机构投资者所支付投资款中超过对应注册资本的溢价部分往往被计入了企业的资本公积金，这是不合时宜的做法。机构投资者资本投入通常远高于其所占注册资本，其中高额的溢价实际上是对目标公司留存收益和自创商誉等项目的补偿，其代表投资者对目标公司盈利能力的判断和期望，也是对股权价值的初步判断。而"估

----

① 方嘉麟. 论资本三原则理论体系之内在矛盾[J]. 政大法学评论，1998（59）.

值调整机制"就是通过客观的经营业绩,对初步的价值判断进行修正。所以在补偿之前,投资实际上处于一个不确定状态;补偿发生,投资行为即告完毕、确定。而在公司补偿的对赌协议中,对股权的最终定价在开始投资时并未确定下来,不存在定价,那么最终溢价也就无从谈起。有人提出,其应该属于《企业会计准则——基本准则》第二十二条的"金融工具"范畴。[①]

具体而言,金融工具可以分为金融负债和权益工具。我国《企业会计准则》第二十三条规定:"负债是指企业过去的交易或者事项形成的、预期会导致经济利益流出企业的现时义务。"公司补偿的对赌协议是企业已经发生交易形成的,预期会导致经济利益流出企业的现行条件下已承担的义务,其具备负债性。

而我国《企业会计准则第 37 号——金融工具列报》第十二条也规定:

对于附有或有结算条款的金融工具,发行方不能无条件地避免交付现金、其他金融资产或以其他导致该工具成为金融负债的方式进行结算的,应当分类为金融负债。但是,满足下列条件之一的,发行方应当将其分类为权益工具。

(一)要求以现金、其他金融资产或以其他导致该工具成为金融负债的方式进行结算的或有结算条款几乎不具有可能性,即相关情形极端罕见、显著异常或几乎不可能发生。

(二)只有在发行方清算时,才需以现金、其他金融资产或以其他导致该工具成为金融负债的方式进行结算。

(三)按照本准则第三章分类为权益工具的可回售工具。

可以看出,公司补偿协议属于或有结算条款的金融工具,并且不具备分类的例外条件。因此,可以认为其属于金融负债。

以往阐述对赌协议时往往能认识其作为一种期权[②],这实质上是从投资者的角度来观察的;而对被投资公司而言,公司补偿的对赌投资协议实质上被分解成了两个行为:其不仅对外发行了股权,同时也负担了一种金融负债。然而后种观察角度才是判断其法律效力的重要依据。其中,股权部分为其对应的注册资本份额,而溢价部分则属于金融负债范围。

这样一来就可以避免公司补偿型的对赌协议在公司资本制度上无谓的纠缠。因为从经济实质上,公司此时只完成了两个行为:一是发行股权对外增资;二是发行金融工具对外借债。只不过两者同时进行,且互相牵连。从这种角度观察,此两种行为都是不会伤害债权人利益的。正相反,通过增资和发行金融工具,公司本身的现金流情况被大大地改善了,这反而对到期债权的清偿是十分有利的。

---

① 于晖. "甘肃世恒对赌案"后的一起逆转裁决[J]. 投资与合作, 2014(5).

② 符望. 对 PE 估值调整协议效力的再思考——从甘肃世恒"愿赌不服输"案看估值调整协议的"堵"与"疏" [M]//证券法苑. 第八卷. 北京:法律出版社, 2013.

3．约定溢价计入资本公积

在对赌协议实践中，当事人之间很可能已经在投资协议中约定，将投资款中超过对应注册资本的溢价计入资本公积。例如南京誉达案中，《增资协议》载明："超硅公司注册资本由 4 500 万元（人民币，下同）增至 5 000 万元，由誉达创投认购 200 万元，实际增资 2 000 万元，200 万元计入注册资本，其余计入资本公积。"此时，通过金融负债科目绕开资本制度管制的做法就不能再适用了。

因为在投资款分别计入注册资本和资本公积后，公司法传统意义上的投资行为即告结束了。而在补偿条件成就，投资者要求公司补偿时，"《公司法》默认此时不再是出资过程，而是公司持续经营期间向股东进行无偿支付。"[1]这即涉及资本维持原则项下，具体的禁止抽逃出资及公积金通途限制的相关规则。

究其根本，乃是由于现行的公司法制度无法消化公司补偿对赌协议这样新型的出资安排。所以在其具体的适用中，只能僵化地对投资行为和补偿行为的效力分别进行评价，导致补偿行为被判定为向股东无偿支付，最终因违反资本制度无效。

（1）仲裁案件中的不同裁决结果。虽然目前法院仍然坚持这样的裁判思路，然而在仲裁中却出现了更为灵活的处理方式，如表 16-7 所示。

表 16-7　仲裁案例表

案　例	约　定　内　容	仲　裁　裁　决
甲仲裁案[2]	基金 A、自然人 B 与目标公司 C 及其唯一的股东 D 签订了《增资协议》，A 和 B 共同向目标公司 C 投资。《增资协议》约定，A 向目标公司 C 增资 1 000 万元（20 万元计入注册资本，其余计入资本公积），B 向目标公司 C 增资 200 万元（5 万元计入注册资本，其余计入资本公积）。 目标公司 C 在 2011 年度的税后净利润不低于 1 000 万元人民币，2012 年度税后净利润不低于 1 500 万元人民币，2013 年度税后净利润不低于 2 000 万元人民币，若净利润低于上述标准，则 C、D 对 A、B 进行现金补偿（补偿方式为：补偿金额=投资总额×每年未完成的净利润÷承诺净利润）	增资前 D 是目标公司 C 的唯一股东，而投资人增资后只为小股东，投资人对企业的估值依赖于 D 对预期经营状况的承诺，所以其高溢价出资的对价是该业绩承诺得以实现，为了降低风险，投资人要求签业绩承诺条款。同时，C 的经营活动始终由 D 控制，在这种情况下，业绩承诺条款是帮助投资人在投资之前预防风险、在投资之后化解风险的契约性保护手段，也是鼓励与约束 C、D，尤其是控股股东 D 履约践诺的利益激励与责任约束机制，因而符合平等自愿、权义对等、公平合理、诚实信用的契约精神，应认定为合法有效

---

[1] 刘燕. 重构"禁止抽逃出资"规则的公司法理基础[J]. 中国法学，2015（4）.

[2] 陈浮，张威. 来自一线的对赌仲裁报告[DB/OL]. http://www.wtoutiao.com/a/274413.html，最后访问日期：2017 年 2 月 7 日.

续表

案　　例	约　定　内　容	仲　裁　裁　决
乙仲裁案[①]	投资方与 A 公司协商签订了《增资扩股协议》，以现金形式向 A 公司增资人民币 2 亿元，占其 4.4%股权。其中 1 000 万元计入注册资本，其余 1.9 亿元计入资本公积。 A 公司承诺：如果 A 公司 2011 年经审计的税后净利润低于 3 亿元，A 公司愿以实际的税后净利润为基础，按"投资估值"中约定的投资市盈率 15 倍进行计算，给予投资人现金补偿，补偿金额=15×(2011 年经审计后净利润低于 3 亿元的部分)×投资人持有的 A 公司股份比例	国际贸易仲裁委经过长达一年多的审理，于 2014 年 1 月做出裁决，认定对赌协议有效，A 公司应向投资方返还全部投资补偿款

可见，即便在投资协议中将溢价部分计入资本公积，对于对赌协议效力的判断也仍有回旋的余地。对此需要解释，与仲裁结果相比法院为什么会通常认为对赌协议损害债权人利益，或者说为什么对赌协议会通常让人产生损害债权人利益的朴素"法感"。

总体而言，其原因在于法院通常割裂了投资协议和对赌条款的牵连关系，单独地对补偿行为进行评价。换句话说，认为对赌协议侵害债权人利益，是在"有对赌条款的投资协议"与"无对赌条款的投资协议"之间来比较的。而事实上应该比较的是，"有对赌条款的投资协议"与无投资行为。因为在具体经济实践中，目标公司不接受对赌条款，交易往往是无法达成的。从另一个角度来讲，对赌条款本来就是投资协议中的一部分，评价对债权人造成的影响也应该通过整个投资行为来综合判断。以保护债权人为名，单纯地否认对赌条款的效力，而又肯定投资行为本身，则会人为地塑造出一种残缺又不经济的投资关系。这种由于审判技术不精确所造成的交易成本，其实是完全可以避免的。

（2）构建整体评价的裁判思路。要给公司补偿行为效力建立一个更精确的标准，则不能固守传统意义上投资行为的定义，而是接受在资本市场实践中发展起来的新型投资方式。具体而言，需要以整体观察投资和补偿的方式来判断整个行为对债权人的影响，而非抽离投资单独去评价补偿行为。在这种整体化思路下，可以分下列情况分别进行说明。

首先，在公司补偿数额不超过投资者初始投入的资本溢价（即资本公积）时。例如在乙仲裁案中：A 公司 2011 年度经审计后净利润为 1.5 亿元（仅为承诺业绩的 50%），故依据对赌条款投资方（股权比例 4.4%）向 A 公司要求现金补偿 0.99 亿元（15×(3-1.5)×4.4%）。因为投资方在 A 公司增资时，出资 2 亿元，其中 1 000 万元计入注册资本，1.9 亿元计入资本公积。现在从资本公积中返还 9 900 万元，整体上来看，相当于投资方出资 1.01 亿元，其中 1 000 万元计入注册资本不变，只是资本公积减少为 9 100 万元，如图 16-1 所示。

① 于晖. "甘肃世恒对赌案"后的一起逆转裁决[J]. 投资与合作，2014（5）.

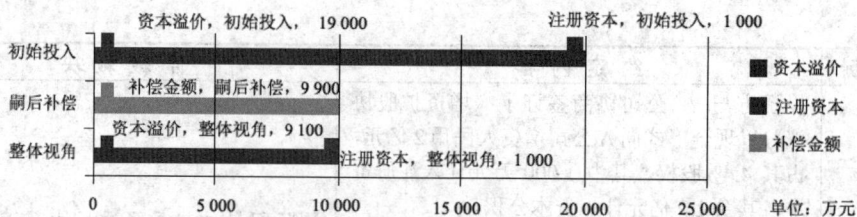

图 16-1　示例图（一）

从这样的角度观察，此种补偿的效力显然是无可指责的。因为，在满足注册资本的要求后，对目标公司股权价值的磋商显然属于自由商业判断的范畴。换言之，对增发股权的定价，只要能覆盖其所对应的注册资本金额，只是一次普通的增资行为，债权人的利益并不会受影响。至于投资者具体应支付多少资本溢价，则是投资者与原股东之间利益分配的问题，与债权人无关。

其次，在补偿数额超过投资者初始投入的资本溢价，但仍少于其整体投入（即注册资本与资本公积之和）时，补偿协议的效力也值得探讨。例如，向 A 公司投资方仍出资 2 亿元，其中 1 000 万元计入注册资本，1.9 亿元计入资本公积不变。但由于经营不善，依对赌条款计算应该补偿 1.95 亿元，如图 16-2 所示。

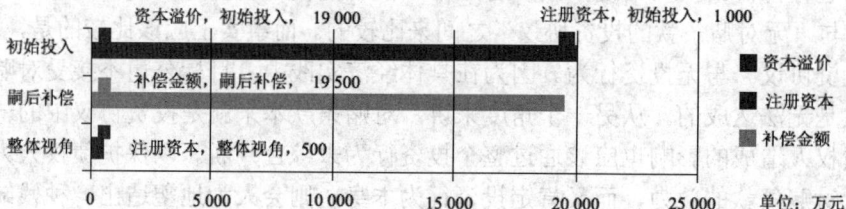

图 16-2　示例图（二）

在 1.95 亿元补偿中，1.9 亿元补偿的效力已经在上一种情况中得到讨论，因此不再赘述。对于剩下的 500 万元，笔者认为如果此时公司还剩下足够的公积金和未分配利润，则支付此部分的补偿也是有效的法律行为。因为从整体的角度观察，相当于：公司注册资本增加 1 000 万元，投资者出资 500 万元（2 亿元-1.95 亿元），公司用公积金和未分配利润为投资者定向转增注册资本 500 万元。这样的行为皆符合公司法资本制度，不影响债权人利益。当然，公积金转增资本在公司法上也有限制，如第一百六十八条第二款规定："法定公积金转为资本时，所留存的该项公积金不得少于转增前公司注册资本的百分之二十五。"这样的要求也应该被满足，否则不能称有足够的公积金。

在资本市场实践中，用资本公积定向转增股本也得到了证监会的认可，例如赣锋锂业（股票代码 002460）在其 IPO 股票招股说明书中的披露事项：

2001 年 4 月 30 日，经股东会决议通过，公司注册资本增加 210 万元，同意李良彬以资本公积单方增资 26 万元及以现金 169 万元合计增资 195 万元，李华彪以现金增资 15 万元。2001 年 3 月 31 日，李良彬与李华彪签订了《协议》，双方同意（笔者注：此时公司仅此两名股东）赣锋有限截至 2001 年 3 月 31 日的资本公积金 265 271.14 元在用于转增资本时由李良彬单独享有……

2001 年 5 月 18 日，新余恒兴联合会计师事务所对此次注册资本变更出具了余恒兴验字〔2001〕076 号《验资报告》；2001 年 5 月 29 日，赣锋有限完成了本次增资的工商变更登记手续。

保荐机构和发行人律师认为：李良彬与李华彪签订的上述协议之内容和形式是合法、有效的，不存在潜在纠纷；本次增资中资本公积金经全体股东认可由李良彬单独享有的情形不违反有关法律、法规和规范性文件的规定，不会对本次发行构成法律障碍。[①]

应注意的是，用公司内部资金转增注册资本或者股本，原本应该是各股东股权等比例放大的过程。为了实现对赌补偿而定向转增，实际上单一放大了被补偿股东的股权比例，其虽与债权人无关但影响了其他股东的利益，因此应该事先取得其他股东的同意。

最后，应该讨论在补偿数额超过投资者初始投入时，补偿协议的效力。例如，向 A 公司投资方仍出资 2 亿元，其中 1 000 万元计入注册资本，1.9 亿元计入资本公积不变。但由于经营不善，依对赌条款计算应该补偿 2.05 亿元，如图 16-3 所示。

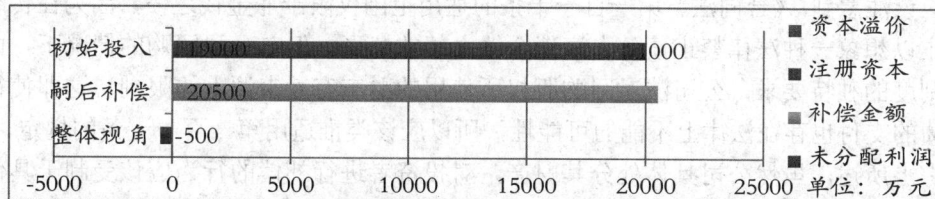

图 16-3　示例图（三）

在 2.05 亿元补偿中，2 亿元补偿的效力已经在以上两种情况中得到讨论，因此也不再赘述。对于剩下的 500 万元，笔者认为如果公司仍有未分配利润可以支付该款项，其支付行为的效力也是可以肯定的。因为从整体的角度来看这只是相当于：公司用未分配利润和公积金为投资者定向转增资本 1 000 万元，同时其他股东放弃 500 万元的现金股利分配，再将这部分现金支付给投资者。这也是符合公司资本制度，与债权人无涉的。

综上所述，观察公司补偿对赌协议的效力，要将投资和补偿行为结合起来整体观察，也要具体考察支付资金所影响的会计科目。在补偿行为符合公司具体资本制度时（如公积金转增注册资本制度、利润分配制度），不能再以保护债权人利益为名，机械地否认其

[①] 江西赣锋锂业股份有限公司首次公开发行股票招股说明书[EB/OL]. 信息来自深交所，http://disclosure.szse.cn/finalpage/2010-07-27/58221382.PDF，最后访问日期：2017 年 2 月 10 日。

效力。

（3）对赌协议的效力判断。前文论证了在不同情况下，公司对股东补偿行为（即处分行为）效力的判断方法。然而作为公司补偿的原因行为，即公司与股东之间的债权合同——对赌协议，是否受处分行为所影响需要进一步的探讨。

笔者认为对赌协议作为负担行为，其效力是不受公司具体的补偿行为影响的。

首先，对赌协议作为债权合同，其作用仅是给双方产生债法上的拘束力，其本身不会导致公司资产不当流出。因此也不会违反资本制度，所以不存在无效事由。

其次，在对赌协议条件成就股东要求公司补偿时，公司可能没有足够的留存利润或公积金进行补偿，但这并不排除随着公司经营情况好转累计足够的利润和公积金以完成补偿行为。若简单否认债权合同的效力，则无异于排除了公司将来能够进行补偿这一可能性，这对投资者不公。

最后，作为债权合同的对赌协议有效，不会影响公司补偿行为受制于公司资本制度。在投资者要求公司进行补偿时，若公司不存在足够的利润或公积金，则属于法律上的不能。《合同法》第一百一十条规定："当事人一方不履行非金钱债务或者履行非金钱债务不符合约定的，对方可以要求履行，但有下列情形之一的除外：（一）法律上或者事实上不能履行……"

应该注意到，《合同法》第一百一十条的适用范围仅限于非金钱之债，因为在传统民法上难以想象一种法律禁止债务人清偿金钱之债的情形。但在公司回购的情况下，由于资本制度的独特要求，公司法对回购股权所使用的财产有着来源上的限制。这即使得金钱之债的支付也存在法律上不能的可能性，所以应该类推适用第一百一十条的规定。

综上所述，虽然公司具体处分其财产，对投资者进行补偿的行为应该受制于具体资本制度的规定，但对赌协议作为负担行为，其效力应不受此影响。

四、公司回购对赌协议的效力

在搜集到的裁判中，关于公司回购型的对赌协议（本部分中"对赌协议"皆指代此种对赌协议），法院无一例外皆认为其是无效的，其具体原因摘录如表 16-8 所示。

表 16-8　回购型对赌案例表

案　例	裁　判　理　由
唐似葵案	二审法院认定鹏德企业、大禹企业签订的《补充协议》第 3.5 条至第 3.7 条关于犀文公司未达到预定利润目标时，鹏德企业、大禹企业有权要求犀文公司返还投资款的约定，属抽逃公司资金的行为，动摇了公司的财产基础，妨碍了公司正常经营，损害了公司债权人的利益，违反了《中华人民共和国公司法》第二十条第一款的禁止性规定，应认定为无效，犀文公司不承担退还增资款的责任

案　例	裁　判　理　由
碧海舟案	《补充协议》中关于碧海舟公司回购雷石企业持有的碧海舟公司股份的约定，《协议书》中关于碧海舟公司为邱建军、李依璇的回购义务向雷石企业承担连带担保责任的约定，均会使得雷石企业的投资可以取得相对固定的收益，该收益脱离了碧海舟公司的经营业绩，损害了公司利益和公司债权人利益，应属无效
誉达案	首先，誉达创投增资入超硅公司，其作为股东与公司间的权利义务相对于公司外债权人与公司之间的权利义务，在法律性质上存在不同。誉达创投依法应以其认缴的投资额为限对公司承担责任，且应遵守公司章程以及公司法律的相关规定，不得滥用股东权利损害公司、公司其他股东以及公司债权人合法利益，该约定已超出股东正当权利的行使范围；其次，誉达创投有权要求超硅公司回购股权的约定，实系公司以其责任资产为一方股东对于另一方股东的债务提供连带责任保证。该种约定依法必须经公司股东大会决议。虽然《增资协议》已取得超硅公司全体原股东及该次增资中新股东的签章确认，但该协议造成超硅公司责任资产的不当减少，使得誉达创投可以脱离超硅公司经营业绩获得固定投资收益，损害超硅公司债权人利益；再次，我国《公司法》对有限责任公司股东请求公司回购其股权的条件有严格规定，并未包括该约定的情形，该约定也有违通常的投资原则，将投资风险转嫁给被投资企业

总的来说，法院的判决理由各有侧重，但在说理过程中共同提到的事项是"损害债权人利益"，而这一内容也共同指向《公司法》第二十条第一款，即"公司股东应当遵守法律、行政法规和公司章程，依法行使股东权利，不得滥用股东权利损害公司或者其他股东的利益；不得滥用公司法人独立地位和股东有限责任损害公司债权人的利益。"

然而这样的提法，几乎等同于在判决否认公司补偿型对赌协议效力时的裁判思路，并没有什么新意。前文已经论证，《公司法》第二十条并不宜直接适用，而更有意义的是指出对赌协议具体违反了何种资本制度，如何损害了债权人的利益。在上述判决中，已经可以看出法院在零星地尝试着指出这些具体的资本制度，如誉达案中提到的《公司法》对股份公司股权回购的限定，以及唐似葵案中提到的抽逃出资行为。

上文已经论述，如果补偿型的对赌协议还能用"估值调整"的思路解释的话，那么回购型完全是一种"估值调整"以外的风险控制措施。因为在回购交易中，标的系按照固定价格卖回，其在整个交易结构中标的的实际价值也就无关紧要了，当然也就不存在估值调整的问题。所以，补偿型对赌条款那里所采用的"整体观察"的方法在这一节中已经不能类推适用了，而更加重要的是从解释论的角度检查回购型对赌协议与具体公司法制度的兼容性问题。

同时囿于《公司法》关于公司回购自身股权对股份公司和有限公司有着不同的规定，因此下文对此分别进行讨论。

（一）股份公司回购自身股权

关于股份有限公司收购自己股份的规则是比较清晰的，主要见于《公司法》第一百四十二条前三款。即：

公司不得收购本公司股份。但是，有下列情形之一的除外：

（一）减少公司注册资本；

（二）与持有本公司股份的其他公司合并；

（三）将股份奖励给本公司职工；

（四）股东因对股东大会做出的公司合并、分立决议持异议，要求公司收购其股份的。

公司因前款第（一）项至第（三）项的原因收购本公司股份的，应当经股东大会决议。公司依照前款规定收购本公司股份后，属于第（一）项情形的，应当自收购之日起十日内注销；属于第（二）项、第（四）项情形的，应当在六个月内转让或者注销。

公司依照第一款第（三）项规定收购的本公司股份，不得超过本公司已发行股份总额的百分之五；用于收购的资金应当从公司的税后利润中支出；所收购的股份应当在一年内转让给职工。

由此可知，股份公司在原则上是不能收购自身股权的，仅在减资、合并、奖励职工、异议股东评估权时存在例外。在对赌协议场合，投资者基于其与公司的合同关系请求公司回购其股权显然不属于上述情况之一。因此笔者认为，在股份公司的场合，以公司回购为内容的对赌协议以及具体回购行为都因为违反强制性规定而无效。

值得注意的是，有学者认为在当前资本制度下定向减资给公司回购型对赌协议留下了适用空间。①将股份公司回购自身股权与减资联系到一起，看似在形式上满足法律要求，但实则两者相去甚远。

从公司资本制度上来看，对赌中的回购情形无法通过减资来实现。因为减资仅局限于注册资本的减少，公司回购时不仅要向股东退还注册资本，还需退还投资者所支付的资本溢价，而资本溢价部分的退还是无法通过减资行为达成的。另外在程序上，我国《公司法》第一百七十七条规定："公司需要减少注册资本时，必须编制资产负债表及财产清单。公司应当自做出减少注册资本决议之日起十日内通知债权人，并于三十日内在报纸上公告。债权人自接到通知书之日起三十日内，未接到通知书的自公告之日起四十五日内，有权要求公司清偿债务或者提供相应的担保。"因此通过定向减资来实现回购行为，还可能导致其他债权人要求公司提起清偿或提供担保，可见减资行为尚不一定能够

---

① 张先中. 私募股权投资中估值调整机制研究——以我国《公司法》资本规制为视角[J]. 法学论坛，2013（5）.

达成。

但仍有疑问的是，可否先将公司利润或者公积金依法对投资者定向增资，再对其定向减资，以达到退还资本溢价的目的。例如，依对赌合同约定公司应以 300 万元的价格购买投资者 100 万股股份，公司先通过公积金或利润定向对投资者转增 200 万股，再回购其持有的 300 万股进行减资。这样一来，即可认为要求股份公司回购股权的对赌协议在债法上是有效的，因为先定向增资再定向减资的操作方法能够符合当前公司资本制度。至于，因第一百七十七条的障碍无法实际完成减资时，则按照一般债权处理，投资者可以保留请求权等待公司财务状况好转，也可以在符合条件时申请破产。

上述做法看似合理，实则存在合同解释上的困难，即对赌协议中约定公司回购股权难以解释为公司承担先定向增资再定向减资的义务。因为从文意上来看，回购是指公司自股东处买回自身股份，减资则是指公司减少注册资本。其本来就是两个独立的行为，并且两者并不互相构成充分条件或者必要条件。股份公司可以回购股权而不减资，例如回购股权用以奖励职工；也可以减资而不回购股权，例如通过降低每股面值而不改变发行股份数额进行减资。而定向增资行为，则在文意上更与回购行为无涉。所以，在对赌协议仅约定股份公司以特定价格回购其股权时，不能当然解释为公司有义务通过先定向增资后定向减资的手法满足投资者退出公司的诉求。

在合同解释之外，还应该考虑的是公司资本增减行为的特殊性。在定向减资行为由于债权人的约束而无法完成时，此时投资者因定向增资行为而获取的额外股份会使得投资者股权比例增加。但这样的增加原本是为退出公司设计的，在无法通过减资行为退出时，投资者股权比例的意外增加也是不符合公司方预期的。

因此最终的结论是，在股份公司的场合以公司回购为内容的对赌协议（负担行为）以及具体回购行为（处分行为）都因为违反强制性规定而无效。

（二）有限公司回购自身股权

1. 实体法规定与审判实践

事实上，我国《公司法》并不存在一个完整的有限责任回购自己股权的制度。仅有《公司法》第七十四条规定了异议股东评股权，其在特定情况下，赋予股权要求有限公司回购股权的权利，即：

第七十四条有下列情形之一的，对股东会该项决议投反对票的股东可以请求公司按照合理的价格收购其股权：

（一）公司连续五年不向股东分配利润，而公司该五年连续盈利，并且符合本法规定的分配利润条件的；

（二）公司合并、分立、转让主要财产的；

（三）公司章程规定的营业期限届满或者章程规定的其他解散事由出现，股东会会议通过决议修改章程使公司存续的。

自股东会会议决议通过之日起六十日内，股东与公司不能达成股权收购协议的，股东可以自股东会会议决议通过之日起九十日内向人民法院提起诉讼。

其实，异议股东评股权并不等同于公司回购自己股权制度。因为，"前者是从股东的角度出发，针对当基于来自公司本身或者股东本人发生的重大原因而致使对该股东而言继续留在公司已让其无法承受，并且通过其他的途径又难以解决此问题时，该股东可以请求强制退出公司，并获得合理补偿的制度……而后者则是从公司的角度出发，针对在一定的条件下，公司为了一定的目的，主动通过一定的程序而将本公司股东所持有的自己的股份重新取回的制度。两种制度所涉及的核心问题也不同，前者为股东权的保护，后者则为公司资产向退出股东的流转和相应的公司资本与资产的保护问题。"①

司法实践中，法官对于有限公司是否可回购本公司的股权并没有统一的看法。如在河南省南阳市宛城区的某判决中，法院认为，非有法律规定的事由出现，公司不得回购公司股权。②而在上海市浦东新区人民法院的判决中，其主审法官认为：

从第一百四十三条（现为一百四十二条，笔者注）在公司法中的位置看，其仅仅针对股份有限公司是非常明确的，同时，也不存在指明有限责任公司应当"适用"或"准用"的规定，因此认为有限责任公司也要遵循第一百四十三条"公司不得收购本公司股份"规则的观点，违背了法律适用的规则，缺乏法律依据。对于有限责任公司，公司法不存在"禁止回购自身股权"的规定。③

笔者也认为，一方面，在有限责任公司范围内并没有明确禁止公司回购自身股权的规定；另一方面，公司法规定异议股东评股权时，在语词使用上也看不出要将公司回购自身股权限制在其范围内。因此，本着"法无明文禁止即自由"的民事法基本理念，宜认为有限责任公司可以回购自身股权。

2. 比较法上的观察

在比较法上，其他大陆法系国家的做法值得参考。

（1）德国。《德国有限责任公司法》第 33 条规定：（一）公司不能取得出资尚未完全缴付的自有营业份额……（二）自有营业份额的出资已经全部缴付的，只有在取得之时公司能够提取与为此支出的费用等值的公积金，并且不造成公司基本资本或按照公司

---

① 白江. 我国《公司法》中有限责任公司回购出资份额制度的完善[J]. 政治与法律，2009（3）.

② 林承铎. 有限责任公司股东退出机制研究[M]. 北京：中国政法大学出版社，2009：217.

③ 张恋华，徐慧莉，朱刚毅. 有限责任公司股权回购效力判解[N]. 法制日报，2009-10-28.

章程应提取的不得用于向股东支付的公积金的减少，才允许公司取得该自有营业份额……①

因此，在德国，有限公司回购自己股权，不同于在股份法中那样被原则性地禁止，只是受到资本缴付和维持视角上的限制。即公司只能回购出资已被完全缴付的股权，此外公司必须用其可以自由支配的（不为维持原始资本所要求的）财产来购买，并且能够提取法律规定的公积金。②

具体而言，德国法对有限公司取得自己出资份额有着双重的限制：其一，被回购的股权，其出资已经被完全缴付（第1款）。其二，对前述出资已被完全缴付股权的取得，不会造成公司资本和"照公司章程应提取的不得用于向股东支付的公积金"的减少（第2款）。

第一重限制，文意简洁明了，不再赘言。对于第二重限制需要进一步解释和说明。首先，须解释什么是"照公司章程应提取的不得用于向股东支付的公积金"。根据《德国有限责任公司法》第29条第1款，公司年利润可以通过章程的规定，留存作为特别的盈余公积金（该部分公积金不得向股东分配，但可以根据股东决议而解除）。第二重限制中，"照公司章程应提取的不得用于向股东支付的公积金"正是指代的这一部分。其次，判断公司资本和上述公积金不会因回购事项而减少，则只需证明，在不计算公司资本和上述公积金时，公司所有者权益（净资产）余额仍大于因回购而支付的对价。

（2）日本。日本法中，在很长一段时期内有限责任公司在此问题上准用股份有限公司的规定（原《日本有限公司法》第24条），其都是采取"原则禁止例外肯定"的做法，仅允许在有限的几种情形回购股份。2001年公布的"金库股解禁"通知，从根本上修正了原规则。③2005年公司法合并了有限责任公司与股份有限公司，大陆法上传统意义的有限公司类型已不复存在，日本最终采取了公司回购股份原则上自由的态度④（《公司法》第155条第3项、《公司法》第156条第1款⑤）。

具体到附条件要求公司回购其股权的对赌协议中，日本公司法认为，此时公司发行了一种"附取得请求权股份"。即其《公司法》第2条第18项："附取得请求权股份指股份公司对其发行的全部或部分股份，规定股东可向该股份公司请求取得该股份的股份。"⑥对于该类股权的请求回购程序，法律设定了一系列条款进行系统性规定：

---

① 德国商事公司法[M]. 胡晓静，杨代雄，译. 北京：法律出版社，2014：38-39.

② [德]格茨·怀克，克里斯蒂娜·温德比西勒. 德国公司法[M]. 第21版. 殷盛，译. 北京：法律出版社，2010：369.

③ 崔文玉. 日本公司法精要[M]. 北京：法律出版社，2014：108.

④ 刘小勇. 论有限责任公司股权的回购[J]. 北方法学，2011（6）.

⑤ 第155条　股份公司限下列情形，可取得该股份公司的股份……三、做出下一条第一款决议时……
　　第156条　股份公司通过与股东的合意有偿取得该股份公司的股份，必须依照股东大会决议规定下列事项……法条引自：王保树. 最新日本公司法[M]. 北京：法律出版社，2006：118-119.

⑥ 王保树. 最新日本公司法[M]. 北京：法律出版社，2006：57.

第 107 条第 2 款第 2 项（设置该类股权时，其的对价条件等应由章程规定）

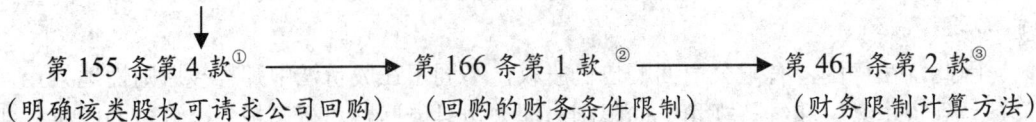

↓

第 155 条第 4 款[①]　——→　第 166 条第 1 款[②]　———→　第 461 条第 2 款[③]

（明确该类股权可请求公司回购）　（回购的财务条件限制）　　　（财务限制计算方法）

　　具体而言，对于该类股权的设置公司法有两个限制：一方面，公司章程须规定股东可请求公司取得该种类股份的意思、有关对价的事项等以及股东向公司交付股份的数量或计算方法。另一方面，作为公司回购的对价，其交付财产的账簿价值不得超过该请求日的"可分配额"时，不得认可该请求。[④]值得注意的是，日本公司法中，是将公司对股东的分配和公司回购股权等同对待的，即把后者视为前者的一种具体方式。因此统一地纳入公司法第 461 条第 1 款的规制之下。这是基于遵循会计原则制作而成的资产负债表而加以一定限制的想法，该方法被称为资产负债表测试法。[⑤]这里囿于中日会计制度的差别，难以再更加详细地展开论述。但是应该关注到，在日本公司法中，公积金可以减少，作为可分配额的一部分，从而增加公司自己股份取得的财源。[⑥]

　　（3）小结。可见外国立法例在肯定有限公司回购自身股权的同时，也在贯彻资本维持原则，防止公司资产不当向股东流入，从而形成了自己独特的资本制度（如限制用于回购股权资金的来源）。简单地把股权回购协议等同于一种抽逃出资行为，至少是不当和武断的。公司回购自身股权与资本维持原则和保护债权人并无本质上的冲突。法院应该

---

① 第 155 条 股份公司限下列情形，可取得该股份公司的股份……四、依第 166 条第一款规定提起请求时……法条引自：王保树. 最新日本公司法[M]. 北京：法律出版社，2006：118.

② 第 166 条 附取得请求权股份的股东，可向股份公司请求取得该股东持有的附取得请求权股份。但在为取得该附取得请求权股份交付第 107 条第 2 款第 2 项 Ⅱ 至 Ⅴ 规定的财产，其财产的账簿价额超出该请求日的第 461 条第 2 款的可分配额时，不在此限……法条引自：王保树. 最新日本公司法[M]. 北京：法律出版社，2006：122.

③ 第 461 条 ……前款规定的所谓"可分配额"，指从第一项及第二项所列额的合计额减去第三项至第六项所列额的合计额所得额（以下本节中同）。

一、盈余金额

二、对临时会计报表已接受第 441 条第 4 款的承认时的下列金额

Ⅰ. 作为第 441 条第 1 款第 2 项的期间的利益额法务省令规定的各结算科目计入额的合计额

Ⅱ. 作为第 441 条第 1 款第 2 项的期间内处分自己股份时的该自己股份的对价额

三、自己股份的账簿价额

四、最终营业年度的结束日后处分自己股份时的该自己股份的对价额

五、第 2 项规定情形下作为第 441 条第 1 款第 2 项的期间的损失额法务省令规定的各结算科目计入额的合计额

六、前 3 项所列者外，法务省令规定的各结算科目计入额的合计额

法条引自：王保树. 最新日本公司法[M]. 北京：法律出版社，2006：261-262.

④ [日]前田庸. 公司法入门[M]. 第 12 版. 王作全，译. 北京：北京大学出版社，2012：79.

⑤ [日]前田庸. 公司法入门[M]. 第 12 版. 王作全，译. 北京：北京大学出版社，2012：183.

⑥ [日]前田庸. 公司法入门[M]. 第 12 版. 王作全，译. 北京：北京大学出版社，2012：448.

更加详细地依照某些具体标准来判断公司回购股权合同的效力，而非单纯借助资本维持、债权人利益保护此类过于空泛的法律概念。

3. 我国公司法上的判断标准

了解外国立法例后，再检视我国公司法上关于有限公司回购自身股权的制度，会发现一个矛盾的问题。一方面，公司法原则上并没有禁止有限公司回购自身股权；但另一方面，公司回购自身股权在客观上会导致资本的减少，如不用具体的资本制度加以控制，则势必动摇资本维持原则、损害债权人利益。在这种情况下，唐似葵案中法院将公司回购型对赌协议认定为"抽逃公司资金的行为"，既属无奈也可以看出法院在论证合理化上做出的努力。

笔者认为，唐似葵案中法院这种将否认对赌协议效力诉诸于具体资本制度规则的违反，而不抽象地讨论资本维持原则和债权人利益的论证路径是值得肯定的。但不无遗憾的是，其在解释对赌协议与抽逃出资之间涵摄关系时，则稍欠笔墨。

（1）抽逃出资的适用。我国《公司法》对于抽逃出资行为（这里和下文的讨论仅限于有限公司）有明确的规定，即第三十五条："公司成立后，股东不得抽逃出资。"一般认为，该条是一种禁止性规定，因而违反这种规定的行为即为无效，因此不必再求诸于《公司法》第二十条关于禁止损害债权人利益的规定。且抽逃出资应包括为变相地使原出资脱离公司的支配又回到原出资人支配下的各种行为。[①]最高人民法院关于适用《中华人民共和国公司法》若干问题的规定（三）第十二条对此做了进一步的解释，即：

公司成立后，公司、股东或者公司债权人以相关股东的行为符合下列情形之一且损害公司权益为由，请求认定该股东抽逃出资的，人民法院应予支持：

（一）制作虚假财务会计报表虚增利润进行分配；

（二）通过虚构债权债务关系将其出资转出；

（三）利用关联交易将出资转出；

（四）其他未经法定程序将出资抽回的行为。

可以看出，司法解释主要是从抽逃出资的具体手段方面加以规制的，而并非对抽逃出资行为本身做出界定。这样做带来的困难是，股东可能采用上述违法手段获取公司"资产"，但事实上却不构成对其"出资"的侵害。

因为"资产"概念是针对公司而言的，其内涵相对广泛，根据《企业会计准则——基本准则》第二十条："资产是指企业过去的交易或者事项形成的、由企业拥有或者控制的、预期会给企业带来经济利益的资源。"而抽逃出资中"出资"常被认为是，"行为人抽取的数额就等同于出资数额或者是出资数额的一部分。"[②]但这种定义方式无法表明"出资"

[①] 谢怀栻，程啸. 外国民商法精要[M]. 第三版. 北京：法律出版社，2014：440.

[②] 杜军. 公司资本制度的原理、演进与司法新课题[J]. 法律适用，2014（11）.

在所有者权益项下的内容，故而在实际操作中是不够精确也难以借鉴的。

在语词使用上，"出资"是针对股东而言，更具体地说，是针对股东投资行为而言的。"出资"在会计科目上体现着股东对公司投入的流向，即"实收资本"和"资本公积——资本溢价"，前者对应注册资本，后者属于资本公积金的一种类型。在所有者权益项下，除了"实收资本""资本公积——资本溢价"，还存在"未分配利润""盈余公积"等项目。完全有可能的情况是，股东通过虚增利润、虚构债务或者关联交易只侵害到企业的利润或盈余公积，而未触及股东对企业的"出资"。

因此，刘燕教授认为，界定抽逃出资行为时应该严格地观察在个案中被侵蚀的对象，以确保被抽逃的是股东对公司的"出资"。[①]同样地，针对公司回购自身股权而言，也应该在个案中具体识别其是否构成抽逃出资行为。

（2）回购股权在资金上的限制。上文已经论证，公司回购自身股权不得侵蚀"出资"，否则构成抽逃出资行为。但能否利用资本溢价以外的公积金，也需要进一步明确。

《公司法》第一百六十八条规定："公司的公积金用于弥补公司的亏损、扩大公司生产经营或者转为增加公司资本。但是，资本公积金不得用于弥补公司的亏损。"虽然有学者认为，关于资本公积金能否退还股东，盈余公积金能否用于股息分配尚存在疑问。[②]但在实务中，也一般严格依照第一百六十八条字面解释，不认为公积金可以参与分配和返还。

同时《公司法》第一百四十二条关于股份有限公司回购其股权的规定也可以参照，其规定："股份公司为奖励职工回购股权时，用于收购的资金应当从公司的税后利润中支出"。可以看出，公司回购自身股权不应该侵蚀其注册资本，也不能侵蚀资本公积和盈余公积，其资金的来源应该局限于公司的未分配利润。

未分配利润本身即可通过决议向股东分配，因此并不涉及债权人利益保护问题。其反而更多的股东内部利益平衡的问题，因为税后利润用于个别股东的股权回购，则用于全体分红的数额必然减少。但这也如同公司补偿对赌条款一样，参照《公司法》第三十四条的精神，在股东全体同意的情况下并不存在更多的法律障碍。

（3）违反资本制度对对赌协议效力的影响。上文已经论证，有限公司回购自身股权须以未分配利润为限，否则将有抽逃出资或者违反公积金管理制度之虞。公司禁止抽逃出资的规范与有关公积金管理的规范，应该理解为强制性规范，且应属于最高人民法院关于适用《中华人民共和国合同法》若干问题的解释（二）第十四条所指的"效力性强制性规定"。因为若不否认违反上述规定的法律行为之效力，则维持资本和保护债权人的立法目的就会落空。

具体而言，在公司不满足财务条件时仍然回购股权时，公司支付股东回购款的处分

---

① 刘燕. 重构"禁止抽逃出资"规则的公司法理基础[J]. 中国法学，2015（4）.
② 刘燕. 重构"禁止抽逃出资"规则的公司法理基础[J]. 中国法学，2015（4）.

行为会因违反法律强制性规定而无效。然而作为公司回购股权的原因行为，即公司与股东之间的债权合同——对赌协议，是否也认为无效，则是需要进一步的探讨。

当然，司法实践中给出的答案十分统一，在唐似葵案、碧海舟案、誉达案中法院皆认为作为债权合同的公司回购对赌协议无效。笔者认为不妥，具体理由雷同于补偿型对赌协议。即对赌协议作为债权合同，肯定其效力本身不会违反资本制度；在对赌协议条件成就后，公司可能逐渐累积利润使得回购行为符合资本制度；在不满足资本制度规定的回购条件时，属于法律上的不能，可以类推适用《合同法》第一百一十条免于履行。

结论

通过将对赌协议类型化分析以后可以看出，抽象地以资本维持原则和债权人保护为由否认股东与公司对赌协议效力的区分论，太过简单和笨拙了。回购型和补偿型的对赌协议内容各不相同，判断其合法性的内部机理也存在很大差异。总体来讲，与公司对赌并没有像想象中那样必然地影响了债权人利益，反而在更多层面上体现为股东内部的利益纠纷。此时再抽象地谈资本维持或债权人利益保护就显得不合时宜了。

并且，区分负担行为与处分行为是民法上的任督二脉（王泽鉴教授语）。在对赌协议效力问题上，也同等适用。即便是履行对赌协议的补偿或回购行为会违反公司法中的具体资本制度，也应该认为处分行为无效，而无伤其负担行为的效力。这样重大的区分，不应该在理论探讨和司法实践中被忽视。

总之，商事法律规则应该追求更加精致的分析方式，以求达到清晰分明的结果。即便在实体法律出现缺位的时候，法院裁判的说理部分也不应该浅尝辄止，回避公司对赌与资本维持衔接问题的讨论；反而应该更加精确地证成裁判的结论，为以后的判决树立起标杆。因为在既有实体法资源难以解释新的问题时，我们自始至终期待司法判决中能够提供一种因果完整内容详实的论证方案，这也是司法实务反哺学术研究的源头。而依循和附和这种因果模糊的"与公司对赌无效，与股东对赌有效"规则，更像是一种盲目的跟随。除了为类似判决提供了一个不那么令人信服的范式外，对法律制度的发展并没有太多的助益。

专题十七　P2P 网贷平台的法律地位及其制度完善

【摘要】

随着大数据、云计算等新兴互联网技术的广泛应用，互联网金融也得到了飞速的发展，其中最为活跃的当属 P2P 网络借贷，其为金融创新和经济发展增添了活力与动力。由于互联网的特性，使得互联网金融先天具有"开放、高效、平等、共享"的特征，这些特点较好地弥补了传统金融的不足，很好地契合了"普惠金融"的特征，可以说，互联网金融就是普惠金融。即便我国信用体系缺失，法律监管规则也不完善，P2P 却野蛮式地疯狂发展，但是其欣欣向荣的发展势头掩盖了诸多问题与风险，停运、涉嫌诈骗、跑路等恶性问题弥漫整个 P2P 网络借贷行业，缺乏风险定价能力的 P2P 借贷平台在野蛮生长的同时，也在经历着残酷的市场洗礼。因此，本文旨在从法律关系入手，对 P2P 网贷平台的法律地位进行梳理，并结合《网络借贷信息中介机构业务活动管理暂行办法》提出相应的建议。

【关键词】

P2P 网贷　居间　债权转让　资产证券化　监管

P2P 借贷，又叫"人人贷"，是英文 Peer To Peer Lending 的缩写和简称，顾名思义，就是依托互联网而进行的个人对个人的资金借贷。在 20 世纪，受到地理、个人能力、客观条件、技术发展等局限，个人之间进行信息交流和关系互动极为不便，人们之间的借贷往往仅在熟人范围内，极大限制了资金流通和信息交换，更造成诸多闲置资金的浪费。但伴随互联网技术的发展和 P2P 模式的创立，陌生的借款人与出借人之间已经脱离银行、小额贷款公司等传统媒介，而走向了"金融脱媒"的直接借贷模式。在 P2P 网络借贷模式下，作为中间方的 P2P 服务平台，即 P2P 公司，起到不容忽视的作用。其初始主要起到为借贷双方提供信息交流的平台、信息价值的评级、信息咨询服务以及追偿逾期还款等作用，根本而言就是促进借贷交易的形成。但现实发展亦有所脱离，部分 P2P 网络借贷走向了资产证券化的发展道路。"由 P2P 网络贷款平台到类金融机构的转变：P2P 网络贷款平台在我国异化。"①

一、传统的 P2P 网络借贷平台的法律地位

传统 P2P 网络借贷，又被称为信息中介模式，是 P2P 网络贷款中网贷平台最初的设计初衷和运营模式。其主要含义是指 P2P 网络贷款平台提供相应的中介服务、信息核查与咨询，促使借贷双方顺利无碍地实现贷款与投资的目的，网贷平台仅收取相应的中介服务费用。

拿拍拍网举例，其具体流程是，借款人发布借款信息，把自己的借款原因、借款金额、预期年利率、借款期限一一列出并给出最高利率，出借人参与竞标，利率低者中标。一般多个出借人出借很小的资金给一个借款人，以分散风险。网页上会有该借款人借款进度以及完成投标笔数的显示。"如果资金筹措期内，投标资金总额达到借款人的需求，则他此次的借款宣告成功，网站会自动生成电子借条，借款人必须按月向放款人还本付息。若未能在规定期限内筹到所需资金，该项借款计划则流标。"②

从操作流程可知，P2P 网络平台并不参与具体的缔约，仅仅负责信息提供与审核工作，出借人根据自己的投资诉求自主选择贷款人或投资者，借贷关系是通过双方在平台上直接接触并完成。根据我国《合同法》第四百二十四条规定，居间合同是居间人向委托人报告订立合同的机会或者提供订立合同的媒介服务，委托人支付报酬的合同。因此，投资平台提供的是居间服务，至于投资者与借贷人是借贷合同法律关系并无争议。因此，此间存在两项法律行为，即 P2P 平台的居间行为与出借人和借款人之间的借贷行为。这两项行为都在法律允许的框架内，风险性较小。

图 17-1 所示为传统 P2P 网货模式法律关系示意图。

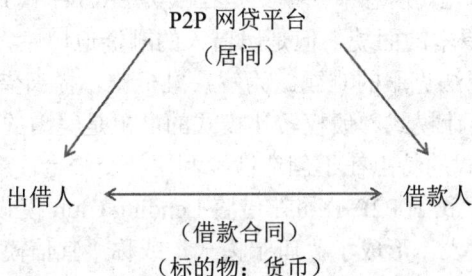

P2P 网贷平台
（居间）

出借人 ←——————————→ 借款人

（借款合同）

（标的物：货币）

图 17-1　传统 P2P 网贷模式法律关系示意图

---

① 异化首先是一个哲学上的概念，也被译为疏远。金融功能异化，是一种脱离原有金融制度设计的服务功能价值目标倾向，甚至阻碍原有价值目标实现的变化。本文提及的 P2P 网络贷款平台的异化是指其脱离了原来设计的功能价值目标，因此要对其实行金融法的矫治。参见：徐孟洲，杨晖. 金融功能异化的金融法矫治[J]. 法学家，2010（5）：102-113.

② 郭忠金，林海霞. P2P 网上借贷信用机制研究——以拍拍贷为例[J]. 现代管理科学，2013（5）：171-171.

　　传统的 P2P 网络借贷从法律性质上仍然是一种民间借贷，只不过因其与互联网相结合，从而较一般的民间借贷更加特殊。民间借贷是指公民与公民之间、公民与非金融企业或其他组织之间的借贷行为，根据合同法规定，借款合同是指借款人向贷款人借款，到期返还借款并支付利息的合同。根据司法解释，只要合同约定提供资金的当事人不承担经营风险，只收取固定数额的货币，都应当认定为借款合同。①因此，"到期还本付息"是借款合同的本质特征。就本质而言，P2P 网贷与民间借贷行为都符合借款行为的构成要件，但是两者在具体操作上仍存在较大的差异。首先，交易方式不同，民间借贷属于线下交易，双方私下通过要约、承诺达成意思表示一致，P2P 网贷则通常采用线上交易或线上线下交易，双方通过互联网平台寻找出借人或借款人，再在网络平台或私下达成借款合同。其次，信息来源不同。传统的民间借贷以熟人关系作为交易及契约执行的基础，其往往发生在熟人之间，双方信息相对对称，当然，存在着严重的地域限制。但 P2P 网贷的借款人信息则往往通过 P2P 网络平台予以审核并公布，借助网络力量虽然突破了地域限制，使得融资渠道与规模扩大，但双方之间存在严重的信息不对称，借款人信用不良，违约现象时常发生。传统的 P2P 网贷平台并不直接参与到借贷双方的法律关系之间，其法律行为属于居间行为，因此，传统的 P2P 平台网络借贷与民间借贷最本质的区别是 P2P 平台充当了传递信息的媒介，即传统的 P2P 平台的法律地位是信息中介机构。

二、债权转让模式下的 P2P 网贷及其中的法律行为分析

　　中国的金融制度与监管体系与西方相比较为落后，作为"舶来品"的 P2P 网络借贷在中国虽"野蛮生长"却也走向"异化"。法律的使命正在于"定纷止争"，清晰的法律关系可以使复杂事物简单化。信息中介模式是在欧美 Prosper 模式基础之上发展而来，它保留了 P2P 网络借贷最原本的面貌，但是出借人的融资迫切性、出借人与借款人之间的匹配等问题是传统模式无法克服的难题。为解决融资难，提高借贷效率，P2P 网络借贷内生变化并发展为债权转让模式。债权转让模式的鼻祖是美国的 Lending Club 模式，简要概括，Lending Club 模式的特点在于创造性地利用社交平台，并针对借款人的信用等级规定了相应的固定利率。②我国 P2P 公司在借鉴 Lending Club 模式的基础上进行了学习和再创新，以唐宁宜信为代表，形成了"唐宁模式"或称"宜信模式"。

　　以"宜信模式"为切入点分析，其主要流程是：（1）唐宁（P2P 平台 CEO）作为中转人，以自有资金出借，签订借款合同，形成基础债权；（2）将该债权进行金额、还款

---

① 《最高人民法院关于审理涉及国有土地使用权合同纠纷案件适用法律问题的解释》第二十六条规定，合作开发房地产合同约定提供资金的当事人不承担经营风险，只收取固定数额货币的，应当认定为借款合同。

② 吴可奕. P2P 网络借贷运营风险研究——以"红岭创投"和 Lending Club 为例[J]. 时代金融，2014（12）：296-297.

期限上的组合搭配，形成资金池；（3）唐宁将该信贷资产信托于宜信公司；（4）将该债权进行打包形成 P2P 理财产品出卖给投资者。从中可以梳理出几个典型行为。

图 17-2 所示为 P2P 网贷债权转让模式流程示意图。

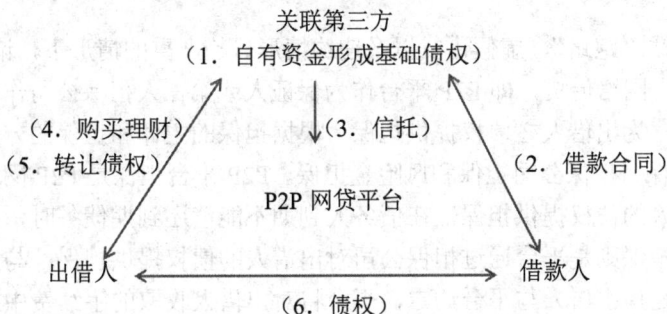

图 17-2　P2P 网贷债权转让模式流程示意图

（一）借贷行为

从图 17-2 可以看出，债权转让模式中，与 P2P 平台存在关联关系的第三人将自有资金借贷给借款人，从而解决借款人融资难、传统模式效率低下的问题，第三人与借款人之间存在借贷行为，但第三人以其自有资金放贷，也不存在吸收资金的行为，因此，不存在非法集资的法律风险，但我们可以定性其为非金融企业的职业"放贷人"，性质类似小额高利贷放贷公司。在债权转让模式中，第三人从事职业放贷行为，具有盈利性、长期性和外部性，因此可以被定性为商行为。对于民间的借贷行为，归属私法领域，尊重私法自治，法律不予横加干涉，但是对于以盈利为目的，专门从事商业借贷活动的企业或个人，法律对其采取的是"市场准入＋日常监管"的治理策略。因此，对于债权转让中的第三人未经批准的放贷行为因违反《非法金融机构与非法金融业务活动取缔办法》情形而存在被取缔的法律风险。

（二）债权转让行为

第三人形成基础债权后，将该债权通过 P2P 平台转让给借款人，第三人从而退出借贷法律关系，出借人取得债权人之债权，同借款人之间形成借贷法律关系。P2P 网络借贷同商业银行借贷最大的不同在于客体不同，商业银行与储蓄者之间的客体是一般等价物货币。学界通说，即便不承认物权行为独立性的学者，也承认债权转让行为是一种处分行为，因此作为处分标的之债权应当特定化（此处不讨论将来债权问题）。就债权理论而言，允许债权的部分转让，因此，P2P 平台将第三人债权进行金额错配并不违反债权转让行为的理论。但债权转让的前提是存在真实有效的债权，债权转让行为不得改变债权的同一性①，也即被转让的债权的性质与内容不得因债权转让行为而获得改变，第三人与借款人的还款期限不得因债权转让而提前或延期，因此，期限错配应当受到管制。

（三）担保行为

在借款人卷钱"跑路"、虚假借贷以及违约情形日趋严重的情形下，诸多 P2P 平台都推出了"保本型"网络借贷，即 P2P 平台作为保证人或第三人担保公司作为担保人与出借人达成担保协议，为出借人之债权提供担保。根据担保的主体和担保的方式不同，又可以分为 P2P 平台担保、担保公司担保和风险金担保。P2P 平台担保是 P2P 网络借贷平台以其自有资金为出借人的债权提供担保，在债务人到期不能偿还到期债务时，由平台承担保证责任；担保公司担保则是平台通过担保公司对出借人的债权提供担保；与上述两种担保不同，风险金担保是指出借人与平台约定，平台将对出借人收取的手续费中提取一定比例作为风险金，在债务人不能偿还到期债务时，平台以风险金为限对债权人承担保证责任。

图 17-3 所示为 P2P 网贷债权转让模式担保结构示意图。

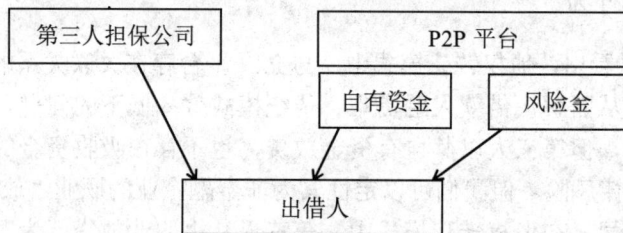

图 17-3　P2P 网贷债权转让模式担保结构示意图

此处一个比较有争议的问题是，P2P 平台以其本金担保是否构成非法集资。从担保法理论而言，担保具有从属性，即其是为了担保主债权而存在，主债权无效，担保债权无效，主债权转移，担保债权亦转移。但它毕竟是一项独立的法律关系，其是借款人与平台签订的独立合同，不能认为其签订了保证合同就认定两者之间存在借款合同关系，这是对主债权与担保合同主从关系的颠倒。不过，无论是上述何种担保，都应当受到《担保法》与《物权法》等制度的规制，但与民事担保活动不同，P2P 平台担保、担保公司担保和风险金担保都具有长期性、盈利性等特征属于商行为，性质上属于融资性担保行为，必须遵循《融资性担保公司管理暂行办法》的相关规定，受到相应监管，行为主体有因违背主体资格而受到取缔的风险。

（四）资金托管与资金池

在资产证券化的债权转让模式中，P2P 平台可以为投资者开立账户，但拍拍贷、人

---

① 史尚宽. 债法总论[M]. 北京：中国政法大学出版社，2000：704.

人贷、招商贷均采用第三方支付的形式进行资金结算和划付。详情可参考表 17-1。

表 17-1　P2P 网贷债权转让模式资金托管状况示意表

P2P 网贷平台	资金托管状况
宜信	委托第三方支付平台开设虚拟账户，并对该资金进行托管
人人	与招商银行上海分行签署正式协议，招商银行对人人贷的风险备用金专户资金进行托管，并针对托管资金的使用状况每月出具相应报告
拍拍	与支付宝、财付通等第三方支付平台合作，由其进行托管
红岭创投	与平安银行签署《全面金融服务战略合作协议》，由平安银行进行资金管理

这其实仅是 P2P 网贷公司在第三方平台上开设的虚拟账户，通过注册用户的充值将资金转至平台。但这部分资金沉淀在平台的虚拟账中，并非存放于第三方支付公司的账户里，对于客户资金的调配、管理和监督第三方支付平台既无权利更无义务可言。客户资金仍存放在 P2P 网贷公司手中，而 P2P 公司一般而言也并没有严格的资金调配、管理和使用等制度规范。因此，客户的资金处于一种监督空白的境地，处于虚拟账户的资金极易引发的盗携款跑路、挪用资金等道德风险。除监管缺失可能引发的道德风险与违法风险外，由于客户资金并不具备独立性，一旦资金托管方陷入破产境地，缺乏破产隔离制度的客户资金难免被归入破产财产，得不到法律应有的保护。

另一个行为非法性风险来自资金池的构建。P2P 的红线为"不得将归集资金搞资金池"，即 P2P 网贷平台不得将借款需求变化成理财产品出卖给放贷人，或不得先集资金、再寻找借款对象等方式，使放贷人资金进入平台的中间账户后产生资金池，否则网络平台将构成非法吸收公众存款罪。更确切地说，"P2P 网贷平台自己归集资金用于投资，成为一种吸收公众存款的准金融中介"[①]。合法的 P2P 债权转让模式应当先形成的是债权债务关系，然后再从投资方手中募集资金。但实践中 P2P 平台却常常把一个投资者的资金拆借给数位借款人用以规避风险，破坏了"点对点"的完美搭配，有触碰禁止构建资金池红线之嫌疑。

（五）债权转让模式与非法集资

非法集资，未经批准向社会公众募集资金。有学者将"向社会募集资金"分为三类，即利用他人同情心向社会公众募集资金、公开的商品买卖以及以未来回报诱使社会公众投资[②]，此处主要探讨第三类。法律之所以对第三类资金募集行为予以监管，最主要考量两方面因素：首先，公众投资者缺乏自我保护能力并存在信息不对称、集体行动难题；其次，公众投资者缺乏分担风险的能力，投资失败容易导致社会问题。根据 2011 年 1 月

---

① 彭冰. P2P 网贷与非法集资[J]. 金融监管研究，2014（6）：13-25.

② 彭冰. P2P 网贷与非法集资[J]. 金融监管研究，2014（6）：13-25.

4 日起施行《最高人民法院关于审理非法集资刑事案件具体应用法律若干问题的解释》第一条规定，非法集资行为一般应具有以下要件：（1）未经有关部门依法批准或者借用合法经营的形式吸收资金；（2）通过媒体、推介会、传单、手机短信等途径向社会公开宣传；（3）承诺在一定期限内以货币、实物、股权等方式还本付息或者给付回报；（4）向社会公众，即社会不特定对象吸收资金。对"吸收资金"和"承诺在一定期限内以货币、实物、股权等方式还本付息或者给付回报"，究其本质，在法理上属于借贷行为而非经营行为，无论是有效的还是无效的[①]；"通过媒体、推介会、传单、手机短信等途径向社会公开宣传"和"向社会公众，即社会不特定对象吸收资金"则是指行为的公开性。因此，判断 P2P 是否构成非法集资应考究资金提供者与资金吸收者之间的法律行为性质以及行为是否具有社会公开性。

在界定 P2P 平台行为是否具有社会公开性时，法律惯常使用的术语为"不特定对象"。但这一概念其实具有严重的误导性。

首先，社会的公开性不在于对象是否特定。依据兰德尔所言，当一个行动的某些效益或成本不在决策者的考虑范围内的时候所产生的一些低效率现象；也就是某些效益被给予，或某些成本被强加给没有参加这一决策的人。[②]行为的外部性与公开性不在于对象的特定与否，也不取决于对象多寡。"判断集资的社会性应着力于从一个集资系统的外部性伸张的社会网络的规模，社会性的判断应当是总体上的，抽象化的，而不是拘泥于表象。"[③]

其次，区分资金募集的公开与私密，其意义不在于区分对象是否特定，更多的在于"法律上要求面向社会公众的集资活动必须受到监管"[④]，其主要理由在于社会公众无力保护自己，需要国家的特别保护。"因此，在界定社会公众时的核心标准不是集资对象是否特定，而是集资对象是否有保护自己的能力。"[⑤]正是这种保护能力的不同区分，要求法律应该对不同的投资群体进行划分，对于自我保护能力强的投资者，允许进入 P2P 网贷法律关系中，对于自我保护能力和风险承受能力弱的人则要进行必要的限制，此即我们需要合格投资者制度去规范市场准入，这也是避免陷入非法集资的必然要求。

按照最高法院、最高检察院和公安部 2014 年联合下发的《关于办理非法集资刑事案件适用法律若干问题的意见》（以下简称《非法集资司法解释 2014 年》）的规定，"为他人向社会公众非法吸收资金提供帮助，从中收取代理费、好处费、返点费、佣金、提成

① 杨振能. P2P 网络借贷平台经营行为法律分析与监管研究[J]. 金融监管研究，2014（11）：25-41.
② [美]兰德尔. 资源经济学[M]. 施以正，译. 北京：商务印书馆，1989：79.
③ 林越坚. 非法集资与新民借贷的刑民区分[J]. 财经科学，2013（1）：37-47.
④ 林越坚. 非法集资与新民借贷的刑民区分[J]. 财经科学，2013（1）：37-47.
⑤ 林越坚. 非法集资与新民借贷的刑民区分[J]. 财经科学，2013（1）：37-47.

等费用，构成非法集资共同犯罪的，应当依法追究刑事责任"。鉴于此，如果 P2P 网贷平台不对出借人和借款人的数量进行必要的限制，极有可能演变成向社会公众非法吸收资金，从而涉嫌非法集资。另外，若 P2P 网贷平台没有尽到实质性的审查义务，未对出借人和借款人的身份进行必要核实，未能及时发现甚至默许借款人在平台上以多个虚假借款人的名义发布大量虚假借款信息（又称为借款标），向不特定多数人募集资金，用于投资房地产、股票、债券、期货等，直接将非法募集的资金高利贷出赚取利差，这种行为亦可能触及刑法。

三、债权转让模式下 P2P 平台的法律地位

（一）债权转让模式与资产证券化

资产证券化是指以资产所产生的现金流为支撑，在资本市场上发行证券进行融资，对资产的收益和风险进行分离与重组的过程。[①]其基本的操作流程可以简要地概括为：资产的原所有者将资产出卖给 SPV（特殊目的载体），SPV 以该基础资产的未来现金收益作为来源发行证券，以发行所得的价款作为购买资产的对价，再以该基础资产所产生的现金流向证券投资者返本付息。

资产证券化最本质的特征体现在两方面：首先，这种资产证券化过程其实是以未来的现金流为资金来源而发行的证券进行融资的过程。正如美国金融界的谚语所言，只要有一个稳定的现金流，就可将它证券化。[②]因此，资产证券化的基础资产多种多样，只要能够较为稳定地产生未来的现金流收益，就可以作为基础资产进行融资，无论其是实物还是其他资产。其实在美国用的最多的也就是汽车贷款支撑证券还有信用卡应收账款和贸易应收账款所支撑的证券。其次，"资产证券化是利用资本市场对资产的收益与风险进行分离与重组的过程"[③]。为了获取资产所产生的现金流收益，投资者就必须承担长期资产和短期负债的不对称风险。资产的证券化则将信贷资产出卖以转移风险，并通过构建资金池将资产进行分离组合，从而降低这种风险。整个组合的现金流呈现出一定的规律性，使其定价和重新配置更有效率。具体步骤包括：（1）组建 SPV；（2）筛选可被证券化的资产，构建资金池；（3）原权利人将资产让与 SPV；（4）SPV 进行证券资信评级和信用增级；（5）发行证券。

从法律角度对上述过程进行简要剖析，原权利人和原债务人之间形成基础资产法律关系，将基础债权资产进行分离组合，构建资金池，再签订合同将基础债权资产让与 SPV，

① 李尚公，沈春辉. 资产证券化的法律问题分析[J]. 法学研究，2000（4）：19-30.

② 何小峰. 资产证券化：中国的模式[M]. 北京：北京大学出版社，2002：163.

③ 上引《资产证券化：中国的模式》。

SPV 通过信用签订信用增级合同等对债权资产进行信用增级，然后融资发行证券，用发行对价偿还发起人并将资产收益支付投资者的过程。可以看出资产证券化不仅是一个结构化的融资过程，也是一套容纳多个法律关系的复杂的法律行为束。最根本可以简化为债权的拆分组合和债权的流转发行。

"宜信模式"主要流程遵循前述的债权转让模式，详细流程可简化为如图 17-4 所示。

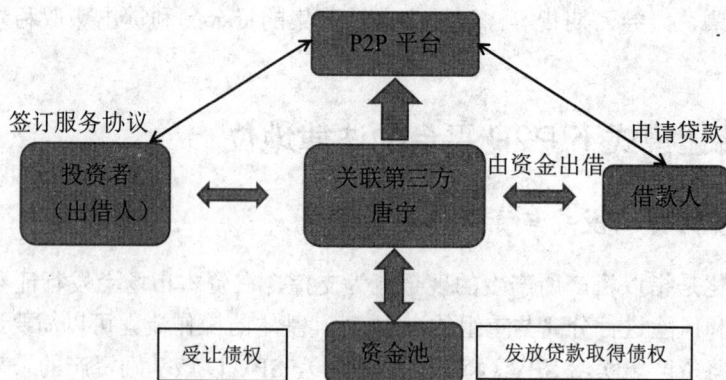

图 17-4　"宜信模式"主要流程示意图

资产证券化的简要流程也可以浓缩为图 17-5。

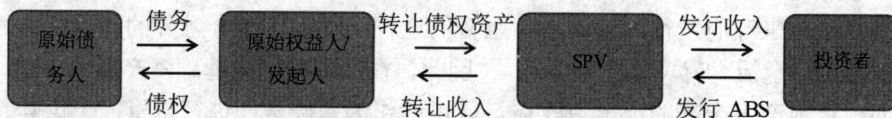

图 17-5　资产证券化的简要流程示意图

在唐宁模式中，唐宁作为债权人，就是原权利人或称发起人，宜信公司可以看成是 SPV 这一特殊的目的载体。同时，唐宁将债权的金额、还款期限等进行拆分和组合，并将之打包成理财产品进行转让。两项比较，我国 P2P 交易中，通过拆标方式和债权转让模式，以公开市场化的操作，将借款人的债务出售给投资人，这本质上是个人债务的证券化，属于还本付息的有价证券，符合有价证券的基本特征，在学理上属于非上市债券。①不过，我国现行立法一直未对其法律性质予以明确。

（二）债权转让模式下 P2P 网贷平台的功能定位

如果认为 P2P 网贷的债权转让模式与信贷资产证券化是同质的，那么可以在某种程度上认为债权转让模式是合法的，原因在于信贷资产证券化是一种合法行为，那么与信

---

① 孙艳军. 基于 P2P 金融模式变异法律性质之论证构建其监管模式[J]. 中央财经大学学报，2016（3）：42-51.

贷资产证券化同质的 P2P 网贷也是合法的。但是信贷资产证券化是受到严格监管的，企业欲从事资产证券化必须具备政府发放的许可证，因此，明确债权转让模式下 P2P 平台的法律地位并予以严格监管是一条可行的方式。

与传统的民间借贷不同，在借贷法律关系中，商业银行起到信用中介功能，这也是商业银行借贷最为核心的特征。商业银行作为主要的信用经营机构，其经营的对象就是信用和货币。因而信用中介功能是银行最基本也是最主要的功能之一。所谓信用中介功能，就是商业银行通过协调借贷双方的不同金融需求和生产各种信用工具，从而实现资金在时间方面和空间方面的转换，并且能够进一步降低金融交易的成本的功能。[①]

从法律关系方面考察，商业银行借贷通常存在两个法律关系，首先，银行通过储蓄合同收集民间资金，根据物权法理论，货币适用占有即所有的规则，银行对自己占有并所有的货币再通过银行借贷出借给借款人，从而实现资金的融通。此间，商业银行自然可以设定不同的借款金额与还款期限。与商业银行借贷不同，传统的 P2P 网贷模式，P2P 平台充当的是信息中介角色，实施居间行为，并不参与出借人与借款人之间的借款合同，仅仅是提供信息，促成合同订立；在债权转让模式中，关联第三人虽以自有资金提供给借款人，但与商业银行借贷与出借人的借贷关系不同，第三人是将对借款人的债权转让给了出借人，合同客体是特定的债权而非一般等价物货币，因此，受到债权转让制度的规整。但我们同样也能发现共性问题，若 P2P 平台对第三人的债权进行期限错配、金额错配，其实施的行为则与商业银行具有实质相似性，因此，可以将其归为类金融机构，充当信用中介功能。

将其认定为信用中介，那么债权转让中诸多行为存在的必要性都可以得到解释，即无论是担保行为还是资金托管行为等都是在强化 P2P 网贷平台作为信用中介的信用能力，但由于法律地位的模糊，使得诸多行为找不到其适法的依据，这也成为其风险之所在，有必要予以完善。

（三）债权转让模式存在的意义

作为传统 P2P 网贷平台的"变异体"，其乃应现实需求而生，有其存在的现实意义。

首先，债权转让模式可以践行金融民主理念。垄断是破坏市场功能的主要因素之一，银行业作为经济金融体系内的核心枢纽，其垄断的负面效应可以通过传导效应成倍地放大，内生一系列经济社会问题。[②]金融民主化是指人们借助一系列的金融合约，以自己意

[①] 所谓信用中介，在不同的学科中其含义并不相同，在金融学中，信用中介更多指的是信息咨询服务类中介机构并作为金融中介机构的一种，包括专门从事信用评估和债券评级的机构，如资信评估公司、征信所等，与本文中的信用中介并非同一含义，本文中的信用中介是从功能的角度出发，是具有实现资金在时间方面和空间方面的转换的融资功能的机构。参见：郑万青. 信用中介机构的功能及其法律规[J]. 浙江学刊，2003（6）：125-130.

[②] 武长海. P2P 网络借贷法律规制研究[M]. 北京：中国政法大学出版社，2016：24.

志掌控自己的活动，以防止社会出现财富与权力的随机分配。为实现金融民主化，我们不仅要鼓励金融创新，还应当做到：第一，资金需求方不因非经济因素受到金融中介或资金提供方的歧视，融资更加市场化；第二，资金供给方有多种投资渠道，在信息披露充分情况下，自担风险；第三，政府应适度放宽对民间资本成立金融机构的限制，对于有资金、有技术的企业，应允许其设立金融类机构，只要其设立符合相关法律规范，并受到严格监管。①信息中介模式打破了地域限制，使得借贷更加便利，但这种模式并未在事实上打破既有的垄断状态，P2P 网贷债权转让模式正是一种这样的金融创新，打破了金融机构的垄断地位，互联网的去中心化、公平竞争、信息充分等民主精神改变了传统交易结构，推动借贷过程的民主化。

其次，债权转让模式可以实现普惠金融理念。普惠金融是指能够以可负担的成本，有效、全方位为所有社会成员提供金融服务。②金融民主与普惠金融并不是一个概念，两者侧重点有所不同，前者更侧重于打破金融机构的垄断地位，而后者则是强调接受金融服务的社会成员享受切实利益。事实上，传统的金融借贷是以"富人"为中心，商业银行基于盈利和安全性考虑，往往将放贷的对象设定为大型企业而非中小微型企业。这样做有一定的现实考量，在对中小企业放贷时必须耗费大量时间、物力、成本去调研企业的信用状况与偿还债务的能力，而大企业本身即意味着这些能力较强。但这种做法使得中小微企业的融资相对困难，这种困难在金融垄断状态下形势更加严峻。与传统的金融模式相比，P2P 市场参与者更为大众化，对中小微企业融资覆盖面更广，巨大的效益更加普惠于普通民众。

再者，债权转让模式更加灵活、富有效率。信息中介模式在很大程度上可以满足借贷之需求，但这种需求却未必能够最大程度的实现，原因在于借贷双方之间借款金额与贷款金额未必相等，两者的匹配上难以很好地衔接。债权转让模式实质上是一种资产证券化，证券化的资产在金额上进行了搭配，更加效率地为企业融资提供了标准化模式，这是信息中介所不具备的优势。

总而言之，为实现金融民主理念、普惠金融理念和借贷效率化理念，P2P 有其存在的必要性。

四、P2P 网贷的制度完善建议——兼论《网络借贷信息中介机构业务活动管理暂行办法》

此前，我国的 P2P 网络借贷，尤其是债权转让模式一直游走于法律的灰色地带，我

---

① 参见贺军. 中国的"金融民主化"[J]. 上海国资，2014（12）：17.

② 姜丽明，邢桂君，朱秀杰，等. 普惠金融发展的国际经验及借鉴[J]. 国际金融，2014（3）：17-22.

国目前最主要的任务就是完善 P2P 网贷法律体系，明确定性 P2P 网贷哪些是合法亦或非法。只有在明确的法律体系下，互联网金融才有其生长和发展的土壤可言。2016 年 8 月 24 日，为规范网络借贷信息中介机构业务活动，保护出借人、借款人、网络借贷信息中介机构及相关当事人合法权益，促进网络借贷行业健康发展，更好满足中小微企业和个人投融资需求，根据《关于促进互联网金融健康发展的指导意见》提出的总体要求和监管原则，依据《中华人民共和国民法通则》《中华人民共和国公司法》《中华人民共和国合同法》等法律法规，银监会制作并发布了《网络借贷信息中介机构业务活动管理暂行办法》（以下简称《暂行办法》）。

（一）功能定位区分化

传统信息中介模式的 P2P 网贷模式本质上仍是民间借贷，但债权流转模式的 P2P 网贷模糊了民间借贷与金融活动之间的界限。美国 SEC 对于 P2P 网贷认定为"证券"的一种，原因在于：首先，投资者于 P2P 平台注册本就是为获得收益而进行投资的行为；其次，借款人是 P2P 不特定的社会公众；另外，平台不会采取措施降低其中的投资风险，投资者必须自担风险。这种划分对美国具有重要意义，一方面，其转变了监管对于 P2P 平台所发行的受益权凭证的法律界定，进而开启了以信息披露为核心的监管模式；另一方面，从此美国的 P2P 网络借贷进入到严格监管时代，P2P 网络借贷变得极其正规化，然而相应的交易成本也居高不下。根据对金融机构的定义，"一是实质从事金融服务的中介机构；二是专门从事货币信用活动的中介组织"[①]。传统的 P2P 模式仅是借贷交易的中间服务者，符合第一种对银行的定义。对于第二种定义，"中介组织不仅融入资金形成债权，而且融出资金形成债权，从中获利"，这又与走向资产证券化的 P2P 模式相似。但需明确的是金融机构具有进入门槛，此前的 P2P 平台在现行法下一直找不到自身定位，结合实际情况，学界姑且将 P2P 网贷平台看作是一种"类金融机构"或"准金融机构"。[②]

《暂行办法》第二条明确指出网络借贷是个体和个体之间通过互联网平台实现的直接借贷，将 P2P 平台定性为信息中介机构，即网络借贷信息中介机构是指依法设立，专门从事网络借贷信息中介业务活动的金融信息中介公司，其以互联网为主要渠道，为借款人与出借人（即贷款人）实现直接借贷提供信息搜集、信息公布、资信评估、信息交互、借贷撮合等服务。[③]同时，为网络借贷的经营活动列下十二项负面清单，即"不得为

[①] 曹龙骐. 金融学[M]. 北京：高等教育出版社，2006：6.

[②] 武长海. P2P 网络借贷法律规制研究[M]. 北京：中国政法大学出版社，2016：122.

[③] 《网络借贷信息中介机构业务活动管理暂行办法》第二条第二项规定，本办法所称网络借贷是指个体和个体之间通过互联网平台实现的直接借贷。个体包含自然人、法人及其他组织。网络借贷信息中介机构是指依法设立，专门从事网络借贷信息中介业务活动的金融信息中介公司。该类机构以互联网为主要渠道，为借款人与出借人（即贷款人）实现直接借贷提供信息搜集、信息公布、资信评估、信息交互、借贷撮合等服务。

自身或变相为自身融资；不得直接或间接接受、归集出借人的资金；不得直接或变相向出借人提供担保或者承诺保本保息；不得线下宣传；不得发放贷款；不得将融资项目的期限进行拆分；不得自行发售理财等金融产品募集资金，代销银行理财、券商资管、基金、保险或信托产品等金融产品；不得开展类资产证券化业务或实现以打包资产、证券化资产、信托资产、基金份额等形式的债权转让行为；不得与其他机构投资、代理销售、经纪等业务进行任何形式的混合、捆绑、代理；不得虚构、夸大融资项目的真实性、收益前景，隐瞒融资项目的瑕疵及风险，以歧义性语言或其他欺骗性手段等进行虚假片面宣传或促销等，捏造、散布虚假信息或不完整信息损害他人商业信誉，误导出借人或借款人；不得向借款用途为投资股票、场外配资、期货合约、结构化产品及其他衍生品等高风险的融资提供信息中介服务；不得从事股权众筹等业务。"从这些业界"红线"可以看出，我国拟将 P2P 网贷平台定位为纯信息中介模式，例如"不得将融资项目的期限进行拆分"即指代前文中提出的债权转让模式的法律风险，不得开展类资产证券化业务或类似资产证券化的债权转让行为也意味着 P2P 债权转让模式"行将就木"。

对《暂行办法》应给予一定的积极评价，原因在于负面清单给 P2P 确定了信息中介平台的法律地位，规范了 P2P 行业活动，更正了当前 P2P 平台泛信用化、泛理财化、泛投行化和综合化经营的走向，防止 P2P 平台资金混用，确保网贷平台资金透明化，回归借贷撮合的信息中介之本质。

但另一方面，纯粹的信息中介模式也限制了金融创新活动，线下理财将受到阻碍，同时也加剧了 P2P 行业的成本，并打破了债权刚兑的"神话"。[①]这在一定程度上抑制了 P2P 行业的发展，对金融活动造成一定冲击，同时也打击了投资者的积极性。英美的 P2P 行业得以发展依赖于将 P2P 网络借贷债权转让模式认定为发行债券的一种，并借助完善的监管制度使得 P2P 行业蓬勃发展，相较于英美，一方面，我国对于"证券"的定义和外延一直不甚明确，无法将其认定为证券的一种；另一方面，我国审慎监管思想一直占据监管核心内容，行为监管的作用一直被弱化甚至沦落至无人问津的地步，如何纠正并找到适合我国的监管思路和监管模式，如何理性和正确看待走上资产证券化道路的异化的债权转让模式，《暂行办法》并没有给予一份完美的答案。

事实上，"一刀切式"做法并不可取，债权转让模式在践行金融民主、普惠金融和借贷效率化上具有信息中介模式无可替代的作用，有其现实存在的必要性，一味地以危害金融安全为由否认其价值不过是扬汤止沸，我们更应做的是将信息中介与信用中介两种形式区别对待，分别赋予其应有的法律地位并完善相应的监管措施，发挥各自应有之优势，促进我国金融市场的发展。《暂行办法》明确了 P2P 平台的信息中介法律地位，并以

---

① 熊诗丽. P2P 江湖立规——《网络借贷信息中介机构业务活动管理暂行办法（征求意见稿）》评述[J]. 银行家，2016（2）.

此为基础对其监管主体、准入门槛、信息披露等进行了细化规定，但这并不能够完全涵盖债权转让模式的监管，两者法律地位的差异必然导致监管制度有所交叉也有所不同，应当在区分信息中介与信用中介的假设下，结合《暂行办法》和债权转让模式本身的法律特点，形成相应的监管制度。具体包括：（1）分业管理。在明确监管主体的基础之上，应当将传统模式的 P2P 网贷业务与债权转让模式的 P2P 网贷业务区分成两个模块，分别进行管理；（2）区分监管标准。对于不同业务类型的 P2P 网贷平台制定不同的监管标准，两者侧重点应有所不同。对传统模式的 P2P 网贷平台，强调其信息中介平台的法律地位，对其适用较为缓和的监管规则；对债权转让模式的 P2P 网贷平台，则应突出其信用中介的角色，对其适用更为谨慎、严格的监管措施，规范 P2P 企业的准入、退出门槛，加强信息披露与信用体系的建设。

（二）监管主体明确化

为实现"鼓励创新、防范风险、趋利避害、健康发展"的总体要求，《暂行办法》第四条对 P2P 平台实施"依法监管、适度监管、分类监管、协同监管、创新监管"的监管原则，落实各方管理责任。因此，对 P2P 行业形成了三重监管体制，首先，"区域监管"，各省级人民政府负责本辖区网络借贷信息中介机构的机构监管。其次，"业务监管"，国务院银行业监督管理机构及其派出机构负责制定网络借贷信息中介机构业务活动监督管理制度，并实施行为监管。最后，"协同监管"，工业和信息化部负责对网络借贷信息中介机构业务活动涉及的电信业务进行监管；公安部牵头负责对网络借贷信息中介机构的互联网服务进行安全监管，依法查处违反网络安全监管的违法违规活动，打击网络借贷涉及的金融犯罪及相关犯罪；国家互联网信息办公室负责对金融信息服务、互联网信息内容等业务进行监管。这样，形成了"区域监管"、"业务监管"和"协同监管"的三重监管体制，这在一定程度上明确了监管主体，但对于具体的监管职权并没有进行准确的划分，具体的实践效果如何有待考验。

事实上，对于债权转让模式的 P2P 网络借贷平台，将其定性为"类金融机构"，并将其纳入银监会的监管之下并无不妥。P2P 资产证券化的基础资产本身是自然人之间的借贷合同集合而成，但原始债务人和发起人的涉及面较广，因此其模式更为接近信贷资产证券化。因此，银监会可以从宏观控制层面对 P2P 的基础资产进行管理，同时禁止放贷人的自然人作为委托人/原始权一人，由放贷机构取而代之，从而从源头上对基础资产进行控制。

此外，一个行业要想实现长期的繁荣和稳定的发展，一套既严格又灵活、既统一又差异化的行业标准是不可或缺的。若行业成员罔顾行业准则，仅按照自己的意志肆意妄为，整个行业将陷入混乱无序的状态，最终整个行业都将承担行业瘫痪的负担和责任。因此，若为解决 P2P 行业的健康发展，行业自律精神是不可回避的问题，只有行业成员都能够遵守行业准则，整个行业才能欣欣向荣，他们的利益需求才能够实现和满足。

（三）准入退出规范化

在《暂行办法》发布之前，学界一直诟病对 P2P 网贷的市场准入门槛过低，只要符合公司的注册条件即可设立，不仅网贷平台公司的数目众多，良莠不齐的公司"跑路"、倒闭更是常发生之事。[①]《暂行办法》将 P2P 平台定位为信息中介，因此，仍对 P2P 平台公司采取了"宽进"态度，第五条要求 P2P 网络平台应当在设立后在地方金融机构予以备案，并不要求其应当获得金融牌照。[②]

事实上，对于超脱传统模式，走向资产证券化道路的债权流转模式，尤其是其平台性质接近于金融机构，行业准入条件必须严格对待。设立较高的注册资本、明确符合条件的管理团队、固定的营业场所和健全的机构等都应该严格要求。

正如前述，"不特定对象"不能涵摄非法集资的行为公开性，法律所应关注的是投资者的自我保护能力，因此，法律有必要设定合格投资者制度，具体建议如下：（1）个人投资者限制标准多元化，对投资者身份、财务状况、知识经验等进行了综合的考虑；（2）引入投资者主动申请认证机制，借鉴英国 FCA 发布的《关于网络众筹和通过其他方式推介不易变现证券的监管规则》中，在认定成熟投资者时就创新采用了 FCA 指定企业认证和投资者自我认定的双轨制认定方法。

对于从事债权转让模式的 P2P 网贷平台的退出机制，可以考虑赋予监管机构以破产审查权。也就是说，若 P2P 网贷平台欲走破产清算道路，须经监管机构的审查与许可。在此过程中同样要强调审慎监管的思想，既不可过早启动破产程序，也不可延迟破产时间，不能因为监管机构的过失而致使消费者的利益受到不应有的损失。除此之外，退出机制也必须明确：什么时候允许申请退出，什么时候必须破产清算、退出时的债务偿还都必须给予明确规定。

（四）信用体系完善化

无论是传统的股票、债券的证券发行和流转还是债权的资本证券化，信息披露始终是一个急需解决的问题。信息的不对称问题更进一步地加大了 P2P 网贷，尤其是债权流转模式的风险。到目前为止，仍没有一套规范的网贷信息披露制度和行业标准，更多的还是一种原始的平台自发的披露。根据对各大 P2P 网贷官网的信息进行简要整理，如表 17-2 所示。

[①] 武长海. P2P 网络借贷法律规制研究[M]. 北京：中国政法大学出版社，2016：117.

[②] 《网络借贷信息中介机构业务活动管理暂行办法》第五条规定："拟开展网络借贷信息中介服务的网络借贷信息中介机构及其分支机构，应当在领取营业执照后，于 10 个工作日以内携带有关材料向工商登记注册地地方金融监管部门备案登记。"

表 17-2　网贷平台信息披露示意表

网贷平台	宜　信	人　人　贷	拍　拍　贷	红岭创投
公司介绍	√	√	√	√
运营模式	√	√	√	√
借款信息	√	√	√	√
业绩数据		√		
托管报告				
客户评价	√			
风险预警				

　　由表 17-2 可以看出，各大 P2P 网贷平台的信息披露仅仅集中在公司简介、运营模式等粗浅层面，对于风险评价、业绩状况和客户评价等鲜有披露。由此更可推断中小型 P2P 网贷平台的信息披露状况可能更为欠缺。而事前的信息不对称会产生"逆向选择问题"，从而导致"劣币逐良币"现象，抑制投资者的投资激励和市场活力；事后的不对称则会引发极大的道德风险，威胁交易安全。

　　此外，我国的个人征信体系并不健全。个人征信是指依法设立的第三方中介机构，通过同金融机构等部门约定，收集分散在各大金融机构中的个人信用信息，进行技术化处理，最终形成一个完整的信用数据库，用作信用评估等对外信用服务。[①]虽然我国已经开始重视个人信用体系建设，但民间征信体系仍存在征信业法律规范层级过低、缺乏保障民间征信机构健康运用的法律环境、个人信息保护力度不足等问题。[②]在无法与央行的征信体系对接的情况下，服务中介难以获取准确的个人信用信息，P2P 平台只能依靠客户注册时提交的个人资料和信息来对各个借款人进行信用等级评级。与英美的信用评级相比，我国信用评级更加简单，且各大 P2P 平台的信用评级标准不一，信用等级的可比性和可参考性更是大打折扣。

　　因此，首先，应当增强信用能力。《暂行办法》明确银行是网贷平台的资金托管机构[③]，这意味着银行存管时代将正式开启，第三方支付资金托管模式将逐渐被淘汰。目前一些 P2P 平台采用的第三方支付资金托管模式存在发生道德风险的可能性，只托不管，资金的实际控制权依然由平台掌握，并不能实现真正意义上的资金隔离，而由银行负责资金存管，无论是资质、增信还是风险控制方面，都比第三支付机构具有优势，能够有效地

① 刘文雅，晏刚. 我国发展 P2P 网络信贷问题探究[J]. 北方经济，2011（14）：90-92.

② 刘文雅，晏刚. 我国发展 P2P 网络信贷问题探究[J]. 北方经济，2011（14）：90-92.

③ 《网络借贷信息中介机构业务活动管理暂行办法》第二十八条规定："网络借贷信息中介机构应当实行自身资金与出借人和借款人资金的隔离管理，并选择符合条件的银行业金融机构作为出借人与借款人的资金存管机构。"

实现资金隔离，保障投资人的资金安全。

《暂行办法》第十条还规定了平台不得直接或间接地为出借人提供担保或者承诺保本保息，除了与银行进行资金托管方面的合作，目前还出现许多平台在积极寻求与其他第三方机构的合作，如与第三方担保机构的合作以及与保险公司的合作等，这些创新的风险防控模式不但能够保证投资者的资金安全，还能有效地降低平台自身的风险，有助于促进平台健康可持续的发展。[①]

其次，完善信息披露。《暂行办法》第三十条规定了借款人的信息披露义务，平台应向出借人充分披露借款人基本信息、融资项目基本信息、风险评估及可能产生的风险结果、已撮合未到期融资项目资金运用情况等有关信息。第三十一条则主要规定了平台自身的信息披露义务，主要包括撮合借贷项目的信息披露、年度报告和法律法规的公告、第三方会计审计和安全评测的规定、信息披露公告报送和公众查阅的规定以及信息披露的真实性规定。这些规定在一定程度上对提升网贷机构公信力、完善行业监管、防范风险、保护出借人与借款人的利益具有积极作用。但这些规定又过于笼统，缺乏实践操作性。

良好的信息披露制度是证券市场能够健康稳定运转的灵魂。就此而言，对于 P2P 网贷的信息披露，资产证券化的信息披露可参考以减少信息不对称所产生的风险。由于我国的个人征信体系不完善，信用等级划分主观性太大，缺乏客观性与准确性，这种现象大大增加了 P2P 网贷的信用风险。现实中 P2P 往往会通过担保来吸引投资者，但这一定程度上只是信用风险由借款人转移到了 P2P 网贷平台上，这对投资者而言风险并未减少，相应地，信用风险在 P2P 网贷平台集中反而引发一种潜在的资金链断裂和破产的偿债难的风险。资产证券化得以运作和实现的关键就在于充沛的现金流。因此，在资产证券化中为了吸引优良资本，就必须进行信用增级。"信用增级通常可分为外部增级和内部增级，外部信用增级发起人外的第三人对 SPV 证券提供担保或投以保险；内部增信则可以采取划分优次结构、开设信用证和提供超额担保等措施。"[②]对于债权转让模式，参考上述信用增级方式或许有益。正是对证券化的资产进行评级方可增强证券化资产的可信度，提供选择依据，从而吸引投资。

结论

在传统模式的 P2P 网贷中，P2P 网贷平台仅是提供有关借贷情况的信息以促进借贷

[①] 霍恩慧. 论我国 P2P 网络借贷行业的监管及发展趋势——《网络借贷信息中介机构业务活动管理暂行办法（征求意见稿）》解读[J]. 法制博览，2016（16）.

[②] 叶湘榕. P2P 借贷的模式风险与监管研究[J]. 金融监管研究，2014（3）：71-82.

形成的平台，因此，P2P 网贷平台的法律地位是居间人，充当的是信息中介模式。但在债权转让模式的 P2P 网贷中，平台对债权拆分、转让行为在实质上符合资产证券化的操作模式，已经从信息中介转变成了信用中介。这种转变一方面大大提高了民间借贷的效率，促进了市场经济的发展；另一方面，缺乏监管的债权转让模式也给金融秩序造成了很大的冲击。因此，两种模式应当区别对待，分别监管。对于债权转让模式的 P2P 网贷平台，应当突出其信用中介的角色，明确监管主体，规范准入、退出，并且加强 P2P 网贷平台的信息披露义务和我国的信用体系建设。但在 2016 年 8 月新出台的《网络借贷信息中介机构业务活动管理暂行办法》中，法律"一刀切式"地将 P2P 网贷严格限缩在了传统模式之中，在很大程度上会降低 P2P 行业的生命力，不利于金融业和市场经济的发展。

专题十八　内幕信息重大性认定的标准及价值

【摘要】

内幕信息重大性认定标准存在二元说的争论，但两种标准是否有区别根本上来说涉及法律在多大程度上接受了何种经济学的观点，而该问题必然涉及法规范的价值评价。一般而言，内幕信息重大性法律标准中可能的价值考量有保护市场信心、协调市场效率。从我国《证券法》及证监会的法律实践来看，我国内幕信息重大性的认定采取的是价格可能敏感性标准，而该可能性的判断基于的是具有独特投资偏好的理性投资者视角，体现了内幕信息重大性价值衡量上事实和规范面向的协调。然而，相关价值衡量仍处于未完成的状态，特别是不同理性投资者之间利益的协调是重要的问题。而股灾当中利多信息是否属于具有重大性的内幕信息就是典型例子。

【关键词】

内幕信息　重大性认定标准　理性投资者　价值考量　股灾

一、内幕信息重大性认定的理性投资者标准

（一）价格敏感标准与理性投资者标准

内幕信息重大性标准在我国证券法理论上一直存在着所谓的"价格敏感标准"与"理性投资人标准"的争论。前者认为相关信息要具有重大性则必须对证券价格有显著影响，而后者则认为重大性的判断应当以相关信息是否很可能对理性投资者的决策产生重要影响为标准。但对于这两种标准是否存在根本性差异，构成两种不同的标准，学者常常存在不同看法。

有学者认为两种标准存在根本性的区别，强调：理性投资者考虑的信息并不必然都会引起价格的实际波动，因此理性投资者标准下具有重大性的信息范围就与价格敏感标

准不同[①]。但也有学者认为,两种标准并不存在根本性的冲突。持该种观点的学者实际是将价格敏感标准理解为可能的价格敏感标准,即只要相关信息很可能对价格有显著影响就符合价格敏感性的要求,并基于该种理解强调:理性投资者决策是连接信息和价格的媒介,因此判断信息对理性投资者的影响与判断信息对价格的影响是同一问题[②]。而且信息对股价的影响恰恰也是理性投资者决策判断的核心依据[③]。

以上学者的观点,都以市场价格与理性投资者的关系为立论基础,前者认为市场价格并不都由理性投资者决定,因此理性投资者认为重要的信息不一定就具有价格敏感性。而后者则认为市场价格是由理性投资者决定,因此理性投资者认为重要的信息就很可能对价格有影响,存在价格敏感性。可见,两方学者的观点是否成立,关键就在于回答市场价格和理性投资者的关系是什么? 这一问题显然就涉及经济学的观点,因为价格现象本身就是经济学研究的重要问题。法律接受了何种经济学观点,最终也就决定了以上问题的答案。

(二)法律规范与经济学理论

1. 实际价格敏感标准与理性投资者标准一致

如果认为市场实际价格"总是"由理性投资者所决定,而且法律上的理性投资者就是决定市场价格的该种理性投资者,那么价格敏感标准与理性投资者标准就是对同一标准的不同表述。

2. 可能价格敏感标准与理性投资者标准一致

如果认为市场价格"主要是"由理性投资者所决定,而可能敏感性的判断又是基于科学的概率分析,且法律上的理性投资者就是决定市场价格的理性投资者,那么可以认为可能价格敏感标准与理性投资者标准也就没有根本性的区别。

3. 价格敏感标准与理性投资者标准不一致

如果认为法律上的理性投资者不同于决定市场价格的理性投资者,不以最大化自身效用为目的[④],或者认为价格主要并非由理性投资者所决定,那么无论如何,理性投资者标准与价格敏感标准都不相同。

① 张小妮. 股权市场内幕信息重大性认定研究[J]. 私法研究, 2014(2). ; 闻志强. 内幕信息的认定标准和司法适用分析[J]. 西南交通大学学报(社会科学版), 2015(1).

② 李有星, 徐鹏炯. 内幕信息重大性标准探讨[J]. 浙江大学学报(人文社会科学版网络版), 2016(4).

③ 陈舜. 内幕信息重大性的统计检验[J]. 金融法苑, 2005(1).

④ 法律设定的理性投资者可能会考虑价格之外的人权、宗教等因素. Steven R. Ratner. Corporations and Human Rights: A Theory of Legal Responsibility[J]. 111 Yale L.J. 443.

无论法律最终在多大程度上接受了何种经济学的观点，都必须注意到：法律标准与经济学观点并不能等同，两者存在根本性的差异。法律标准具有应然规范的属性，它不是对某种行为的单纯描述或者假设，而本身还包含了与事实不同的价值评价[①]。与此相反，经济学各种观点和假设都建立在对事实的准确描述这样一个终极目的上，而非在于实现某种价值和给出某种评价[②]。

因此，内幕信息重大性标准对于经济学观点的接纳也就受限于其所要实现的价值评价。那么理论上来看，这些价值因素又有哪些呢？

二、内幕信息重大性标准背后的价值

（一）禁止内幕交易的目的——保护市场信心

对内幕信息的范围进行重大性的限定与禁止内幕信息本身的目的相关。禁止内幕交易的基础有两大模式：私人利益模式与公共利益模式[③]。私人利益模式由信义义务理论和盗取理论构成。该种模式下，禁止内幕交易背后最根本性的法理基础在于私人产权的保护[④]：内幕信息的产权属于公司，未经公司同意而利用相关信息谋利的行为实际上属于挪用公司财产的行为，而这种行为对于公司内部人员来说是违反信义义务的行为，而对于与公司无信义关系的人来说也违反了保护产权的基本原则[⑤]。但事实上，并非任何信息都具有经济价值、存在产权保护必要。相关信息是否具有经济价值取决于市场投资的实际偏好。公共利益模式则主要基于信息公平（parity of information）理论，认为市场参与者在参与投资时应当享有公平的信息[⑥]。按照该理论，也只有当不公平地占用了对市场投资这一经济行为来说具有价值的信息（而非任何信息），才构成不公平的信息优势，因此公平与否的判断也与投资者实际偏好相关。最终，无论是私人利益模式还是公共利益模式，其最终保护的都是市场投资者对于保护的期待，以维护市场实际投资者的信心[⑦]。这一价

---

① [德]魏德士. 法理学[M]. 丁晓春，吴越，译. 北京：法律出版社，2005：53.

② 张五常. 经济解释（2014增订本）[M]. 北京：中信出版社，2015：第一章.

③ David D. Haddock and Jonathan R. Macey. Regulation on Demand: A Private Interest Model, With an Application to Insider Trading Regulation[J]. Journal of Law and Economics, Vol. 30, No. 2.

④ 在 O'Hagan 一案中，美国最高法院就明确指出：公司对其秘密信息拥有排他性的使用权。私自未经披露地盗用相关信息是一种违反信义义务的行为，构成欺诈，该种欺诈性质与盗窃罪相当。O'Hagan，521 U.S.at 655.

⑤ 缪因知. 反欺诈型内幕交易之合法化[J]. 中外法学，2011（5）.

⑥ John C. Coffee, Introduction. Mapping The Future of Insider Trading Law: Of Boundaries, Gaps, and Strategies[J]. Columbia Business L. Rev. 281.

⑦ Spencer Derek Klein. Insider Trading, SEC Decision-Making, And The Calculus of Investor Confidence[J]. 16 Hofstra L. Rev. 665.

值意味着重大性标准必定存在一定的事实面向，必须考虑到市场投资者的实际偏好和特点。但问题是市场实际投资者的期待都值得保护吗？

（二）协调市场效率（market efficiency）[①]

一个好的证券市场不仅是一个投资者有信心的市场，更重要的是它应是一个有效率的市场。这也就决定了值得保护的投资者信心至少应当是对一个有效率市场的信心。如果将任何实际投资者认为重要或者是通过不公平方式取得的信息都认定为内幕信息，会从根本上瓦解投资者寻求价值信息的动机，资产价格也就难以迅速地反映资产的价值信息，市场最终很可能陷于无效率的境地。内幕交易监管最终将成为一个保证无效率公平的机制[②]。协调市场效率的目的同时也要求对内幕消息重大性的认定有着较为清晰的事前标准，否则，市场上的参与者也无法知晓自己所掌握的信息是否属于内幕信息，对于自己利用相关信息进行交易的行为结果也就无法做出可靠的预计。最终可能导致投资者陷入不敢行为的境地，同样会阻碍信息的流通，有害市场效率。协调市场效率，往往就要求重大性认定标准背后所保护的投资者应当是有效率市场下的理性投资者而非实际投资者，这构成了重大性标准价值考量的规范面向。

该价值的提出，至少意味着内幕信息重大性的认定标准在一定程度上接纳了有效市场假说的经济学观点，特别是其背后的理性投资者概念。该理性投资者概念直接建立在理性选择理论上，认为理性投资者决策的最终目的是最大化其自身效用。为了达到该目的，理性投资者会基于信息和其所面临的不确定性的结果，选择可以最大化其预期收益的决策[③]。这一理性投资者不仅具备理性的动机，而且有很高的理性能力，能够根据信息准确评估各种风险及收益的发生概率[④]。但问题是在内幕交易的监管上，如果仅对该种理性投资者提供保护，则可能过分脱离实际投资者的理性状况，最终无法符合保护市场信心的价值。不仅如此，不同的理性投资者之间也可能存在不同的偏好，相关重大性标准要保护的又是何种理性投资者呢？这一问题的回答显然也必须注意到保护市场信心的价

[①] 市场效率的概念与有效市场假说相关。该假说强调，在一个有效率的市场环境中，证券的市场价格会充分反映与该证券相关的所有信息，强调了证券价格反映信息的速度和效率。Burton G. Malkiel and Eugene F. Fama. Efficient Capital Markets: A Review of Theory and Empirical Work[J]. 25 J. Fin. 383(1970).

[②] 实际上法律上禁止内幕交易的合理性经常被学者认为是与市场效率相违背的。See Richard. A. Booth. Insider Trading: There Ought Be a Law or Not[J]. Regulation, Vol. 38, Issue 3.

[③] Richard Posner: Economic Analysis of Law(6[th]ed., 2003), chs. 1-3.

[④] 理性预期理论下的理性投资者就被认为是具备了完善的理性能力。贾康，冯俏彬，苏京春. 理性预期失灵：理论、逻辑梳理及其供给管理矫正路径[J]. 财政研究，2014（10）．；汪浩瀚. 理性预期理论的预期机理与统计含义[J]. 研究与探索，2003（5）．

值。因此规范面向的价值必须与事实面向的价值相协调。[①]

综上可见，内幕信息重大性标准背后的价值评价天然地带有事实与规范的特性。对市场信心的保护要求注意市场投资者的实际偏好；而协调市场效率则要求重大性的认定符合有效市场的价值，必须具备理性投资者的视角，但该种理性投资者也必须契合投资者的实际情况。因此，内幕信息重大性标准在何种程度上接受了上文所述的经济学观点，根本上来说，在于这些观点是否最大限度地协调了事实和规范面向的要求。

那么，我国法律到底在内幕信息重大性的判断上采取了什么标准？又是如何做具体的价值考量的呢？

三、我国《证券法》上内幕信息重大性认定的标准

（一）《证券法》第七十五条[②]下的概括与列举

从《证券法》第七十五条所做的概括性规定来看，内幕信息是"涉及公司的经营、财务或者对该公司证券的市场价格有重大影响的尚未公开的信息"。显然，我国内幕信息重大性认定的标准，无疑是采取了价格敏感性标准而非理性投资者标准的表述。但此处所谓的"有"是"可能有"还是"实际有"呢？从字义解释上来看，得不到答案。

不过，《证券法》第七十五条在对内幕信息进行概括性规定的同时，也径直将"涉及公司经营、财务"的信息认定为内幕信息而不用去判断相关信息是否实际引起了价格的显著变化。第七十五条第二款也对内幕信息进行了列举，而任何概括性列举从逻辑上来看都只能是事前对可能影响价格信息的列举，而不可能是对事后实际影响价格的具体信息的列举。《证券法》第六十七条第一款的概括规定，更是申明：其第二款也就是被第七

---

① 当然内幕信息重大性的认定标准在理论上还存在其他的价值考量因素，例如节约司法成本、股东承担投资的注意义务。前者认为重大性标准的提出是为了避免复杂的认定和案件数量的增加。Stephen M. Bainbridge & G. Mitu Gulati. How Do Judges Maximize? (The Same Way Everybody Else Does—Boundedly): Rules of Thumb in Securities Fraud Opinions[J]. 51 Emory L.J. 83, 116 n.94 (2002); 刘东辉. 谁是理性投资者——美国证券法上重大性标准的演变[J]. 证券法律评论, 2015（00）. 而后者认为，任何证券法的保护都不应当成为一种保险，投资者应当承担一定的注意义务，否则有违买者自负的法律原则。David A. Hoffman. THE "DUTY" TO BE A RATIONAL SHAREHOLDER[J]. 90 Minn. L. Rev. 537. 但这两种观点并没有解决的问题在于：重大性标准应当如何具体设定？他们仅仅强调要有统一规则和注意义务的要求，但是并没有回答要何种统一规则和何种注意义务，这一问题的回答根本上来说还需要由协调市场效率、保护市场信息这两个价值来决定。

② 我国《刑法》第一百八十条也规定了内幕交易罪，其对内幕信息的界定是尚未公开的"涉及证券的发行、交易或者其他对证券的价格有重大影响的信息"。该规定与《证券法》有所不同，将涉及发行、交易的信息而非涉及公司经营、财务的信息也认定为了内幕信息。但问题是这条第二款又规定，内幕信息的范围依照法律行政法规确定，似乎是强调了具体的界定应当遵从《证券法》的规定。此后内幕交易罪的司法解释也体现在内幕信息的界定上是以证券法的规定为主。当然《内幕交易认定指引》也对内幕信息重大性的指引进行了规定，但该规定没有正式的法律效力。所以，从实证法来看，我国内幕信息重大性的认定主要还是依据《证券法》第七十五条的规定。

十五条列举为内幕信息的事件（即信息），也就是"可能对上市公司股票交易价格产生较大影响的重大事件"。以此来看，显然可以认为我国《证券法》上对内幕信息重大性的认定标准包含了可能的价格敏感性标准。

那么，进一步的问题就在于，我国《证券法》上的价格可能敏感性又是如何进行具体认定的呢？

（二）《证券法》第七十五条背后的理性投资者——价格可能敏感性的具体认定

从第七十五条第一款前句的规定来看，《证券法》认为与公司经营、财务相关的信息就属于具有价格可能敏感性的信息。将是否与公司自身"经营"和"财务"相关作为可能价格敏感性判断的标准。但具体如何认定是否与公司经营、财务相关呢？采取相关判断标准，其背后的逻辑又是什么呢？

根据《证券法》第七十五条的列举，具有价格可能敏感性的信息主要可以分为以下三个类型。

（1）会直接造成公司所有者权益[①]重大变动的事件：公司发生重大债务或者未能清偿到期重大债务的违约情况；公司发生重大亏损或者重大损失；分配股利计划；公司生产经营的外部条件发生的重大变化[②]；公司营业用主要资产的报废一次超过该资产的百分之三十。

（2）可能会直接造成所有者权益重大变动的事件[③]：公司增资计划；公司的重大投资行为和重大的购置财产的决定；公司订立重要合同，可能对公司的资产、负债、权益和经营成果产生重要影响；公司减资、合并、分立；涉及公司的重大诉讼；公司生产经营的外部条件发生的重大变化；公司股权结构的重大变化；公司营业用主要资产的抵押、出售一次超过该资产的百分之三十；公司债务担保的重大变更；上市公司收购的有关方案。

（3）可能会间接造成所有者权益重大变动的事件[④]：公司的经营方针和经营范围的重大变化；解散及申请破产的决定；公司生产经营的外部条件发生的重大变化；公司的董事、三分之一以上监事或者经理发生变动；持有公司百分之五以上股份的股东或者实

[①] 所有者权益是会计上的概念，按照《会计准则——基本准则》第二十六条的规定："所有者权益是指企业资产扣除负债后由所有者享有的剩余权益。"

[②] 该种信息可以包含在这三个类型当中，必须具体判断外部条件具体为何。如果是汇率、关税的重大变动，那么该事件就可能或者会直接造成所有者权益的变动。而如果是宏观经济政策，那么则是可能间接造成所有者权益的变动。

[③] 当该类型下的诉讼、担保、抵押等事件中的债务是预计债务时，就会直接影响所有者权益的变动。

[④] 该类型下的事件本身并不会直接造成当前所有者权益的变动，只是与公司的持续经营能力和盈利能力有关，可能对未来的所有者权益变动有影响。

际控制人，其持有股份或者控制公司的情况发生较大变化；股东大会、董事会决议被依法撤销或者宣告无效；公司涉嫌犯罪被司法机关立案调查，公司董事、监事、高级管理人员涉嫌犯罪被司法机关采取强制措施；公司的董事、监事、高级管理人员的行为可能依法承担重大损害赔偿责任。

如此来看，我国《证券法》对内幕信息价格可能敏感性的认定，主要在于判断相关信息所描述的事件是否会或者可能会影响公司的所有者权益。这也就在一定程度上采纳了有效市场下的理性投资者视角，并认为证券价格主要是由该类投资者所决定。上文已述，有效市场下的理性投资者按照预期收益来进行投资决策，而证券的预期收益是由其将来所能带来的现金流决定的，公司的所有者权益又是股票这一典型证券现金流的最终来源，因此股票的预期收益就与所有者权益有紧密关系，与所有者权益重大变动相关的信息就会影响投资股票的理性投资者决策。又由于市场价格主要由该种理性投资者所决定，其投资决策决定了证券价格的走向，相关信息最终也就很可能对证券价格有重大影响。

但从《证券法》所列的具体内幕信息类型来看，其背后所隐含的理性投资者也具有以下一些重要特征。

（1）该理性投资者的投资对象主要是股票这种具有较大风险的证券。《证券法》所列的内幕信息都是与所有者权益相关的内幕信息，而所有者权益是与股票的预期收益有重大联系，债券的预期收益实则是与公司的支付能力相关。虽然支付能力与所有者权益有联系，证券法上所列的一些信息也能反映公司支付能力的变化，但与支付能力相关的信息显然有其特殊的范围，包括了净现金流入、市场利率变化等信息[①]。而这些信息均未被列入《证券法》上的内幕信息范围。

（2）该理性投资者不会通过投资组合的策略完全消除非系统性风险对整体预期收益的影响，因此与公司自身所有者权益相关的信息对其决策而言才具有重大性。这可能是由理性投资者的风险偏好导致，其趋向基于非系统性风险进行投资决策。但也可能是由该种理性投资者有限的理性能力引起，其无法实施有效的投资组合策略减少非系统性风险对其投资决策的影响。

（3）该理性投资者套利行为所针对的套利空间是：所有者权益实际或者可能发生变动，导致证券内在价值发生变化，但当前价格并未反映出该种变化，从而产生套利空间。

（4）该理性投资者包含了风险偏好不同的理性投资者。既包括偏好高风险的理性投资者，即使相关事件对于公司所有者权益仅有可能的间接影响，不确定性较高，反映该事件的信息也仍然会对这类理性投资者的决策产生重大影响。例如，经营范围重大变更，实际控制人重大变更等只是与公司盈利能力、持续经营能力相关，可能导致未来所有者权益变动的信息。同时，该理性投资者也包括了偏好低风险的理性投资者，其对实际影

[①] 张子学. 浅析债券市场内幕交易的规制[J]. 证券法苑，2012（6）.

响或者可能影响当前所有者权益的信息具有敏感性。

那么接下来的问题就在于，以上解释是否是实践中所认可的规范内容呢？另外，从《证券法》的内容来看，仍然无法确定内幕交易重大性的认定标准除了可能的价格敏感性标准外是否还包含了实际价格敏感性的标准，也就是说，即使不满足以上可能价格敏感性的认定标准，但只要对价格有实际影响的信息也应被认定为内幕信息？按照哈特的理论，对法律规范的判断最重要的是要判断法律的实践者，特别是法官或者其他具有权威性的司法者是如何认为的①。因此，要回答以上问题，就需要通过对法律的实践加以总结和分析来加以判断。而我国在内幕交易责任的认定上，权威的司法者有两个：（1）证监会；（2）法院。而事实上，法院对于内幕交易的认定大多以证监会的处罚为认定依据，即使在行政诉讼当中也鲜有否决证监会相关认定的判决。因此，我国法上对内幕交易的认定事实上主要是以证监会为权威的。因此，下文主要也就以证监会内幕交易监管实践为基础进行分析。

四、我国实践中内幕信息重大性的认定标准

我国学者通过对证监会内幕交易处罚决定的统计分析②，整理出了 1994 年到 2013 年期间内幕交易处罚所认定的具体内幕信息类型，主要包括购买股份、送股决议、公司收购、资产重组、增发股份、财务信息、股权转让、债务豁免、公司投资及其分红、公司重大业务、资产托管、投资公司上市、借壳上市等信息。

从证监会的执法实践来看：

（一）证监会对内幕交易重大性的判断基于的是价格可能敏感性的判断标准，价格实际敏感性标准并不是重大性的独立认定标准

这主要体现为：证监会所认定的信息都满足价格可能敏感性的标准，仅具有实际价格敏感性而无可能敏感性的信息还未被证监会认定为内幕信息。即使在光大乌龙事件的处理上，相关错单巨量交易之所以属于内幕信息，也并非单纯因其实际上对价格有显著影响，而是因为证监会认为"同时，巨量申购和成交可能对投资者判断产生重大影响，从而对沪深 300 指数、180ETF、50ETF 和股指期货合约价格产生重大影响。"③可见，满足价格的可能敏感性标准，仍然是构成内幕信息重大性的必要条件。

但是也必须注意到，证监会在内幕信息重大性的判断上，也常常同时将相关信息具

---

① [英]哈特. 法律的概念[M]. 第二版. 许家馨，李冠宜，译. 北京：法律出版社，2011：第五章.
② 廖瞰曦，陈秋秧. 证监会内幕交易处罚案例研究[J]. 证券法苑，2013（2）.；彭冰. 内幕交易行政处罚案例初步研究[J]. 证券法苑，2010（2）.
③ 参见证监会行政处罚决定书〔2013〕59 号。

有实际价格敏感性作为重大性的认定依据。该种做法可能在于证监会认为具体案件中市场实际投资者的反应与其预设的理性投资者反应相同，因此实际价格敏感性的存在为可能价格敏感性的论证提供了更精确的量化依据。

（二）证监会对价格可能敏感性的判断也采取了理性投资者的视角，即相关信息是否属于与所有者权益相关的信息，是认定价格可能敏感性的主要标准

从事实上来看，证监会所认定的内幕信息也均属于该种信息类型，相关学者将之总结为与"证券基础价值"相关的信息①。证监会在判断证券法未列举信息是否属于内幕信息时，也强调内幕信息是否"涉及公司的经营、财务"，"反映了阶段性的经营成果"是内幕信息重大性判断的核心要素②。

证监会采取价格可能敏感性这一事前标准，而非实际价格敏感性的事后标准，首先意味着证监会认为我国证券市场价格并非总由理性投资者决定，因此以理性投资者视角为基础的事前标准与事后标准存在根本性差异。其次，体现了证监会在内幕信息重大性认定上对协调行为预期以保障市场效率的考量，采取了具有可预期性的事前标准作为重大性认定的标准。

（三）证监会在可能价格敏感性判断上所设定的理性投资者与《证券法》的比较

（1）投资对象：从证监会查处的内幕交易案件来看，均属于股票内幕交易，目前为止还不存在债券内幕交易被处罚的情况。以此来看，证券法上内幕交易制度实际发生作用的空间确实是在股票交易的领域，该制度所保护的投资者实际上也就是投资股票的投资者。

（2）对非系统性风险的敏感性：从证监会认定的内幕信息来看，均是与公司自身相关的信息，也就是与非系统性风险相关的信息。与系统性风险相关的信息还没有被认定为内幕信息的情况。可见，证监会实践中所设定的理性投资者对投资组合策略的采取也是非常有限的，其原因很可能是由于理性能力的问题。在信息型操作市场的认定中，证监会实际上就认为具有重大性的信息是"能够对具有一般证券市场知识的理性投资者的投资决策产生影响的事实或评价。"③

（3）套利方式：证监会实际上扩展了理性投资者的套利空间。认为由非理性行为，

---

① 廖凰曦，陈秧秧. 证监会内幕交易处罚案例研究[J]. 证券法苑，2013（2）.
② 参见证监会行政处罚决定书〔2009〕45号、〔2010〕2号、〔2014〕44号、〔2016〕117号、〔2010〕29号。
③ 《证券市场操纵行为认定指引》第十九条。虽然操纵市场与内幕交易责任属于不同的责任类型，但是在信息型市场操纵上往往与内幕交易发生竞合。

例如流言、错误交易导致的价格与股票内在价值的不一致也属于理性投资者实施套利行为的情形。具体体现为证监会承认未公开的错单巨量交易信息①以及反映流言真实情况的信息是具有重大性的内幕信息②。证监会同时也对理性投资者的套利方式进行了一定的限定，认为仅仅与供求关系相关而与公司生产经营质量无关的信息不属于具有重大性的内幕信息③。也就是认为，相关理性投资者不具有基于单纯供求关系变化而进行套利的偏好。

（4）风险偏好：即使相关事件摊薄了公司的所有者权益，对公司所有者权具有直接的负面影响，证监会仍然基于该事件对公司盈利能力、持续经营能力的提升，即对所有者权益所具有的间接积极影响，认定与该事件相关的信息构成利好的内幕信息，这集中地反映在证监会对重大重组、并购等内幕信息的认定上。这表明证监会所设定的理性投资者与《证券法》一样，包括了具有高风险偏好的理性投资者。当然也包含了偏好低风险的理性投资者，具体体现为将财务信息也确定为内幕信息。但从证监会的实践来看，被实际认定的内幕信息大多属于对偏好高风险的理性投资者决策具有重大影响的信息。

证监会对理性投资者所做的以上设定首先体现了禁止内幕交易本身合理界限的价值考量。从禁止内幕交易的合理界限来看，内幕交易监管最终保护的是市场信心，因此在内幕信息范围的界定上应当考虑到实际投资者的真实偏好。这也就要求相关标准应当立足于一定的"事实"。而我国证券市场投资者以散户为主，投资组合策略的采用往往有限，对与所有者权益相关但不确定性较高的信息常常也具有敏感性。但同时以上理性投资者的设定也体现了协调市场效率的价值考量，具体而言，是包含了法律对于有效市场下投资者应当如何决策的评价。因此，是否与所有者权益这一股票收益最终来源相关，始终是价格可能敏感性判断的核心考量因素，单纯基于供求关系变化而进行套利并不被提倡④。

以上分析描述了我国法上内幕信息重大性认定的具体规则与其背后的价值衡量。我国法律基于事实及规范面向的价值考量，对重大性标准是可能的价格敏感标准，而该价格可能敏感性的判断恰恰是基于具有一定独特偏好的理性投资设定来加以判断。从这一点来看，价格敏感标准与理性投资者标准在我国法上就并无根本性的区别。

但内幕信息重大性标准背后的具体价值衡量还远未结束，其中最困难的问题在于在特殊的市场情形下，就内幕信息重大性的认定而言，不同理性投资者之间可能存在利益

---

① 证监会行政处罚决定书〔2013〕59 号。

② 证监会行政处罚决定书〔2008〕12 号。

③ 中国证监会行政处罚委员会. 证券行政处罚案例判解[M]. 第 1 辑. 北京：法律出版社，2009：242-243. 事实上，并非所有与供求关系相关的信息都不是内幕信息，供求关系的变化往往是由于投资者对公司预期收益产生了变化，该种预期变化可能是有信息基础的正常市场现象，也可能是毫无信息基础的市场异象。如果属于前者，则需判断信息基础是否是内幕信息，如果是后者则显然不存在内幕信息。可见，无论如何供求信息本身是不可能直接认定为内幕信息的。

④ 这一评价也表明证监会认为我国证券市场上供求关系的变化并非都由内在价值变化导致，如果允许单纯基于供求关系套利，则会扩大该种异动的影响范围，不利于有效市场建立。

冲突，此时内幕信息重大性认定标准就必须回答其到底要保护何种理性投资者。在股灾这一特殊市场环境下，对增持行为而言利好的信息，是否具有重大性构成内幕信息就是其中的典型事例。

五、我国法上内幕信息重大性认定标准的进一步思考——以股灾为例

在股灾发生时，如果买入股票，短期亏损的可能性非常高，相关增持行为的风险极大。如果此时产生了《证券法》上所列举的对于增持而言利好的信息，那么该种信息是否仍然对股灾下的理性投资者决策有重要影响构成内幕信息呢？

（一）长期投资者还是短期投资者

该问题的解决，核心是需要去判断重大性标准背后的理性投资者是长期投资者还是短期投资者。

在股灾情况下，由于股市持续暴跌的可能性很大，且这种暴跌是由非理性情绪引起的[1]，因此，面对该种非理性情绪单个股票的利好信息实则很难使其股价在股灾期间企稳反弹。所以短期来看，即使出现对增持行为利好的信息，相关增持行为也非常可能亏损，预期收益为负。相关信息对于短期投资的理性投资者而言就并不具有重大性。但对于长期投资的理性投资者来说，股灾所引起的暴跌是由非理性的因素导致，股价不会持续暴跌，而会回归其内在价值。因此相关增持行为从长期来看其预期收益并非一定为负。相关利多信息是否具有重大性，关键是要判断该信息产生前股价的理性价格及该信息产生后对理性价格的影响，再结合目前的股价及其他交易成本来进行综合判断。

这两种不同的理性投资者在该问题的回答上不仅可能得出截然不同的答案，而且两者之间应该说还存在内在的利益冲突。如果按照短期理性投资者的视角来认定重大性，那么相关利多信息就不具有重大性，因此不属于内幕信息，利用相关信息而实施的交易就被允许。但相关信息实际上对于长期理性投资者来说很可能具有重大性，被允许的交易对其来说就是不公平的内幕交易，允许该类交易无疑损害了长期理性投资者的利益和信心。而如果按照长期理性投资者的视角来认定重大性，那么本来对短期理性投资者来说不具有重大性的利多信息很可能被认定为是内幕信息，因此相关增持交易也就属于被禁止的内幕交易。但该种增持交易对于短期理性投资者来说不仅不具有危害，而且还具有有效传递利多信息，稳定股价，缓解恐慌情绪，使市场流动性尽快恢复的救市效果[2]。禁止该种交易的做法无疑也就与短期理性投资者的期望相违背，最终损害了这类理性投资者的信心。

---

[1] 刘圣尧，李怡宗，杨云红. 中国股市的崩盘系统性风险与投资者行为偏好[J]. 金融研究，2016（2）.

[2] 课题组. 各国应对股灾就是行动评述[J]. 证券市场导报，2016（1）.

（二）效率与信心的再衡量——何种效率以及谁的信心

综上所述，股灾下相关问题的解决，最终涉及的利益衡量问题就在于：内幕交易监管制度是要协调何种市场效率以及保护谁的市场信心？是要协调以短期理性投资者为主体的市场的效率，保护这类理性投资者对市场效率的期待和信心，还是要保护长期理性投资者要求禁止不公平增持行为的期待和信心？如果是前者，那么在相关问题的判断上就应当采取短期理性投资者的视角，而如果是后者，则应当采取长期理性投资者的视角。该问题的回答同样也涉及"事实"与"规范"的问题。是基于对市场实际上主要理性投资者的偏好来决定，还是说要考虑到法律到底想建设一种什么样的有效证券市场？而我国法律上内幕信息重大性的认定规则似乎还并未对此给出明确的回答。

按照《内幕交易认定指引》第九条的规定，"对证券交易价格有显著影响，是指通常情况下，有关信息一旦公开，公司证券的交易价格在一段时期内与市场指数或相关分类指数发生显著偏离，或者致使大盘指数发生显著波动。"该规定着重强调了可能价格敏感性的判断应当在"通常情况"这一前提条件下来进行，似乎是有意排除了非理性因素对重大性认定的影响。因此股灾这一系统性的非理性风险就不应该纳入考量，这样相关认定标准保护的也就是长期理性投资者的期待和信心。

但问题是该认定指引仅是证监会内部的文件，其效力完全取决于证监会是否实际上遵守。而从证监会对股灾期间内幕交易的实际处罚来看，虽然调查了几起股灾期间的增持内幕交易①，但最终均未对其做出处罚决定。以此来看，证监会似乎又是采取了短期理性投资者的立场。

结论

内幕信息重大性标准本身并非是精确性的规则，其具体内容是由背后的投资者设定所决定，而该种设定最终与内幕信息重大性认定标准背后的价值考量相关。就股灾期间相关利好信息重大性的认定而言，是以利于短期投资者的标准还是长期投资者的标准来认定重大性，关键也就在于我们要建设何种市场，以及市场的实际投资者是什么样的投资者。

---

① 典型的如证监会对飞马国际股灾期间员工增持计划的增持行为进行了内幕交易的调查，但至今也并未做出处罚决定。

专题十九　股权众筹中领投人虚假陈述民事责任的构成与认定

【摘要】

因投资环境不完善、投资经验不足等原因，我国股权众筹主要采用"领投+跟投"模式，由经验丰富的认证投资人（即领投人）为项目出具调查报告并先行投资，由此吸引普通合格投资者（即跟投人）投资。应当说，领投人的存在弥补了普通投资人经验不足的问题，也降低了融资方的融资难度和成本，为营造良性的投资环境做出了贡献。但领投人对跟投人所负有的义务、责任还不甚明确，实践中的行业自律规则尚不足以对跟投人的利益提供较为全面的保障。考虑到股权众筹可以受到《证券法》一定程度的调整，领投人又发挥着类似于会计师事务所、律师事务所等证券服务机构的信用中介作用，笔者认为股权众筹中领投人虚假陈述的民事责任可以借鉴证券服务机构及其人员虚假陈述的民事责任，由此得出的结论是：领投人虚假陈述行为是对法定义务的违反，构成特殊侵权行为。

【关键词】

股权众筹　领投人　跟投人　虚假陈述　过错推定　相当因果关系

一、我国股权众筹的发展现状

（一）股权众筹概述

"众筹"一词最初来源于英文 Crowdfunding，通常情况下指面向社会公众筹集资金，特别指以资助个人、公益慈善组织或商事企业为目的的小额资金募集，[①]最初在英美国家以社区募集的形式出现。互联网的发展带来其形式的创新和范围的扩大，也逐渐在中国发展起来。世界银行 2013 年发布的《发展中国家众筹发展潜力报告》准确地界定了当下众筹的主要特征："众筹以互联网科技为基础，利用社区和公众的智慧与判断来决定一个

[①] 杨东. 互联网金融的本质：众筹金融. http://finance.qq.com/a/20140708/061091.htm，2017-01-17.

创业项目或计划应当得到多少市场关注、资金支持，并能为尚在起步阶段的项目提供实时反馈。"①

　　除了捐赠性质的众筹，众筹投资者都会获得回报，可能是债权、股权、实物甚至会员资格等。其中，以股权为回报的即为股权众筹。更为准确地说，股权众筹是指初创企业通过众筹网络平台将所需融资项目的情况、融资需求及出让股份公布在众筹平台上，由注册的投资者认购股份，支持创业项目的发展，投资人获得一定的股权作为回报的过程。②

　　我国股权众筹起步较晚但发展较为迅速，迄今已有诸如"天使汇""大家投"等一大批知名股权众筹平台，成功融资额亦已高达数亿元，已经形成了一个初具规模的新型融资市场。③根据对具有代表性的几大平台的运作模式和众筹项目经营管理方式的整理，我们可以较为直观地了解我国股权众筹的运行和发展状况④，如表 19-1 所示。

表 19-1　我国股权众筹运营情况表

比较项目 ＼ 平台名称	大　家　投	人　人　投	天　使　汇	爱　合　投	天　使　客
有无领投人	有	无	有	有	有
投资人数	≤40	无限制	≤30	≤49	≤50
融资额度限制	20万元～1 000万元	无	无	经营类≤1 000万元；创新类≤500万元	天使阶段≤1 500万元之后≤4 000万元
领投人出资比例	≥5%	无	5%～50%	10%～80%	≥5%
跟投人出资比例	≥2%	≥2%	项目方决定	≥2.5%	≥2 万元
平台审核	均有对筹资人和众筹项目的审核				
平台资金管理	第三方托管				
项目信息公开	融资金额、认投金额、跟投人数、认投完成率可见；其他信息登录可见	同前	均登录方可见	融资金额完成率、出让股权比例、最低投资金额可见；项目信息登录可见	目标融资金额、出让股权比例、融资进度可见；项目信息登录可见
投资人收益	不承诺收益、不提供担保，投资人自负盈亏				

---

① Crowdfunding's Potential for the Developing World. http://www.infodev.org/crowdfunding，2017-01-24.

② 由证监业协会公布的《私募股权众筹融资管理办法（试行）》（征求意见稿）将股权众筹限定于私募的范围内，其第二条规定："本办法所称私募股权众筹融资是指融资者通过股权众筹融资互联网平台（以下简称股权众筹平台）以非公开发行方式进行的股权融资活动。"

③ 杨明．论中国股权众筹模式的法律定位与监管[D]．中国社会科学院研究生院，2014（3）：1.

④ 李超．我国现行法律框架下的股权众筹生存现状[J]．法制博览，2015（7）：141-142.

可以看出，我国股权众筹一般采用"领投+跟投"模式，平台会对待融资项目进行审核并将能够吸引投资者的信息发布在平台上。为避免非法集资嫌疑或触碰未经审核就公开发行证券的红线，投资人数一般不超过 50 人（方便成立有限合伙企业，后文会详述），并且所得投资将会由第三方托管机构托管。平台在整个融资的过程中主要扮演促成交易达成和信息披露的中间人角色，本身不参与项目的投资和融资过程，因此平台并不承诺收益，亦不提供担保，投资人自负盈亏。

（二）"领投+跟投"模式下股权众筹的具体过程

为明确"领投+跟投"模式下股权众筹的过程，笔者查阅并比照了表 19-1 中各平台的服务协议、投资规则等法律文件，现展示如下①。

（1）决策阶段。平台投资团队通过实地考察、访谈等形式对项目进行筛选，平台内部投票决定项目是否上线。若决议通过则同步筛选领投人，并由领投人负责对项目进行法律和财务方面的尽职调查并出具调查报告。

（2）项目上线。平台或领投人协助融资者完善商业计划书，确定估值、融资额最低单笔投资额、投资条款，通过平台向其他普通投资人推荐项目，协助项目线上、线下路演，协助确定《投资意向书》（如有）条款，帮助项目落实融资。

（3）融资成功。平台开放认购渠道，投资人认购并支付保证金后平台正式将打款通知和相关协议电子版发送给投资人，投资人查阅无异后，将投资款汇入项目指定账户（一般是成立有限合伙企业）；融资项目金额募满后，将启动投资协议书、合伙协议等法律文件的签字及变更工商登记等。根据投资协议书的约定，由平台风控、领投人和合伙企业审查确认后，将投资款（合伙企业财产）分批或一次性支付给融资者。

（4）投资后。领投人作为普通合伙人代表全体投资人按照投资协议书的要求，及时了解融资项目进展情况、出席项目公司的股东会或董事会、参与公司重大决策。同时他须尽最大努力为项目提供有价值的帮助，并及时将所获得的项目方信息反馈给平台，由平台或领投人统一向跟投人披露。跟投人不参与项目管理和决策。

（5）选择退出。领投人或其他有权决策的主体应当代表项目其他投资人选择合适的时机，以合理公允的市场价格退出。

为更直观地描述股权众筹中的过程及当事人的关系，笔者绘制了如图 19-1 所示的关系图。

---

① https://www.zhijin.vc/lowse，2017-01-15. 若无特别说明，后文将以此过程为基础探讨股权众筹领投人与各方当事人的关系及其职责问题。

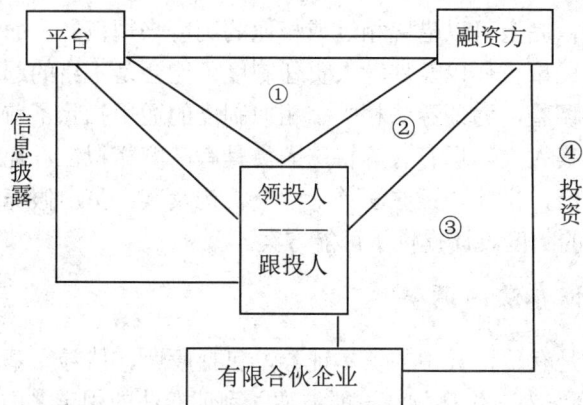

图 19-1　股权众筹过程图

说明：
① 平台、融资方和领投人三方合作完成项目筛选、融资文件完善以及信息披露，项目上线；
② 平台作为融资方和投资者的居间人，促成投融资过程；
③ 融资成功，设立有限合伙企业；
④ 有限合伙企业向融资方的项目公司投资。作为普通合伙人的领投人负责事务的管理和执行。

　　由此可以看出，在融资成功前，领投人与跟投人之间的关系不甚明确，而在融资成功、成立有限合伙企业后与领投人的关系可纳入《合伙企业法》调整。为此，本文主要解决在融资阶段，领投人对跟投人所承担的义务及责任问题。更具体地说，是要解决领投人为融资方出具调查报告并利用平台发布后，领投人就其调查报告和披露的信息对跟投人（普通投资者）负有何种责任的问题。比较明确的是，根据《民法通则》第四条之规定："民事活动应当遵循自愿、公平、等价有偿、诚实信用的原则。"为此，领投人应当本着诚实信用的原则，对报告的真实性负责。也就是说，领投人应当保证自己出具的报告客观、真实地反映了融资项目的实际情况，不得有虚假陈述和误导性陈述。但《民法通则》的原则性规定尚不足以构成跟投人针对领投人虚假陈述行为请求赔偿的请求权基础，同时，从民法的角度出发，这种请求权的享有似乎存在着无法跨越的障碍，一是就出具调查报告和信息披露行为而言，领投人与跟投人之间不存在合同关系，故不存在基于合同关系的请求权；若从侵权责任的角度来寻找领投人虚假陈述民事责任的基础，跟投人投资失败遭受的损失属于纯粹经济损失，对于这种损失，我国侵权责任法一般不予赔偿。①为此，笔者试图"另辟蹊径"，试图从证券法相类似制度中找到解决这一问题的方法。

二、股权众筹与证券法的关系

　　现下，作为新兴事物的股权众筹还缺乏明确的法律规定，但这并不是说现行法律框

---

① 对于纯粹经济损失是否赔偿的问题，大陆法系及英美法系的态度发生了由"绝对不赔"到"选择性赔偿"的松动，但纯粹经济损失类型复杂多样，又不存在统一的处理方式，我国侵权责任法对此问题也应当采取审慎态度。参见：徐海燕，朱辰昊. 纯粹经济损失赔偿制度研究——兼论证券市场中介机构不实陈述的民事责任[J]. 甘肃社会科学，2008（3）：142. 本文持仅特殊情形下纯粹经济损失才可以获赔的立场，例如证券法领域的投资者损害赔偿请求权。

架对股权众筹一筹莫展。笔者认为，完全可以借鉴相近或相似的制度来规范之，而证券法中中介机构及其人员虚假陈述的民事责任以及保荐人责任制度可能会是不错的选择。首先，股权众筹可以受到证券法的调整，为证券法相关、相似制度的适用扫除了前提性障碍；其次，领投人与中介机构及其人员、保荐人等特殊人员具有高度相似性，他们均为信用中介，发挥了信用证明的功能，由此，证券法关于中介机构及其人员虚假陈述的民事责任为股权众筹中领投人责任的制度设计提供了可能方案。

（一）股权众筹可以受到证券法的调整

在我国，证券法上的证券主要是有价证券中的资本证券，包括股票、债券、基金、权证以及证券衍生品种。[①]股权众筹作为新生事物，没能被纳入到证券法的规定之中，但实际上，股权众筹可以被视为证券发行行为，理由在于：其一，股权众筹虽无证券发行之名，但参与众筹的投资人认购投资是为了也的确会获得股权回报，因此，通过股权众筹，项目公司达到了发行股份的效果。其二，实践中股权众筹的具体设计也反映了其对证券法的自觉遵守，上文展示的各平台表格中，无一不对项目的投资人数进行了限制，以避免触碰公开发行的红线而成为证券违法行为。由证监业协会公布的《私募股权众筹融资管理办法（试行）》（征求意见稿）更是直接将股权众筹限定于私募的范围内，其第二条规定："本办法所称私募股权众筹融资是指融资者通过股权众筹融资互联网平台（以下简称股权众筹平台）以非公开发行方式进行的股权融资活动。"其三，2015 年 12 月，国务院印发的《推进普惠金融发展规划》指出要"推动修订证券法，夯实股权众筹的法律基础。"证监会 2016 年 4 月印发的《股权众筹风险专项整治工作实施方案》对于股权众筹也采纳了允许并规范发展的态度，其第一部分指出，要"建立和完善长效机制，实现规范与发展并举、创新与防范风险并重，为股权众筹融资试点创造良好环境，切实发挥互联网股权融资支持大众创业、万众创新的积极作用。"同时还表明了股权众筹"可私募，不可公募"的态度。[②]无论是修订证券法，还是限定股权众筹的发行方式，都已承认股权众筹与证券发行的紧密联系，为股权众筹受到证券法的规制与调整提供了可能。

但是股权众筹又不能完全纳入当下证券法的调整范围。即使采取了融资项目人数限制、成立有限合伙企业入股项目公司的措施，股权众筹并非完全没有违反证券法的可能。虽然项目只向注册平台的会员开放投资，且会员资质要求较高（有一定的资金实力和风险承受能力），融资后投资人的数目不超过 200 人，但在项目融资的过程中，注册会员可以变动，从而使股权众筹存在向不特定多数人发行股份的可能，同时，融资后投资人的

---

① 赵旭东. 商法学[M]. 北京：高等教育出版社，2015：223.

② 详见证监会、中央宣传部、中央维稳办等印发的《股权众筹风险专项整治工作实施方案》，http://news.cnstock.com/news,
   bwkx-201610-3919891.htm，2017-02-05.

数目不超过 200 人，并不意味着融资过程中收到投资要约邀请的人数不到 200 人。股权众筹存在未得到国务院证券监督管理机构或者国务院授权的部门核准而公开发行证券的可能性。这与现在的证券法的确存在冲突，解决这种冲突的路径有两条：一是采取国务院的态度修订证券法，允许股权众筹公开发行豁免；二是采取证监会和证券行业协会的做法将股权众筹限定在私募范围内。总之，当下股权众筹可以适用证券法的部分相关规定，或者说证券法的部分规定可以适用于股权众筹。因此，在寻找领投人虚假陈述民事责任的法律依据、进行该责任的制度设计时，从节约立法成本的角度出发，不妨参照证券法的类似制度。

（二）领投人的功能定位

1. 商业信用和信用中介

在当今社会，市场经济中的商事交易呈现出长期性、复杂性的特征，交易已经不再是简单的"一手交钱、一手交货"，对未来物的买卖、保留所有权买卖、对权利凭证的处分、信用担保交易等非即时交易愈发频繁，信用尤其是商业信用或称商事信用的作用就显得尤为重要。所谓"信用"，是指依附在人之间、单位之间和商品交易之间形成的一种相互信任的生产关系和社会关系。[①]在《法学大辞典》中，则指代以偿还为条件而由单方先期付出商品或货币的行为。[②]学界对其定义有多种，例如认为信用泛指主体经济方面的一般综合能力，包括经济状况、生产能力、产品质量、偿债能力、守信程度等方面；再如信用是对一个人（自然人和法人）履行义务的能力，尤其是偿债能力的一种社会评价。有学者总结道，法律意义上的信用是对客观偿债能力的社会评价，它与风险成反比。信用是一种无形财产，具有财产利益。同时，信用也是一种法律制度，是依法可以实现的利益期待，当事人违反诚信义务时，应当承担相应的法律责任和法律后果。[③]

可以说，信用为当下市场交易主体所必需，它是交易相对人之间决定彼此交易的前提和订立交易条款的重要考量因素。在涉及大型企业的交易、不特定对象的交易时，商事信用的作用和对商事信用的最低要求就变得尤为重要。在证券领域，商事信用的作用尤为突出，证券法中一系列的信息披露和增信措施都是在回应市场发展和交易安全的需要。

我们注意到商事信用为商事主体所必需，但商事信用作为商事主体的内在品质难以直接表现出来。同时，商事主体自身为交易和融资的便利，可能美化、夸大自身的信用

---

① 参见 http://www.zdic.net/c/1/14c/329381.htm，2017-02-06.

② 邹瑜，顾聪. 法学大辞典[M]. 北京：中国政法大学出版社，1991：1211.

③ 学者观点部分参见：江平，程合红. 论信用[J]. 东吴法学，2000（1）.；转引自：雷兴虎，蔡晔. 论我国的商事信用调节机制[J]. 法商研究，2003（5）：23.

情况，也可能存在商事主体信用不足需要强化的情况，信用中介的出现解决了以上两个问题。

　　信用中介，是指为信用交易提供信用凭证或提供信息服务的中介机构。广义上的信用中介包括：为信用交易提供信贷和各种支付凭证、信用证等的金融中介机构，如银行和各种非银行金融机构；为交易各方提供客户的资信信息服务的征信机构；为交易各方提供有关市场主体、各种有价证券等信用状况服务的信用评级机构；为银行和各种非银行金融机构的信贷提供担保服务的机构；由信用交易衍生出来的、为信用交易提供服务的其他机构，如律师事务所、会计师事务所、审计师事务所等。狭义而言，信用中介机构是指征信机构、信用评价机构和信用担保机构。[①]　总的来说，信用中介可以分为两大类：一类是从事经济鉴证类业务的社会中介机构，例如律师事务所、会计师事务所、审计事务所、资产评估事务所、资信评估机构等，他们对企业信用进行评价或保证，并面向不特定对象发布信用信息；另一类是从事经纪类业务的中介机构，主要是一般经纪人、地产、证券、保险、期货咨询人等，[②]他们为客户提供非公开的信用评价。两者之间存在业务类型和公开程度的不同。

　　笔者认为，从事经济鉴证类业务的社会中介机构以下列两种方式发挥作用：一类是以自身的信用担保企业的信用，即表现为一种信用担保，例如银行（承兑汇票）、证券发行保荐机构；一类以信息采集和公开的方式陈述企业的信用，例如为证券发行出具审计意见的会计师事务所、律师事务所、证券评级机构。但无论何者，中介机构是以自身的信用在增强企业信息的可信度，即增强企业的信用。在这种背景下，我们再来讨论股权众筹中领投人的角色或功能定位。

　　2. 领投人在股权众筹中的功能定位

　　在股权众筹中，融资方会为融资项目成立专门的公司（一般是有限责任公司），作为"新生儿"，这种项目公司自身尚不存在市场交易，除了公司的基本信息，如名称、住所地、法定代表人等外并不存在交易信息，信用评价无从谈起。可以说，对该公司商事信用的评价完全取决于对项目发展前景的预期，而领投人的出现增强了对项目美好前景的预期，甚至可以说，领投人对项目公司发挥的几乎是信用建立的作用，这或许是我国股权众筹以"领投+跟投"为主流模式的原因之一。

　　一方面，领投人受项目融资方委托，为其出具经济和法律方面的项目调查报告并发布在平台上供不特定多数人查阅的行为，与律师事务所、会计师事务所等中介机构为证券发行出具报告的行为本身就极其相似；另一方面，领投人本身身份的特殊性使得他可

① 丁邦开，何俊坤. 社会信用法律制度[M]. 南京：东南大学出版社，2006：83. 转引自：周悦丽. 失信行为的法律约束制度探究[J]. 政法论丛，2008（2）：57.

② 杨春平. 中介服务机构整顿与规范的几点商法思考[J]. 中国商法年刊，2002（00）.

以也必然承担着信用中介的作用。查阅股权众筹主要平台的文件可知，领投人均为"天使投资人"，并且需要满足特殊的投资人标准。以《天使汇合格投资人规则》①为例，领投人须符合以下条件：（1）领投人应符合天使汇的合格投资人要求②；（2）领投人为在天使汇上活跃的投资人（半年内投资过项目、最近一个月约谈过项目）；（3）在某个领域有丰富的经验、独立的判断力、丰富的行业资源和影响力、很强的风险承受能力；（4）一年领投项目不超过 5 个，有充分的时间可以帮助项目成长；（5）至少有 1 个项目退出；（6）能够专业地协助项目完善 BP、确定估值、投资条款和融资额，协助项目路演，完成本轮跟投融资。由此可见，领投人具备较高的专业能力和风险承受能力，自身信用状况良好，能够以个人信用增强企业商事信用。由此观之，领投人在股权众筹中发挥着如同律师事务所、会计师事务所等中介机构的信用中介作用。为此，笔者认为，在股权众筹能够纳入证券法调整范围的前提下，领投人虚假陈述的民事责任，可以参照中介机构虚假陈述的民事责任。③

三、股权众筹中领投人虚假陈述的民事责任的构成与认定

中介机构虚假陈述民事责任的依据主要是《证券法》第一百七十三条："证券服务机构为证券的发行、上市、交易等证券业务活动制作、出具审计报告、资产评估报告、财务顾问报告、资信评级报告或者法律意见书等文件，应当勤勉尽责，对所依据的文件资料内容的真实性、准确性、完整性进行核查和验证。其制作、出具的文件有虚假记载、误导性陈述或者重大遗漏，给他人造成损失的，应当与发行人、上市公司承担连带赔偿

---

① 见天使汇网站，网址：http://angelcrunch.com/help/leadinvest，2017-02-05.

② 合格投资人首先需要实名注册，并且符合以下条件：若为自然人投资者，其最近三年的年收入超过 30 万元人民币，或者夫妻双方合计收入超过 60 万元；或投资者本人名下金融资产市值 100 万元人民币以上，或非主要居所的固定资产市值 500 万元人民币以上；或投资者有过 TMT 领域天使投资 10 万元人民币以上的投资案例，且能提供相关投资案例证明。若为机构投资者，则需要满足实缴注册资本超过 1 000 万元人民币或总资产超过 3 000 万元人民币，或者满足净利润在最近三年每年不低于 500 万元人民币；或有过 TMT 领域天使投资 30 万元人民币以上的投资案例，且能提供相关投资案例证明。要成为领投人除满足以上条件外，还有活跃度要求（半年内投资过项目、最近一个月约谈过项目），专业能力要求（在某个领域有丰富的经验、独立的判断力、丰富的行业资源和影响力），风险承受能力要求以及空闲度要求（一年领投项目不超过 5 个，有充分的时间可以帮助项目成长）。以上参见《天使汇合格投资人规则》，网址：http://angelcrunch.com/help/qualifiedinvest，2017-02-06.

③ 领投人发挥的作用与保荐人相比还是存在差别的。《证券法》第十一条规定："发行人申请公开发行股票、可转换为股票的公司债券，依法采取承销方式的，或者公开发行法律、行政法规规定实行保荐制度的其他证券的，应当聘请具有保荐资格的机构担任保荐人。保荐人应当遵守业务规则和行业规范，诚实守信，勤勉尽责，对发行人的申请文件和信息披露资料进行审慎核查，督导发行人规范运作。保荐人的资格及其管理办法由国务院证券监督管理机构规定。"可见保荐人主要是审议核查而非采集、呈现信息。为此，笔者认为保荐人制度可借鉴性比较弱，而是采纳有关中介机构的规定作为参考。

责任，但是能够证明自己没有过错的除外。"

对于中介机构虚假陈述民事责任的性质，历来存在合同责任说抑或侵权责任的争议，这种争议直接影响责任的构成要件，为此有必要说明之。合同责任说认为，中介机构参与或协助发行人进行虚假信息披露，其违背与发行人订立的服务合同而提供了有瑕疵的服务，这种服务的结果导致投资者的损失。投资者的损失与中介机构责任通过发行人与中介机构订立的服务合同及中介机构同意发行人将其提供的报告予以披露联结起来；侵权责任说认为若专业中介机构与第三者不存在契约关系，采用合同责任说将会使第三方有责任的专业中介机构请求赔偿的要求失去法律依据。[①]对此，笔者认为，首先，中介机构如实陈述是法定义务而非约定义务，对法定义务的违反是产生侵权责任而非合同责任的前提；其次，《证券法》第一百七十三条的表述为："证券服务机构为证券的发行、上市、交易等证券业务活动制作、出具审计报告⋯⋯"，表明此条规范的是证券服务机构为证券发行人出具报告的行为，而非证券服务机构为普通投资者出局咨询意见的行为，证券服务机构为普通投资者存在合同关系并非此条规定的预定情形；再者，合同责任说将合同关系扩大到合同外第三人的做法有违合同的相对性原则，侵权责任说对投资者的保护也的确更佳。因此我国证券法上虚假陈述的民事责任应当是一种特殊侵权责任[②]，这种责任来源于对法定义务的违反，并在归责原则上采取过错推定的方式，产生损害赔偿的后果。这一结论对于股权众筹中领投人虚假陈述的民事责任可以借鉴适用，但具体能否完全适用还要考虑到以下因素：虽股权众筹可以被纳入到证券法公开发行证券的范畴中，但股权众筹的公开性与典型证券发行的公开性还是不能够等同视之的；其次，跟投人的身份虽相对于领投人而言是"普通投资者"，但相对于证券市场的一般投资者而言，在专业知识、投资能力和风险承受能力上还是略高一筹。

下文将具体分析股权众筹中领投人虚假陈述的侵权责任的构成要件。

（一）过错及归责原则

现代侵权法理论对过错的认定一般采用客观标准，即从行为人的行为是否违反了法定的义务来判断过错的存在与否。一般认为，只要行为人尽到了作为一个"理性的人"的行为标准，可以认为没有过错。但过错的判定标准在虚假陈述引发的侵权责任的情形下应当有所不同。领投人等信用中介以其专门知识或技能向他人提供服务，会使他人对

[①] 汪沙. 论证券虚假陈述中中介机构的民事责任[J]. 广西政法管理干部学院学报，2007（3）：76.

[②] 特殊侵权责任与一般侵权责任相对，是指由法律直接规定，在侵权责任的主体、主观构成要件、举证责任的分配等方面不同于一般侵权行为，应适用民法上特别责任条款的致人损害的行为所引发的责任。证券虚假陈述中的民事责任侵权主体是具有特别智识者，在主观构成要件上采推定过错的归责原则，应被归入特殊侵权的范畴。参见：王丽. 虚假陈述中的专家责任问题研究[D]. 长春：吉林大学，2006（4）：7-10.

其产生特殊的信赖关系，因此他对其所从事的活动负有高度注意的义务。[①]在这种情况下，对于领投人的过错就不能采取"一般理性人"标准，而应当采取"行业标准"或"专家标准"，即从事这一领域的专业人士在相同或类似情形下处理相同或类似事务时所能展现的能力和注意程度。由此，专业知识的使用错误、计算错误、分析错误等都可能构成领投人的过错。例如，领投人在出具法律方面的调查报告时没有注意到立法的修订使用了旧法条、在出具财务报告时数据出现遗漏或错误、在分析项目风险情况时忽略了某一个因素等。

我们看到，"行业标准"显然比"一般理性人标准"所要求的注意义务要高得多，对领投人施加了较重的义务负担，乍看之下要比"一般理性人标准"给予了跟投人更周全的保护，然而，过错的证明责任在"原告"，即遭受损害的跟投人，要跟投人举证证明领投人违反了从事该领域的专业人士在相同或类似情形下处理相同或类似事务时所能展现的能力和注意程度是比较困难的，加之股权众筹市场本来就存在较高风险，如果领投人在其调查报告中预测了项目的整体前景，这种预测的正确、错误、失误与否非常难辨别。为此，尽管股权众筹的公众性不如证券市场、投资者理性水准高于证券市场的普通投资者，依然可以考虑以推定过错的归责原则简化过错判定的问题，即使这样做也不会使得领投人负担过重，理由有以下两个。

（1）《证券法》第一百七十三条区分对待发行人、证券服务机构的虚假陈述行为，对前者采无过错归责原则，对后者采推定过错的归责原则，发行人与证券服务机构对虚假陈述造成的损害承担连带责任，但这种连带责任的性质实为不真正连带责任，发行人是最终的责任承担者，证券服务机构仅在其过错范围承担相应的损害赔偿责任。依据可见《最高人民法院关于审理涉及会计师事务所在审计业务活动中民事侵权赔偿案件的若干规定》（以下简称《审计规定》），《审计规定》第三条规定："利害关系人未对被审计单位提起诉讼而直接对会计师事务所提起诉讼的，人民法院应当告知其对会计师事务所和被审计单位一并提起诉讼；利害关系人拒不起诉被审计单位的，人民法院应当通知被审计单位作为共同被告参加诉讼。"第六条规定："会计师事务所在审计业务活动中因过失出具不实报告，并给利害关系人造成损失的，人民法院应当根据其过失大小确定其赔偿责任。"第十条规定："人民法院根据本规定第六条确定会计师事务所承担与其过失程度相应的赔偿责任时，应按照下列情形处理：（一）应先由被审计单位赔偿利害关系人的损失……（二）对被审计单位、出资人的财产依法强制执行后仍不足以赔偿损失的，由会计师事务所在其不实审计金额范围内承担相应的赔偿责任。（三）会计师事务所对一个或

---

① 王丽. 虚假陈述中的专家责任问题研究[D]. 长春：吉林大学，2006（4）：3.

者多个利害关系人承担的赔偿责任应以不实审计金额为限。"由此，股权众筹中存在虚假陈述行为给跟投人造成损害的，领投人即使被推定有过错而承担损害赔偿责任，也可以事后向真正的责任承担者，即融资方追偿，其责任与其过错相匹配，不存在因采推定过错归责原则而加重其责任负担的情况。

（2）过错只是侵权责任的构成要件之一，即便存在过错，如果不存在因果关系、违法行为，即便跟投人存在损害，也不能向领投人请求赔偿。同时，即便采取推定过错的归责原则，领投人完全可以自证无过错而免责，这种证明责任必须在领投人一方，因为他是特殊信息和特殊知识的享有者，在举证证明自己没有过错这件事上，领投人存在着天然的优势。为此，采过错推定的归责原则简化领投人过错认定的问题，并没有什么不妥。

（二）加害行为

加害行为，是指民事主体实施的致人损害的作为或不作为。[①]加害行为的构成要件有两个：一是该行为是在行为人意识支配下的作为或不作为；二是该行为具有"违法性"，具体来说，是违反了法定义务，或违反了公序良俗，或违反了按职务上的要求所应承担的义务。[②]根据以上定义，领投人虚假陈述中的加害行为应当是在领投人意志支配下所做出的违反了法定注意义务、违反了领投人职业标准的作为或不作为。

为理解虚假陈述行为，《最高人民法院关于审理证券市场因虚假陈述引发的民事赔偿案件的若干规定》（以下简称《赔偿规定》）有很高的参考价值。《赔偿规定》第十七条规定："证券市场虚假陈述，是指信息披露义务人违反证券法律规定，在证券发行或者交易过程中，对重大事件做出违背事实真相的虚假记载、误导性陈述，或者在披露信息时发生重大遗漏、不正当披露信息的行为。对于重大事件，应当结合《证券法》第五十九条、第六十条、第六十一条、第六十二条、第七十二条及相关规定的内容认定。虚假记载，是指信息披露义务人在披露信息时，将不存在的事实在信息披露文件中予以记载的行为。误导性陈述，是指虚假陈述行为人在信息披露文件中或者通过媒体做出使投资人对其投资行为发生错误判断并产生重大影响的陈述。重大遗漏，是指信息披露义务人在信息披露文件中，未将应当记载的事项完全或者部分予以记载。不正当披露，是指信息披露义务人未在适当期限内或者未以法定方式公开披露应当披露的信息。"可见我国将虚假陈述细分为虚假记载、误导性陈述、重大遗漏和不正当披露这四种情形，其中虚假记载、误导性陈述是以作为的方式造成侵害，而重大遗漏和不正当披露则是以不作为的方式造成

[①] 王卫国. 民法[M]. 北京：中国政法大学出版社，2007：609.

[②] 江平. 民法学[M]. 北京：中国政法大学出版社，2011：482-483.

侵害。同时，虚假陈述的对象被限定在"重大事项"上。[①]笔者认为这四种行为均可能出现于股权众筹中，可以直接借鉴，领投人记载虚假事项、隐瞒重要事项、做出可能误导跟投人的陈述以及以不正当的方式和时间披露信息的，都可以被认定为虚假陈述行为。但重大事项的认定上，考虑到融资方初创企业的身份，应当是指公司的概况、公司的经营情况和经营计划（尤其是经营计划）、公司的财务状况、公司的出资人情况和高级管理人员情况等通常能够影响跟投人投资决策的事项，即在重大性的认定上，应当采取"跟投人标准"。

（三）因果关系

因果关系的认定是比较困难也是非常关键的一环，尤其是在投资领域，投资失败的原因多种多样，因果关系链条复杂，可能是基于这种原因和为落实投资者保护的理念，《赔偿规定》对证券市场虚假陈述侵权责任因果关系的认定，采用了"推定因果关系"的方法。其第十八条规定："投资人具有以下情形的，人民法院应当认定虚假陈述与损害结果之间存在因果关系：（一）投资人所投资的是与虚假陈述直接关联的证券；（二）投资人在虚假陈述实施日及以后，至揭露日或者更正日之前买入该证券；（三）投资人在虚假陈述揭露日或者更正日及以后，因卖出该证券发生亏损，或者因持续持有该证券而产生亏损。"第十九条规定："被告举证证明原告具有以下情形的，人民法院应当认定虚假陈述与损害结果之间不存在因果关系：（一）在虚假陈述揭露日或者更正日之前已经卖出证券；（二）在虚假陈述揭露日或者更正日及以后进行的投资；（三）明知虚假陈述存在而进行的投资；（四）损失或者部分损失是由证券市场系统风险等其他因素所导致；（五）属于恶意投资、操纵证券价格的。"有观点认为这可以扩及适用于虚假陈述中的"专家"（具备专业知识的人士）侵权责任因果关系要件的认定上，[②]笔者不以为然。如前所述，股权众筹的公开性与典型证券发行的公开性不能等同视之，并且跟投人相对于证券市场的一般投资者而言，在专业知识、投资能力和风险承受能力上还是略高一筹。更为重要的是，股权众筹作为成长中的投融资市场，需要领投人发挥促进投资的作用。在过错要件上采取过错推定归责原则后又在因果关系要件上采用推定因果关系，会对领投人施加负担过重，这会使得领投人望而生畏，不利于股权众筹的整体发展，所谓"过犹不及"。

为此，笔者倾向于采"相当因果关系"的判断标准，即只有行为构成损害结果的一个条件，且该条件通常情况下足以导致损害的发生，才能认为行为与结果之间存在因果

[①] 因《赔偿规定》是最高人民法院 2003 年发布并未经修改，其第十七条中所称证券法实为 1999 年版本，参考该版本证券法可知重大事项主要涉及公司的组织形式变更、经营范围变更、董监高任职变化、股东持股变化等事项（现行证券法与之无二），但由于股权众筹语境下的融资方是初创企业，故证券法对重大事项的列举参考价值有限。

[②] 王丽. 虚假陈述中的专家责任问题研究[D]. 长春：吉林大学，2006：31.

关系。①相当因果关系说分两步确认因果关系：一是事实上因果关系的判断，即采"无此行为，即必不产生此损害"的检验方式（条件性）；二是法律上的因果关系，即就这个客观存在的事实，根据一般人的知识经验来判断，是否通常足以导致同样的损害后果，若足够，则因果关系成立，反之则不成立（相当性）。②据此，笔者认为，认定领投人虚假陈述与跟投人损害后果之间的因果关系时，要满足两个条件：一是该陈述通常能够引发跟投人的投资行为（条件性）；二是此种陈述被证为虚假通常会引发损害后果（相当性）。需要注意的是，在判断条件性和相当性时均需采纳"投资人"标准，即对于一个普通的跟投人来说，他是否通常会基于此陈述做出投资决策，并且从一个跟投人的角度看，该因素的错误是否足以引发投资失败的后果。在实际认定的操作层面，应当首先对领投人披露的信息按照影响跟投人投资判断的通常程度进行信息分类和排序，其中，跟投人因基于相对重要信息做出投资决策和依据次重要、不重要信息做出的投资决策而受到虚假陈述行为损害的，在判断因果关系成立与否时应当区别对待；其次，虚假陈述方式和程度的不同也应当纳入因果关系认定的考量因素。试举一例，某众筹平台上上线餐饮项目A，根据领投人出具的调查报告显示：a 该餐饮项目负责人曾经营管理多家米其林星级餐厅，具有丰富的从业经验；b 该餐饮项目已得到某知名歌手 Y 的代言；c 该餐饮项目的理念创新。情况一，投资人甲投资失败，后查明内容 c 是虚假陈述，甲要求赔偿损失。由于相对于 ab 来说，c 对投资的吸引力相对较弱，能引发损害后果的可能性也较低，属于次要信息，因此，这种情况下不宜认定投资者甲因为领投人的虚假陈述而遭遇了损失，相对地，如果 a 为虚假，该项目的负责人根本就没有任何从业经验，则可以认定因果关系成立；情况二，投资人乙投资失败，后查明项目的代言人并非 Y，而是与 Y 同样知名的 X，这种情况也不宜认定虚假陈述与投资损害之间存在因果关系。

（四）损害后果

损害后果是基于领投人的虚假陈述行为给跟投人带来的不利后果。损害后果应当具备确定性、客观性，它不是指向未来的可能损失，而应当是实际存在的消极后果。在股权众筹的情形中，损害后果应表现为纯粹经济损失，即投资的失败，能且仅能以损害赔偿的方式补救。在赔偿范围这一问题上，考虑到股权众筹中的跟投人获得的股权并不一定会在公开市场上交易，难以定价，缺乏以"基准日"为参照的计算基础，并且对于初创企业来说难以讨论股权定价合理性问题，笔者认为《证券法》及《规定》并不具备借鉴意义，为此，解决这一问题需要回到侵权责任法的一般原理。

《侵权责任法》对财产性质的损害采取的赔偿原则有三个：一是以直接损失、以实

---

① 江平. 民法学[M]. 北京：中国政法大学出版社，2011：490.

② 王泽鉴. 侵权行为法（一）[M]. 北京：中国政法大学出版社，2001：194.

际损失为限全额赔偿，对于间接损失则仅能赔偿合理的、可预期的部分；二是采取损益相抵原则，即在考虑损害时也要考虑基于同一行为所获取的利益；三是过失相抵原则，即在受害人亦存在过错的情况下，可以减轻加害人的责任。[1]基于以上原则，可以明确损害后果的赔偿范围和证明责任。在赔偿范围上，领投人所需赔偿的数额既不能超过实际损失，亦不能超过单纯基于其过错所造成的损失；在证明责任上，应由跟投人证明其损失的存在及损失数额的客观性、合理性[2]，跟投人因虚假陈述所获取的利益以及跟投人对损害亦有过失的证明责任则归于领投人。最后，考虑到领投人对股权众筹的重要推动作用，笔者建议不要过分加重领投人的责任负担，可以项目融资额度、领投人投资数额等为考虑因素，为领投人设定最高赔偿限额。在项目融资额度大、领投人投资数额低的情况下，领投人的投资行为本身对跟投人的指引性较弱，跟投人主要信赖的是领投人做出的信息披露，而在项目融资额度小、领投人投资额度大的情况下，领投人的投资行为可能比信息披露对跟投人的决策产生更大的影响，为此，赔偿限额的设置应当与领投人投资比例呈反比。除此之外，领投人对虚假陈述的过错程度也影响赔偿额度，在领投人故意虚假陈述的情形下，应当赔付全部损失，在其存在过失的情况下，应当根据过失程度和大小并抵扣跟投人的过错来计算赔偿限额。笔者在此处提出一个粗略的公式，即 L（赔偿限额）$=t$（总融资额度）$/g$（领投人投资额）$\times a$（领投人过错程度）$\times h$（跟投人实际损失）。不妨举例来理解这一公式，假设 A（领投人）投资 90 万元，跟投人 B 投资 10 万元，受到实际损失 8 万，领投人过错程度为 100%，则领投人赔付限额为 8.89 万元，即应当完全赔付跟投人的损失。假设跟投人也有过错，领投人过错程度为 70%，则赔偿限额为 6.22 万元；假设 AB 投资额度相反，跟投人实际损失、领投人过错程度不变，得到的赔偿限额将分别为 80 万元、56 万元，领投人须对跟投人进行全额赔付。[3]

结论

　　股权众筹受到《证券法》一定程度的调整，同时，作为信用中介的领投人与会计师事务所、律师事务所等证券服务机构具有相似性，因此领投人虚假陈述的民事责任可以参考借鉴证券中介机构及其人员虚假陈述的民事责任，这是一种法定的、特殊的侵权责

---

[1] 江平. 民法学[M]. 北京：中国政法大学出版社，2011：555-557.

[2] 由证监业协会公布的《私募股权众筹融资管理办法（试行）》（征求意见稿）不允许融资方承诺收益或收益率，因此不能以实际收益和承诺收益的差值来计算损失额。

[3] 领投人虚假陈述的赔偿额度问题要考虑的因素可能不止于此，但笔者因专业知识所限，无法提出完整的数理模型，仅提供框架性的思路和建议。同时，实践中的损失和赔付情况也需要进行统计和分析，最终综合两种方法得出一个重要系数 β，较为完整的公式应当为 $L=t/g \cdot a \cdot h \cdot \beta$。

任。在构成要件上，为减轻跟投人举证的困难，应适用过错推定的归责原则，但在因果关系的认定上，应采"相当因果关系"，不宜推定因果关系。在损害赔偿的范围问题上，适用侵权责任法的一般原理采取损益相抵、过失相抵的原则，并可以考虑领投人对于股权众筹市场的重要作用，对领投人设置最高赔偿限额，该限额与领投人的投资比例呈反比，与领投人的过错程度呈正比。至此，股权众筹中领投人对跟投人的义务和责任可区分融资阶段和管理阶段分别落实。在融资阶段，领投人主要负有如实披露信息的义务，对跟投人承担虚假陈述的侵权责任；在管理阶段，领投人作为普通合伙人应当遵守《合伙企业法》之规定及合伙协议的约定，负有执行合伙企业事务、如实并及时报告、特殊事项征求跟投人同意之义务，对这些义务的违反既可能构成违约责任也可能构成侵权责任。

专题二十　重整中公司债券
持有人的权利保护

【摘要】

由于我国一直以来存在"重股票，轻债券"的思想，立法关于债券的相关规则存在严重缺失，随着债券市场"新常态化"，债券违约大量发生，作为债券发行者的公司陷入重整程序者多见。根据状态依存所有权理论，重整中的公司所有权会从股东向债权人转移和让渡。就像正常经营中的公司会存在大小股东的冲突与博弈一样，债权人之间也存在大小强弱之分，债券持有人由于分散和公众性的特点使得其具有小债权人的地位，因此，为实现公平，债券持有人除享有债权人的一般性权利外，立法还应关注重整中债券持有人与普通债权人的区别，并对其权利加以保护，明确债券持有人的表决权、监督权、知情权与转让权等制度规范，可以最大程度契合重整关于实现企业价值最大化之目标。由于公司债券的公众性问题突出、立法混乱、权利定位发生认识错误等问题，完善重整中公司债券持有人的权利保护制度势在必行。

【关键词】

信息披露　表决权　债券受托管理人　债券转让

近年来，我国的金融市场迅速发展，金融创新日新月异，金融改革不断深化，在一系列国家政策和法律规范的指引下，债券市场生机勃勃，其中公司信用债的发展尤为瞩目。据统计，中国的债券市场规模占全球第三，公司信用债更是位列第二，截至 2015 年年底，公司信用债市场已为非金融企业融资 20 万亿元，公司信用债已然成为公司对外融资的主要方式。[①]与此相对的是，作为融资序列中第二顺位的债券融资，我国《证券法》对债券的调整和规范却模糊、粗略，已然严重阻碍了中国债券市场的健康发展。在债券市场"新常态"[②]发展趋势下，债券违约频繁发生，许多公司因此而进入破产重整程序。然而，立法的缺陷导致重整中的公司债券持有人之合法权益无法得到切实有效的保障，

---

① 数据来自中国债券信息网，http://www.chinabond.com.cn/Channel/10016703，最后访问日期：2017 年 1 月 19 日。

② 窦鹏娟. 新常态下我国公司债券违约问题及其解决的法治逻辑[J]. 法学评论，2016（2）.

对其权利的误解也导致债券持有人无法行之有效地维护自身权益。例如，作为国内首个债券违约国企，保定天威集团有限公司（下称天威集团）的四只存量债券已全部违约，债券规模合计 45 亿元。由于连年亏损，资金枯竭，主要资产被轮候查封，天威集团于 2015 年 9 月 18 日申请破产重组。2016 年 1 月 8 日，法院裁定受理天威集团破产重整申请。2016 年 11 月 2 日，保定天威集团有限公司破产重整案第二次债权人会议在保定市中级人民法院召开。债权人会议分为有财产债权组、职工债权组、税款债权组、普通债权组、小额债权组，债券持有人作为普通债权人表决。①该重大债券违约事件②让我们了解到包含债券持有人在内的债权人利益受到侵害的严重性和广泛性，债券持有人的公众性导致的集体行动难题引发我们关注是否应注意到债券持有人的特殊性而对其单独加以保护。然而，在现有的重整程序中，公司债券持有人却被划分到普通债权人之中③，其所能行使的权利也不够明确，这种做法无视债券持有人的特殊性，严重影响其权益的保护和实现。因此，本文旨在梳理公司债券持有人权利在重整中的体现，构建和完善重整中公司债券持有人的权利保护制度。

一、重整中公司债券持有人权利保护的理论基础

（一）重整中保护作为债权人的公司债券持有人权利的产权逻辑

重整的制度价值绝非单纯的公平清偿债权，而应当旨在挽救破产企业，使之维持经营，实现企业价值的最大化，换言之，重整是一种兼具企业法与债务清偿法的债务再处理机制。④重整的首要目标是完成企业的复兴，其不可避免地需要解决困境实体的三个问题：（1）如何安排重整企业的产权结构使之更富效率；（2）如何在权利人之间配置权利、义务使之更加公平；（3）当企业"无力回天"时如何公平地清偿债权。

公司是一系列契约的集合，股东、债权人、职工等均在公司法下获得相应的权利配

---

① 资料来源：财新网，http://finance.caixin.com/2016-04-01/100927739.html，最后访问日期：2017 年 1 月 19 日；http://www.sanheshidai.com/newstext.aspx?id=514，最后访问日期：2017 年 1 月 19 日。

② 最近发生的东北特钢债券违约也是一起重大债券违约事件，截至 2016 年 11 月 25 日，东北特钢已经连续债券违约 9 次，本金违约金额升至近 58 亿元，其中到期违约 7 期共计 41 亿元，利息违约 2 期涉及本金 16.7 亿元，目前均未兑付。违约后，东北特钢在尝试债转股方案无果后，2016 年 12 月 9 日，黑龙江省齐齐哈尔市中级人民法院根据债权人申请，依法裁定对北满特钢、齐齐哈尔北方锻钢制造有限责任公司和齐齐哈尔北兴特殊钢有限责任公司进行重整，目前还未召开债权人会议。资料来源：汇金网，http://www.gold678.com/dy/A/396662，最后访问日期：2017 年 1 月 19 日。

③ 类似案件如浙江虹桥控股集团有限公司破产重整案，债券持有人也被视为普通债权人。来源：北大法宝，http://www.pkulaw.cn/case/pfnl_1970324845866521.html?keywords=%E9%87%8D%E6%95%B4&match=Exact，最后访问日期：2017 年 1 月 20 日。

④ 王卫国. 论重整制度[J]. 法学研究，1996（1）.

置，在公司管理层做出决策时，利益相关者模式可以为不同的利益方寻找一个平衡点，兼顾各方利益，而非仅考虑股东利益的最大化，但这不能成为公司治理的标准范式，无论公司是处于正常经营状态，亦或是处于重整阶段：首先，利益相关方之利益诉求无法加总，利益各方价值偏好和利益冲突在重整中表现尤为突出；其次，这种偏好与目标之间的差异使得公司经营缺乏明确目标，无法形成对管理层有效的激励与监督。

"一个有效率的公司制度安排必须是所有可行的安排中使代理成本最小，从而使企业创造的预期价值最大的制度安排。"[①]公司的产权结构并非一成不变，而是根据公司的经营状态发生改变，此即状态依存所有权理论。在公司经营正常时，股东利益导向模式更利于降低因公司经营权与控制权相分离而产生的代理成本，可以说，在合同收益没有任何风险的情形下，股东的利益最大化就是公司价值的最大化。

但由于合同的不完备性，任何合同支付并非没有风险，股东的商人本质迫使其倾向选择高风险、高收益的项目，这往往可能将公司拉入破产境地，是以，为防止道德风险，赋予利益相关者一定的控制权是一种帕累托改进，股东利益导向只有在公司相关者利益有保证时才有其制度价值：当利益相关者利益无法得到有效保证时，一个富有效率的公司治理模式是将公司的控制权由股东转向利益相关者。

因此，与其说公司"由谁拥有"，公司所有权与公司状态之间的依存关系则是一个更优的表达。假设：公司的总收入为 x，工人工资为 w，公司债权人应得的利益为 r，即：

当 $x \geq w+r$ 时，公司经营状态良好，公司由股东享有。

当 $w+r > x \geq w$ 时，公司经营状态恶化，公司应当由债权人享有。

公司的权利安排应当符合"不平等原理"[②]，与股东导向模式一致，在公司重整中，公司价值的最大化与债权人价值的最大化具有高度的一致性，可以说，保护债权人在公司重整中的合法利益是公司产权结构安排之逻辑必然。

（二）重整中公司债券持有人权利保护的制度价值

1. 缓解公司债券的公众性

公司为募集资金，会向社会公众发行大量债券，公司债券持有人并非特指某个人或某些人，而是社会上的不特定多数人，因此，作为公司融资的重要渠道，债券融资具有公共性。对于具有公共性的事务，法律应当慎重对待：公司债券具有范围广、总金额大

[①] 张维迎. 理解公司——产权、激励与治理[M]. 上海：上海人民出版社，2014：215.

[②] 简单地说，就是组织内部在权力、利益、贡献和分配上都不能搞平均主义。这样，一个人在组织中所获的权力和荣誉就有可能成为促使其为组织多做贡献的选择性激励机制。一个人如果能够独立为某组织取得某一公共物品提供一笔关键的资金，并从中获取荣誉，那么这个人就有可能独自为某一事业做出贡献。中国大学中随处可见的邵逸夫楼、李嘉诚基金、光华学院等就是例子。赵鼎新. 集体行动、搭便车理论与形式社会学方法[J]. 社会学研究，2006（1）.

等特点，但公众由于智识、经验、精力等局限往往很难对事务做出正确的判断，更会面临因人数众多而导致的"集体行动"难题。从社会学和统计学视角，集体行动难题与参与人数呈正比例关系①，公司债券的公众性所形成的"搭便车"现象极为严重，这也是区别公司债券保护与普通债权保护的最主要原因。②

2. 解决行为的外部性

任何人的行为都具有外部性，公司正常经营下，对于公司债券持有人而言，当公众投资者承担了购买公司对外发行之债券的成本时，却局限于现行法律，不能享受公司融资所带来的收益，而这部分收益主要由公司及其股东所享受。对于重整公司的债券持有人而言，公司的行为往往会给其带来负外部性③，一方面在于信息存在高度的不对称，另一方面在于债券持有人无法行之有效地主张权利，此外，重整中不同利益主体的不同诉求加剧了重整的成本。在这种情况下，每个人对自己的权利和责任的边界的界定是模糊或者至少是不确定的，现行立法在债券持有人权利义务的模糊化势必会催生重整中公司的外部性问题。解决这一问题的核心思路就是使个人在边际上承担全部的社会成本和获得全部的社会收益，这就是将外部的成本和收益内部化，④合理的权利配置及行之有效的权利行使规则可以很好地激励债务人为债券持有人之利益行事。

3. 弥合契约的不完备性

自从科斯在《企业的性质》一书中提出"企业最显著的特征是作为价格机制的替代物"思想以来，公司契约理论便为法经济学研究公司法提供了全新的思路与视角。波斯纳在《法律的经济学分析》中将公司法视为一种标准契约⑤，柴芬斯更指出"最好将公司理解为交易者之间的焦点，公司是合同的联结"⑥。但我们的理论却过于局囿，仅仅探讨

---

① 奥尔森认为搭便车困境会随着一个群体中成员数量的增加而加剧：（1）当群体成员数量增加时，群体中每个个体在获取公共物品后能从中取得的好处会减少。（2）当群体成员数量增加时，群体中每个个体在一个集体行动中能做出的相对贡献减少（如果只有两个人时你能提供 12 的贡献的话，在一个 100 人的群体中你只能提供 1/100 的贡献）。这样，因参与集体行动而产生的自豪感、荣誉感、成就感等就会降低。（3）当群体成员数量增加时，群体内人与人之间进行直接监督的可能性会降低。也就是说，在大群体内，一个人是否参加某一集体行动往往无人知道。（4）当群体成员数量增加时，把该群体成员组织起来参加一个集体行动的成本会大大提高。赵鼎新. 集体行动、搭便车理论与形式社会学方法[J]. 社会学研究，2006（1）.

② 除了集体行动难题外，给予具有公众性实务以特殊保护还有一定程度上的政治考量。因为公众投资者的风险承受能力往往一般，倘若公司经营失败，尤其是规模较大的上市公司发生破产情形，公司债券持有人会蒙受巨大经济损失，甚至演变成公共性的政治问题，法律应当给予公司债券持有人区别于普通债权人的特殊保护。

③ 如果个人的收益和社会的收益并不相等时，则外部性存在正外部性与负外部性两方面。如果个人成本小于社会成本，那么必然有别人承担了成本，这便是负外部性；倘若个人收益小于社会收益，那么这个人享受了额外的收益，这便是正外部性。

④ 张维迎. 理解公司——产权、激励与治理[M]. 上海：上海人民出版社，2014：71.

⑤ [美]理查德·A. 波斯纳. 法律的经济分析[M]. 北京：中国大百科全书出版社，1997：513.

⑥ [加]布莱恩 R. 柴芬斯. 公司法：理论、结构和运行[M]. 林华伟，魏旻，译. 北京：法律出版社，2001：2.

公司正常经营情形下的合同而忽略了重整中的公司亦是一系列契约的集合[①]。

重整契约[②]不同于民法意义上的契约。民事契约是当事人之间设立、变更、终止民事关系的协议，这是一种规范短期交易的契约，而重整中的公司具有长期性，这里的长期性并非指时间的长短，而是指权利义务之间的分离，这种分离进而激化了合同的不完备性。由于人与人之间的投资经验、个人理性水平、智识等方面的差异，人们不可能预见到公司运营活动中的任何变化，因此，完善的权利配置、有效的权利行使规则可以使债券持有人应对公司在重整程序中始料未及之情形。

二、重整中公司债券持有人的应然权利

市场与公司均由合同构成，但两者的执行机制并不相同。对于市场而言，价格、法律和信誉是保证合同实施的主要机制，但对于公司而言，权威、法律和信誉是合同实施的主要机制。[③]因此，对于重整中的公司而言，权威对重整公司的资源配置起到无可替代的作用。权威主要由决策权与监督权构成，决策权指引重整公司的资源配置，其在很大程度上是通过行使表决权而实现，监督权则确保这种指引的方向正确，任何决策与监督都不可缺少信息，此外，债券的转让很大程度上会影响决策权归属的转变，因此，表决权、监督权、知情权、转让权共同构成了公司重整中债券持有人参与公司治理的主要权利配置，当然，这些权利的行使必须服务于公司的重整目的，不得背离。

（一）表决权

公司的控制权呈现一种变动不居的状态，而控制公司的关键在于表决权。表决权是连接公司经营与公司所有的纽带，表决权如同是控制人牵在手中的风筝线，管理层则好比风筝在天空飞翔，但无论其飞得多高多远，其最终的命运还是受到控制人牵绊。[④]

从法经济学视角来看，在公司经营正常时，公司法之所以将表决权赋予股东而非债权人或高管绝非基于资本稀缺性导致的资本所有者——股东至上，而是有着更深刻的经济学原因，即表决权配置给公司的剩余索取权人。[⑤]公司应当将公司控制权的关键——表决权赋予真正跟公司"荣辱与共"之人，只有站在同一战线的人才更有激励去为公司利益努力，在重整中，管理人的职责来源于法律的直接规定，缺乏表决的激励，股东则失

[①] 王佐发. 公司重整制度的契约分析[M]. 北京：中国政法大学出版社，2012：62.

[②] 这里的重整契约指的是重整公司作为一个特殊的法律实体，是一系列契约的集合，而非重整计划或重整期间重整公司与债权人达成的协议。

[③] 张维迎. 理解公司——产权、激励与治理[M]. 上海：上海人民出版社，2014：148.

[④] 梁上上. 论股东表决权——以控制权争夺为中心展开[M]. 北京：法律出版社，2005：26.

[⑤] 罗培新. 公司法的法律经济学研究[M]. 北京：北京大学出版社，2008：127.

去了控制公司的资格，相反，债权人更富激励去表决，享有多大的边际收益，就要承担多大的边际成本，"一个有效的企业制度一定是剩余索取权与剩余控制权的对应，即由同一主体同时享有"①。

（二）监督权

重整公司并不能如状况良好的公司一般正常经营，其需要一个代言人管理公司，制订重整计划并当重整计划通过时执行该重整计划。美国破产法的一般做法是当公司重整中由公司的管理层行使上述的权利，此即为 DIP 模式，但当法院认定现任管理层不宜或不能行使权利时则另外指定重整托管人代表重整公司，此为 TIP 模式，并由此延伸出了债务人中心主义和管理人中心主义。

我国《企业破产法》在第八章中对重整中公司的治理模式进行了集中规定，从立法条文中可以看出重整中的公司的经营权主要由法院所指定的管理人行使，因此，"我国破产法所构建的重整公司治理结构是以'管理人中心主义'为主，以'债务人中心主义'为辅。"②而债权人则在公司重整中主要起到监督者的角色，其监督权主要由债权人会议行使。③公司债券持有人作为债权人的一种既具有典型性，也具有独特之处，理论上公司债券持有人的权力行使方式包括了公司债信托模式与公司债券持有人大会模式，但这并不阻却债券持有人具有监督权的事实。

（三）知情权

现代公司的所有权与经营权相分离，在公司正常运营时，公司的经营权由董事会行使，在公司重整中，公司的经营权由管理人行使，这种权利分离的治理结构存在严重的信息不对称，"而一些信息有可能是对委托人不利的，代理人会利用这种信息不对称实施对自己有利的行为，而委托人却会因为缺乏足够的信息而做出对自己不利的行为"④。这种机会主义在公司重整中往往表现为债权人与债务人之间的利益冲突，又因为债券持有人的公众性使得这一问题更加突出，因此，在公司重整中，拥有公司剩余控制权的债券持有人理应享有知情权。

---

① GllM 理论强调剩余控制权与剩余索取权的统一，并进一步认为，由剩余控制权安排可以推导出相对的剩余索取权安排。在他们看来，由于合同不完全性的存在，要保证合同在遇到新情况时能够继续执行必须有对合同的"不完全性"实施控制的权利安排，否则剩余索取权也将落空。

② 杜坤，周含玉. 破产重整公司治理结构逻辑分析[J]. 西南政法大学学报，2014（4）.

③ 关于债权人在重整中的角色，学界通说是一种监督者的角色，从比较法层面，采取设立债权人会议立法例的国家，债权人的监督权主要是由债权人会议行使，我国学界也采取此态度。韩长印. 债权人会议制度的若干问题[J]. 法律科学：西北政法学院学报，2000（4）.；王欣新. 论新破产立法中债权人会议制度的设置思路[J]. 法学家，2005（1）.

④ [美]罗伯塔·罗曼诺. 公司法基础[M]. 罗培新，译. 北京：北京大学出版社，2013：69.

但重整中公司债券持有人的知情权并不能简单地适用股东知情权规则，两者激励并不相同。当股东作为公司的剩余索取权人时，其利益与公司利益息息相关，股东更富有动机与热情去了解公司的经营状态，从而监督管理层的行为，于此，股东知情权是一种股东积极参与公司治理的权利。相反，当公司重整中，由于公司经营已然恶化，参与重整的人数众多，情形复杂多变，不同债权人的利益诉求更是相去甚远，债权人虽然享有公司的控制权，但债权人的短视行为使得其更倾向于瓜分公司的剩余价值从而维护自身利益，但这种价值取向并不利于公司的复兴，是以，重整中债权人的知情权表现为一种被动性的权利，相应地，债务人则处于强制性主动地位，即重整中的公司应承担强制性披露义务。概言之，当公司重整中，强制性地将私人信息转化为公共信息是确保债权人知情权实现的主要方式。

（四）转让权

公司债券持有人的债券转让权为传统重整制度提供了一个更富效率的替代解决措施。一方面，传统的重整制度强制性地要求当事人参与到重整之中，而转让权可以解放那些没有动力参与重整的债券持有人。本质而言，债券的转让是一种请求权交易，而这种请求权交易不仅有助于降低破产成本，也可为新的投资人提供进入重整公司的渠道。[①]另一方面，在公开的证券交易市场，顺畅的债券流转、完善的处理规则及合理的权利配置可保证债券市场的流动性，这种不因重整而"冻结"的流动市场可激发投资者的投资欲望，更可为重整企业再融资提供便利。

更重要的是，重整公司债券持有人的转让权还可以实现重整期间的控制权交易。公司的债权人可以收购大量债券以保证在债权人会议中的控制人地位，此外，收购者还可以收购大量可转换债券，然后将债券转变为股权从而达到收购公司之目的。当然，收购的动机并不必然相同，但债券在重整期间的顺利流转会导致控制权在不同主体之间发生转变，而公司的控制权对于公司的治理至关重要。

三、重整中公司债券持有人权利保护规则的现状与评析

"多元化的法律体系往往造成法律制度的割裂，一套多头监管的债券法律体系下的具体法律制度基于不同的监管路径、市场差异、价值取向与利益诉求，相应地欠缺共同的逻辑原点与价值取向，体系之间陷入激烈冲突。"[②]对于公司重整中债券持有人的知情权、表决权、监督权以及转让权，无论是《公司法》《证券法》《企业破产法》等均欠缺

① WBeranek, SLJones. TheEmergingMarketforTradeClaimsofBankruptFirms[J]. FinancialManagement, 1994, 23(2): 76.
② 张媛. 论我国《证券法》中公司债券法律制度的适用与完善[J]. 证券法苑，2011（5）.

明确的规定，很多权利只能依据法理进行推理，公司债券已有规范寥寥无几，其依附股票规则的边缘化状态已很难满足债券市场的发展。[①]

（一）权利定位不清

1. 公司债券持有人的表决权定位不清

公司的债券持有人作为典型的债权人在重整中享有表决权，但根据我国《企业破产法》第八十二条的规定，重整计划应当将债权分为有财产担保债权、职工债权、税款、普通债权，不同种类债权人对重整计划进行分组表决。由此，可以看出，公司债券持有人的表决权只能划分到普通债权人之中，这种粗略的划分不仅不能反映不同利益主体的需求，反而有碍公平价值的体现。

首先，集体行动的难度与参与人数多寡呈正比例关系，公司的债券公众性必然导致其集体行动难题较普通债权人更为严重，将公司债券持有人划分至普通表决组是一种立法不成熟的表现。

其次，分组表决是重整计划表决的基本形式，不同的表决组应当反映不同的利益诉求。对债权实行分组，确保重整计划对特定类别的所有债权人给予一系列同样的条件，保障了债权人的公平待遇和破产法规定的清偿顺序。[②]在美国，因为债务人要与数量众多的债权人进行谈判以便对重整计划的表决，立法允许债务人将利益一致或相似的请求权人划分到一组进行分组表决。[③]

2. 公司债券的信息披露定位不清

公司债券的信息披露义务在法律层面只能从《证券法》第三章"证券交易"中的第三节"持续信息公开"中类比适用于股票的信息披露规定，而且这种信息披露具有局限性，只能适用于债券的交易规则，无法类推适用于处在重整中的公司。

债券与股票是两种不同的融资手段，两者在经济实质与法律关系上存在本质区别，这种差异主要表现在收益回报和风险承担上[④]，而正是这种收益与风险的不同配置内生了差异化的信息披露偏好。"债券的本质是债权债务凭证，而股票的本质是所有权凭证。"[⑤]投资者购买目标公司债券，公司承诺在一定期间内还本付息，因此投资的预期收益是确定的，其风险在于投资收益实现的不确定性；股票则是投资者对公司的出资，其投资收益无法确定，随股票市场波动。

[①] 洪艳蓉.《证券法》证券规则的反思与重塑[J]. 证券法苑，2016（17）.

[②] 石静霞. 联合国国际贸易法委员会《破产法立法指南》评介及其对我国破产立法的借鉴[J]. 法学家，2005（1）.

[③] 王佐发. 公司重整制度的契约分析[M]. 北京：中国政法大学出版社，2012：129.

[④] 蒋大兴. 被忽略的债券制度史——中国（公司）债券的法律瓶颈[J]. 河南财经政法大学学报，201（4）.

[⑤] 甘培忠. 企业与公司法学[M]. 第7版. 北京：北京大学出版社，2014：280.

在非系统性风险方面①，债券的风险是一种信用风险，其主要取决于公司自发行债券始至债券到期时公司的偿还债务的能力与偿还债务的意愿；股票的风险则是一种经营性风险，股票利益的实现与否取决于该公司的具体经营状况②。这两者的差异造成了不同的信息披露偏好，与更关注经营风险的股票不同，债券更关注的是信用风险，因此，法律对于公司的信息披露应该倾向于对公司偿债能力状况变化而非影响公司经营能力的情形。

（二）权利行使规则模糊

表决权、监督权、知情权以及转让权是公司债券持有人在重整中的应然权利状态，但由于公司债券持有人数量多、分散广，公司债券持有人的表决权、监督权、知情权和转让权需要依托特殊的制度设计始得行使，换言之，公司债券持有人的权利主体与行使主体是相对分离的③。立法也认可了这种做法，例如，《公司债券发行与交易管理办法》中第五十条第（一）项至第（四）项规定，公司债券持有人的部分监督权、知情权是由公司的债券持有人行使。大陆法系采用的是公司债券持有人会议模式，英美法系适用的是公司债信托管理模式，台湾兼采之。我国立法似乎兼采了两种模式，但由于在法律移植过程中没有清晰认识到法律基础之间的差异，忽视了中国债券市场的特殊性，从而造成了债券权利行使人定性不明、利益冲突加剧、权责模糊等问题，极大阻碍了中国债券市场的发展。

（1）我国对于公司债券管理人的法律定位一直处于模棱两可的状态。一方面，无论是《暂行办法》还是《试点办法》抑或是《管理办法》，都规定了公司债券受托管理人；但公司债券受托管理人和债券持有人之间的法律关系立法一直没有给予明确，既不将其认定为委托代理关系，也不将其看作信托关系，这是立法者妥协的产物。④

在二元财产所有权理念下，英美法系的公司债信托制度可以得到很好的诠释⑤，但两大法系在财产权观念上的巨大差异使两者暂时不可能发生融合，大陆法系只能通过特别法的方式对信托制度予以规定⑥，将之视为一种新型的财产权利。

---

① 金融工具的风险一般来自于系统性风险与非系统性风险，其中债券的系统性风险主要源于利率波动与购买力变化，而股票的系统性风险多是市场的周期性波动与政策变化。

② 冯果. 债券市场风险防范的法治逻辑[M]. 北京：法律出版社，2015：5.

③ 《公司债券发行与交易管理办法》第五十条第（一）项至第（四）项规定："（一）持续关注发行人和保证人的资信状况、担保物状况、增信措施及偿债保障措施的实施情况，出现可能影响债券持有人重大权益的事项时，召集债券持有人会议；（二）在债券存续期内监督发行人募集资金的使用情况；（三）对发行人的偿债能力和增信措施的有效性进行全面调查和持续关注，并至少每年向市场公告一次受托管理事务报告；（四）在债券存续期内持续督导发行人履行信息披露义务"。

④ 冯果. 债券市场风险防范的法治逻辑[M]. 北京：法律出版社，2015：123.

⑤ 不同于大陆法系的财产权观念，英美法系将所有权进行了切割，即"区分了享有财产的受益性功能和重新取得及处分财产的管理性功能两个方面"，财产的受益性功能指的是所有权的交换价值，而管理性功能指的是其财产权的使用功能，于此，信托财产的所有权便可以区分成"名义所有权"与实质"所有权"。因此，公司债的信托管理模式成为了实用主义至上的英美法系国家的主流管理方式。

⑥ 崔明霞，彭学龙. 信托制度的历史演变与信托财产的法律性质[J]. 中南财经政法大学学报，2001（4）.

信托财产独立性是公司债信托所必须克服的解释上的障碍。①与美国法公司债的管理模式不同，日本法将公司债依照其是否附有担保而进行了区别对待，原因在于其认为公司债不能设立信托，债权无法作为一种独立的财产而分离并公示，不符合独立性的要求。②

但日本这种理论实际上是没有厘清民事信托与商事信托之间的区别，过于苛求信托财产的独立性问题。民事信托的信托财产是个人财产或是家庭财产，其设立需要委托人将自己的财产"委托给"受托人，由受托人对财产进行管理，目的在于财产的规划或其他目的而非营业，因此其强调财产的独立性并不过分。与民事信托的以信托财产为核心构建信托权利义务关系不同，商事信托是以"商业性的架构为中心"③，借由这种商业性构架，受托人取得委托人之财产并对其进行财产管理。因此，如果局限于信托财产的独立性与否，并将之仅仅局限于物权，有悖于商业信托的发展潮流④。

因此，公司债信托的信托财产为持有人手中的债券，而这种信托模式不应因是否附有担保而有所区别，我国模糊其法律定位并无道理。

（2）利益冲突加剧。传统的公司债信托理论认为公司债信托的委托人是公司债券发行人，受托人是信托公司，委托人在订立信托旨在订立有利于自身的条款，而受托人则力图订立减轻自己责任的条款，债券持有人的利益则被束之高阁。在我国虽有学者已解释了真正的委托人是债券持有人，其在购买债券时已无条件地认可了发行公司代理债券持有人签订信托合同的权利⑤，但这并不能切实解决受托人与信托公司利益冲突的问题，且立法上的定性模糊加剧了这一冲突。

（3）公司债券受托管理人的权利范围不明，责任承担不清。我国虽然同时规定了公司债券受托管理人与公司债券持有人会议，但两者的权利划分并不合理，不能很好地保护债券持有人之利益。此外，相较于美国、日本的"忠实义务"和"注意义务"⑥，我国

---

① 信托的独立性是指信托一旦有效设立，信托财产即从委托人、受托人以及受益人的自由财产中分离出来，而成为一独立运作的财产。周小明. 信托制度比较法研究[M]. 北京：法律出版社，1996：13.

② 对于附担保的公司债信托的是债权之上所设定的担保，信托财产是债权上设定的担保物权，而无担保的公司债与公司债管理公司之间是一种"利益第三人契约"，并非信托契约。[日]鸿常夫. 社债法[M]. 东京：有斐阁，1985：201-202.

③ 王志诚. 跨越民事信托与商事信托之法理——特殊目的信托之法制构造为中心[J]. 商事法丛论，2002（7）：152.

④ 许凌艳. 商法专题研究[M]. 北京：经济日报出版社，2005：196.

⑤ 冯果. 债券市场风险防范的法治逻辑[M]. 北京：法律出版社，2015：176.

⑥ 美国公司债受托人的义务有九项，其中最重要的是忠实义务与注意义务，忠实义务是指受托人处理信托事务时，须以受益人的利益为唯一要旨，而不得为自己或他人的利益管理、处分信托财产；注意义务是指要求受托人对于信托事务的管理应尽到与一般人处理自己事务时的同一注意义务，但受托人因表示其具备较高的能力而取得受托人的地位时，应负其所称的注意义务及管理能力。日本规定为平忠实义务和注意义务，同日本《公司法》第704条规定："公司债管理人，必须为公司债债权人公平诚实地进行公司债的管理。公司债管理人，必须以善良管理人的注意，对公司债债权人进行公司债的管理。"《日本附担保公司债信托法》第68条规定："受托公司，应以公平诚实，处理信托事务。"第69条规定："受托公司对于委托公司及公司债债权人，负有以善良管理人之注意处理信托事务之义务。"刘迎霜. 公司债：法理与制度[M]. 北京：法律出版社，2008：178-185.

的"勤勉义务"①之规定显然过于苍白，而这种模糊的、难以操作的规则显然是为了刻意模糊信托关系之定性。

（三）债券交易市场混乱

上位法的缺失和下位法的"各为其政"造成了债券交易市场的混乱。一直以来，债券交易市场处于混乱状态，从证监会 2003 年出台的《证券公司债券管理暂行办法》（下称《暂行办法》）到 2007 年公布的《公司债券发行试点办法》（下称《试点办法》）以及 2015 年发布的《公司债券发行与交易管理办法》（下称《管理办法》）以及随之颁布的一系列配套措施，证监会试图构建起一套以证监会为主导的债券市场规范体系②，但中国人民银行 2008 年发布实施《银行间债券市场非金融企业债务融资工具管理办法》又构建起一套"中期票据"债券制度体系，两者之间存在严重的规范冲突。割裂的债券市场和碎片化的债券法制直接导致了债券市场规则的模糊与混乱。③

首先，由于监管主体的竞争，"多头监管"④现状造成我国债券流通市场长期处于分割状态，主要分裂为交易所市场及银行间市场两个子市场⑤，这严重限制了债券流通市场的构建；其次，我国对债券信用评级的重视度不够，导致大量"垃圾债券"泛滥，评级市场处于竞争失序的状态之中，公众对债券信用评级的认可度较低且混淆了评级业务指导与评级监管两个不同层次的立法⑥；再者，缺乏市场化的合理估价价值，信息披露不足。

四、重整中公司债券持有人权利保护的完善建议

（一）设立重整中公司债券持有人单独表决组

为保护债券持有人之利益，应当在公司重整中设立单独的表决组，以维护公司债券

---

① 《公司债券发行与交易管理办法》第四十九条规定，债券受托管理人由本次发行的承销机构或其他经中国证监会认可的机构担任。债券受托管理人应当为中国证券业协会会员。为本次发行提供担保的机构不得担任本次债券发行的受托管理人。债券受托管理人应当勤勉尽责，公正履行受托管理职责，不得损害债券持有人利益。对于债券受托管理人在履行受托管理职责时可能存在的利益冲突情形及相关风险防范、解决机制，发行人应当在债券募集说明书及债券存续期间的信息披露文件中予以充分披露，并同时在债券受托管理协议中载明。

② 洪艳蓉．《证券法》证券规则的反思与重塑[J]．证券法苑，2016（17）．

③ 冯果．《证券法》修订和债券市场规则体系的重构——兼论证券市场的法治逻辑与制度体系的现代化[J]．证券法律评论，2016（17）．

④ 除了证监会与银行之外，以前发改委也行使一定的监管权，从而导致债券市场受到三方部委的监管。

⑤ 交易所债券市场参与者主要是证券公司、基金公司、保险公司、信托公司和个人投资者，作为债券市场的主要投资者的商业银行游离于交易所债券市场之外。这样在发达国家作为公司债券投资主体的机构投资者，在我国却不能参与到交易所市场中来，银行间债券市场参与主体是以商业银行为主的众多类型的金融机构及其他非金融机构。公司债券的个人投资者又无法参与到银行间债券市场来。

⑥ 聂飞舟．美国信用评级机构法律监管演变与发展动向——多德法案前后[J]．比较法研究，2011（4）．

持有人在重整中的利益。把具有共同利益诉求者划分为不同的表决组，其本身并不构成对公平价值的违背。原因在于法律划分权利的依据是权利本身的属性及其行使方式，但相同法律属性的权利却可能存在不同的经济利益，其诉求亦不可同等看待。同是请求权人，有担保的债权人与无担保的普通债权人的利益诉求并不相同，相较于后者，有担保的债权人渴望公司复苏的动机并没有无担保的普通债权人大。同样，即便同为普通债权人，公司的债券持有人与其他债权人对待重整公司的态度也相去甚远：银行贷款债权人、商事交易债权人的债权往往形成专用性资产，债权的清偿额对其影响巨大，公司债券持有人维护债权的动机与热情劣后于其他债权人，因此，两者的经济利益及其导致的利益偏好不能等同。

由于这种不同的利益诉求，重整公司很难实现个人基础上的帕累托效率，于此，设置单独表决组更符合"类别组帕累托效率"①。将具有相同诉求的个人划分为一组，看作成一个行动的集体对外交易，从个人而言难免会损失一定利益，但整体而言却是帕累托改进，更能节约重整的成本，提高重整的效率。

（二）明确重整中公司债券持有人的权利行使制度

1. 公司债券受托管理人地位明确化

相较于普通的债券持有人，公司的债券受托管理人更加专业，而这种优势可以保证在复杂多变的公司重整中更加高质量和高效地分析公司形势，更加精准地判断与把握重整公司以及整个金融市场的趋势与走向，做出更符合债券持有人利益的商业判断。因此，法律应当明确公司债券持有人与公司债券管理人之间的信托关系，立法对公司债券受托管理人地位进行明确与合理的定位，是公司债券持有人在重整中合理行使权利的基石。

2. 公司债信托利益冲突解决方式区分化

美国也曾因为发行公司、信托公司与公司债券持有人之间的冲突导致诉讼泛滥，但其后通过立法与判例对该制度进行了良好的弥补并延续至今，究其原因，法律本身的合理构建与市场的引导和包容至关重要②。

对于公司债信托中存在的利益冲突，《美国合同信托法》对其采列举式规定，列举内容多达 9 种③，但是这些对利益冲突之规制只有在发行公司出现债券违约时始得发生。利

---

① 类别组帕累托效率是将经济学意义上的帕累托效率应用于具有不同利益诉求的类别组而非泛泛的个人。SLSchwarcz. RethinkingFreedomofContract:ABankruptcyParadigm[J]. TexasLawReview, 1999, 77(3).

② 冯果. 债券市场风险防范的法治逻辑[M]. 北京：法律出版社，2015：113.

③ 李莘. 美国公司债券受托人法律问题研究[J]. 国际商法丛论，2004（00）：267-269.

益冲突并不必然引起债券持有人利益之减损①，我们应该让市场的归市场、法律的归法律，这样更契合公司重整中债券持有人保护"市场化""法治化"的要求。一方面，在发行公司信用状况良好的情况下，对发行公司、信托公司以及债券持有人三者之间的利益冲突应该采取包容态度，让"看不见的手"来磨合三者之间的利益冲突，使市场更富效率，使重整企业更具活力；另一方面，当公司出现债券违约情形时，则应该对利益冲突采取审慎态度，此时，如果信托公司不为债券持有人利益行事，则债券持有人可以更换债券受托管理人甚至可以追究其相应的责任，从而敦促其积极行事，确保债券持有人之实体利益。

3. 公司债受托管理人权利、义务明晰化

《管理办法》第五十五条规定了在列举的十种情形下公司债券受托管理人应当召开债券持有人会议②，这极大削弱了公司债券受托管理人作用的发挥，使这一制度形同虚设，此外，立法对公司债券持有人大会的召集程序、表决程序、议事规则等的空白使得债券持有人大会在实践中应用极其有限，两种制度在实践中都趋近"流产"。因此，为积极发挥公司债受托人的灵活性与能动性优势，一方面，扩大债券受托管理人的权限，使其可以灵活地对实务进行自由裁量，而债券受托管理人的商业判断规则在很大程度上是优于滞后、僵硬的债券持有人大会所做的"民主决策"；另一方面，信义义务的引入可以激励公司债券受托管理人本着受益人之利益积极行事。此外，涉及公司债券持有人重大利益的事项上，为保护债券持有人之利益，发挥公司债券持有人大会之职能。

在明确信托关系、合理划分权利范围之后，"信义义务"的引入与强化便是债券持有

---

① 对于这种立法之规定，美国司法界对其展开了论证，有些学者认为这种事后的规制不能很好地保护公司债券持有人之利益，但一般理论认为这种做法是符合市场运行的，在公司信用良好时，信托公司的义务应当依照信托合同内容之规定，债券持有人只需按照合同只规定获得定期收益，此时，信托公司消极监督的角色更符合受托人的定位；但当发行公司发生债券违约时，信托公司则需要积极为受益人主张权利，此时法律强制性规定信托公司的信义义务更符合立法的意图。冯果. 债券市场风险防范的法治逻辑[M]. 北京：法律出版社，2015：112.

② 第五十五条存在下列情形的，债券受托管理人应当召集债券持有人会议：

（一）拟变更债券募集说明书的约定；

（二）拟修改债券持有人会议规则；

（三）拟变更债券受托管理人或受托管理协议的主要内容；

（四）发行人不能按期支付本息；

（五）发行人减资、合并、分立、解散或者申请破产；

（六）保证人、担保物或者其他偿债保障措施发生重大变化；

（七）发行人、单独或合计持有本期债券总额百分之十以上的债券持有人书面提议召开；

（八）发行人管理层不能正常履行职责，导致发行人债务清偿能力面临严重不确定性，需要依法采取行动的；

（九）发行人提出债务重组方案的；

（十）发生其他对债券持有人权益有重大影响的事项。在债券受托管理人应当召集而未召集债券持有人会议时，单独或合计持有本期债券总额百分之十以上的债券持有人有权自行召集债券持有人会议。

人保护的题中之意。信义义务是诸多义务的来源，受托人的注意义务、通知义务、信息披露义务等均根源于此，对保护债券持有人利益具有基础性和决定性的作用。另外，信义义务是缓解利益冲突的主要方式，受托人应秉持忠实之义务，本着受益人利益最大化之考虑行事，不得从事谋取自己利益或为第三人谋取利益等侵害债券持有人利益之事，违反信义义务的受托人应当承担相应的民事责任。

"Where there is the right，there is the remedy"，有权利便有救济是普通法的一句古老法谚，权利拥有主体和权利行使主体的相对分离必然导致个人权利的救济可能发生障碍，信义义务的引入可以最大程度地救济个人公司债券持有人的权利侵害，提高整个重整程序的效率。当公司债券持有人认为受托管理人未能尽到管理人之表决权、监督权、知情权、转让权和诉权①时，可向受托管理人主张违反信义义务之责任。

（三）完善重整中公司的债券信息披露义务

公司债券的信息披露偏好于信用风险的披露，完善的信息披露义务制度应当是围绕信用风险展开。与股票的披露更倾向于公司的经营能力（主要在于公司的控制权、治理结构、投资经营等事项）不同，"当事人是否通过信用与另一方进行交易，取决于他对债务人的人格、偿还债务能力和提供担保的评估"②，债券的信息披露则是"专以偿债为主要内容的特殊经济能力"③。

1. 交叉违约及其事前的强制信息披露

交叉违约，又称连带违约，是指公司在对他人的债券发生违约时，违约的法律后果及于自己的债券，即使债券未到期也视为已到期，自己可以向债务人主张违约责任的救济措施。交叉违约条款的设立目的在于防止债务人的财产减少，确保自身债券利益的实现④，但"现行法律制度对于交叉违约的保护也不是很清晰，在债券尚未到期但其他债务出现违约的情况下，能否依法求偿还有待观察。"⑤民法上的救济也显得捉襟见肘⑥，如

---

① 《公司债券发行与交易管理办法》第五十条第八项规定，发行人不能偿还债务时，可以接受全部或部分债券持有人的委托，以自己名义代表债券持有人提起民事诉讼、参与重组或者破产的法律程序。

② [英]戴维·M·沃克. 牛津法律辞典[M]. 李双元，等，译. 北京：法律出版社，2003：282.

③ 洪艳蓉. 《证券法》债券规则的批判与重构[J]. 中国政法大学学报，2015（3）.

④ 在发行公司发生债券违约时便意味着公司的偿还债务能力可能发生困难，但倘若仍局限于债券的期限等问题，则先到期的债券持有人会事前采取财产保全、求偿等法律措施，而后到期债务人则难以获得足额、平等的清偿。

⑤ 孙彬彬，周岳，高志刚. 债券违约了怎么办？——债券投资者保护机制和司法救济程序梳理[J]. 银行家，2016（6）.

⑥ 债券归根究底是一种债的关系，与之相关的主要是不安抗辩权与预期违约制度，从大陆法系各国民法来看，不安抗辩权主要适用于债权人的信用缺陷，英美法系的预期违约有异曲同工之妙。但不安抗辩作为一种"防御性"权利，其权利构造上的先后履行顺序要求便排除了交叉违约的适用余地，且救济途径只有解除合同，无法切实维护债券持有人利益。我国《合同法》第一百零八条规定了预期违约制度，当事人一方明确表示或以自己行为表明不履行合同义务的，对方可以在履行期届满之前要求其承担违约责任，但何为"以自己行为表明不履行合同义务"是一种主观偿债意愿还是一种客观偿债不能，亦或两者兼有之，却无统一标准。

此，一方面，法律不妨将交叉违约条款作为一种默认规则予以配置，"如果默认条款在内容上反映了'大多数人'的意愿，也就是说，如果他们反映了大多数知情人士自身通常会选择的条款，则它们能够最好地发挥这一功能"[①]。

另一方面，将公司债券违约的信息披露规定为强制性的信息披露。正如前述，公司债券的信息披露偏好于信用风险，而在公司发生债券违约往往标志着公司的信用出现问题，因此，交叉违约的信息披露可以成为企业重整前与重整期间公司信用的"警示灯"，而交叉违约条款的默认规则化亦可以激励公司在债券违约时进行披露的动机。

2．事中的持续性信息披露

完整的信息披露不仅包括事前的信息披露，还应当包括事中的信息披露，其主要是为了解决重整谈判时债权人与债务人之间的信息不对称问题，以确保债券持有人知情权的实现。即破产法应当要求债务人在债权人提出破产申请之后到重整表决之前向债权人进行信息披露。有学者将这种信息披露类比为证券法中的招股说明书，也有学者则将之比作公司法上的征集投票权，[②]但无论何种见解都支持重整中的公司应当进行持续性的信息披露。

信息披露对重整的公平与效率都是至关重要的，但信息披露也应当维持在一定程度。美国对重整中的公司的信息披露程度规定为"充分的信息"，这种信息要求须对"充分了解债务人的性质和历史以及债务人的账簿方面具有合理的实用性，法院在审查这种信息披露是否足够充分与实用时应当综合考虑案件的复杂程度、提供附加的信息会给债务人造成多大的成本以及会给债权人带来何种程度的收益"[③]。

（四）构建重整中的债券转让规则

首先，应当允许在《证券法》基础性规定的框架下由具体监管部门和自律组织基于具体债券类别和交易场所制定差异化的债券规则。[④]这并非意味着监管主体的单一化，而是只有具有法律效力层面的统一规范才能为不同的监管主体提供一套既定的、行之有效的立法准则，保证债券市场的完整性与流通性。

[①]　默认规则是非强制性的赋权型规则的一种，是指如果当事人没有另行约定，则该条款当然生效。世界各国的公司法都包含了大量的默认规则，在这一范围内，公司法提供了一套标准合同条款，这种标准条款的好处在于它简化了缔约的磋商内容，节约了缔约的成本，从经济学意义上，这种默认契约是一种"公共产品"。[美]莱纳·克拉克曼，亨利·汉斯曼，等．公司法剖析：功能与比较[M]．第2版．罗培新，译．北京：法律出版社，2012：21.

[②]　冯果．债券市场风险防范的法治逻辑[M]．北京：法律出版社，2015：126.

[③]　冯果．债券市场风险防范的法治逻辑[M]．北京：法律出版社，2015：127.

[④]　冯果．《证券法》修订和债券市场规则体系的重构——兼论证券市场的法治逻辑与制度体系的现代化[J]．证券法律评论，2016（17）.

其次，为应对市场后危机时代[①]，弥补因评级的复杂性及金融创新所导致的监管不足，完善债券市场，我国应当在适合自己国情的基础之上，借鉴国际信用评级立法经验，制定一部统一的、高层级的债券信用评级机制法律规范，系统性地解决与规范债券市场的利益冲突、信用评级机构权利义务责任及其监管问题。

最后，建立市场化的债券估价机制。规范与管制转让债券的行为最基本的衡量点在于，这种转让的价格在出让人与受让人之间是否公平合理。从"去行政化""市场化"角度考虑，估价的合理与否是一个市场交易的问题，只要交易双方认为价格合理，法院或监管机构就不应当过分干涉。事实上，债券转让价格的不合理通常是因交易双方地位的不对等使双方存在高度的信息不对称所导致，换言之，重整期间债券转让的估价机制取决于买受人是否获得了"充足的信息"，美国的瑞维尔铜业公司重整案就是典型案例[②]，即一个理性的投资者在获得足够的信息后可以做出最利于自己利益的判断，债券转让的价格是否合理取决于当事人是否能够获得充足的信息披露。

结论

根据状态依存所有权理论，当公司陷入重整程序时，将公司的剩余控制权分配给公司的债权人是最具效率的产权配置，债权人利益的保护可以和重整之实现公司价值最大化之目标最大程度的契合。对公司债券持有人进行合理的权利配置，可以解决由于公司债券本身的公众性、债券持有人参与公司治理所产生的外部性，以及重整实体本身的契约不完备性难题。

我国立法关于公司债券持有人在重整程序中的权利处于一种上位法缺失、下位法"各位其政"的状态，没有认识到公司债券持有人的利益诉求并与普通债权人一视同仁，未能准确把握公司债券正确的信息偏好以及权利行使规则。于此，立法应当在公司重整中设立债券持有人单独表决组；围绕公司的信用能力构建完整的事前及事中的信息披露；明确公司债券受托管理人的法律地位、权利义务；建立市场化的债券转让估价机制以及信用评级机制。

[①] 张学安，金文杰. 后危机时代国际信用评级监管法律制度的重构[M]//陈安. 国际经济法学刊. 北京：北京大学出版社，2011.

[②] 58Bankr.1（S.D.N.Y.1985）. 在这一案件中，法官认为债券收购人未能向债券转让人进行充足的信息披露，以至于债券转让人在未能对信息进行充分分析便转让了债券，债券转让人有权撤销该交易。法官判决的逻辑前提即"理性经济人假设"，即一个具有理性的投资者在获得足够的信息后便可以做出最有利于自己利益的判断，法官不应当对这种交易进行干涉。

专题二十一 保证合同的违约金条款——以主合同为借贷合同为例

【摘要】

司法实践中，对于保证人是否应该承担以及如何承担保证合同违约责任存在着争议。系因保证合同为从合同，法院有以保证责任的范围及强度不能超过主债务的范围为由，否认保证人的违约责任。但保证合同同时也具有独立性，简单否认其违约责任是否合理，另外，应如何计算保证人违约给债权造成的损失，如何在违约金约定过高时酌情调减。这些问题都不甚明确，殊值讨论。另外，由于借贷合同在计算损失时比较简易、单纯，且在实务中比较典型，因此选择在主合同为借贷合同的范围内加以讨论。

【关键词】

借贷合同　保证合同　违约金

一、引导案例

刘某与邓某、彭某签订借款合同，约定邓某向刘某借款 50 万元，期限两个月，彭某对该借款提供连带保证，保证范围包括借款本息、滞纳金、违约金、损害赔偿金和实现债权的一切费用等。当日，刘某还与邓某、彭某签订保证合同，约定彭某为邓某的借款提供连带责任保证担保，保证人不承担保证责任或违反合同约定的其他义务的，应按借款合同项下借款金额15%的标准向债权人支付违约金等。[①]（以下简称刘案）

借款到期后，邓某、彭某二人并未履行还款义务，刘某遂诉到法院。根据关键词，笔者在中国裁判文书网（http://www.court.gov.cn/）上检索到了该案的原始裁判文书，其一审和二审的相关说理部分如下。

一审法院：被告彭静作为上述借款合同的连带责任保证人，应对被告邓建华的上述债务依照约定承担连带保证责任。故原告诉请被告彭静承担连带责任的理由成立，本院

[①] 王鑫，陈敏军. 法院：保证责任范围不能超过主债务[N]. 人民法院报，2015-09-08.

予以支持。刘军、邓建华、彭静签订《个人保证合同》约定，保证人不承担保证责任或违反本合同约定的其他义务的，保证人应按借款合同项下借款金额 15%的标准，向债权人支付违约金。被告彭静认为该违约金过高，本院综合考虑借款时间、利息起算时间等因素，酌定该违约金调整为 5 万元，故原告要求被告彭静支付违约金在 5 万元的范围内成立，本院予以支持，对原告诉请的超出部分不予支持。^①

　　二审法院：本案二审争议焦点为保证人彭静应否在主债务之外依据保证合同的约定另行向债权人刘军给付违约金，即保证人承担保证责任的范围能否超过主债务。首先，根据《担保法》第二十一条"保证担保的范围包括主债权及利息、违约金、损害赔偿金和实现债权的费用。保证合同另有约定的，按照约定。当事人对保证担保的范围没有约定或者约定不明确的，保证人应当对全部债务承担责任"之规定，保证人承担保证责任的范围优先适用保证合同的约定，未约定或约定不明则对被保证人的全部债务承担责任。保证合同对保证责任范围的约定，虽实行意思自治，但因保证合同是主合同的从合同，保证责任是主债务的从债务，基于从属性原则，保证责任的范围及强度不能超过主债务的范围及强度；其次，如果允许保证责任超过主债务的范围，将违反保证责任的从属性规则，可能产生滥用权利的后果；第三，保证责任超过主债务的部分，使债权人获得从主债务人处不能获得的利益，保证人对该部分承担后无法对主债务人追偿，对保证人产生不公平的结果。^②

　　由此可见，在一审过程中法院支持了保证人的独立违约责任，同时将借款金额 15%的违约金标准酌情降低为 5%。但在二审中，法院认为若使保证人在保证范围外另行承担违约责任将加重保证人责任，其违反保证责任的从属性规则，产生不公平结果，因此判决保证人无须额外支付保证合同的违约金。

　　对于一般合同而言，通常不会出现一方不承担违约责任的情况。具体到违约金条款，只要是双方真实意思表示，也不会额外讨论违约金条款是否适用的问题。但保证合同由于其特殊性，存在两个需要特别考量的要素：其一，保证人独立承担保证合同违约责任是否违反保证合同的从属性特征；其二，在保证人担保范围已经覆盖主合同不履行所带来损失的前提下，保证合同的不履行是否会给债权人带来损失。前者指向保证人违约责任成立与否，后者指向保证人违约责任的范围大小，下文将分别讨论。

二、保证人独立违约责任的正当性

　　通过在北大法宝上的案由分类和关键词检索，笔者发现了同类型的案例，如表 21-1

---

^① http://www.court.gov.cn/zgcpwsw/sc/scscdszjrmfy/cdswhqrmfy/ms/201412/t20141211_4680108.htm，最后访问日期：2017年2月10日。

^② http://www.court.gov.cn/zgcpwsw/sc/scscdszjrmfy/ms/201505/t20150505_7754681.htm，最后访问日期：2017年2月10日。

所示。

表 21-1　案例总结表

案　号	违约金条款	判　决　要　旨
（2014）西民（商）初字第 23292 号	甲方可书面通知乙方纠正其违约行为，如果乙方于甲方发出上述通知之日起 10 个工作日内仍未对违约行为予以纠正，则甲方有权……要求乙方支付违约金，标准为主合同项下的贷款金额的 5%	金谷公司与余建平签订的《保证合同》中约定，余建平不履行保证义务，即为违反保证合同的违约行为，金谷公司有权要求余建平按照《借款合同》项下的贷款金额的 5% 支付违约金
（2014）赤民二终字第 248 号	三被告不承担保证责任或违反合同约定的其他义务的，应向债权人支付被保证金额（86 万元）20% 的违约金，因此给债权人造成经济损失且违约金数额不足以弥补所受损失的，应赔偿债权人的实际经济损失	因三上诉人与被上诉人及宋益强签订的《保证合同》第七条关于保证人违约责任部分明确约定三上诉人不承担保证责任或者违反本合同约定的其他义务的，应向债权人支付被保证金额（86 万元）20% 的违约金，而三上诉人未依约履行承担保证责任的义务，故其理应支付相应的违约金
鹤壁市经济发展建设投资公司与中国信达资产管理公司郑州办事处保证合同纠纷上诉案（未披露案号）	鹤壁投资公司如不承担保证责任或者违反本合同约定的其他义务的，应向鹤壁建行营业部支付被保证的借款合同项下贷款金额 3% 的违约金	因保证合同约定保证人不承担保证责任应支付借款合同项下贷款金额 3% 的违约金，故信达郑州办请求的 45 万元的违约金有合同依据，予以支持
（2002）赣民二终字第 27 号	洪都宾馆应在接到建行营业部《催收逾期贷款通知书》之日起 15 个工作日内履行清偿义务。洪都宾馆不承担保证责任或违反本合同规定的其他义务，应向建行营业部支付被保证的借款合同项下的贷款金额 20% 的违约金	洪都宾馆在接到建行营业部《催收贷款通知书》之日起 15 个工作日内履行清偿义务，洪都宾馆不履行义务，应向建行营业部支付被保证的借款合同项下贷款金额 20% 的违约金。对此种约定，法律没有禁止性规定。因此，应当遵循当事人意思自治原则，认定本案保证合同中约定的保证人违约责任条款有效
（2015）日商初字第 31 号	保证人保证于 2014 年 11 月 30 日前还款 1 000 万元，于 2014 年 12 月 30 日前还款 300 万元，于 2015 年 4 月 30 日前全部还清欠款，保证人承担欠款总额的所有利息，按月息 1.5% 支付，如未能按照承诺还款，保证人自愿承担欠款总额 5% 的违约金	山东海林集团有限公司未按还款保证书约定期限还款，应承担违约责任，支付违约金

通过判决检索的情况来看，在司法实践中法院判决与刘案二审的结果大相径庭。刨除刘案外，在有限的检索结果中，法院无一例外地支持保证人独立的违约责任，且其中承担责任的范围在主债务的 3%～20%。遗憾的是，在判决书原文中法院并没有详细地解释保证人须承担独立违约责任的原因，刘案二审中法院的裁判理由是否合理仍需要详细地讨论。

在刘案中，二审法院判决的核心理念是保证的"从属性原则"，即保证责任的范围及强度不能超过主债务的范围及强度，否则债权人将从保证人处额外获益，这对保证人不公。

首先，在法律适用上应该认识到，保证合同作为一种担保手段其既有从属性也有独立性。担保合同是主合同的从合同，担保关系从属于主合同关系，因此其从属性地位无可厚非。同时，保证合同并不是主合同的一部分，而是另成一个独立的债务，因此也具有独立性。所谓的从属性或独立性，不过是对于保证合同具体适用规则上的一个总结，所以并不存在"从属性原则"，也不能依据"从属性原则"来排斥保证人的独立违约责任。

其次，从法律内涵上，保证合同内容上的从属性可以体现为《担保法》第二十一条："保证担保的范围包括主债权及利息、违约金、损害赔偿金和实现债权的费用。保证合同另有约定的，按照约定。当事人对保证担保的范围没有约定或者约定不明确的，保证人应当对全部债务承担责任。"从条文内容上来看，也不能从此得出保证人不能额外承担保证合同违约责任的结论。事实上，判决所谓"保证责任的范围及强度不能超过主债务的范围及强度"是正确的观念，但"保证责任"指向的是"保证义务"，而并非是"由保证合同而引起的合同责任"。因此，由保证人违反保证合同所引发违约责任并不在"保证责任"的范围内。在学说上一般也认为，"保证合同还可以就保证债务约定违约金"[①]。

最后，从法律价值上看，合同违约方须承担违约责任是合同法规则的常态，也不存在价值失衡的现象。至于赔偿数额超过所受损失，则涉及违约金酌减问题，这将在下文讨论。

综上所述，刘案二审判决的核心问题在于没有区分"担保责任"与"违反保证合同产生的违约责任"，前者受保证合同从属性的制约，后者则是保证合同独立性的体现。

三、保证合同违约金酌减的一般规则

如前文所述，保证合同违约的一个特殊性在于，保证人的担保范围往往包括"主债权及利息、违约金、损害赔偿金和实现债权的费用"。换言之，在保证人不及时履行担保义务时，主债权的损害赔偿金也是随着延迟履行在累计增多的。由于主债权的损害赔偿

[①] 崔建远. 合同法[M]. 第五版. 北京：法律出版社，2010：172.

金也在保证人的担保范围内，所以随着保证人的延迟履行，其自身承担的保证债务也是递增的。在这样特殊的情况下，保证人的违约行为是否给债权人造成了新的损害，是一个耐人寻味的问题。

之所以强调保证人的违约行为给债权人造成了的损害，是因为我国合同法上的违约金酌减规则。我国《合同法》第一百一十四条规定："……约定的违约金过分高于造成的损失的，当事人可以请求人民法院或者仲裁机构予以适当减少……"最高人民法院《关于适用合同法若干问题的解释（二）》第二十九条进一步明确"当事人主张约定的违约金过高请求予以适当减少的，人民法院应当以实际损失为基础，兼顾合同的履行情况、当事人的过错程度以及预期利益等综合因素，根据公平原则和诚实信用原则予以衡量，并做出裁决。当事人约定的违约金超过造成损失的百分之三十的，一般可以认定为合同法第一百一十四条第二款规定的'过分高于造成的损失'。"可见，一旦无法证明保证人违约给债权人造成损失，则违约金酌减规则将在事实上使得保证合同违约金条款难以发挥其预设效力。

针对以上情况，笔者认为在当前立法状况下有两条可能的路径来应对，以下分别述之。

（一）解释为惩罚性违约金

按照我国合同法主流学说，合同的违约金可以分类为补偿性违约金和惩罚性违约金。[①]对此二者的区分基本上可以违约金能否排斥强制实际履行或损害赔偿为标准，其中惩罚性违约金（大陆法系又称固有意义的违约金）的性质决定了受害人除请求偿付违约金外，更得请求强制实际履行或损害赔偿；在合同不能履行场合，受害人除请求偿付违约金以外，还有权请求损害赔偿。而赔偿性违约金（大陆法系把它叫作损害赔偿额的预定）的性质决定了受害人只能请求强制实际履行，或者主张偿付违约金，不能双重请求；在合同不能履行场合，受害人只能请求偿付违约金。[②]

将保证合同的违约金条款解释为惩罚性违约金之意义在于，学界通常认为合同法的违约金酌减规则只适用于补偿性违约金，而惩罚性违约金则类似于一种私人之间的制裁不在酌减规则的调整范围之内[③]。同时有学者认为，虽然法律对惩罚性违约金没有明文规定，但鉴于依《担保法》第九十一条的规定，同样属于"私的制裁"的定金，其数额不超过主合同标的额的 20%。基于相似的利益状况，该法的立法精神也应当体现于惩罚性违约金上。[④]从上文总结的判决实践来看，保证人违约金的范围也多是以主合同标的额来计算，且比例皆不大于 20%。

[①] 韩世远. 合同法总论[M]. 第三版. 北京：法律出版社，2011：658. ；崔建远. 合同法[M]. 第五版. 北京：法律出版社，2010：343. ；韩世远. 违约金的理论问题[J]. 法学研究，2003（4）. ；王洪亮. 违约金酌减规则论[J]. 法学家，2015（3）.

[②] 韩世远. 违约金的理论问题[J]. 法学研究，2003（4）.

[③] 崔建远. 合同法[M]. 第五版. 北京：法律出版社，2010：344-346.

[④] 韩世远. 合同法总论[M]. 第三版. 北京：法律出版社，2011：666.

在理论上，通过把保证合同的违约金条款解释为惩罚性违约金，避免了债权人对因保证人违约而所受损失的证明，也规避了违约金酌减规则的适用。但事实上，这样的论证路径存在双重困难。其一是解释上的困难，即从上文总结的判例来看，实践中极少对保证合同中违约金加以定性，在文字上并没有明确是否属于惩罚性违约金；且从约定的内容上来看，违约金条款也并没有体现出"受害人除请求偿付违约金外，更得请求强制实际履行或损害赔偿"的意涵，在此前提下，很难将其解释为惩罚性违约金。其二是判决实践与理论学说存在分歧，从最高院公布的判例上看，其实质上是笼统地认为违约金具备"补偿与惩罚双重属性"[①]，即在审判实践中并不会先区分违约金类型，再适用酌减规则。在违约金数额过高，被认为具有惩罚性的情况下，法院一般也会适用酌减规则，控制违约金之数额。[②]例如，《最高人民法院公报》2011 年第 9 期公布的（2011）民再申字第 84 号裁判中，法院认为：违约金具有补偿性和惩罚性双重性质，合同当事人可以约定高于实际损失的违约金。但从约定的违约金超过造成损失的百分之三十一般可以认定为过高来看，违约金的性质仍以补偿性为主，以填补守约方的损失为主要功能，而不以严厉惩罚违约方为目的。过高的违约金约定可能与公平原则存在冲突，在某些情况下还存在诱发道德风险的可能。因此，当事人主张约定的违约金过高请求予以适当减少的，人民法院应当依法予以调整。

由此可见，惩罚性违约金和补偿性违约金的理论分类并没有为最高院所采纳，其在实践上很难有指导意义。

（二）证明保证人违约所致损失

前文已述，由于保证责任的范围会随着主债务的不履行而递增，保证人的违约行为似乎不会对债权人造成额外的损失。但仔细分析，却并非如此。在金钱债务中，债务人延迟给付给债权人造成损失的实质比较单纯，即无法及时回收资金的利息损失。债权人向债务人所请求给付的范围，无非是合同之债和违约责任两部分，如表 21-2 所示。

表 21-2　违约责任分解表

	合同之债	违约责任
借贷合同（主合同）	欠付本息	主合同逾期利息
保证合同（从合同）	欠付本息+主合同逾期利息	从合同逾期利息

由此可见，在一般情况下违反主合同所致的损失体现在，欠付本息资金没有及时回笼所带来的利息损失；违反从合同所致的损失体现在，欠付本息资金以及主合同逾期利息资金没有及时回笼所带来的利息损失。因此，保证人违约所致债权额外的损失，就是

① 罗昆. 违约金的性质反思与类型重构[J]. 法商研究，2015（5）.

② 王洪亮. 违约金酌减规则论[J]. 法学家，2015（3）.

主合同逾期利息资金没有及时回笼所带来的利息损失。

　　解决了保证人违约所致损失的存在问题，尚需解决其计算问题。在借贷主合同中，关于逾期还款的违约责任往往约定了详细的计算规则，法律对借贷利率的调整也有一套成体系的规制，在审判时直接适用即可，这里便不加赘述。而在保证合同中的违约责任，则没有相关规则的适用，笔者认为，关于保证人违约所致债权人损失的计算，可以参照在未约定逾期付款违约金标准时，法院所能支持的逾期付款违约金的计算方法。

　　《最高人民法院关于逾期付款违约金应当按照何种标准计算问题的批复》（1999 年 2 月 16 日实施，当前有效）规定：对于合同当事人没有约定逾期付款违约金标准的，人民法院可以参照中国人民银行规定的金融机构计收逾期贷款利息的标准计算逾期付款违约金。具体而言，即《中国人民银行关于人民币贷款利率有关问题的通知》（2004 年 1 月 1 日实施，当前有效）第三条规定的：在借款合同载明的贷款利率水平上加收 30%～50%。这样的规则在《北京市高级人民法院审理民商事案件若干问题的解答之五（试行）》（2007 年 5 月 18 日实施，当前有效）也得到确认：合同当事人没有约定逾期付款违约金标准的，法院可以参照中国人民银行于 2003 年 12 月 10 日发布的银发〔2003〕251 号《中国人民银行关于人民币贷款利率有关问题的通知》，在确定的利息水平基础上加收 30%～50%，确定逾期付款违约金。中国人民银行有新规定的，参照新规定。因此，可以考虑把计算标准定在主合同利率基础上再加收 30%～50%。

　　由此，在确定的计算利率上，根据每天的主合同逾期利息，就可以计算出对应的每天保证人违约所致损失。最后加总，即可得出截止计算日，保证人违约给债权人造成的损失额度。在计算出损失之后，则可以根据保证合同的违约金是否超过造成损失的 30%，来判断约定违约金是否过高。值得注意的是，即便约定违约金超过了实际损失的 30%，也并不意味着法院一定要将违约金调整至损失的 130%。

　　如《于当前形势下审理民商事合同纠纷案件若干问题的指导意见》第七条：人民法院根据《合同法》第一百一十四条第二款调整过高违约金时，应当根据案件的具体情形，以违约造成的损失为基准，综合衡量合同履行程度、当事人的过错、预期利益、当事人缔约地位强弱、是否适用格式合同或条款等多项因素，根据公平原则和诚实信用原则予以综合权衡，避免简单地采用固定比例等"一刀切"的做法，防止机械司法而可能造成的实质不公平。

　　上文出现过的最高院（2011）民再申字第 84 号裁判，也强调了这种避免"一刀切"的裁判理念：

　　对于前述司法解释中"当事人约定的违约金超过造成损失的百分之三十"的规定应当全面、正确地理解。一方面，违约金约定是否过高应当根据案件具体情况，以实际损失为基础，兼顾合同的履行情况、当事人的过错程度以及预期利益等综合因素，根据公平原则和诚实信用原则综合予以判断，"百分之三十"并不是一成不变的固定标准；另一方面，前述规定解决的是认定违约金是否过高的标准，不是人民法院适当减少违约金的标准。因此，在审理案件中，既不能机械地将"当事人约定的违约金超过造成损失的百分之三十"的情形一概认定为《合同法》第一百一十四条第二款规定的"过分高于造成的损失"，也不能在依法"适当减少违约金"数额时，机械地将违约金数额减少至实际损失的百分之一百三十。

讨论至此，似乎违约金的酌减最后变成一个法官根据综合因素自由裁量的结果。但根据裁判结果，我们可以认为，在这样自由裁量中的判决方向仍旧是有迹可循的。

四、违约金酌减中的考量要素

查询规则本身，似乎并不能从"合同履行程度、当事人的过错、预期利益、当事人缔约地位强弱、是否适用格式合同或条款等多项因素"中单一抽取一个来进行划分归类，因为裁判规则要求的是"综合衡量"。但从总结的判例上看，有一个更加实际的标准似乎是在裁判中被比较清晰地被区别开的，即民事审判与商事审判的界分。

回到上述诸判决本身，可以发现只有刘案是普通的民间借贷纠纷。其他表格中归纳的案例都属于商事案件，涉及商事主体。而显示的裁判结果是，仅刘案一审中对保证合同的违约金进行了调整，在商事案例中法院既没有提及损失的概念也没有对违约金进行调整。可见，虽未在判决上明示，但法院实际上在此问题上考虑了民事案件与商事案件之间的区别。

这种区别并非仅仅是一种推测，其甚至在案件分配时就已经出现。自 2000 年我国确立大民事审判格局以来，法院系统内统一归口审理公司、证券、保险等典型商事案件的民二庭被称为"商事审判庭"。在多年的审判实践中，随着我国商法体系的日趋健全，"商事审判"的概念在实务界与理论界日渐获得认可，商事审判也逐渐生长出了区别于传统民事审判的独特理念及价值。[①]

近年来，关于商事裁判理念的研究屡见不鲜。罗培新教授梳理近年来论及商法价值或商事裁判理念的文献，将学者研究进路总结为如下：其一，商法调整的是商人之间的交易行为，具有盈利特征，商事裁判要尊重盈利价值。其二，商事交易注重效率，商事裁判要保障交易的简便、迅捷。其三，商业行为复杂而专业，商事裁判要尊重市场技术。其四，商事交易强调的是动态安全，民事交易强调的是静态安全；商事交易强调形式公平，民事交易则强调实质公平。[②]

① 罗培新. 论商事裁判的代理成本分析进路[J]. 法学，2015（5）.
② 王保树. 商事审判的理念与思维[J]. 山东审判，2010（2）.；叶林. 商法理论与商事审判[J]. 法律适用，2007（9）.；赵万一. 商法的独立性与商事审判的独立化[J]. 法律科学，2012（10）.；范健. 商事审判独立性研究[J]. 南京师范大学学报（社会科学版），2013（3）.

上述理论的总结或许过于抽象，但具体到保证合同的违约金条款上，我们可以看出刘案中的担保关系，呈现的是一种自然人之间的、偶发的、非盈利式的态势。在此前提下，一审法院通过调减违约金的方式来给予保证人一种"实质正义"式的关怀是很容易理解的。但在商业交易中，这种关怀之基础则发生了很大的改变。特别是在主合同为借贷合同的情境下，此时保证人已经成为了高度结构化的交易模式中的一员；促使其参与交易的动因不是温情脉脉的人伦关系，而是一个商业主体本能地对盈利或其他商业目的之追求。在自由化的市场中，保证合同违约金的调整完全是由市场和当事人之间的磋商能力所决定的。这样一来，法院干预合同自由或者说是干预市场行为的正当性很大程度地被消减了。

在域外立法实践中，也存在根据民事和商事行为对违约金调减进行区分的立法例。例如《德国民法典》第 343 条规定：罚处违约金的金额过高者，在债务人提出申请时，得以判决减至适当的金额。而《德国商法典》第 348 条则规定：商人在经营其营业中约定的违约金不得适用《民法典》第 343 条的减少的规定。此即体现了一种区别对待的立法模式。我国属于民商合一的立法模式，但是对民事和商事案件进行区分对待不论实在程序或者实体上都得到了很好的体现。但这也并不意味着，商事合同中的违约金可以畸高而不加限制。在德国法中，商事法规的特别规则仅排除了《德国民法典》第 343 条的适用，违约金条款仍受公序良俗等一般规则的限定[①]。在中国法现行法律中虽然没有同样的条款，但可以找到《担保法》第九十一条，其规定定金不得超过主合同标的额的百分之二十（很显然这一条在司法实践中的应用是不区分民事和商事的）。这样，至少在解释论上可以考虑类推《担保法》第九十一条的立法精神，将其作为限制保证合同中违约金畸高的法律依据。

结论

经过以上的讨论，首先可以看出保证合同本身除了从属性外，仍兼具独立性，其可以负载独立的合同违约责任。其次，在计算违反保证合同给借款人所致损失时，实质上关注的是主合同逾期利息资金没有及时回笼所带来的进一步的利息损失，相当于复利。最后在保证合同的违约金调减问题上，按照当前的审判实践和立法资源，如为民事案件则按照《关于适用合同法若干问题的解释（二）》第二十九条的标准酌情调减；如为商事案件，如违约金数额超过所受损失，则可以考虑参考《担保法》第九十一条的规定，将违约金数额控制在主合同标的额的 20%。

---

① [德]C.W.卡纳里斯. 德国商法[M]. 杨继，译. 北京：法律出版社，2006：590-591.